凯尔森与纯粹法理论的实践性研究

王银宏 著

本书系国家社会科学基金青年项目"纯粹法理论的实践性问题研究"(16CFX004)的研究成果。

本书的出版受中国政法大学基本科研业务费资助。

序 一

《凯尔森与纯粹法理论的实践性研究》以一手德语资料和德语文献为基础论述了凯尔森（Hans Kelsen）及其纯粹法理论的"实践性"问题。本书所论述的纯粹法理论的"实践性"主要涉及纯粹法理论的创立者凯尔森的法律实践和纯粹法理论本身在实践中的运用两个方面。"纯粹法理论的实践性"典型地体现在宪法法院制度方面，既体现为凯尔森法律理论的实践运用，也体现为凯尔森在学术评论和学术论争中对其理论的运用，作者主要论述了凯尔森起草奥地利宪法及相关法律草案、凯尔森作为奥地利宪法法院法官的宪法实践、凯尔森与施米特之间关于"谁应是宪法的守护者"的论争、凯尔森关于魏玛共和国时期国务法院判决的评论等方面的内容。

作为纯粹法理论实践性的重要方面，宪法法院制度与民主理论、宪法理论之间存在密切联系，因此，作者不仅论述了凯尔森作为宪法法院法官对于奥地利宪法法院制度的贡献，而且将这些内容置于纯粹法理论"实践性"的历史理论背景中加以论述，这不仅有助于理解纯粹法理论的理论特性，而且有助于理解宪法法院制度在凯尔森的纯粹法理论中的理论基础及其实践特性。

通过作者的论述，我们更为深入地理解凯尔森对于奥地利宪法、奥地利宪法法院以及当时的法律理论所做出的贡献，也更好地理解为什么凯尔森被称为"奥地利宪法之父""奥地利宪法法院之父"以及以奥地利宪法法院制度为代表的制度模式为何被称为"凯尔森模式"。

本书以"纯粹法理论的实践性"为主题，论述了纯粹法理论的理论运用和实践适用，对于法律理论的"纯粹性"和"实践性"问题作了反思，不仅有助于深化对凯尔森的纯粹法理论的认识，而且有助于明确法律理论与法律实践之间的关系及其对于法治的价值和意义。

银宏曾留学维也纳大学，对中外法律史皆有研究，希望他在法律史领域继续深入探索，取得更多成果。

朱勇

于中国政法大学法律史学研究院

2023年5月21日

序　二

本书围绕奥地利裔美国学者凯尔森及其纯粹法理论的实践性等相关问题进行了较为系统的研究，将凯尔森及其纯粹法理论置于西方法治历史发展的进程中进行解读，论述了凯尔森法律理论之前西方法治的理论基础及其历史实践、纯粹法理论的理论特性以及与当时的宪法实践联系较多的宪法法院制度的理论基础，并对凯尔森及其纯粹法理论的实践性等问题进行了反思。

本书以相关原始资料和一手德语文献为基础，以纯粹法理论的"实践性"为基点，对纯粹法理论的历史背景及相关内容进行了研究和梳理。作者以凯尔森的纯粹法理论为基础，论述了与纯粹法理论的"实践性"联系较为密切的国家理论、法律规范的位阶等级理论等内容，特别是论述了凯尔森法律理论中的宪法法院制度作为一种宪法保障制度的必要性及其特性。

凯尔森曾参与奥地利联邦宪法和关于设立奥地利宪法法院相关法律起草的工作。在凯尔森看来，"宪法保障"是一部宪法的核心部分，所以，凯尔森在起草的六个宪法草案中都设计了一个联邦宪法法院作为"宪法保障"机构，并且其中关于联邦宪法法院的内容几乎没有变动，这体现出凯尔森对于将宪法法院作为宪法保障机构的思考是比较成熟的。由此也可以更好地理解凯尔森为何被誉为"奥地利宪法之父""奥地利宪法法院之父"。

凯尔森作为奥地利宪法法院法官，在当时的宪法和法律实践中为巩固奥地利宪法法院地位做出重要贡献。凯尔森不仅将其理论应用于实践，而且发表诸多著述为宪法法院制度辩护，为奥地利宪法法院履行职能奠定坚实的理论基础。与卡尔·伦纳（Karl Renner）对于设立奥地利宪法法院所做出的贡献相比，凯尔森在这方面一点也不逊色。由此可以理解为何魏德林（Ewald Wiederin）教授还将凯尔森视为"奥地利宪法法院之母"。

凯尔森作为当时德意志国家法学的"四驾马车"之一，还参与魏玛共和国时期的宪法和法律实践。作者在本书中也论述了凯尔森在这一时期在这一领域里的贡献，特别是分析和讨论了当时的国务法院在1932年10月25日对于"普鲁士诉帝国案"作出的判决，该判决涉及《魏玛宪法》第48条中规定的总统的"紧急命令权"以及国家的和平与秩序等宪法上的重要问题。

本书的内容有助于拓展和加深对西方法律制度发展及相关法学理论的认识，有助于深化我国在欧洲法律史（特别是德意志法律史）和外国宪法学及相关理论方面的研究。同时，纯粹法理论的"实践性研究"也有助于明晰法学理论与"理论的实践性"之间的关系及其意义。

王银宏教授作为我国法制史学界的青年才俊，外语基础扎实，专业水平高，文字驾驭能力也很强，且特别勤奋、异常刻苦，在担任中国政法大学大量繁重琐碎的行政管理工作的同时，佳作迭出，成果斐然。对此，笔者深为钦佩。特为此撰写数语，以为序。

何勤华

于华东政法大学

涉外法治研究院

法律文明史研究院

2023年10月10日

目 录

导　论　自然法、"基本法律"与法治观念 ·················· 1
　　第一节　从自然法到"基本法律"："基本法律"与宪法的
　　　　　　优先性 ··· 2
　　第二节　"法治"观念的基本意涵 ································ 17
　　第三节　人民主权观念下的法律理论 ··························· 40

**第一章　追寻最早的"宪法法院"：凯尔森法律理论之前的
　　　　　历史实践** ··· 61
　　第一节　"司法审查"的普通法传统及其在欧洲的影响 ········ 62
　　第二节　1848年革命期间德意志地区的"宪法" ············· 75
　　第三节　1867年"十二月宪法"与奥匈帝国的帝国法院 ······ 81

第二章　凯尔森的纯粹法理论及其理论特性 ······················ 94
　　第一节　凯尔森与纯粹法理论 ···································· 95
　　第二节　纯粹法理论的理论特性及其影响 ····················· 105

第三章　纯粹法理论中的"国家""宪法"与宪法法院制度 ····· 133
　　第一节　凯尔森理论中的"国家"与"民主" ················ 133
　　第二节　凯尔森的宪法观念 ······································ 144

第三节 纯粹法理论与宪法法院制度 ·················· 154

第四章 凯尔森与承继传统的奥地利宪法法院 ············ 171
第一节 凯尔森与奥地利宪法法院的设立及其概况 ········ 172
第二节 凯尔森与 1920 年《奥地利联邦宪法法》 ·········· 180
第三节 1920 年《联邦宪法法》与奥地利宪法法院 ········· 191

第五章 宪法法院的守护者：凯尔森的宪法实践及其理念 ··· 209
第一节 凯尔森作为宪法法院法官的实践理念 ············· 209
第二节 基于历史传统发展的"凯尔森模式" ················ 230

第六章 凯尔森与魏玛共和国时期的宪法实践 ············ 237
第一节 凯尔森与《魏玛宪法》第 48 条的适用问题 ········ 237
第二节 谁应是宪法的守护者？······················· 246

第七章 二战前的奥地利宪法法院：兼与捷克斯洛伐克宪法法院比较 ··· 258
第一节 奥地利和捷克斯洛伐克宪法法院的历史传统及其设立 ······································ 259
第二节 二战前奥地利与捷克斯洛伐克宪法法院的组织构成及其职能 ····································· 262
第三节 二战前奥地利和捷克斯洛伐克宪法法院的"瘫痪" ·· 277

结　语 凯尔森与纯粹法理论的实践性之反思 ············ 283

附　录　汉斯·凯尔森著述目录 …………………………… 289
参考文献 ……………………………………………………… 327
后　记 ………………………………………………………… 346

导论　自然法、"基本法律"与法治观念

法治文明是人类文明的重要成果。一个国家的发展，一个民族的进步，可以也需要借鉴世界各国的优秀法治文明成果，但不能照搬照抄。习近平总书记指出："法治是人类文明的重要成果之一，法治的精髓和要旨对于各国国家治理和社会治理具有普遍意义，我们要学习借鉴世界上优秀的法治文明成果。但是，学习借鉴不等于是简单的拿来主义，必须坚持以我为主、为我所用，认真鉴别、合理吸收，不能搞'全盘西化'，不能搞'全面移植'，不能照搬照抄。"[①] 世界诸多国家在法治发展过程中产生的一些法治文明成果对于我国当前建设中国特色社会主义法治国家、全面推进依法治国具有一定的借鉴意义。习近平总书记指出："我们推进国家治理体系和治理能力现代化，当然要学习和借鉴人类文明的一切优秀成果，但不是照搬其他国家的政治理念和制度模式，而是要从我国的现实条件出发来创造性前进。"[②]

建设法治国家并非一朝一夕就能实现，"通往法治国家的道路漫长而艰难，充满了危险、失误和幻想。许多国家数百年来在奔向民主，有时还为此付出了昂贵的社会代价。法治国家的建设应当以仔细思考的战略和策略为基础。在这里也很难不借助于其他国家的经验，

---

① 习近平：《加快建设社会主义法治国家》，载《求是》2015年第1期。
② 中共中央文献研究室编：《习近平关于协调推进"四个全面"战略布局论述摘编》，中央文献出版社2015年版，第84页。

但这种经验应当与本国的传统和现实相结合"①。限制国家和统治者的权力是人类历史上面临的重要课题，相应地，保障个人的权利和自由是这一课题的应有之义。美国的司法审查制度（Judicial Review）和"马伯里诉麦迪逊案"（1803年）判决的确立，可以说是人类对这一主题进行思考的一种结果。然而，这样一种结果并非没有争议。它自始就充满着争议、悖论和不解，但是这并不妨碍（甚至在很大程度上促进了）我们对自己生活于其中的制度和文化的理解，而是使我们在反思的基础上更好地安排制度设计和法律生活。对于"马伯里诉麦迪逊案"所涉及的诸如"人民主权""司法至上""反多数难题"以及法官是否有权审查议会的行为、如何保障公民的基本权利等问题，或许其中的一方永远不可能完全说服另一方，重要的是我们对这些问题的认知和思考。

第一节　从自然法到"基本法律"："基本法律"与宪法的优先性

霍布斯、洛克等人关于"自然状态"的假设为人类通过"社会契约"进入社会、服从集体、建立国家奠定了理论基础。以"契约"为基础的社会和国家均需遵从特定的法律规则，国家权力的行使和公民权利的保障均以法律为基础，而人类社会的法律也要遵从一些永恒不变的规则，即"自然法"或"上帝之法"。

---

① B. B. 拉扎列夫主编：《法与国家的一般理论》，王哲等译，法律出版社1999年版，第357页。

一、作为"基本法律"之基础的"自然法"

根据托马斯·霍布斯的理论假设,在国家产生之前存在着一种"自然状态",这种"自然状态"是一种"乌合之众的混乱状态"①。在这种"自然状态"中,没有某种权威使人们遵从,因而"偏私、自傲、复仇等等的自然激情相互冲突",在没有建立一个权力或权力不足的情形下,人们的安全得不到保障,"每一个人就会,而且也可以合法地依靠自己的力量和计策来戒备所有其他人","互相抢劫都是一种正当职业"②,"在没有共同敌人的时候,也易于为了各人自己的利益而相互为战"③。因此,为了抵御外来侵略和制止人们之间的相互侵害,需要一种"使大家畏服,并指导其行动以谋求共同利益的共同权力",这种"共同权力"以人们之间的"信约"为基础。依此,"每一个人都与每一个其他人订立信约","自愿地服从一个人或一个集体,相信他可以保护自己来抵抗所有其他的人",因此,"把大家所有的权力和力量托付给某一个人或一个能通过多数的意见把大家的意志化为一个意志的多人组成的集体",人们"承认这个人或这个集体,并放弃管理自己的权利,把它授予这人或这个集体","承认他的一切行为"。这样,国家就诞生了,以实现"对内谋求和平,对外互相帮助抗御外敌"的目的。④

---

① 霍布斯:《利维坦》,黎思复、黎廷弼译,杨昌裕校,商务印书馆1985年版,第133页。
② 霍布斯:《利维坦》,黎思复、黎廷弼译,杨昌裕校,商务印书馆1985年版,第128页。
③ 霍布斯:《利维坦》,黎思复、黎廷弼译,杨昌裕校,商务印书馆1985年版,第129页。
④ 霍布斯:《利维坦》,黎思复、黎廷弼译,杨昌裕校,商务印书馆1985年版,第131—133页。

虽然约翰·洛克对于"自然状态"的设想不同于霍布斯,但是,在洛克看来,在自然状态中,"人人有惩罚别人的侵权行为的权力,而这种权力的行使既不正常又不可靠,会使他们遭受不利,这就促使他们托庇于政府的既定的法律之下,希望他们的财产由此得到保障。正是这种情形使他们甘愿各自放弃他们单独行使的惩罚权力,交由他们中间被指定的人来专门加以行使;而且要按照社会所一致同意的或他们为此目的而授权的代表所一致同意的规定来行使。这就是立法和行政权力的原始权利和这两者之所以产生的缘由"①。因此,人类联合成社会的目的是"用整个社会的集体力量来保障和保护他们的财产,并以经常有效的规则来加以限制"②,这种长期有效的规则是人们生活的准绳。"这种规则为社会一切成员所共同遵守,并为社会所建立的立法机关所制定。这是在规则未加规定的一切事情上能按照自己的意志去做的自由,而不受另一人的反复无常的、事前不知道的和武断的意志的支配……"③ 因此,洛克认为,所有的国家权力及其行使均应以这种规则为基础,受到这些规则的约束和制约,这种规则就是"法律",并且应当是公开的、有效的"法律":"谁握有国家的立法权或最高权力,谁就应该以既定的、向全国人民公布周知的、经常有效的法律,而不是以临时的命令来实行统治;应该由公正无私的法官根据这些法律来裁判纠纷;并且只是对内为了执行这些法律……才得使用社会的力量。而这一切都没有别的目的,只是为了人民的和平、安全

---

① 洛克:《政府论》(下篇),叶启芳、瞿菊农译,商务印书馆1996年版,第78页。
② 洛克:《政府论》(下篇),叶启芳、瞿菊农译,商务印书馆1996年版,第85页。
③ 洛克:《政府论》(下篇),叶启芳、瞿菊农译,商务印书馆1996年版,第16页。

和公众福利。"① 洛克指出:"无论国家采取什么形式,统治者应该以正式公布的和被接受的法律,而不是以临时的命令和未定的决议来进行统治……一方面使人民可以知道他们的责任并在法律范围内得到安全和保障,另一方面,也使统治者被限制在他们的适当范围之内,不致为他们所拥有的权力所诱惑……"②

洛克的论述实际上涵括了我们通常所说的"法治"的两个重要方面的内容:一是限制国家的权力,二是保障个人的权利和自由。这两个方面也是近现代宪法的重要内容。据考析,德语中的"宪法"(Verfassung)一词,最早出现在14世纪,但其含义与其现代意义无涉,法律上的协约、关于争端的调解协议等均可以被称为"宪法",其中涵括了社会共同生活的多个层面和多种形式。"宪法"之具有政治和国家法意义上的内涵是自16世纪开始从政治和法律规则中发展和抽象出来的,尤其是对政治体、王室和政治联盟的实际状况的描述。基于自然法理论以及美国和法国革命的影响,宪法的概念在18世纪具有了规范性的内容,其政治性功能在19世纪达到高潮——通过权力分立和对国家权力的法律控制来保障个人的权利和自由。在20世纪,宪法的概念具有了"内在性差别":一方面,如格奥尔格·耶利内克(Georg Jellinek)所言,"每一个国家都有一部宪法……是必要的";另一方面,通过适用宪法来实现特定的国家统治成为可能。③ 宪法不仅成为一个国家存在的正当性和合法性基础,也是一个国家的制

---

① 洛克:《政府论》(下篇),叶启芳、瞿菊农译,商务印书馆1996年版,第80页。
② 洛克:《政府论》(下篇),叶启芳、瞿菊农译,商务印书馆1996年版,第85—86页。
③ Vgl. Adalbert Erler u. a. (Hrsg.), Handwörterbuch zur deutschen Rechtsgeschichte (V. Band), Berlin 1998, S. 698-699.

度基础。

宪法的优先性可追溯至上帝之法①或自然法所具有的优先性，即上帝之法或自然法是最高的规范，统治者及其颁布的法律亦要受其约束或以其为基础。托马斯·阿奎那将人类的法律称为"mensura mensurata"，是从自然法规范推导而来的。若人类的法律违反了自然的法律，就不再是法律，而是堕落或者败坏的法律（Gesetzesverderbnis），不能将其用以审判或司法实践。② 这种在中世纪明确的、脱胎于明晰概念的法律等级的思想通过西班牙的后期经院哲学为近代的法律思想所承继，其中以格劳秀斯、沃尔夫（Christian Wolff）、瓦特尔（Emer de Vattel）为代表，在他们那里，神学被哲学所代替。③ 自然法不仅包括了人的"天赋权利"（或曰"自然权利"），而且也成为法律的等级观念的基础。在神圣罗马帝国，以波希米亚的胡斯（约1373—1415）等人为代表的教会改革派也主张，教皇和教会应服从自然法和神法的统治。

在斯宾诺莎看来，人是自然的一部分，所以人类要遵从人性的必然性，亦即遵从自然本身，也就是要遵从"神律"，因而人的法律要遵从"神律"："神律是一种基于人的命令的律，称之为神律是由于其

---

① 斯宾诺莎论道："上帝之被说成是一个立法者或者国君，称他是公正的、仁慈的等等，只是因为迁就一般人的理解力与一般人不完善的知识。"所以，"理智并不把上帝看做是人的立法者"，"以上帝为人的立法者这种想法证明是无知"。参见斯宾诺莎：《神学政治论》，温锡增译，商务印书馆1997年版，第74页。

② Christian Starck, Vorrang der Verfassung und Verfassungsgerichtsbarkeit, in: Christian Starck, Albert Weber (Hrsg.), Verfassungsgerichtsbarkeit in Westeuropa, Teilband 1: Berichte, Baden-Baden 1986, S. 15.

③ Christian Starck, Vorrang der Verfassung und Verfassungsgerichtsbarkeit, in: Christian Starck, Albert Weber (Hrsg.), Verfassungsgerichtsbarkeit in Westeuropa, Teilband 1: Berichte, Baden-Baden 1986, S. 15-16.

目的的性质。"① "神律"是普遍的，是一切人所共有的，"是从普遍的人性里抽释出来的"，"神律的最高报酬就是这个律自身"，亦即最高的善和最高的幸福——"爱上帝"和"了解上帝"。② 他还指出，"公正"是"尊重别人权利的一种恒常的意志"，这种意志是发自内心的，是源于"善"的，而不是因为害怕违反法律受到惩罚而尊重别人的权利，即"凡为法律所辖制的人不能因为守法即为一公正之人"。③ 所以，在斯宾诺莎那里，"神律"与"自然"是最高的，也是"明明可知的"，人律要遵从"神律"，不能与"神律"相违背。

爱德华·柯克爵士（Sir Edward Coke, 1552—1634）在1610年关于"卡尔文案"（Calvin's Case）的法律报告中阐述了他的自然法思想："1. 依照自然法，臣民对主权者的忠诚与服从是正当的；2. 自然法是英国法的一部分；3. 这种自然法先于世界上任何审判所采用的法律或国内法；4. 自然法是永恒的，不能被改变。"④ 柯克还提出："上帝在造人的时候，为了保全和指导人类而在人心中注入了自然法。它就是Lex aeterna，即道德法，也称为自然法。这种法由上帝的手指写在人的心灵上，在摩西书写法律之前，上帝的子民长期以来一直由这种法管理着……"⑤ 所以，柯克的论述很明确，自然法即"上帝之法"，它先于国家和人类社会而存在，同时，自然法是一个国家法律的有机组成部分，其效力高于一国的制定法。

---

① 斯宾诺莎：《神学政治论》，温锡增译，商务印书馆1997年版，第66—67页。
② 斯宾诺莎：《神学政治论》，温锡增译，商务印书馆1997年版，第68—70页。
③ 斯宾诺莎：《神学政治论》，温锡增译，商务印书馆1997年版，第67页。
④ 爱德华·S.考文：《美国宪法的"高级法"背景》，强世功译，李强校，生活·读书·新知三联书店1996年版，第44页。
⑤ 爱德华·S.考文：《美国宪法的"高级法"背景》，强世功译，李强校，生活·读书·新知三联书店1996年版，第44页。

被誉为英格兰最伟大的法学家之一的布莱克斯通（William Blackstone，1723—1780）认为，所有生命和事物都"自然而然地遵循着一种神奇的方式在运行着，并受到伟大的造物主所设定的永恒正确的规律的指引"，人作为造物主的一种创造物，"不可避免地受其创造者所设定的规制的控制"，"在所有方面均须遵从其创造者的意志"，这种造物主的意志就是"自然法"。① 所以，在最普遍、最广泛的意义上，法律就是一种"运动规律"，这种运动规律是由某些地位较高者预先设定的，所有地位较低者都必须予以遵守。② 所以，布莱克斯通在《英国法释义》的"导论"中写道："自人类存在之日起便由上帝亲自制定自然法，其所具有的约束力理所当然地高于其他任何法律。这种约束力无时不有，无所不在，所有与之抵触的人类法律均归于无效。至于那些有效的人类法律所具有的全部的强制力和权威性，也都直接或间接地源于自然法。"③ 同时，造物主将法律的公平正义与每个人的幸福紧密地联系在一起，因此，人类要认识自然法，探寻自然法的基本原则，必须依靠人类的"正确的理性"。④ 布莱克斯通所说的"理性"亦即洛克所言的"人的意识"，"因为，既然自然法是不成文的，除在人们的意识之外无处可找，如果没有专职的法官，人们由于情欲或利害关系，便会错误地加以引证或应用而不容易承认自己的

---

① 参见威廉·布莱克斯通：《英国法释义》（第一卷），游云庭、缪苗译，上海人民出版社2006年版，第50—51页。
② 参见威廉·布莱克斯通：《英国法释义》（第一卷），游云庭、缪苗译，上海人民出版社2006年版，第50页。
③ 威廉·布莱克斯通：《英国法释义》（第一卷），游云庭、缪苗译，上海人民出版社2006年版，第53页。
④ 参见威廉·布莱克斯通：《英国法释义》（第一卷），游云庭、缪苗译，上海人民出版社2006年版，第52页。

错误"①。

无论在古代中国还是西方,人类社会法律的发展与宗教和道德存在密切关系,相互之间存在重要影响。如梅因所指出的:"把法律从道德中分离出来,把宗教从法律中分离出来,则非常明显是属于智力发展的较后阶段的事。"② 诸多研究表明,西方的宪法观念和法律理论根植于其基督教信仰及与之相关的政治思想,③ 现代西方国家的法律制度是建立在过去两千年中基督教所创造的各种心理基础和诸多价值之上的。④ 但是,法律不同于宗教,人类对法律的认知和遵从也不同于宗教信仰。在西方,从"自然法"向"实在法"转化的过程中,人的"理性"起到根本性作用,经过人的理性"转化"之后的"自然法"或"上帝之法"成为适用于人类社会的法律。所以,在洛克看来,用以限制国家权力以及保障个人权利和自由的"法律"必须是这种通过人的"理性"而产生的"法律",其中,立法者的"理性"尤为重要。按照这样的逻辑,执法者履行职权必须以这种"法律"为基础:"立法或最高权力机关不能揽有权力,以临时的专断命令来进行统治,而是必须以颁布过的经常有效的法律并由有资格的著名法官来执行司法和判断臣民的权利。"⑤

博登海默将古典自然法哲学的发展分为三个阶段,其中第一个阶

---

① 洛克:《政府论》(下篇),叶启芳、瞿菊农译,商务印书馆1996年版,第84页。
② 梅因:《古代法》,沈景一译,商务印书馆1959年版,第10页。
③ 参见卡尔·J. 弗里德里希:《超验正义:宪政的宗教之维》,周勇、王丽芝译,生活·读书·新知三联书店1997年版,第4页。
④ 参见伯尔曼:《法律与宗教》,梁治平译,中国政法大学出版社2003年版,"代译序",第6页。
⑤ 洛克:《政府论》(下篇),叶启芳、瞿菊农译,商务印书馆1996年版,第84页。

段是"文艺复兴和宗教改革以后发生的从中世纪神学和封建主义中求解放的过程",其主要标志是新教的兴起和政治上的开明专制。① 在这一阶段以及此后的发展过程中,人的"理性"得到重视并且在法律的发展中发挥了重要作用,人们通过"理性"来制定法律规则,同时,法律的功能和作用的范围不断扩大。

近代早期以来,立法也遵循着"理性"和"法治"的理念,或者说以"理性"和"法治"的理念为基础,其中法典编纂和"调控性立法"是两种重要的立法方式。从总体上看,法典编纂的目的在于将流传下来的法院惯例(usus fori)与学术理论统一化和系统化并以法典的形式表现出来。② 在本质上,法典编纂是追溯既往的,因为它的中心目标就是对法官造法和学术界系统化的长期成果予以体系化,埃塞尔将法典编纂释义为"在深奥的法学中追溯完善的系统知识"③。与法典编纂相比,"调控性立法"的发展规模和适用的范围都在不断扩大,其典型特征是与政治有着紧密的联系。调控性立法起因于特定的政治目的,而这种政治目的的实现需借助于作为政治行为工具的规范制定,因此,立法在国家制度建构和制度发展过程中一直充当着重要的行动工具和调控工具。"它是一种政治工具,用来为政府和行政

---

① 参见博登海默:《法理学:法律哲学与法律方法》,邓正来译,中国政法大学出版社1999年版,第41页。

② Thomas Simon, Was ist und wozu dient Gesetzgebung? Kodifikation und Steuerungsgesetzgebung: Zwei Grundfunktionen legislativer Normsetzung, in: Gerald Kohl, Christian Neschwara, Thomas Simon (Hrsg.), Festschrift für Wilhelm Brauneder zum 65. Geburtstag. Rechtsgeschichte mit internationaler Perspektive, Wien 2008, S. 640.

③ Thomas Simon, Was ist und wozu dient Gesetzgebung? Kodifikation und Steuerungsgesetzgebung: Zwei Grundfunktionen legislativer Normsetzung, in: Gerald Kohl, Christian Neschwara, Thomas Simon (Hrsg.), Festschrift für Wilhelm Brauneder zum 65. Geburtstag. Rechtsgeschichte mit internationaler Perspektive, Wien 2008, S. 641.

部门实现一定的制度目的。"① 在中世纪政治理论的比喻中，它就是那个舵，使国王的水手能够像驾驭舟船那样驾驭其所意欲控制的政治组织。② 因此，"调控性立法"以将来的预期为目标，具有调整"社会整体状况"变化的功能。立法者常以这种立法行为力求规制个别问题的裁决，限制司法机构的自由裁判。③

二、作为"高级法"的"基本法律"

虽然自然法可以为世俗国家的法律提供"高级法"的基础，但是在实际效力方面还是有明显的"缺陷"。在此，我们或许可以求助于"契约"思想，将其作为"统治契约"观念的基础，或者作为统治者和各阶层之间"契约"的基础。这种意义上的"契约"即为"基本法律"（leges fundamentales），国家的权力亦应依据"基本法律"行使，因为在自然法上，"约定必须遵守"（pacta sunt servanda）是一个基本的原则。因此，在自然法和契约观念的基础上，"基本法律"（或曰"宪法"）规范的优先性得以确立。④ 所以，这种导源于自然法理论的观念被应用于以契约为基础的"基本法律"或宪法，这些"基本

---

① Thomas Simon, Was ist und wozu dient Gesetzgebung? Kodifikation und Steuerungsgesetzgebung: Zwei Grundfunktionen legislativer Normsetzung, in: Gerald Kohl, Christian Neschwara, Thomas Simon (Hrsg.), Festschrift für Wilhelm Brauneder zum 65. Geburtstag. Rechtsgeschichte mit internationaler Perspektive, Wien 2008, S. 639.

② Thomas Simon, „Gute Policey". Ordnungsleitbilder und Zielvorstellungen politischen Handelns in der frühen Neuzeit, Frankfurt am Main 2004, S. 47.

③ Thomas Simon, Was ist und wozu dient Gesetzgebung? Kodifikation und Steuerungsgesetzgebung: Zwei Grundfunktionen legislativer Normsetzung, in: Gerald Kohl, Christian Neschwara, Thomas Simon (Hrsg.), Festschrift für Wilhelm Brauneder zum 65. Geburtstag. Rechtsgeschichte mit internationaler Perspektive, Wien 2008, S. 639-640.

④ Christian Starck, Vorrang der Verfassung und Verfassungsgerichtsbarkeit, in: Christian Starck, Albert Weber (Hrsg.), Verfassungsgerichtsbarkeit in Westeuropa, Teilband 1: Berichte, Baden-Baden 1986, S. 19.

法律"或宪法成为具有较高等级的实在法,并且至少部分地涵括了实在化了的自然法。① 在此意义上,自然法在两个方面提供了重要基础:在内容方面,提供了人的"自然权利"或"天赋权利"的观念,为个人免受国家权力的不法侵害提供了理论上的基础;在形式方面,提供了法律规范等级观念的基础,因为自然法或上帝之法具有最高的效力。

在中世纪的西欧,如维诺格拉多夫(Paul Vinogradoff)所言,"封建制度"② 占据了支配地位,但是我们不可能对其准确地予以定义,因为各个地区在不同时期的发展程度是不一样的,所以各个地区的"封建制度"都各具特色。③ 尽管如此,西欧的封建制度既体现出一种人身关系,也体现出一种财产关系,其中既包含私权利,也涵括公义务,同时也具有忠诚和服务的意涵。领主和封臣之间的这种关系亦类似于一种契约关系,契约双方既享有一定的权利和利益,又需承担一定的义务和责任。马克·布洛赫认为:"附庸的臣服是一种名副

---

① Christian Starck, Vorrang der Verfassung und Verfassungsgerichtsbarkeit, in: Christian Starck, Albert Weber (Hrsg.), Verfassungsgerichtsbarkeit in Westeuropa, Teilband 1: Berichte, Baden-Baden 1986, S. 16.

② 这里姑且以"封建制度"称之。据析,"Feudal"系 17 世纪法国和英国的法学家为论述中世纪的"法律制度"、法律习俗及政治机构而创造的一个概念,该词源于法语中的"领地"(feu、feud 或 feudum),并由此产生了"feudalism"的概念。弗朗索瓦·冈绍夫认为,它"创造并规定了一种自由人(附庸)对另一种自由人(领主)的服从和役务——主要是军役——的义务,以及领主对附庸提供保护和生计的义务"。《简明不列颠百科全书》将"封建主义"的基本特性概括如下:"一种以土地占有权和人身关系为基础的关于权利和义务的社会制度。在这种制度中,封臣以领地的形式从领主手中获得土地。封臣要为领主尽一定的义务,并且必须向领主效忠……在这样的社会里,那些完成官方任务的人,由于同他们的领主有私人的和自愿的联系,接受以领地形式给予的报酬,这些领地可以世袭。封建主义的另外一个方面是采邑制或庄园制,在这种制度中,地主对农奴享有广泛的警察、司法、财政和其他权利。"参见冯天瑜:《"封建"考论》(第二版),武汉大学出版社 2007 年版,第 146—152 页。

③ 参见乔治·萨拜因:《政治学说史:城邦与世界社会》(第四版),托马斯·索尔森修订,邓正来译,上海人民出版社 2015 年版,第 340 页。

其实的契约,而且是双向契约。如果领主不履行诺言,他便丧失其享有的权利。因为国王的主要臣民同时也是他的附庸,这种观念不可避免地移植到政治领域时,它将产生深远的影响。"① 虽然在这种契约中,双方的地位是不平等的,但是他们之间存在着相互依存的义务关系:附庸(封臣)服从的条件是领主认真履行契约所规定的义务。② 在《封建社会》一书的最后,马克·布洛赫指出,西欧封建主义的独特性在于,它强调一种可以约束统治者的契约观念,并且给西欧文明留下了人们"现在依然渴望拥有的某种东西"③。无疑,这种人们"现在依然渴望拥有的某种东西"中的重要一种就是马克·布洛赫所述的通过封建制度来约束统治者的"契约观念"及以此为基础的法律观念。

尽管这种"封建契约"的观点受到一些学者的批评,但是借助于这种观点,我们可以更好地理解神圣罗马帝国的制度状况以及自1495年开始的"帝国改革"(Reichsreform)④ 所体现出的一些思想观念。在神圣罗马帝国,这种领主和封臣(附庸)之间的契约关系体现得更为明显。被誉为神圣罗马帝国最伟大的国家法专家的约翰·斯蒂芬·

---

① 马克·布洛赫:《封建社会》(下卷),李增洪、侯树栋、张绪山译,张绪山校,商务印书馆2004年版,第712页。
② 参见马克·布洛赫:《封建社会》(上卷),张绪山译,郭守田、徐家玲校,商务印书馆2004年版,第367页。
③ 马克·布洛赫:《封建社会》(下卷),李增洪、侯树栋、张绪山译,张绪山校,商务印书馆2004年版,第714页。
④ 神圣罗马帝国的"帝国改革"始于1495年,但是对于"帝国改革"的时间下限,学术界则没有达成统一的认同。多数学者将其限定为1495年至1521年(或者延至"第二帝国咨政院"结束),但是此时的帝国改革远未结束,也有少数学者将其下限延至1555年《奥格斯堡宗教和约》的达成。但是,直至1648年的《威斯特伐利亚和约》才对帝国的相关问题,特别是帝国改革所涉及的诸多问题作出终局性的规定。参见王银宏:《1495年"帝国改革"与神圣罗马帝国和平秩序建构之制度困境的反思》,载《比较法研究》2016年第4期。

皮特（Johann Stephan Pütter, 1725—1807）在1784年论道，神圣罗马帝国"是由联系松散的主权国家组成，如同欧洲国家之联合"。神圣罗马帝国可被视为一个由一些具有"较大独立性"的世俗和教会领地通过"契约关系"而联合在一起的集合体。在神圣罗马帝国，皇帝①也是这种契约关系中的一方当事人。作为帝国的"统治者"的皇帝与帝国各阶层之间的"统治契约"成为帝国得以存续的重要基础。在此意义上，这种"统治契约"即帝国的"基本法律"或曰"宪法"。最晚自17世纪开始，这种"基本法律"（Grundgesetze）的观念在欧洲国家的政治理论和法律实践中发挥了重要作用，并且"始终与有意识地限制权力相关联"②。在神圣罗马帝国，这种"基本法律"在限制帝国皇帝的权力方面起到重要作用。

神圣罗马帝国的这种"基本法律"观念体现为帝国议会通过的诸多"帝国基本法"（Reichsgrundgesetz），包括1356年《金玺诏书》、1495年《永久和平条例》、1555年《奥格斯堡宗教和约》、1648年《威斯特伐利亚和约》以及自卡尔五世在1519年当选为帝国皇帝之后每位帝国皇帝的当选者与选侯之间签署的《选举让步协议》（Wahlkapitulation）等。这些"帝国基本法"既体现出"契约"的观念特性，也具有法律效力方面的优先性。例如，1495年《永久和平条例》规定，无论其特权和地位如何，任何人都不得藐视该条例，任何法律亦不能废除该条例，与此相对立的特权、习俗和结盟亦被禁止（第9条、第11条）。

---

① 选侯们选出"德意志国王"或"罗马人的国王"，经加冕后成为神圣罗马帝国的皇帝，帝国的皇帝同时也是其家族的世袭领地的统治者。

② Christian Starck, Vorrang der Verfassung und Verfassungsgerichtsbarkeit, in: Christian Starck, Albrecht Weber (Hrsg.), Verfassungsgerichtsbarkeit in Westeuropa. Teilband 1: Berichte, Baden-Baden 1986, S. 16.

值得注意的是，神圣罗马帝国的这些"帝国基本法"并非自始就被称为"帝国基本法"并发挥"帝国基本法"的作用，而是在之后的历史发展过程中被赋予了"基本法律"的地位和意义。例如，将1356年《金玺诏书》称为"帝国基本法"的官方表述，最早可见于费迪南三世（Ferdinand III）1636年的《选举让步协议》。① 至于1555年《奥格斯堡宗教和约》，虽然它规定了天主教与路德新教之间的"宗教和解"以及帝国阶层的宗教自由，也体现出一定程度的"宗教宽容""权利保障"与"利益保护"的观念，但是，"宗教宽容"和"权利保障"并非当时各方的主观意愿和主要目的，在很大程度上是各方妥协的产物和不得不做出的让步。② 在之后的历史发展过程中，1555年《奥格斯堡宗教和约》完成了"意义的转化"，从一种临时性的宗教解决方案转变为体现了宗教自由和宗教平等的"神圣的帝国基本法"。③ 1648年《威斯特伐利亚和约》也是如此。《威斯特伐利亚和约》规定了较为广泛的宗教自由和宗教平等的内容，并且试图以此为基础来实现当时神圣罗马帝国内部的宗教和平与世俗秩序，同时还规定在仍然存在宗教争端的地区，在达成友好的宗教协议之前，各方应和平共处，彼此尊重，任何一方不得干扰另一方的宗教活动、教堂仪

---

① 对《金玺诏书》的第一次学术讨论出现在1610年，时值普法尔茨选侯家族的两个分支就后来的普法尔茨选侯弗里德里希五世（Friedrich V der Winterkönig, 1610—1623年在位）的监护问题以及与之相关的选侯权力问题爆发争论。Vgl. Armin Wolf, Die Goldene Bulle, Graz 2002, S. 90, FN 67.
② 参见王银宏：《人性、宗教信仰与帝国秩序——1555年〈奥格斯堡宗教和约〉及其规制意义》，载《史学月刊》2019年第11期。
③ Martin Heckel, Der Augsburger Religionsfriede. Sein Sinnwandel vom provisorischen Notstands-Instrument zum sakrosankten Reichsfundamentalgesetz religiöser Freiheit und Gleichheit, in: Joachim Gaertner, Erika Godel (Hrsg.), Religionsfreiheit und Frieden. Vom Augsburger Religionsfrieden zum europäischen Verfassungsvertrag, Frankfurt am Main 2007, S. 13.

式及对教堂的使用。而《奥斯纳布吕克和约》① 第 5 条更是明确指出，更为广泛的宗教自由协议仍未达成，但是期待各方在下一届帝国议会或其他地方以友好的方式进行调停或斡旋。在此意义上，特鲁茨·伦托夫（Trutz Rendtorff）认为，1648 年《威斯特伐利亚和约》可以被看作是一种"暂时的妥协"方案。② 就此而言，《威斯特伐利亚和约》在国际法史上具有重要地位，被视为"近代国际法的开端""欧洲公法的开端""在宗教信仰方面保障少数人权利的国际法""奠定国家主权及其相互之间平等的基础"等，③ 其重要原因在于《威斯特伐利亚和约》在之后的历史发展过程中因其自身的内容而"被赋予了"这些历史意义。

在德意志地区，"基本法律"虽然不是现代意义上的宪法，但是同样包含了高于一般性规范的观念，这首先体现在王位继承法、皇帝与帝国各阶层之间订立的基本性契约——"帝国基本法"之中，所以，17、18 世纪的德意志国家法理论首先涉及的是这些"基本法律"的效力以及与统治者的"主权"相关的问题。④ 在奥地利宪法史著作中，"宪法"在实质意义上大多是作为"国家组织法"来理解的，因

---

① 1648 年《威斯特伐利亚和约》由《奥斯纳布吕克和约》和《明斯特和约》组成，最终于 1648 年 10 月 24 日分别在当时的奥斯纳布吕克和明斯特签署，其原称分别是《神圣罗马皇帝与瑞典女王以及其同盟者之间的和平条约》和《神圣罗马皇帝与法兰西国王以及其同盟者之间的和平条约》。

② Trutz Rendtorff, Religion und Konfession. Zur Bedeutung des Westfälischen Friedens von 1648 für den politischen Rechtsfrieden, in: Leviathan, Vol. 27, No. 2, 1999, S. 239.

③ Meinhard Schröder, Der Westfälische Friede—eine Epochengrenze in der Völkerrechtsentwicklung?, in: Meinhard Schröder (Hrsg.), 350 Jahre Westfälischer Friede: Verfassungsgeschichte, Staatskirchenrecht, Völkerrechtsgeschichte, Berlin: Duncker & Humblot GmbH, 1999, S. 120-121.

④ Christian Starck, Vorrang der Verfassung und Verfassungsgerichtsbarkeit, in: Christian Starck, Albert Weber (Hrsg.), Verfassungsgerichtsbarkeit in Westeuropa, Teilband 1: Berichte, Baden-Baden 1986, S. 19.

而，哈布斯堡家族的王室法、继承法及 1713 年《关于哈布斯堡领地继承权的王室法》等均属于"宪法"，因为在一个绝对主义君主国中，关于王位继承的规定是最重要的宪制问题。① 因而，所谓神圣罗马帝国的"宪法"并不是近现代国家法意义上具有统一的成文形式的法律性文件，其毋宁是在"基本法律"的观念下对传统惯例、习俗以及实践中所确立和适用的规范的确认。尽管如此，这种"基本法律"观念及其所具有的优先性地位奠定了近现代宪法在一国法律体系中的效力基础。

第二节 "法治"观念的基本意涵

人类历史上最初对国家权力的限制和对个人权利与自由的保障并非制度设计的结果，其毋宁是政治和法律实践中权力/权利斗争与妥协的结果，或者是对选举或是对某个职位任命的回报而做出的承诺。在国家的历史发展过程中，对国家（或君主）权力的限制逐渐成为国家结构和政治理论方面的重要问题，成为国家制度、政体设计的重要内容和重要目的。然而，这个问题与诸多其他问题联系在一起，如人民、民主、人民代表、主权、权力分立、行使不同权力的国家机构的地位、各类官员包括行使司法裁判权的法官的任命及其权力和法律地位等一系列问题。对这些问题的解答和思考几乎都要涉及人民的权利和自由及其与国家权力之间的关系问题。

"我们认为下述真理是不言而喻的：人人生而平等，造物主赋予他们若干不可让与的权利，其中包括生存权、自由权和追求幸福的权

---

① Kurt Heller, Der Verfassungsgerichtshof, Wien 2010, S. 85.

利。"美国1776年《独立宣言》的这段话已为我们所熟知，其中规定的既是"自然权利"（或曰"天赋权利"），也是当时人的一种理想或者追求。目前，世界各国的宪法和法律中只有少数规定了这种关于自然法或者自然权利的内容。在当时的时代，这种论说是具有开创性、革命性的，对当时的欧洲国家也产生了深远的影响。同时，这种自然法观念或"自然权利"规定也反映出人们的理性认知、启蒙运动的影响以及当时的社会法律思潮与法律观念。

1776年《独立宣言》和1789年《人权和公民权宣言》这些两百多年前的法律文献中所宣称的"自然权利"，现在多已成为具有实在法性质的宪法上的"基本权利"。对基本权利的保障是法治国家的一个重要方面，它既是一种手段，也是目的本身。如何保障公民的基本权利，是每一个国家都要面对的重要问题，公民的基本权利保障不可能脱离当时的历史环境、政治环境和法治基础而单独存在，它是与限制国家和政府的权力相始终的。限制国家权力和政府权力的方式和类型有很多，但是将国家权力和政府权力分由多个机构或个人行使是一种较为有效的方式，亦即西方国家通常所谓的"权力分立"。而接下来要考虑的一个重要问题是，如何限制和约束这些由多个机构或个人行使的权力。无疑，通过法治的方式，让这些权力依据法律而行使并且对其进行法律上的制约和监督是较为可行的方式。然而，如何从理论上对此加以理解和阐释，其理论渊源是什么？为什么要制约国家的权力和保障个人的权利？对这些问题的回答，我们需要追溯"法治"的渊源及其发展。

一、"法治"观念及其渊源

亚里士多德在《政治学》中提出，"法治应包括两重意义：已成立的法律获得普遍的服从，而大家所服从的法律又应该本身是制定得良好的法律"，"邦国虽有良法，要是人民不能全都遵循，仍然不能实现法治"。① 亚里士多德的这种法治观念对西方近代法治思想和法治理论产生了重要影响。英格兰 19 世纪的法学家戴雪（Albert Venn Dicey, 1835—1922）在《英宪精义》中指出"法治"包括三个方面的含义：一是国法的"至尊"性，摈除一切特权，人民惟受法律治理；二是法律面前人人平等，一切阶级或个人均受命于法律；三是法院与议会以法律规定国家机构的权力，保障个人的权利。② 斯坦福大学教授劳伦斯·M.弗里德曼指出作为"法治"观念基础的三个核心原则：一是法律的效力和权威必须源于法律本身；二是法律团体应当根据法律作出决定并得到公民的信赖；三是法律面前人人平等，任何人都不能成为该法治原则的例外。③ 约翰·菲尼斯认为，法治是法律体系在法律上达到的一种良好状态，是法律体系所特有的一种美德，应当实现法治原则的制度化。他提出了法治的八项基本要求：（1）法律规则是适用于未来的，而非溯及既往的；（2）法律规则并非以任何方式都不可能遵守；（3）法律规则要公布；（4）法律规则是明确的；（5）法律规则是彼此协调的；（6）法律规则是相当稳定的，以使人们能根据规则指引行为；（7）适用于相对特定情形的法令和命令的制定受已公布的、清晰的、稳定的和较为一般性的规则的指导；（8）以官方身份制定、实施和适用规则的人，负有责任遵守那些适用于他们的行为的规则，并且以前后一致和符合法律精神的方式执行法律。这八

---

① 亚里士多德：《政治学》，吴寿彭译，商务印书馆 1965 年版，第 202 页。
② 参见戴雪：《英宪精义》，雷宾南译，中国法制出版社 2001 年版，第 244—245 页。
③ 参见劳伦斯·M.弗里德曼：《法治、现代化和司法制度》，载宋冰编：《程序、正义与现代化》，中国政法大学出版社 1998 年版，第 106—107 页。

项基本要求涉及诸多"法治化"的制度和程序。①

上述"法治"的含义基本得到人们的普遍认同，概言之，法治国家的所有作用"都是以法律的形式决定的"②。因此，"法治"意味着"法的统治"，是一种以法律至上为原则、严格依法办事和依法行使权力的治国理政原则和基本方式，法治要求作为反映社会主体共同意志和根本利益的法律具有至高的权威和最高的效力，要求国家事务管理和社会治理等诸多方面均以宪法法律为基础，其基本要求是依法而治，要求法律在全社会得到有效的实施、普遍的遵守。③ 而"法治"理念中的宪法法律体现出一个国家和社会的公平正义观念，也是公平正义的重要载体。

历史地看，如果一种生产方式"持续一个时期，那么，它就会作为习惯和传统固定下来，最后被作为明文的法律加以神圣化"④。在法律的历史发展过程中，"最后被作为明文的法律加以神圣化"的内容多是人们认为的能够体现出公平正义的内容或者能有效地维护公平正义的内容。所以，法律体现出人们对于公平正义的价值追求，而"法治"的确立基础在于人们对宪法和法律价值的认可。因此，亚里士多德说，"法律是最优良的统治者，法律能尽其本旨作出最适当的判决"⑤，"法律应在任何方面受到尊重而保持无上的权威"⑥，"法治应

---

① 参见黄文艺：《为形式法治理论辩护——兼评〈法治：理念与制度〉》，载《政法论坛》2008年第1期。
② 奥托·迈耶：《德国行政法》，刘飞译，商务印书馆2002年版，第60页。
③ 参见张文显主编：《法理学》（第五版），高等教育出版社2018年版，第366—368页。
④ 《马克思恩格斯文集》（第七卷），人民出版社2009年版，第897页。
⑤ 亚里士多德：《政治学》，吴寿彭译，商务印书馆1965年版，第174页。
⑥ 亚里士多德：《政治学》，吴寿彭译，商务印书馆1965年版，第195页。

当优于一人之治"①。

英国的"法治"（rule of law）和"法治"观念源于对国王权力的限制和约束。1215 年《大宪章》要求国王遵守其中的规定，尊重贵族及其臣属的权利，保障商人的权利和利益……其中第 39 条和第 40 条被视为"法治"的重要内容："凡自由民除经贵族依法判决或遵照内国法律之规定外，不得加以扣留、监禁、没收其财产、褫夺其法律保护权或加以放逐、伤害、搜查或逮捕"（第 39 条）；"朕不得对任何人滥用、拒绝或延搁权利或赏罚"（第 40 条）。② 而"法治"的概念及其原则的正式提出和确认则见于 1610 年英国下议院针对国王詹姆斯一世提出的《控诉请愿书》（The Petition of Grievances），该请愿书提出："在处于您尊贵的祖先、国王们和女王们治下的您阁下的臣民所享有的诸多其他幸福和自由中，在他们看来，没有什么比受确定的法治（certain rule of law）的引导和统治，而不受任何不确定的或专断的统治形式奴役更为珍贵。"③ 1641 年，英国废除一系列特权法庭尤其是星座法院（Star Chamber），"在此后 20 年的论战中，如何防止政府的专断行动日渐发展成了核心问题"，而判断一项政府的行动是否"专断"则"取决于该项行动是否符合既已存在的一般性的法律原则"。④ 在这种观念下，"所有行政官员的自由裁量权都应当受到法律的严格限制"，当时居于支配性的观点就是"法律应当为王"或者

---

① 亚里士多德：《政治学》，吴寿彭译，商务印书馆 1965 年版，第 171 页。
② 郑永流：《法治四章：英德渊源、国际标准和中国问题》，中国政法大学出版社 2002 年版，第 5—6 页。
③ 郑永流：《法治四章：英德渊源、国际标准和中国问题》，中国政法大学出版社 2002 年版，第 3 页。
④ 弗里德利希·冯·哈耶克：《自由秩序原理》，邓正来译，生活·读书·新知三联书店 1997 年版，第 212 页。

"法律即王"。①

1660年1月,在英国的王政复辟之前,《威斯敏斯特议会宣言》记载了宪法所应具有的基本原则:"对于一个国家的自由来讲,最为至关重要的乃是人民应当受到法律的统治,正义或司法只有通过对弊政(mal-administration)负有说明责任来加以实现;据此我们进一步宣告,任何涉及本国每个自由人的生命、自由和财产的诉讼(proceedings),都应当依本国的法律进行裁定,而且议会不得干预日常行政,也不得干涉司法机构的活动:规定人民享有免受政府之专断的自由,乃是本届议会的重要原则……"② 经过17世纪和18世纪的"自由法治"的发展,到18世纪末期,英国出现了功利自由主义法治和新自由主义法治的观念以及此后以戴雪为代表的"放任自由主义法治观"。③ 基于英国历史和社会现实的"法治"观念不断发展,"法治"的内涵也不断丰富。对于"法治"观念,不少学者坚持"形式法治观"。例如,布莱克斯通认为,为保障人民的生命、自由和财产,应消除专断法官的控制,法官的判决必须要受到法律的基本原则的制约,"尽管立法机构有可能会背离法律的基本原则,但是法官则必须服从这些基本原则"④。

德国的"法治国家"(Rechtsstaat)概念不同于英国的"法治"概念。德国的法治国家概念是从其国家理论中发展出来的,源于早期自

---

① 参见弗里德利希·冯·哈耶克:《自由秩序原理》,邓正来译,生活·读书·新知三联书店1997年版,第212页。
② 转引自弗里德利希·冯·哈耶克:《自由秩序原理》,邓正来译,生活·读书·新知三联书店1997年版,第213页。
③ 参见郑永流:《法治四章:英德渊源、国际标准和中国问题》,中国政法大学出版社2002年版,第13—80页。
④ 弗里德利希·冯·哈耶克:《自由秩序原理》,邓正来译,生活·读书·新知三联书店1997年版,第395页,注释85。

由主义的、受理性法影响的国家理论。根据恩斯特-沃夫冈·伯肯弗尔德（Ernst-Wolfgang Böckenförde）教授的论述，罗伯特·冯·莫尔（Robert von Mohl）在《符腾堡王国的国家法》（1829 年）中首次对一般国家法和政治进行了准确详细的探讨，卡尔·托德·威尔克（Carl Theodor Welcker）于 1813 年首次使用"法治国家"概念，而后，约翰·克里斯托夫·冯·阿莱汀男爵（Johann Christoph von Aretin）于 1824 年在《立宪君主国的国家法》中使用过。[①] 他们最初都将"法治国家"视为一种特殊的国家种类（或国家类型）。在他们看来，"法治国家"是"理性的国家"（卡尔·托德·威尔克）、"理智的国家"（罗伯特·冯·莫尔）、"依据理性的整体意志进行统治且仅以普遍的共同利益为目的"的国家（约翰·克里斯托夫·冯·阿莱汀男爵）。由此，最初的法治国家是"理性法国家，在这样的国家中，理性的原则在公众的共同生活中实现并且是为了公众的共同生活而实现"[②]。在伯肯弗尔德教授看来，康德在其"国家"概念即"国家是许多人依据法律组织起来的联合体"[③] 中所阐释的"法律"实质上已经是"理性的原则，这些原则显现出早期法治国家概念的形成特征并由国家法理论不断地予以发展和具体化"。依此，法律是国家的基础，而人民的意志则是法律的基础。在这样的一个联合体（国家）中，公民"作为人，享有社会每个成员所享有的自由；作为臣民，享有与其

[①] Ernst-Wolfgang Böckenförde, Entstehung und Wandel des Rechtsstaatsbegriffs, in: derselbe, Recht, Staat, Freiheit. Studien zur Rechtsphilosophie, Staatstheorie und Verfassungsgeschichte, Frankfurt am Main 1991, S. 144-145.

[②] Ernst-Wolfgang Böckenförde, Entstehung und Wandel des Rechtsstaatsbegriffs, in: derselbe, Recht, Staat, Freiheit. Studien zur Rechtsphilosophie, Staatstheorie und Verfassungsgeschichte, Frankfurt am Main 1991, S. 145.

[③] 康德：《法的形而上学原理》，沈叔平译，林荣远校，商务印书馆 2005 年版，第 138 页。

他人同样的平等；作为公民，享有每个国家成员所享有的独立自主"①。

基于不同时期法律思想的发展和法律实践的影响，德国的"法治国家"的观念经历了从形式法治国到实质法治国、从自由法治国到社会法治国的发展。无论怎样理解"法治"的含义，其本质内涵是不变的：限制和约束国家权力与政治统治，保障和维护个人的自由与权益。在法治国家中，国家权力依法行使，公民权益得到保障，社会秩序和谐稳定，公平正义得以实现。因此，真正的"良法善治"既包括形式法治的内容，也包括实质法治的内涵，不仅要坚持依法而治，而且要坚持公平正义、民主平等等价值追求。实质法治国的基本特征是，国家权力与某些最高位阶的法律原则或法律价值相联结，首要的是确立实质正义的法律状态，而非法律形式上对权利和自由的保障，这要求任何机构和个人的行为都不能逾越宪法的内在价值规定。② 在《永久和平论》中，康德论道："如果没有自由以及以自由为基础的道德法则的存在，而是一切发生的或可能发生的事情都仅仅只是大自然的机械作用，那么政治（作为利用这种作用来治理人的艺术）就完全是实践的智慧，而权利概念就是一种空洞的想法了。"③ 所以，在康德

---

① Ernst-Wolfgang Böckenförde, Entstehung und Wandel des Rechtsstaatsbegriffs, in: derselbe, Recht, Staat, Freiheit. Studien zur Rechtsphilosophie, Staatstheorie und Verfassungsgeschichte, Frankfurt am Main 1991, S. 147.

② Vgl. Werner Kaegi, Rechtsstaat und Demokratie, in: Demokratie und Rechtsstaat. FS Giacometti, Zürich 1953, S. 107–142; Helmut Quaritsch, Kirchen und Staat. Verfassungs- und Staatstheoretische Probleme der Staatskirchenrechtlichen Lehre der Gegenwart, in: Der Staat 1 (1962), S. 184–185; Ernst-Wolfgang Böckenförde, Recht, Staat, Freiheit: Studien zur Rechtsphilosophie, Staatstheorie und Verfassungsgeschichte, Frankfurt am Main: Suhrkamp 1992, S. 164–165.

③ 康德：《永久和平论》，载康德：《历史理性批判文集》，何兆武译，商务印书馆1996年版，第131页。

看来，自由和权利是相辅相成的，自由和以自由为基础的道德法则是实现权利的基础。依据恩斯特-沃夫冈·伯肯弗尔德教授的论述，"法治国家"包含以下几个方面的基本内容：

> 一是摈弃那些超越个人的国家观念和国家目标；国家并非神的馈赠或者神圣的制度，而是关涉所有个人的幸福和利益。国家制度应以自由、平等、自主的个人及其尘世生活目标为基准和出发点；其具体实施则系于国家的目的和具有合法性的理由……
>
> 二是相对于个人的自由、安全及其财产保障，国家的目的和任务有其限度，即保障个人自由和实现个人的自由发展。这并不意味着国家的权利保障功能是有限度的……
>
> 三是国家的组织机构和国家行为的规定符合理性的原则。其中最重要的是肯定和确认公民的基本权利（所谓的社会状态），如公民的自由（保障人身自由、信仰和良心自由、新闻自由、迁徙自由、契约自由和职业自由）、法律上的平等、对（所取得的）财产的保障；此外，还有法官的独立性（司法保障、刑事陪审）、责任（立宪）政府、法律统治、人民代表及其参与立法的权利……①

---

① Ernst-Wolfgang Böckenförde, Entstehung und Wandel des Rechtsstaatsbegriffs, in: derselbe, Recht, Staat, Freiheit. Studien zur Rechtsphilosophie, Staatstheorie und Verfassungsgeschichte, Frankfurt am Main 1991, S. 145.

二、公平正义的"法治"价值

尽管西方的法治有形式法治和实质法治的区分和论争，但是诸多国家的法治发展表明，真正的"法治"不能仅仅"依法而治"，而应有特定的价值追求，最基本的是坚持公平正义的价值追求。这种法治的要求可以用"拉德布鲁赫公式"来说明：当制定法违背正义达到"不能容忍的"地步时就应丧失法律效力，这一般被称为"不能容忍公式"；当制定法有意地否认正义（尤其是作为其核心的平等）时就应丧失法的地位或者法的性质，这可以称为"否认公式"。[①] 依此，法治应是具有内在正当性的规则之治，司法在维护形式法治的同时，还应注重实现实质法治及其所蕴含的公平正义。

（一）公平正义的价值追求

公平正义是人类永恒的价值追求。由于个人所处的社会环境、社会地位和世界观的不同，每个人对"正义"的理解都不尽相同，但是人作为"人"所具有的基本价值观和道德观念是相通的。这为我们理解和认识具有共通性的"公平正义"奠定了基础。古希腊的格劳孔与苏格拉底在辩论正义时认为，"那些做正义事的人并不是出于心甘情愿，而仅仅是因为没有本事作恶"，如果一个正义的人拥有了可以随心所欲做事的权力，那么他也会做不正义之事，所以人们需要"订法律立契约"，"把守法践约叫合法的、正义的。这就是正义的本质与起源。正义的本质就是最好与最坏的折中——所谓最好，就是干了坏事而不受罚；所谓最坏，就是受了罪而没法报复"。[②] 亚里士多德也认

---

① 参见雷磊：《再访拉德布鲁赫公式》，载《法制与社会发展》2015年第1期。
② 柏拉图：《理想国》，郭斌和、张竹明译，商务印书馆1986年版，第46页。

为，不同政体中的不同人对于正义各有其认识，都只看到正义的某些方面，所以，"要使事物合于正义（公平），须有毫无偏私的权衡；法律恰恰正是这样一个中道的权衡"。① 由此，正义是人们能接受和赞成的一种"折中"，而法律就是确立和维护这种"折中"的力量，其实际意义应该是"促成全邦人民都能进于正义和善德的（永久）制度"②。

另一种对"正义"的理解是柏拉图在《法律篇》中所认为的"善"，"这种善的概念控制着每个人并且影响到他的灵魂"，若每种行为都"与这种善相一致，并且人性的任何部分受善的控制，那么我们得管它叫'正义'，这是整个人类生活中最好的"。③ 此外，亚里士多德也认为，政治学上的"善"就是"正义"，正义是"社会性的品德"④，"是某些事物的'平等'（均等）观念"⑤。"由正义衍生的礼法，可凭以判断（人间的）是非曲直，正义恰正是树立社会秩序的基础。"⑥ 就此而言，正义本身就意味着秩序与和谐，亦即亚里士多德所述的"优良生活"和"自足而至善的生活"。⑦ 18、19 世纪的空想社会主义者提出的"公平""正义""平等""理性"等观念为马克思主义的公平正义观念提供了思想渊源和理论基础。在对现实社会生产关系有了深刻认识的基础上，马克思对西方资本主义的正义原则及其实

---

① 参见亚里士多德：《政治学》，吴寿彭译，商务印书馆 1965 年版，第 139、173 页。
② 亚里士多德：《政治学》，吴寿彭译，商务印书馆 1965 年版，第 142 页。
③ 柏拉图：《法律篇》（第二版），张智仁、何勤华译，商务印书馆 2016 年版，第 287 页。
④ 亚里士多德：《政治学》，吴寿彭译，商务印书馆 1965 年版，第 155 页。
⑤ 亚里士多德：《政治学》，吴寿彭译，商务印书馆 1965 年版，第 152 页。
⑥ 亚里士多德：《政治学》，吴寿彭译，商务印书馆 1965 年版，第 9 页。
⑦ 参见亚里士多德：《政治学》，吴寿彭译，商务印书馆 1965 年版，第 143 页。

践予以批判，提出了马克思主义的公平正义观，指出实现社会公平正义的关键是实现社会生产关系的合理化调整与变革，只有实现了"人的全面发展"的社会制度才是公正合理的制度。①

近现代的法治思想本身内含着宪法法律对于公平正义的价值追求。公平正义成为评判社会善恶的首要标准，自由、利益、效率、秩序等都是社会价值的组成之一，最终都要受到"公平正义"的评判和检验，由此，公平正义是评判社会文明程度的价值标准。② 在西方近现代的思想家那里，"正义"的概念越来越多地被用作评价社会制度的一种道德标准。③ 罗尔斯在进一步概括洛克、卢梭、康德的契约论的基础上，提出了"公平的正义"理论，并且提出"正义是社会制度的首要德性"的论断。④ 虽然罗尔斯提出的法治观念与"形式正义"相联系，但是，他认识到形式法治的局限性，指出法律制度在平等实施时可能包含着非正义，"类似情况类似处理"并不足以保证实质正义的实现。所以，在其正义原则的基础上，罗尔斯的法治主张实际上蕴含着实质法治的价值取向。⑤ 因此，公平正义首先是制度的公平正义，国家权力的行使必须统摄于公平正义的理念之下，并以实现公平正义作为最终的行为准则。⑥ 国家权力的行使不仅要实现实质正义，还要

---

① 参见何建华：《马克思的公平正义观与社会主义实践》，载《浙江社会科学》2007年第6期。
② 参见徐显明：《公平正义：当代中国社会主义法治的价值追求》，载《法学家》2006年第5期。
③ 参见约翰·罗尔斯：《正义论》（修订版），何怀宏、何包钢、廖申白译，中国社会科学出版社2009年版，"译者前言"，第4页。
④ 参见约翰·罗尔斯：《正义论》（修订版），何怀宏、何包钢、廖申白译，中国社会科学出版社2009年版，第3、9页。
⑤ 参见高鸿钧：《现代西方法治的冲突与整合》，载《清华法治论衡》2000年卷，第24—25页。
⑥ 参见徐显明：《公平正义：当代中国社会主义法治的价值追求》，载《法学家》2006年第5期。

实现确认权利义务和利益分配的过程与方式的正义，即程序正义。①

罗尔斯在《正义论》中阐述了原初状态中实现正义的两个原则：第一，每个人享有平等的权利与自由；第二，社会和经济的不平等应基于每个人对其利益的合理期望，并"依系于地位和职务向所有人开放"。前者涉及权利义务的分配以及确定和保障公民的平等、基本自由方面，后者调节社会和经济利益的分配以及规定与确立社会及经济不平等的方面。② 据此，平等自由的原则优先于机会的公正平等原则和差别原则，而机会的公正平等原则又优先于差别原则，亦即自由的优先性原则、正义对效率和福利的优先性原则。③ 在《正义论》的"修订版序言"中，罗尔斯指出，"公平的正义"问题"要留给每个国家的历史条件与传统、制度与社会力量去解决"。依此，每个国家实现"公平正义"的制度方式是不同的。

（二）程序正义

人类不仅有公平正义的价值追求，不断地对正义理念和正义理论进行研究和反思，同时也不断地探索实现公平正义的方式。司法公正是实现公平正义的重要方式。司法公正意味着司法活动的过程和结果体现公平、正义、平等等基本价值，其本质是公民正当的、合法的权利能够通过司法权自由地、平等地得到实现。司法公正包括实体公正和程序公正。实体公正注重的是诉讼结果的公平，即诉讼判决结果与

---

① 参见吕世伦、贺晓荣：《论程序正义在司法公正中的地位和价值》，载《法学家》1998年第1期。
② 参见约翰·罗尔斯：《正义论》（修订版），何怀宏、何包钢、廖申白译，中国社会科学出版社2009年版，第47—48页。
③ 参见约翰·罗尔斯：《正义论》（修订版），何怀宏、何包钢、廖申白译，中国社会科学出版社2009年版，第48页及以下页。

法律的规定相一致，当事人的合法权益能够得到法律的切实保障；程序公正注重的是诉讼过程的公平，其中最重要的原则是程序自治和当事人获得同等对待，并且程序的设计目的是确保实现预期的实体正义结果，只要当事人严格遵循法定程序，就能在制度下实现合理公正的实质结果。①

虽然各国司法体系的组织原则和基本构成不同，但基本目的都是追求司法公正。在传统的法律制度模式中，实体法是主，程序法为辅，程序从属于实体，因而，程序正义从属于实体正义。② 尽管如此，人们普遍承认程序的重要性，认为"程序是法律的心脏"③。美国最高法院大法官杰克逊曾说道："程序的公平性和稳定性是自由的不可或缺的要素，只要程序适用公平，不偏不倚，严厉的实体法也可以忍受。"④ 但是，衡量程序正义的价值要看它在多大程度上帮助法官找到了实体法意义上的"正义"和"真理"。⑤ 美国宪法第五修正案（1791年）和第十四修正案（1868年）规定："未经正当法律程序，任何人不得被剥夺生命、自由或财产。"此后，正当法律程序的观念得到世界范围内的认可和确认，诸多国家在宪法中明确予以规定。例如，日本1946年宪法第31条规定："除非根据法律确定的程序，任何人不得被剥夺生命或自由，也不能强加刑事处罚。"20世纪80年代以

---

① 参见徐显明：《何谓司法公正》，载《文史哲》1999年第6期。
② 参见谷口安平：《程序公正》，载宋冰编：《程序、正义与现代化》，中国政法大学出版社1998年版，第373页。
③ 谷口安平：《程序公正》，载宋冰编：《程序、正义与现代化》，中国政法大学出版社1998年版，第363页。
④ 谷口安平：《程序公正》，载宋冰编：《程序、正义与现代化》，中国政法大学出版社1998年版，第375页。
⑤ 参见谷口安平：《程序公正》，载宋冰编：《程序、正义与现代化》，中国政法大学出版社1998年版，第373页。

来，法国刑事诉讼开始了以"程序正当化"为目标的诉讼制度改革，涉及侦查程序、预审程序、庭审程序、执行程序等方面，2000年的立法改革将"公正程序"条款写入《法国刑事诉讼法典》的序言，确立了公正原则等基本原则。①

一些西方学者从"自然正义"和"正当法律程序"理念的思想基础出发，对法律程序的正当性和公正性进行探讨，提出了一系列关于程序正义的理论，也有学者运用法社会学、心理学和人类学等方法探讨程序正义的社会价值问题。② 但是，何谓程序正义以及程序正义的内涵包括哪些内容，不同学者持有不同的见解。美国学者戈尔丁认为，程序正义的标准有三个方面。第一，中立性，包括纠纷解决者的中立性、利益的中立性。具体而言，与案件相关的人不应是纠纷解决者，纠纷解决者不应有支持或反对某一方的偏见，案件的结果不涉及纠纷解决者的个人利益。第二，劝导性争端。纠纷解决者对各方当事人的诉讼都应给予公平的注意，应在另一方在场的情况下听取一方的意见，还应听取各方的论据和证据，双方当事人都应得到公平机会来对另一方的论据和证据提出自己的意见并予以反驳。第三，裁决结果的公正性。裁决结果的推理应论及各方当事人所提出的论据和证据，并在理性推演的基础上作出最终的裁决结果。③ 戈尔丁还指出，若要使当事人各方都同意裁决结果（即实现正义），需要客观性和公允性，

---

① 参见施鹏鹏：《基本权利谱系与法国刑事诉讼的新发展——以〈欧洲人权公约〉及欧洲人权法院判例对法国刑事诉讼的影响为中心》，载《暨南学报》（哲学社会科学版）2013年第7期。
② 参见陈瑞华：《程序正义的理论基础——评马修的"尊严价值理论"》，载《中国法学》2000年第3期。
③ 参见马丁·P. 戈尔丁：《法律哲学》，齐海滨译，生活·读书·新知三联书店1987年版，第240—241页。

而中立性意味着"一种维护对等的形式下的开放性和容纳性",因为"纠纷解决者介入纠纷正是由于当事人已不能通过双方协商来解决"。① 所以,法律程序很重要,为他们提供了一种冲突双方可以更容易接受最终结果的解决方式。②

贝勒斯认为,程序正义应确定如下七个方面的原则:第一,和平原则,即程序应是和平的。第二,自愿原则,即人们应能自愿地将他们的争执交由法院解决。第三,参与原则,即当事人能以自己的影响参与法院解决争执的活动。第四,公平原则,即程序应当公平、平等地对待当事人。第五,可理解原则,即程序应能为当事人所理解。第六,及时原则,即程序应提供及时的判决。第七,止争原则,即法院应作出解决争执的最终决定。③ 中国学者中,徐显明教授认为,程序公平(程序正义)由十大要素构成:纠纷的解决者不得解决自己的纠纷原则、纠纷的解决者不得在纠纷的解决过程中获利原则、法官的中立性原则、法官需绝对无差别给予当事人同等关注原则、法官采信的证据需具合法性原则、法律令状及判状由证据所决定原则、司法主体恪守程序所要求的时限原则、司法程序公开原则、程序自律原则、司法对失掉的公正实行自我恢复原则。④ 陈桂明教授认为,程序正义包括五个方面的要素,即程序规则的科学性、法官的中立性、当事人双

---

① 马丁·P. 戈尔丁:《法律哲学》,齐海滨译,生活·读书·新知三联书店 1987 年版,第 243 页。
② 参见谷口安平:《程序公正》,载宋冰编:《程序、正义与现代化》,中国政法大学出版社 1998 版,第 376 页。
③ 参见迈克尔·D. 贝勒斯:《法律的原则——一个规范的分析》,张文显等译,中国大百科全书出版社 1996 年版,第 34—37 页。
④ 参见徐显明:《何谓司法公正》,载《文史哲》1999 年第 6 期。

方的平等性、诉讼程序的透明性、制约与监督性。① 张卫平教授认为，程序正义基本应包括以下方面的具体内容：裁判者的中立性、确保利害关系人参与程序、当事人平等地对话、保障当事人充分地陈述主张、平等地对待当事人、程序能为当事人所理解、充分尊重当事人的处分权、维护当事人的人格尊严、当事人不受到突袭裁判。② 此外，日本学者谷口安平指出，"人与人之间互相尊重"也是程序正义的一个重要因素，因为法律心理学家的研究表明，"受到礼貌对待，获得尊严和尊重，并且权利和地位在社会中受到别人的尊重都会加强公平的感觉"，这符合人们的常识。③

程序正义的实现需要程序法治的保障，但是司法程序特别是刑事程序的运作不应破坏实体法的标准，因为程序能够在好的方面或坏的方面影响实体性执行政策的方式。④ 依据美国宪法第六修正案，刑事诉讼中的被告人享有迅速审判的基本权利、公开审判的权利、公平审判的权利等。宪法规定被告享有这些权利的目的仅在于保护无罪的人和无辜的人。⑤ 获得真相和保护无辜的人是宪法和法律规定程序正义的价值所在，而有罪的人受到刑事程序保护，仅仅是保护无辜者的

---

① 参见陈桂明：《诉讼公正与程序保障》，中国法制出版社1996年版，第12—15页。
② 参见张卫平：《民事诉讼基本模式：转换与选择之根据》，载《现代法学》1996年第6期。
③ 参见谷口安平：《程序公正》，载宋冰编：《程序、正义与现代化》，中国政法大学出版社1998版，第377页。
④ 参见阿希尔·里德·阿马：《宪法与刑事诉讼：基本原理》，房保国译，中国政法大学出版社2006年版，第290页。
⑤ 参见阿希尔·里德·阿马：《宪法与刑事诉讼：基本原理》，房保国译，中国政法大学出版社2006年版，第173—175页。

"附带和不可避免的副产品"。①

20世纪60年代，欧洲诉讼法学界提出"获得司法正义的权利"的口号。② 但是，对于"获得司法正义的权利"的内涵，学术界和法律界并未达成广泛的共识。英国的沃尔夫（Woolf）爵士在1996年的一个报告中提出，保障"获得司法正义的权利"的法律制度应符合如下基本原则：公正的结果、公平的待遇、合理的收费、合理的办案速度、易于为人所理解、关心需求、提供确定性以及有效且适当的经费和组织。③ 国际法中确立的公正审判权以英美法中的"法律的正当程序"为理论依据，国际人权公约从司法组织和司法程序两个方面规定了公正审判的保障措施，作为对多元法律文化的规制，公正审判的国际标准体现出原则性与灵活性的结合。④《公民权利和政治权利国际公约》第14条确立了国际社会公认的公正审判权的一般国际标准，不仅适用于刑事诉讼，也适用于民事诉讼、行政诉讼及其他诉讼。依此，人人都应享有在法庭前的平等权利、由独立和无偏倚的法庭进行审判的权利、被无罪推定的权利、在刑事审判过程中享有最低限度程序保证的权利、上诉或复审的权利等。⑤《欧洲人权公约》第6条也规定了公正审判权，该条款又被称为"公正程序"条款，是《欧洲人权

---

① 参见阿希尔·里德·阿马：《宪法与刑事诉讼：基本原理》，房保国译，中国政法大学出版社2006年版，第281—282页。
② 参见威廉·夏巴斯：《获得司法正义的权利——从国内运动到国际标准》，赵海峰译，载《环球法律评论》2003年冬季号。
③ 参见威廉·夏巴斯：《获得司法正义的权利——从国内运动到国际标准》，赵海峰译，载《环球法律评论》2003年冬季号。
④ 参见熊秋红：《解读公正审判权——从刑事司法角度的考察》，载《法学研究》2001年第6期。
⑤ 参见赵建文：《〈公民权利和政治权利国际公约〉第14条关于公正审判权的规定》，载《法学研究》2005年第5期。

公约》在刑事诉讼领域的核心条款。①

通过公正的程序实现公正的结果是一种"完美的程序正义",但是程序正义的实现受到很多因素的影响,这些因素之间可能会互相矛盾或者与其他价值发生冲突,但是若某一法律体系过分注重程序正义而牺牲了其他重要的价值,我们就有必要重新评估程序正义的价值及其实现方式。②

三、通过"法治"制约权力

阿克顿勋爵(John Dalberg-Acton, 1834—1902)曾说道:"权力趋向于腐败,绝对的权力绝对会腐败。"③ 孟德斯鸠也曾论道:"一切有权力的人都容易滥用权力,这是万古不易的一条经验。有权力的人们使用权力一直到遇有界限的地方才休止。"④ 任何权力不会自己寻求限

---

① 参见施鹏鹏:《基本权利谱系与法国刑事诉讼的新发展——以〈欧洲人权公约〉及欧洲人权法院判例对法国刑事诉讼的影响为中心》,载《暨南学报》(哲学社会科学版)2013年第7期。《欧洲人权公约》第6条的内容包括:"1. 在决定某人的公民权利和义务或者在决定对某人确定任何刑事罪名时,任何人有理由在合理的时间内受到依法设立的独立而公正的法院的公平且公开的审讯。判决应当公开宣布。但是,基于对民主社会中的道德、公共秩序或者国家安全的利益,以及对民主社会中的少年的利益或者是保护当事人的私生活权利的考虑,或者是法院认为,在特殊情况下的公开审讯将损害公平利益,可以拒绝记者和公众参与旁听全部或者部分审讯;2. 凡受刑事罪指控者在未经依法证明为有罪之前,应当推定为无罪;3. 凡受刑事罪指控者具有下列最低限度的权利:(1)以他所了解的语言立即详细地通知他被指控罪名的性质以及被指控的原因;(2)应当有适当的时间和便利条件为辩护作准备;(3)由他本人或者由他自己选择的律师协助替自己辩护,或者如果他无力支付法律协助费用的,则基于公平利益考虑,应当免除他的有关费用;(4)询问不利于他的证人,并在与不利于他的证人具有相同的条件下,让有利于他的证人出庭接受询问;(5)如果他不懂或者不会讲法院所使用的工作语言,可以请求免费的译员协助翻译。"

② 参见谷口安平:《程序公正》,载宋冰编:《程序、正义与现代化》,中国政法大学出版社1998年版,第380—381页。

③ John Dalberg-Acton, Essays on Freedom and Power, Boston: The Beacon Press 1949, p. 364.

④ 孟德斯鸠:《论法的精神》(上册),张雁深译,商务印书馆1961年版,第154页。

制和约束自己,所以,孟德斯鸠的结论是:"从事物的性质来说,要防止滥用权力,就必须以权力约束权力。"① 面对近代以来西方国家行政权力的扩张,对国家权力的控制,特别是对行政权力的控制,成为近代思想家思考的重要内容。因此,关于权力分立理论及其实践的发展是近代政治思想和法律思想的一个重要方面,② 以法律和法治为基础的"制度"被认为能在相当程度上达到控制和制约权力的目的。

(一)权力法定

权力法定意味着权力的合法性以法律作为基础,一切权力都在法律规定的范围内行使,在法治的轨道中运行。法国《人权和公民权宣言》第 16 条规定:"凡权利无保障和分权未确立的社会,就没有宪法。"一国的宪法和法律不仅规定保障公民的基本权利,还规定国家机构权力及相应的政制安排。对于国家权力应如何行使,历史上的理论家和思想家众说纷纭,各国的政制安排也各不相同,但是通过以宪法法律为基础的政制来控制和制约权力成为一种较为有效的制度方式。

西方法治国家的相关制度与 19 世纪的宪法运动和自由主义的政治理想有着密切关系,③ 同时,我们也应当看到,保障公民个人的权利与自由是限制国家权力或君主权力的副产品,是权力斗争过程中的附带产物。近代西方国家为限制行政权力扩张和保障公民权利而产生对公法规范的重要需求。所以,奥托·迈耶(Otto Mayer)指出:"法

---

① 孟德斯鸠:《论法的精神》(上册),张雁深译,商务印书馆 1961 年版,第 154 页。
② See M. J. C. Vile, Constitutionalism and the Separation of Powers (2. Edition), Indianapolis: Liberty Fund 1998.
③ Walter Berka, Lehrbuch Verfassungsrecht. Grundzüge des österreichischen Verfassungsrechts für das juristische Studium, Wien-New York 2008, S. 44.

治国家是一个良序的行政法国家。"① 在法治国家中，宪法确立了立法的法律机制，国家权力基于法律而产生，其行使有一定的制度边界，并且受到相应的法律程序的审查，所以法治国家要求这种法律机制得到充分的运用，"使法律秩序渗透到生活中去"②。因而，马克斯·伊姆伯顿（Max Imboden, 1915—1969）指出："所有的国家职能都是法律职能。"③ 在本质上，法治国家是"对共同体中国家权力与公民个人权利之间关系问题的一种回答"④，法治国家意味着对公民财产和基本权利的法律保障以及对国家权力的法律控制。

1787 年，北美的北卡罗来纳最高法院在"巴雅德诉辛莱顿案"（Bayard v. Singleton）的判决中认为，"立法行为不能撤销或改变宪法"，"违反宪法的法律是无效的"。⑤ 原告的一位律师詹姆斯·伊莱戴尔（James Iredell, 1751—1799）在第二年（1788 年）的一篇文章中论道："在立法行为违反宪法时，有三种方式来进行防卫：一是请愿权……二是反抗权……三是依据人民创立的宪法通过法院来保障个人的权利，同时也保障宪法自身。"⑥ 上述三种方式中，只有第三种方式是较为有效与可行的制度方式，因为行使请愿权和反抗权之后的立法行为仍可能是违宪的。不仅行政权和司法权等权力的行使不能违反宪

---

① 奥托·迈耶：《德国行政法》，刘飞译，商务印书馆 2002 年版，第 60 页。
② 奥托·迈耶：《德国行政法》，刘飞译，商务印书馆 2002 年版，第 60 页。
③ Friedrich Lehne, Zur Geschichte der Verwaltungsstreitsache in Österreich. Ein Gedenkblatt für Friedrich Tezner, in: Verwaltungsgerichtshof (Hrsg.), 90 Jahre Verwaltungsgerichtsbarkeit in Österreich (Wien 1966), S. 39.
④ Walter Berka, Lehrbuch Verfassungsrecht. Grundzüge des österreichischen Verfassungsrechts für das juristische Studium, Wien-New York 2008, S. 44.
⑤ Gerald Stourzh, Vom Widerstandsrecht zur Verfassungsgerichtsbarkeit, Graz 1974, S. 22-23.
⑥ Gerald Stourzh, Vom Widerstandsrecht zur Verfassungsgerichtsbarkeit, Graz 1974, S. 23.

法和法律，体现人民意志的议会立法权也不能违反宪法和法律。即使在 19 世纪前的美国，诸如此类的法院判决和相关论述也不在少数。美国的建国先贤中也有不少人持类似或相同的观念，亦即坚持宪法的优先性观念和权力法定的原则。

（二）制度制约

通过法律规定不同的制度对权力进行制约，在法治的范域内以权力制约权力是防止权力腐败的一种重要方式。尽管各国具体的制度设计并不一致，但是其目的都是通过法治的方式以权力制约权力。近代西方国家更多是依据孟德斯鸠的理论按照政治-社会力量的不同对国家权力进行分配，这不仅是出于功能划分的需要，同时亦可避免国家权力统一于一个机构所可能带来的危险。① 汉斯·凯尔森（Hans Kelsen）认为，在民主共和国，权力的"分立"（Trennung）应表述为权力的"分配"（Teilung），依此"分配"的国家权力并非相互孤立，而是互相制约，以保障不同的国家机构依法独立行使职权。② 所以，西方诸多国家将国家权力分为立法权、行政权、司法权，或者立法权、执行权，其目的不在于"权力分立"，而是权力的制衡，以权力制约权力。

美国的司法审查制度"被视为法院对抗立法越权的一种自卫武器"③。虽然这种制度可以通过权力分立及权力制约的理论得到解释，

---

① Vgl. Ernst-Wolfgang Böckenförde, Recht, Staat, Freiheit: Studien zur Rechtsphilosophie, Staatstheorie und Verfassungsgeschichte, Frankfurt am Main: Suhrkamp 1992, S. 146.
② Kelsen, Wesen und Entwicklung der Staatsgerichtsbarkeit, in: VVDStRL 5 (1929), S. 55.
③ 爱德华·考文:《论司法审查的确立》（上），刘宗珍译，载徐爽编:《司法审查的起源》，北京大学出版社 2015 年版，第 35—36 页。

但是不少学者将其视为一种"反多数的力量"和"美国的民主中一个不正常的制度"。① 美国总统亚伯拉罕·林肯（Abraham Lincoln）曾说过，若政治上的重要问题最终由最高法院所决定，那么人民就不是"真正的统治者"②，在此意义上，司法审查被视为"伟大的篡权"③。不仅在美国，在德国等国家也有类似的主张，例如，曾任德国联邦宪法法院法官的茨威格特（Zweigert）认为，通过宪法法院进行的审查"明显是对立法者职能的篡权"④。尽管如此，通过特定的制度可以在一定程度上实现权力制约的目标。

奥托·迈耶认为，以权力制约权力"首先确保了法律对司法以外的行政的控制"，因此"法治国意味着对行政尽可能的司法化"，"司法化"是控制行政权力的一种有效方式，"这是法治国向制定法规和确立这种设置的立法权提出的要求，也是法治国向制定法规命令和作出行政行为的行政机关提出的要求"。⑤ 虽然不同国家在控制和制约国家权力方面所采行的制度各不相同，互有差异，但是以法治的方式，通过制度来制约权力已成为基本共识。

---

① Alexander M. Bickel, The Least Dangerous Branch. The Supreme Court at the Bar of Politics, Indianapolis: Bobbs-Merrill Company 1962, pp. 16, 18.
② Abraham Lincoln, First Inaugural Address (1861.3.4, Washington, D.C.), in: William Cohen, Jonathan D. Varat, Constitutional Law, S. 35.
③ 参见查尔斯·比尔德、爱德华·考文、路易斯·布丁等：《伟大的篡权：美国19、20世纪之交关于司法审查的讨论》，李松锋译，上海三联书店2009年版。
④ Detlef Merten, Aktuelle Probleme der Verfassungsgerichtsbarkeit in der Bundesrepublik Deutschland und in Österreich, in: Heinz Schäffer (Hrsg.), Im Dienst an Staat und Recht. Internationale Festschrift Erwin Melichar zum 70. Geburtstag, Wien 1983, S. 118.
⑤ 奥托·迈耶：《德国行政法》，刘飞译，商务印书馆2002年版，第65页。

第三节　人民主权观念下的法律理论

一、"人民主权"与"人民美德"

"人民主权"主要是指国家的最高权力来源于人民，人民是国家权力的正当性、合法性的来源和基础。在人民主权国家，人民享有平等的政治权利，自由、平等地参与国家权力的行使，参与国家治理和社会事务的管理，并且有权依法对国家权力进行监督。依据人民主权原则，人民是国家权力的基础，在代议制的基础上，近代以来的西方法律，特别是由议会制定通过的法律被认为体现出人民的意志。

在西方，"人民主权"观念及其实践有着很长的历史。雅典在公元前462年的改革之后就形成了以"主权在民"为重要特征的民主政体。① 亚里士多德在《政治学》中提及，当时的人认为"平民政体"具有两个特别的观念：其一为"主权属于多数"，其二为"个人自由"。② 亚里士多德认为，无论在品德上还是在财富上，多数集体可能优于少数人，"多数"集体优于"少数"的统治，能够较大程度地实现"公正"，而要实现"平等的公正"就需要"以城邦整个利益以及全体公民的共同善业为依据"。③ 尽管如此，亚里士多德强调法律的重要作用，指出"公民们都应遵守一邦所定的生活规则，让各人的行为有所约束，法律不应该被看作［和自由相对的］奴役，法律毋宁是

---

① 参见顾銮斋：《论雅典奴隶制民主政治的形成》，载《历史研究》1996年第4期。
② 参见亚里士多德：《政治学》，吴寿彭译，商务印书馆1965年版，第281页。
③ 参见亚里士多德：《政治学》，吴寿彭译，商务印书馆1965年版，第156—157页。

拯救"①。

法国的政治思想家让·博丹（Jean Bodin）被视为近代资产阶级主权学说的创始人，他在16世纪就论述了国家的"主权"及其重要性。在他看来，主权是一个国家最基本的标志，在本质上是绝对的、不可分割的，主权是"共同体所有的绝对且永久的权力"，是"凌驾于公民和臣民之上的最高的和绝对的权力"，"人民或君主才永远是主权的合法所有者"。②"主权的第一标志就是给众人制定一般法律和只适用于特定人的法令，并且能支配他们"③，"一个真正的主权权威必须拥有使政府合法运作的所有权力"④。在博丹看来，作为主权拥有者的君主要受到一定的约束，他有义务尊重各民族的共同法和以之为依据而制订的契约和遗嘱，同时还要遵守神法和自然法，受其作出的正当承诺和签订的公平契约的约束。⑤

西方近代的人民主权理论是启蒙运动的产物，以卢梭的人民主权理论为代表。卢梭认为，在订立社会契约时，每个结合者及其自身的权利中对于集体有重要关系的那部分权利要转让给整个集体，⑥"每个人都以其自身及其全部的力量共同置于公意的最高指导之下，并且我们在共同体中接纳每一个成员作为全体之不可分割的一部分"。在此

---

① 亚里士多德：《政治学》，吴寿彭译，商务印书馆1965年版，第281—282页。
② 让·博丹：《主权论》，李卫海、钱俊文译，邱晓磊校，北京大学出版社2008年版，第25、27页。
③ 让·博丹：《主权论》，李卫海、钱俊文译，邱晓磊校，北京大学出版社2008年版，第14页。
④ 让·博丹：《主权论》，李卫海、钱俊文译，邱晓磊校，北京大学出版社2008年版，第19页。
⑤ 参见让·博丹：《主权论》，李卫海、钱俊文译，邱晓磊校，北京大学出版社2008年版，第37—48、90页。
⑥ 参见卢梭：《社会契约论》，何兆武译，商务印书馆2003年版，第23、42页。

基础上形成的共同体成为"公共的大我",当它是被动时就被称为"国家",当它是主动时就被称为"主权者",那些结合者的集体被称为"人民",个别的主权权威的参与者被称为"公民"。[①] 所以,国家是社会契约的结果,人民是公共意志的承载者,把每个人结合在一起的共同利益使人民意志公益化,创制国家的目的是实现公共幸福,只有公意才能根据这种公共利益来指导国家的各种力量,所以由社会契约而得出的第一条法律,也是唯一真正根本的法律,就是每个人在一切事物上都应以全体的最大幸福为依归。[②]

此外,在社会契约的基础上,公民之间确立了一种平等,使每个人都遵守同样的条件并且都享有同样的权利。[③] 为了使社会契约不成为一纸空文,社会契约中默含着共同体必须要有一种普遍的强制性力量,以按照最有利于全体的方式来推动并安排各个部分,并且拥有支配其各个成员的绝对权力,有权迫使任何拒不服从公意的人服从公意。[④] 卢梭提出:"我们每个人都以其自身及其全部的力量共同置于公意的最高指导之下。"[⑤] 所以,社会契约是共同体和其成员之间的一种约定,这种约定是一种有益的和稳固的约定,因为它以公共利益为目的,并且以公共的力量和最高权力作为保障。[⑥] 所以,国家的主权属于人民,是公意的体现,国家的统治源于人民的授权和委托。在卢梭看来,"主权在本质上是由公意所构成的"[⑦],所以,人民的主权是不

---

① 参见卢梭:《社会契约论》,何兆武译,商务印书馆2003年版,第24—26页。
② 参见卢梭:《社会契约论》,何兆武译,商务印书馆2003年版,第35、43页。
③ 参见卢梭:《社会契约论》,何兆武译,商务印书馆2003年版,第44页。
④ 参见卢梭:《社会契约论》,何兆武译,商务印书馆2003年版,第41、29页。
⑤ 卢梭:《社会契约论》,何兆武译,商务印书馆2003年版,第20页。
⑥ 参见卢梭:《社会契约论》,何兆武译,商务印书馆2003年版,第44页。
⑦ 卢梭:《社会契约论》,何兆武译,商务印书馆2003年版,第125页。

可转让和不可分割的。在"社会契约"观念的基础上,卢梭提出,法律是公意的行为,是"公意的正式表示",国家的体制越良好,公民的公共利益观念越强,整个的公共幸福就越构成多数人的幸福,法律也就因此结合了意志的普遍性和对象的普遍性。①

这种"人民主权"观念和"公意"理念在当时得到宣扬,并且在法国大革命期间得到实践。"人民主权"观念主要是针对当时的君权、神权和特权提出的,与当时的经济、政治和文化背景有着密切关系。这种观念的传播对法国第三等级在精神上、思想上和理论上起到了解放作用,也促进了欧洲乃至美国的民主进程。② 法国 1789 年的《人权和公民权宣言》典型地体现了人民主权原则,第 3 条规定:"整个主权的本源主要是寄托于全体国民,任何团体、任何个人都不得行使主权所未明确授予的权力。"法国 1791 年宪法也规定了人民主权原则:"国民是一切权力的唯一来源,通过代表行使权力","主权是统一的、不可分的、不可转让的,属于国民,任何一部分人民或任何人皆不得擅自行使"。依据人民主权原则,法律是人民意志的体现。1789 年《人权和公民权宣言》第 6 条明确规定:"法律是公共意志的表现。全国公民都有权亲身或经由其代表去参与法律的制定。"在"人民主权"国家,人民的意志通过立法程序具体化为国家的法律,国家的法律代表了人民整体的意志,体现出国家的最高意志及其权威,同时人民可以通过体现其意志的宪法和法律来控制国家权力,具有最高法律效力的宪法是国家权力运行及对其进行法律控制的基础。

在英国,国王和议会之间的斗争是长时间以来政治斗争的主要方

---

① 参见卢梭:《社会契约论》,何兆武译,商务印书馆 2003 年版,第 118、124、47 页。

② 参见聂露:《人民主权理论述评》,载《开放时代》2002 年第 6 期。

面,而议会的胜利最终导致了议会主权观念的产生。"按爱德华·柯克爵士的说法,议会的强制力和管辖权是一种至高无上的绝对权力,对任何案件或个人而言,这种权力都是无限的……对于议会这一高等法院而言,谈到年代久远,它是最古老的;谈到地位尊贵,它是最为高尚的;谈到管辖权限,他的管辖权又是最大的。"① 议会所享有的这种权力,"除了议会本身,其他任何机构或个人都无法确切知道议会究竟享有何种特权,而这正是议会享有者的最主要的特权"②。在布莱克斯通看来,议会之所以享有这种让人无法确知其行使界限的权力,是因为议会"不仅是为了保护议会成员不受其他臣民的侵扰,更重要的是为了保护他们不受来自王权的压迫"③。

对于英国的议会主权原则,戴雪论道:

> 自法律视察点立论,英国政治制度所有主要特性就是巴力门(议会)的主权……巴力门在不列颠宪法之下,实是一所绝对之主权立法机关……巴力门主权的原理遂可以约举如下:即是,大凡巴力门所通过法案的全体或一部,无论用以造一新法,或用以毁一旧法:法院俱不敢不遵行。又由此界说,巴力门主权的原理更可以约举如下:即是,无一人复无一团体,在英宪之下,能建立规则以与巴力门的法案相反抗,这种规则必不能得到法院的承

---

① 威廉·布莱克斯通:《英国法释义》(第一卷),游云庭、缪苗译,上海人民出版社2006年版,第181页。
② 威廉·布莱克斯通:《英国法释义》(第一卷),游云庭、缪苗译,上海人民出版社2006年版,第185页。
③ 威廉·布莱克斯通:《英国法释义》(第一卷),游云庭、缪苗译,上海人民出版社2006年版,第185页。

认与遵行。①

戴雪还依据不同国家所施行宪法的不同性质对英国、法国和美国"违宪"法律的含义做了论解。他认为，在美国，"违宪"的法律可以被看作是无效的；在法国，"违宪"一词的使用蕴含着"谴责"之意；而在英国，一个被指称为"违宪"的法律是不可能被理解为无效的，也不能认为该"违宪"的法律破坏了国家的法律秩序：

（一）当（违宪）被用以形容英吉利巴力门的法案时，这种称谓要指明某一特殊法案（譬如，即以1869年所通过的爱尔兰寺院法案为例）显然违反英宪的精神，但该法案决不能因之被解作破坏了法律，或解作无效。

（二）当被用以形容法兰西议会的法案时，这种称谓的指意是：某一宗延长议会任期的法案显然违背法兰西宪法的条文。然而，这一宗法案，倘依法兰西宪法的原理推究，仍不能因此之故遂被斥为无效；诚以任何法兰西法院未尝有一次以违宪为借口，而拒绝执行某一宗法案。但在法国政治习惯中，每逢法国人称用此项称谓，大抵意含谴责。

（三）当被用以形容合众国国会的法案时，这种称谓便具有特殊意义，即谓：凡法案一被指为违宪，该法案即变成无效，因为国会本无权以通过此法案，今竟得通过，是谓越权。然而"违宪"一名在此地并不蕴蓄谴责的意思，而至于斥该法案为恶法。反之，一个亚美利坚人尽可奖借一宗法案，谓为有利于国与益于

---

① 戴雪：《英宪精义》，雷宾南译，中国法制出版社2001年版，第115—116页。

民，而视之为良法；同时仍可指斥该法案为违宪，为越权，复为无效。两种批评，当适用于合众国国会的同一法案时，可以并行不悖，而发言者本身决不至蒙出乎尔与反乎尔之讥诮。①

议会主权原则意味着议会有权颁布法律或者不颁行法律，而任何个人或机构均无权改变议会的立法或者宣告其为无效。戴雪在《英宪精义》中也大段援引了柯克和布莱克斯通的论述。其他暂且不论，仅从上述柯克、布莱克斯通和戴雪的论述中，我们即可大致了解为什么英格兰长期以来没有所谓的"司法审查"制度，因为议会的权力是这个国家的最高权力和绝对权力，对此不能存有任何疑问。这同时也产生了"议会不可能为非"的观念，同时也意味着作为议会之基础的"人民"是不能"为非作恶"的，意即人民总是"善"的。从这样一种理念出发，对作为主权者的议会的行为进行审查是不可能的，也是没有必要的。

与此类似，在英格兰也存在着"国王不可能为非"的观念，这种观念假定的前提是："国王和议会两院中的任何一个（也包括两院共同）都不能为任何违法行为。因此所有对最高权力机构的一个分支可能迫害公众的推断都肯定超出了现在确定的规则，即法律规定的范围。"② 这种观念所表达出的也是"人民美德"的观念，同时也意味着国王是神圣高贵、圣明睿智的，是致力于维护公众利益的，亦即"国王的特权是为了民众的利益才设立的"③。

---

① 戴雪：《英宪精义》，雷宾南译，中国法制出版社2001年版，第526页。
② 威廉·布莱克斯通：《英国法释义》（第一卷），游云庭、缪苗译，上海人民出版社2006年版，第272—273页。
③ 威廉·布莱克斯通：《英国法释义》（第一卷），游云庭、缪苗译，上海人民出版社2006年版，第274页。

对于国王个人的特权可能造成的对人民的压迫，洛克论道："最高统治者个人所造成的损害事件看来不可能经常发生，影响也不大，仅凭国王个人的力量也不可能颠覆法律或对全体人民造成压迫（即使真有软弱昏庸的国王试图这样做）——所以，当一个鲁莽的国王登上王位时，有时固然会造成一些特殊的损害，但其造成的损害，却可在元首被置身于危险之外的情况下由民众的安宁和政府的稳定这些好处得到充分的补偿。"① 尽管如此，洛克反对绝对君主专制政体，认为君主专制政体与公民社会是不相调和的，"因为公民社会的目的原是为了避免并补救自然状态的种种不合适的地方"②。在他看来，君主专制下的社会不可能是一个公民社会，因为"只要有人被认为独揽一切，握有全部立法和执行的权力，那就不存在裁判者"，无法公正地"裁判一切争端和救济国家的任何成员可能受到的损害"③，也就无法实现全体公民的公共福利。所以，洛克指出："每一个专制君主就其统治下的人们而言，也是处在自然状态中。"④ 由于"除了通过文明的约定以及正式的承诺和契约，确实地加入一个国家之外，没有别的方式可以使任何人成为那个国家的臣民或成员"⑤，因此，在"民主政制"中，"大多数人自然拥有属于共同体的全部权力，他们就可以随时运用全部权力来为社会制定法律，通过他们自己委派的官吏来执行那些

---

① 威廉·布莱克斯通：《英国法释义》（第一卷），游云庭、缪苗译，上海人民出版社2006年版，第271—272页。
② 洛克：《政府论》（下篇），叶启芳、瞿菊农译，商务印书馆1996年版，第55页。
③ 洛克：《政府论》（下篇），叶启芳、瞿菊农译，商务印书馆1996年版，第55页。
④ 洛克：《政府论》（下篇），叶启芳、瞿菊农译，商务印书馆1996年版，第55页。
⑤ 洛克：《政府论》（下篇），叶启芳、瞿菊农译，商务印书馆1996年版，第76页。

法律"①。

在洛克看来,法律的制定权至关重要:"制定法律的权归谁这一点就决定国家是什么形式。"② 基于"社会契约","所有国家的最初的和基本的明文法就是关于立法权的建立……其目的就是为了保护社会以及(在与公众福利相符的限度内)其中的每一成员",因此,"这个立法权不仅是国家的最高权力,而且当共同体一旦把它交给某些人时,它便是神圣的和不可变更的……如果没有这个最高权力,法律就不能具有其成为法律所绝对必需的条件,即社会的同意"。③ 但是,立法机关受社会的委托而制定法律,是"各人所同意的为和平地解决他们一切纷争而建立的仲裁者,以及阻止他们中间发生战争状态的屏藩"④。因此,"谁要是取消或改变立法机关,谁就废除了这种非经人民委任和同意就没有人能享有的决定性权力",这会导致造成"战争状态"。⑤ 洛克所说的"这种非经人民委任和同意就没有人能享有的决定性权力"表明,他主张"人民主权"观念,立法机关及其立法权(制定法律的权力)是从属于人民的权力的,因为立法权仅仅是"人民委任"的权力,立法权来源于人民,而不是来自其自身。因此,国家的立法机关及其立法权以最初的"社会契约"为基础,受到"社会

---

① 洛克:《政府论》(下篇),叶启芳、瞿菊农译,商务印书馆1996年版,第80页。
② 洛克:《政府论》(下篇),叶启芳、瞿菊农译,商务印书馆1996年版,第81页。
③ 洛克:《政府论》(下篇),叶启芳、瞿菊农译,商务印书馆1996年版,第82页。
④ 洛克:《政府论》(下篇),叶启芳、瞿菊农译,商务印书馆1996年版,第137页。
⑤ 洛克:《政府论》(下篇),叶启芳、瞿菊农译,商务印书馆1996年版,第137页。

契约"的约束,"谁握有国家的立法权或最高权力,谁就应该以既定的、向全国人民公布周知的、经常有效的法律,而不是以临时的命令来实行统治"①,颁布和执行这些法律的目的都要使人们能够"和平地和安全地享受他们的各种财产"②,其最终目的是"为了人民的和平、安全和公众福利"③。

因此,在洛克看来,为了实现为人民谋福利的目的,必须限制统治者滥用权力,使人民免受"暴政的无限意志的支配"④,良好的制度是保障统治者和国家权力为人民谋求和平、安全和幸福的基础。虽然洛克认为,基于"社会契约"而产生的立法权是一个国家的最高的权力,但是他不承认国家或统治者作为"主权者"的权力,其论著也被看作是对国家主权观念的抨击。⑤ 他指出:"如果执行机关或立法机关在掌握权力后,企图或实行奴役人民或摧残人民,在立法机关和人民之间也不可能有裁判者。在这种场合,如同在世界上没有裁判者的其他一切场合一样,人民没有别的补救办法,只有诉诸上天;因为,统治者们在作这样的企图时,行使着一种人民从未授予他们的权力(绝不能设想人民会同意由任何人为了贻害他们而统治他们),去做他们没有权利做的事情……在人世间无可告诉的场合,他们基于一种先

---

① 洛克:《政府论》(下篇)、叶启芳、瞿菊农译,商务印书馆 1996 年版,第 80 页。
② 洛克:《政府论》(下篇)、叶启芳、瞿菊农译,商务印书馆 1996 年版,第 82 页。
③ 洛克:《政府论》(下篇)、叶启芳、瞿菊农译,商务印书馆 1996 年版,第 80 页。
④ 洛克:《政府论》(下篇)、叶启芳、瞿菊农译,商务印书馆 1996 年版,第 139 页。
⑤ W. S. Holdsworth, Some Lesons from Our Legal History, New York 1928, p. 134, 转引自弗里德利希·冯·哈耶克:《自由秩序原理》,邓正来译,生活·读书·新知三联书店 1997 年版,第 215 页。

于人类一切明文法而存在并驾乎其上的法律,为自己保留有属于一切人类的最后决定权:决定是否有正当理由可以诉诸上天。"① 所以,为了保障实现"社会契约"的最初目的,保障人民的和平、安全和公众福利,洛克认为,人民拥有"反抗权",在国家在违背其建立的最初目的时,人民有权建立一个新的政府,但是人民不会滥用这种"反抗权",因为"对于统治者的失政、一些错误的和不适当的法律和人类弱点所造成的一切过失,人民都会加以容忍,不致反抗或口出怨言的"②,"除非是祸害已带有普遍性,统治者的恶意已昭然若揭,或他们的企图以为大部分人民所发觉,宁愿忍受而不愿用反抗来为自己求公道的公民是大不会慨然奋起的"③。因此,只有在"必要"的情形下,人民才会行使这种"反抗权"。

洛克的这种"人民主权"观念在北美的政治法律理论和实践中承继下来。1793年,弗吉尼亚的法官斯宾塞·罗安(Spencer Roane,1762—1822)(他在第二年成为弗吉尼亚上诉法院的首席法官)在一个案件的判决中写下了如下的判决理由:

> 这个国家的人民是唯一的主权权力,立法权不属于任何一种主权权力,而是一种低等级的权力;它从属于伟大的宪法,由人民依据基本制度创造的宪法是立法存在及其权威的基础……立法者没有权力改变基本制度……若立法行为侵犯了宪法,则立法决

---

① 洛克:《政府论》(下篇),叶启芳、瞿菊农译,商务印书馆1996年版,第103页。
② 洛克:《政府论》(下篇),叶启芳、瞿菊农译,商务印书馆1996年版,第136页。
③ 洛克:《政府论》(下篇),叶启芳、瞿菊农译,商务印书馆1996年版,第139页。

议不应被颁布并予以坚持；若此……人们的自由则完全系于立法者的怜悯。①

基于"人民主权"的观念，诸多思想家、理论家提出了不同的思想主张。孟德斯鸠的《论法的精神》对法国大革命时期的革命者产生重要影响，"成为革命者的必读书籍"，他关于共和制的理论学说及其优点也对北美殖民地的国家建构产生重要影响，而美国作为一个"联邦"制国家，其建立并非"自始即建立在人民主权的理念之上。在《独立宣言》时期，这个'联合的国家'（united states）应当是一个君主国，还是民主共和国，是不确定的"②。然而，孟德斯鸠所说的关于共和制的优点的论述并不涉及"古代统治者的政治美德，而是关涉人类的普遍幸福、平等和实质利益"③。

对于实现"人民的和平、安全和公众福利"，历史上的思想家、政治家提出了不同的理论基础和实现路径。亚里士多德认识到"公民"的素质和美德对于一个城邦的长治久安的重要性，认为一个理想政体中的"公民"应当是"以道德优良的生活为宗旨而既能治理又乐于受治的人们"④。因此，他提出，"保全政体诸方法中，最重大的一端还是按照政体（宪法）的精神实施公民教育"，要按照政体的精神教育公民，使"公民们的情操经过习俗和教化陶冶而符合于政体的基本精神（宗旨）"。⑤ 约翰·亚当斯（John Adams, 1735—1826）的思想主张受到"人类美德"的观念影响，他在1776年的一篇文章中写

---

① Kurt Heller, Der Verfassungsgerichtshof, Wien 2010, S. 34-36.
② Kurt Heller, Der Verfassungsgerichtshof, Wien 2010, S. 49.
③ Kurt Heller, Der Verfassungsgerichtshof, Wien 2010, S. 49.
④ 亚里士多德:《政治学》，吴寿彭译，商务印书馆1965年版，第156—157页。
⑤ 亚里士多德:《政治学》，吴寿彭译，商务印书馆1965年版，第280—281页。

道:"任何政府的基石都是民众判断中的原则或感觉,政府的目标在于促进普遍的幸福。"① 在哲学方面,黑格尔(Georg Friedrich Hegel)主张,一个国家应以美德为出发点,"个人的奉献"首先带来良善。"具有美德的个人"存在的目的在于,"通过个人的奉献给世界带来良善"。他的这种观点与美国革命的理念正好相反。②

此外,还有一些思想家、政治家是"人民美德"理论的反对者。康德就是其中之一。康德关于法律的著名定义是:"法律是对个人自由的限制,这种限制存在于他与其他任何人自由的协和一致之中,这种协和一致依据普遍的法律是可能的;公法是外部法律的化身,它使得一种普遍的协和一致成为可能。"对于"法律状态"原则,康德论道:"1. 作为人,享有社会每个成员所享有的自由。2. 作为臣民,享有与其他人同样的平等。3. 作为公民,享有每个国家成员所享有的独立自主。"所以,康德的民主和法律概念不是基于"人民的美德",而是基于人的"自主"。③ 被视为"美国国父"的亚历山大·汉密尔顿(Alexander Hamilton)也是"人民美德"理论的反对者。他认为,一个国家并非建立在民众美德的基础之上,④"民主同样不能建立在诸如人民美德的观念这种非理性的观念之上","若认为人民具有优良美德并且这种美德反映在国会制定的法律中,那么对议会的司法审查则是不可能的,也是没有理由对其予以审查的"。⑤

---

① Kurt Heller, Der Verfassungsgerichtshof, Wien 2010, S. 49.
② Kurt Heller, Der Verfassungsgerichtshof, Wien 2010, S. 57.
③ Kurt Heller, Der Verfassungsgerichtshof, Wien 2010, S. 55–56.
④ Kurt Heller, Der Verfassungsgerichtshof, Wien 2010, S. 50.
⑤ Kurt Heller, Der Verfassungsgerichtshof, Wien 2010, S. 51.

二、"多数人的统治"与司法权

近代的"人民主权"观念在诸多西方国家付诸实践，也在一定程度上反映出人民的意志和利益，但是西方国家的人民主权多是通过代议制民主来实现的。这种民主在不少国家成为少数社会精英通过各种方式获取选票的方式，甚至使选举成为一种"金钱游戏"和有钱人的游戏，特定的利益集团成为主导民主政治的重要力量，① 这让"民主"失去了其本来的意义。同时，"民主"是一个含义没有得到明确界定的语词，但是它具有一些核心的要素，如选举代表制、责任制、公民的政治参与等。同时，"民主"也与人民和多数原则联系在一起，"只有为多数所接受者才应当在事实上成为法律"，"多数的意志不仅决定着何为法律，而且也决定了何为善法"。② 而人民究竟是什么？在一定情形下，人民可以指单个的个人，而民主中的"人民"实际上是指一个有机的整体，是从个人全体的集合中抽象出来的，同时，民主也是与人民中的多数相联系的。归根结底，民主所关注的是，谁是国家权力的享有者的问题。在民主的概念之下，这个问题的答案是：人民。以此，人民的多数也就代表着民主，也就意味着人民主权。由此而来的问题是，作为人民的多数之意志表现的法律一定是"善"的吗？易言之，人民的多数会为恶吗？人民的多数会压迫和施暴于其他的少数吗？在西方国家的历史上，对"多数人的统治"持怀疑和否定态度者不在少数。

也许正是基于对议会作为主权者所享有的不受限制的最高权力的

---

① 参见王洪树、郭玲丽：《"中国之治"与"西方之乱"的民主政治根源解析》，载《河南社会科学》2020年第10期。
② 弗里德利希·冯·哈耶克：《自由秩序原理》，邓正来译，生活·读书·新知三联书店1997年版，第127页。

忌惮，没有其他机构可对议会的不当或违法行为施以限制或予以废除，一些人开始批评英国议会的这种权力，甚至有人将英国议会的这种权力称为"议会万能权"①。伊丽莎白一世时期的财政大臣伯利（Burleich，1520—1598）曾说道："惟有议会可以葬送英国。"马修·黑尔爵士也曾论道："议会是王国最高最大的法院，王国中再无其他任何法院对其拥有管辖权。因此对议会哪怕只是稍有一点治理不当，整个王国的臣民也是得不到任何形式的救济的。"② 在17世纪50年代，英国人还认识到，即使是议会也可能像国王那样专断行事，所以，判断某一行为是否专断的标准，"并不取决于此项权力的渊源，而是取决于该项行动是否符合既已存在的一般性的法律原则"③。这些"一般性的法律原则"包括："既已存在的法律如果没有规定，就不能进行惩罚"；"一切法规只具有前溯力，而不具有溯及既往之力"；"所有行政官员的自由裁量权应当受到法律的严格限制"；等等。④

布莱克斯通在《英国法释义》中论及国王的权力可能施行对公众的压迫时说道："无论何时违反宪法的压迫行为大肆开展并威胁到国家的安全稳定时，哪怕这种压迫来自最高权力机构，人类也不会丧失理性，失去对人性的感觉，也不会牺牲他们的自由来迂腐地遵循那些所谓的政治原则，尽管规定那些原则本来是用来保持自由的。"⑤ 对于

---

① 威廉·布莱克斯通：《英国法释义》（第一卷），游云庭、缪苗译，上海人民出版社2006年版，第182页。
② 威廉·布莱克斯通：《英国法释义》（第一卷），游云庭、缪苗译，上海人民出版社2006年版，第182页。
③ 弗里德利希·冯·哈耶克：《自由秩序原理》，邓正来译，生活·读书·新知三联书店1997年版，第212页。
④ 弗里德利希·冯·哈耶克：《自由秩序原理》，邓正来译，生活·读书·新知三联书店1997年版，第212页。
⑤ 威廉·布莱克斯通：《英国法释义》（第一卷），游云庭、缪苗译，上海人民出版社2006年版，第273页。

国王"违反宪法的压迫行为"的救济方式则是由议会来宣布其退位，议会所拥有的这种"废黜国王"的权力可以看作是人民反抗暴政的权力，也是人民作为主权者所享有的终极权力。孟德斯鸠也曾表达出对于英国议会拥有最高国家权力的顾虑和担忧："正如罗马、斯巴达和迦太基最终都丧失了自由走向毁灭一样，英国宪法迟早也会丧失自由走向毁灭。一旦立法权力的腐败程度超过了行政权力，这一刻也就来临了。"①

对于代表着国家最高权力或者主权权力的议会或国王的权力的限制和约束只能最终诉诸人民自身，而对于主权之下的国家机构权力的限制和约束，除要依赖人民自身之外，还要依赖行使着不同权力的国家机构。在议会主权和"国王不可能为非"观念的对立面，人们看到的是权力所具有的危险性及其潜在的"侵犯性质"。对于执行机关滥用职权问题的解决办法，洛克指出："滥用职权并违反对他的委托而施强力于人民，这是与人民为敌，人民有权恢复立法机关，使它重新行使权力。因为，人民设置一个立法机关，其目的在于使立法机关在一定的时间或在有需要时行使制定法律的权力，如果他们为强力所阻……人民便有权用强力来加以扫除。在一切情况和条件下，对于滥用职权的强力的真正纠正办法，就是用强力对付强力……必须把他当作侵略者来对待。"② 洛克也预见到多数人统治可能导致的暴政，认为其他政体也会像君主制一样存在暴政的危险，若以保障人民的和平、安全和财产为目的国家权力偏离这一目的而"被应用于其他目的，以

---

① 威廉·布莱克斯通：《英国法释义》（第一卷），游云庭、缪苗译，上海人民出版社 2006 年版，第 183 页。
② 洛克：《政府论》（下篇），叶启芳、瞿菊农译，商务印书馆 1996 年版，第 95 页。

及被利用来使人民贫穷、骚扰他们或使他们屈服于握有权力的人的专横的和不正当的命令之下时,那么不论运用权力的人是一个人还是许多人,就立即成为暴政"①。

麦迪逊在《联邦党人文集》第48篇中论述了民主代议制所具有的危险性:

> 在代议制的共和政体下,行政长官的权力范围和任期都有仔细的限制;立法权是由议会行使,它坚信本身的力量,因为被认为对人民有影响而得到鼓舞;它人数多得足以感到能激起多数人的一切情感,然而并不至多得不能用理智规定的方法去追求其情感的目标;人民应该沉溺提防和竭力戒备的,正是这个部门的冒险野心。②

麦迪逊也认识到共和政体中"多数人的暴政"的可能性:"在共和国里极其重要的是,不仅要保护社会防止统治者的压迫,而且要保护一部分社会反对另一部分的不公。在不同阶级的公民中必然存在着不同的利益。如果多数人由一种共同利益联合起来,少数人的权利就没有保障。"③

在国家的权力分配中,由于立法权经常是由代表着人民的议会行使,因而容易获得相对于其他部门的优越地位,"同时又不易受到明

---

① 洛克:《政府论》(下篇),叶启芳、瞿菊农译,商务印书馆1996年版,第123页。
② 汉密尔顿、杰伊、麦迪逊:《联邦党人文集》,程逢如、在汉、舒逊译,商务印书馆2004年版,第48篇,第253页。
③ 汉密尔顿、杰伊、麦迪逊:《联邦党人文集》,程逢如、在汉、舒逊译,商务印书馆2004年版,第48篇,第266页。

确的限制，因此立法部门更容易用复杂而间接的措施掩盖它对同等部门的侵犯"①。托马斯·杰斐逊（Thomas Jefferson，1743—1826）在《弗吉尼亚纪事》中也表达出对立法部门权力独大的担忧，权力的集中不可避免地会导致暴君政府，无论行使这种集中权力者是一个人还是多数人：

> 政府的全部权力，立法、行政和司法，都集中到立法机构。把这些权力都集中到同一个机构，恰恰是暴君政府的定义。这些权力之由多数人行使，而不是由一个人行使，并不能减轻暴政的程度。173个暴君肯定会和一个暴君一样富于压迫性……一个选举产生的暴政并不是我们为之战斗的政府；我们为之战斗的政府，不仅应该建基在自由的原则上，而且也应该把权力分开，使其平衡，使任何一个权力机构都不能越出它们的合法的限度之外，使其有效地抑制和制约……司法部门和行政部门都受制于立法部门，因为他们官职的维持，其中有些人之继续当官，都听命于立法机关……因此，他们在许多场合擅自断定一件事的是非曲直，而这个是非曲直本来是应该留给司法部门去争论的……②

杰斐逊在1789年3月15日致麦迪逊的信中也说道，美国"政府的行政权，并非我所担心的唯一问题，或许可以说不是我所担心的主要问题。立法机构的暴政才真正是最可怕的危险，而且在今后许多年

---

① 汉密尔顿、杰伊、麦迪逊：《联邦党人文集》，程逢如、在汉、舒逊译，商务印书馆2004年版，第48篇，第253页。
② 梅利尔·彼得森注释编辑：《杰斐逊集》（上），刘祚昌、邓红风译，生活·读书·新知三联书店1993年版，第263页。

仍会如此。行政权的暴政虽然也会出现，但要在很久以后"①。杰斐逊在1801年3月4日的总统就职演说中再次提及多数人压迫和侵犯少数人权利的可能性："所有人也都要维护我们头脑深处所记的神圣的原则，虽然多数人的意志在多数情形下具有优先性，但是这种意志的正当性亦需以理性为基础，少数人的平等权利亦需同样法律的保障，对他们权利的侵犯也需要予以压制。"②

在欧洲，康德亦秉持类似的观念和主张。康德在1797年出版的《道德的形而上学》中指出："立法权，从其理性原则来看，只应遵从人民的共同意志。因为这是所有法律的基点，因此立法权完全不能通过法律对任何人为不义之事。"③康德没有将"议会主权"视为当然的前提，而是认为议会的行为应当受到限制，也应有一定的限度，多数人也存在着实行专制的危险。与专制政体和贵族政体相比，即使是在民主政体之中，公众的意志也可能被统治者加以利用："在三种国家形式之中，民主政体在这个名词的严格意义上就必然是一种专制主义，因为它奠定了一种行政权力，其中所有人可以对于一个人并且甚而是反对一个人（所以这个人是并不同意的）而做出决定，因而也就是对已不成其为所有人的所有人而做出决定。这是公意与其自身以及与自由的矛盾。"④

格奥尔格·耶利内克同样对作为人民之代表的议会持不信任的态

---

① 托克维尔：《论美国的民主》（上卷），董果良译，商务印书馆2004年版，第300页。
② Kurt Heller, Der Verfassungsgerichtshof, Wien 2010, S. 50-51.
③ 康德：《法的形而上学原理》，沈叔平译，林荣远校，商务印书馆2005年版，第139页。依据原文稍有改译。
④ 康德：《永久和平论》，载康德：《历史理性批判文集》，何兆武译，商务印书馆1996年版，第108页。

度。他在 1885 年出版的《论奥地利的宪法法院》一书中，第一章的标题就是"议会的非正义"。耶利内克指出，与多数人不同的少数宗教或少数民族的权利更应受到重视和保障，因为在民族矛盾凸显的地方，以多数胜出的一方更可能是粗暴残忍的，[1] 在这样的情况下，多数人的意志和决定更需要予以限制，以维护和保障少数人的权利和利益。基于此，多数人的统治可能会导致"暴政"，作为"主权"之代表的议会也需要在宪法和法律规定的范围内活动。在这样一种逻辑之下，对代表了人民意志的议会行为进行审查才具有可能性。

对于议会的压迫或者其他不当行为或违法行为，洛克的解决方法是将其予以撤销或者变动，因为人民才是最高权力的最终的享有者："一旦发现立法机构的所作所为有负人民对他们的信任，人民仍然拥有固有的最高权力可以撤销现有的立法机构或对其加以变动。因为人民的信任一旦被任何机构滥用，该机构即失去了这种信任，它将重新回到人民手中。"[2] 康德也认为："立法权只应遵从人民的共同意志，因为这是所有法律的基点，因此立法权完全不应通过法律对任何人为不义之事。"[3]

因此，合宪性审查特别是对立法的司法审查，不能建立在"人民美德"或"道德人民"的理论基础之上。若认为国家是建立在"人民美德"或"道德人民"的基础之上，那么对代表了人民意志的立法机构所制定的法律进行审查，则是不可能的。因为在这种理论假定之

---

[1] Gerald Stourzh, Verfassung und Verfassungswirklichkeit Altösterreichs in den Schriften Georg Jellineks, in: Stanley L. Paulson und Martin Schulte (Hrsg.), Georg Jellinek. Beiträge zu Leben und Werk, Tübingen 2000, S. 259.
[2] 威廉·布莱克斯通：《英国法释义》（第一卷），游云庭、缪苗译，上海人民出版社 2006 年版，第 183 页。
[3] Kurt Heller, Der Verfassungsgerichtshof, Wien 2010, S. 56.

下，立法机构所制定的法律不仅代表了人民的共同意志，而且作为这种意志之表现的法律必然不会是非正义的，并且具有"美德"或"道德"的良善基础，因而不能也没有必要对其进行审查。在美国，人们放弃了"道德人民"的观念，通过法院来保障个人和少数人的权利也成为民主中针对多数人决议的必要因素，而法国人则是将"人民"的概念神秘化和高尚化，从而没有出现像美国那样的制度发展，所以在一定意义上，实现个人的权利自由与潜在的作为"多数人的统治"之间的"民主"仍然是一个两难的问题。①

---

① Kurt Heller, Der Verfassungsgerichtshof, Wien 2010, S. 61.

第一章 追寻最早的"宪法法院"：
凯尔森法律理论之前的历史实践

一个国家的政治和法律制度可能在一定程度上受到其他国家的政治和法律制度的影响，但是各个国家基于自己的文化传统、法律传统和相应的理论观念而建立起的具有自身特色的制度才能真正发挥其制度效能。1803 年"马伯里诉麦迪逊案"判决的出现，看似偶然，实则必然，马歇尔大法官固然功不可没，而实际上，普通法传统中的"司法审查"有着深厚的思想渊源、理论基础和实践经验。英格兰最伟大的法学家之一布莱克斯通在其《英国法释义》中指出，早在 13 世纪，《恩准宪章》（Confirmatia Cartarum）由爱德华一世批准之后，"所有与《大宪章》规定相悖的判决都被宣布无效……任何言谈、行为或诉讼只要有任何地方与该宪章内容相悖或在任何程度上违反了它的规定，当事人都会遭到被驱逐出教会的惩罚"①。普通法传统中的这种观念后来也对欧洲大陆国家的法律实践和法律理论产生重要影响。罗伯特·冯·莫尔等人所主张的法律理论和制度观念后来在奥地利帝国（Kaisertum Österreich）的宪法实践中得到了贯彻，②并且在之后

---

① 威廉·布莱克斯通：《英国法释义》（第一卷），游云庭、缪苗译，上海人民出版社 2006 年版，第 147 页。
② Vgl. Herbert Haller, Die Pfüfung von Gesetzen. Ein Beitrag zur verfassungsgerichtlichen Normenkontrolle, Wien-New York 1979, S. 14.

的历史过程中也对汉斯·凯尔森等人的国家理论和法学理论产生一定的影响。

从1848年"克罗梅日什草案"中设计的奥地利帝国的"最高帝国法院"到奥匈帝国时期以1867年"十二月宪法"为基础而设立的帝国法院,这些制度及其理念、实践不仅成为第一次世界大战之后奥地利共和国设立的宪法法院制度的"先驱"①,也为奥地利宪法法院制度的设立与发展奠定历史基础和理论根基。在这方面,凯尔森的理论和实践具有重要意义。

第一节 "司法审查"的普通法传统及其在欧洲的影响

一、培根与柯克的思想主张

关于普通法传统的"司法审查"理念,弗朗西斯·培根(Francis Bacon,1561—1626)曾论道:"刑律之中若有久已不行者或不适于当时者,贤明的法官就应当限制其施行:'司法官底职责,不仅限于审察某案底事实,还要审察这种案件底时候及环境……'"②可以认为,法官在实践中"限制"适用某一律文的做法在一定程度上带有"审查法律"的意味,或者说其中暗蕴着"审查法律"的意涵。当然,我们也可以认为,培根的这种论述所表达的仅是法官在司法实践中可以"选择"法律予以适用的权力,但是,选择适用法律是法官在审理

---

① Oskar Lehner, Österreichische Verfassungs- und Verwaltungsgeschichte (4. Aufl.), Linz 2007, S. 229.

② 培根:《培根论说文集》,水天同译,商务印书馆1958年版,第194页。

案件中所必然要行使的权力，若没有了这种权力，法官根本就不能成其为法官。培根将法律视为一个国家和政府存在的基础，他在1596年说道，国家有一个基本的制度，可以称之为"根本性法律"，国王以此统治国家，其任务是"依据各种重要的根本性法律进行统治，政府首先建立在这一基础之上"①。

爱德华·柯克爵士在1610年关于"卡尔文案"的法律报告中以自然法思想为基础，不仅提出一个国家的法律不能违反"永恒的"自然法，而且认为主权者的权力在自然法上也具有正当性，但是，这种以"自然法"为基础的权力受到"永恒的"自然法的限制。以这种自然法理论为基础，柯克在1610年"博纳姆（Thomas Bonham）医生案"判决的"附论"中表述得更为直接和明确："在许多情况下，普通法会审查议会的法令，有时会裁定这些法令完全无效，因为当一项议会的法令有悖于共同权利和理性，或自相矛盾，或不能实施时，普通法将对其予以审查并裁定该法令无效，这种理论在我们的书本里随处可见。"② 由于这里所说的"法令"的制定主体是议会，所以，根据柯克的观点，依据"普通法"进行审查的主体应当是法官，其审查的标准是"普通法"，并且柯克作为该案的法官在这个案件中也行使了这种审查权。依此，普通法的法官若认为相关的制定法规范与"普通法"相抵触，可以认为其无效，不能在案件中予以适用。柯克在该案中最终不是诉诸"宪法"，而是诉诸"普通法"以及"共同权利和理性"，这种"普通法"以及"共同权利和理性"在他看来就是

---

① Kurt Heller, Der Verfassungsgerichtshof, Wien 2010, S. 26.
② 爱德华·S. 考文：《美国宪法的"高级法"背景》，强世功译，李强校，生活·读书·新知三联书店1996年版，第42—43页。

"既可以约束议会也可以约束普通法院的高级法规则"①。依此,"普通法"以及"共同权利和理性"是议会行为之基础,英国的议会主权观念是立基于"普通法"以及"共同权利和理性"之上的。

此外,柯克还反复强调其主张:"有悖于《大宪章》的制定法是'无效的'。"② 但是,英格兰法中的这种具有司法审查理念的法律发展,自17世纪中叶开始与柯克所持的这种观念的联系甚少了,因为议会在与国王的斗争中取得了胜利,产生了不受限制的议会主权的观念,亦即戴雪所说的"巴力门的无限立法威权"③,并且也不存在宪法、一般法律与法规在效力等级上的区分。④ 在这种制度和观念之下,审查议会制定和通过的法律没有了制度基础和理论逻辑上的可能性。

值得一提的是,在柯克去世十多年之后,克伦威尔统治时期的英格兰在1647年颁布了一项《人民协定》(Agreement of the People)。该协定规定了人民的权利,限制了贵族的特权。《人民协定》,如其名称的意涵,应当是一部具有最高效力的法律,它是以契约为基础,基于人民的参与而产生的。⑤ 相对于议会制定颁布的法令,《人民协定》的优先性表现为,议会的权力是从属于人民的权力的。这种基于人民

---

① 爱德华·S. 考文:《美国宪法的"高级法"背景》,强世功译,李强校,生活·读书·新知三联书店1996年版,第47—48页。
② 爱德华·S. 考文:《美国宪法的"高级法"背景》,强世功译,李强校,生活·读书·新知三联书店1996年版,第48页。
③ 戴雪:《英宪精义》,雷宾南译,中国法制出版社2001年版,第117页。
④ 参见戴雪:《英宪精义》,雷宾南译,中国法制出版社2001年版,第128—129页。
⑤ Christian Starck, Vorrang der Verfassung und Verfassungsgerichtsbarkeit, in: Christian Starck, Albrecht Weber (Hrsg.), Verfassungsgerichtsbarkeit in Westeuropa. Teilband 1: Berichte, Baden-Baden 1986, S. 18.

而产生法律的思想与人民的制宪权相联系,由此突出了近代意义上宪法的优先性。① 但是,这种宪法的优先性观念并未在当时英格兰的普通法中得到实践,也未能发展出议会权力应当受到限制以及议会制定通过的法律应当受到审查的理念和制度。

二、北美的"司法审查"理念与实践

与英国本土的法律发展不同,北美的殖民地接受了上述在英格兰的政治和法律实践中中断了的宪法的优先性观念和"司法审查"传统。北美殖民地的革命者经常援引其母国人的法律观点来反对其母国施行于殖民地的法律,② 上述柯克的观点即常被援引。早在"吉丁斯诉布朗案"(Giddings v. Brown)中,柯克的上述意见就在马萨诸塞的司法实践中得到了运用。当时的马萨诸塞地方治安法官在该案的判决中写道:"上帝和自然赐予人民的基本法不受侵犯。财产权就是这样一种权利。在本案中,个人财产权的转让未经本人同意,该城镇的决定违反了基本法,因而无效……"③ 1761年2月24日,波士顿的律师詹姆斯·奥蒂斯(James Otis)做了一个著名的演讲,他说道:"与议会相关的行为,若违反宪法,则是无效的。违反自然正义的行为,也是无效的;若是议会颁布的法律,那么也是无效的。负责执行的法

---

① Christian Starck, Vorrang der Verfassung und Verfassungsgerichtsbarkeit, in: Christian Starck, Albrecht Weber (Hrsg.), Verfassungsgerichtsbarkeit in Westeuropa. Teilband 1: Berichte, Baden-Baden 1986, S. 18.

② 在理论上,英国议会通过的法律是否对殖民地具有效力,也是有疑义的,特别是当这些法律侵害了殖民地人民的利益并且议会中没有殖民地人民的代表时,这些法律的效力问题更是令人生疑。

③ 爱德华·考文:《论司法审查的确立》(上),刘宗珍译,载徐爽编:《司法审查的起源》,北京大学出版社2015年版,第11页。

院应当宣告不能将其予以适用。"①

对于1772年发生在弗吉尼亚的"罗宾诉哈德威案"（Robin v. Hardaway），麦迪逊评论道："违反自然权利的法案本身是无效的"，"如果自然权利、独立自主、不完善的代表制和拒绝保护原则都不足以使他们免受我们法律的强迫，那我们还能依据什么原则来反对最近英国立法机关对我们行使权力时制定的一些法律？……现在看来，所有明显违反自然权利和公正的议会法案，根据我们的法律，自然是无效的；就事物的本质来说，必然也是无效的。自然法是上帝的立法，他的权威是地上任何权力都不得超越的……凡是违反自然法的人类宪法，从良心上讲，我们是不应该遵守的。我们秉持正义的法院的司法裁决也一样"。② 这里，北美的殖民地人民不再像柯克那样诉诸"普通法"，而是诉诸"自然法""自然权利"和"自然正义"，法院有权不适用议会颁布的"非正义的"法律。这为殖民地脱离母国的统治又提供了一个法律上的理由和理论上的辩护。

1786年，罗德岛的律师詹姆斯·瓦纳姆（James Varnum）在"特莱维特诉维登案"（Trevett v. Weeden）中援引了瑞士国际法学家瓦泰尔（Emmerich de Vattel，1714—1767）的观点，认为立法不能改变一国的宪法，因为立法只是源于宪法的一种权能。他的结论是，立法仅有权颁布不违反宪法的法律，司法权的职能是执行这些法律，依据这

---

① Henry Steele Commager, Documents of American History (9. Aufl.), Vol. 1, Engelwood Cliffs (NJ) 1973, p. 45; Kurt Heller, Der Verfassungsgerichtshof, Wien 2010, S. 25-26.

② 爱德华·考文：《论司法审查的确立》（上），刘宗珍译，载徐爽编：《司法审查的起源》，北京大学出版社2015年版，第14—15页。

些法律进行判决，但不承认违反宪法的立法为法律。① 前述提及，北卡罗来纳最高法院于 1787 年在"巴雅德诉辛莱顿案"的判决中认为"立法行为不能撤销或改变宪法"，"违反宪法的法律是无效的"。② 该案中原告的一位律师詹姆斯·伊莱戴尔（James Iredell）在 1790 年被华盛顿任命为最高法院的法官，成为美国最高法院最早的一批法官之一。伊莱戴尔在一个案件的判决中明确地反对自然法被归属于宪法，并且认为最高法院可以进行规范审查，③ 亦即最高法院有权审查议会制定通过的法律。前述弗吉尼亚的法官斯宾塞·罗安在 1793 年的一个案件的判决中写下的判决理由也体现出宪法优先性观念。

作为美国政党制度（联邦党）的创建者和美国的第一任财政部长，汉密尔顿亦明确主张和支持由法院来审查法律合宪与否，法院有权宣告违宪的法律为无效。他在《联邦党人文集》的第 78 篇论道：法院是"人民维护公正与安全的支柱"和"人民与立法机关的中间机构"，是保障其他国家权力在其职能范围内行使权力的适宜机构，因而"法院必须有宣布违反宪法明文规定的立法为无效之权。如无此项规定，则一切保留特定权利与特权的条款将形同虚设"。④ 由于司法机关是"分立的三权中最弱的一个"，它"既无强制，又无意志，而只有判断"，所以"应要求使它能以自保，免受其他两方面的

---

① Gerald Stourzh, Vom Widerstandsrecht zur Verfassungsgerichtsbarkeit, Graz 1974, S. 20-21; Herbert Haller, Die Pfüfung von Gesetzen. Ein Beitrag zur verfassungsgerichtlichen Normenkontrolle, Wien-New York 1979, S. 5.
② Gerald Stourzh, Vom Widerstandsrecht zur Verfassungsgerichtsbarkeit, Graz 1974, S. 22-23.
③ Kurt Heller, Der Verfassungsgerichtshof, Wien 2010, S. 34.
④ 汉密尔顿、杰伊、麦迪逊：《联邦党人文集》，程逢如、在汉、舒逊译，商务印书馆 2004 年版，第 78 篇，第 392 页。

侵犯",而法院的独立性是保障其有效履行职能的重要前提。① 汉密尔顿还指出,法院进行司法审查的基准应当是具有最高法律效力的宪法("高级法")、"人民的意志"与"人民的幸福",而非"低级法"和"代表人民的意志"。②

1776年7月4日的《独立宣言》确立了宪法具有优先性的政治基础。1787年美国联邦宪法的序言中亦写道:"我们,合众国人民……为美利坚合众国制定和确立宪法。"以此,人民主权观念在政治和法律实践中实现。属于主权的制宪权奠定和限制了国家权力及其组织,授予其职能,确定其行使权力的程序和规则。这种通过宪法而确立的国家权力受到宪法的约束;立法权成为国家权力的一个部门,任何国家权力无例外地都要受到宪法的约束。这成为美国和英国法律制度之间至今仍存在的一个重要差别。③ 在美国的宪法中,公民的基本权利也是作为对国会的限制和禁止性规定而表述的:"国会不应制定法律……限制表达自由……或者剥夺人民和平集会的权利……"

不仅如此,作为美国的"建国之父",托马斯·杰斐逊和约翰·亚当斯在通信往来中曾多次提及柯克,而美国著名的大法官霍姆斯(Oliver Wendell Holmes)在马萨诸塞任法官时也曾在1884年的一个判决中提及"博纳姆医生案"的判决。④ 在当时美国制宪会议的代表中还有"相当一部分人在制宪会议召开之前、在议程中或会后表现出

---

① 参见汉密尔顿、杰伊、麦迪逊:《联邦党人文集》,程逢如、在汉、舒逊译,商务印书馆2004年版,第78篇,第391—392页。

② 参见汉密尔顿、杰伊、麦迪逊:《联邦党人文集》,程逢如、在汉、舒逊译,商务印书馆2004年版,第78篇,第393—394页。

③ Christian Starck, Vorrang der Verfassung und Verfassungsgerichtsbarkeit, in: Christian Starck, Albrecht Weber (Hrsg.), Verfassungsgerichtsbarkeit in Westeuropa. Teilband 1: Berichte, Baden-Baden 1986, S. 21-22.

④ Kurt Heller, Der Verfassungsgerichtshof, Wien 2010, S. 29.

对司法审查的个人偏好"①,并且制宪会议的讨论也"触及了联邦司法权以宪法为依据审查国会立法的可能问题","司法审查的观念被视为法院对抗立法越权的一种自卫武器,这一观念在制宪会议的成员中已经得到了长足发展"。② 马歇尔大法官不可能不受这些思想观念的影响,或许他本人就坚持司法审查的立场,所有这些都为马歇尔大法官在 1803 年创造性地作出"马伯里诉麦迪逊案"的判决奠定了基础。所以,我们有理由认为,"马伯里诉麦迪逊案"的判决是普通法传统中的"司法审查"理念发展的一个成果,"是制宪时代普遍思想共识自然发展的结果"③,即使没有马歇尔大法官,也会有其他大法官在特定案件中作出类似于"马伯里诉麦迪逊案"判决的判决。

对于在美国法律史上具有重要意义的"马伯里诉麦迪逊案",我们也应当看到,该案带有明显的党争色彩,该案也给案件的双方——先后任美国总统的亚当斯与杰斐逊之间的私人关系带来了裂隙,而这两位美国总统之间的这种矛盾最后以一种温和的方式得到了解决。杰斐逊的妻子在 1804 年逝世时,亚当斯的夫人阿比盖尔·亚当斯(Abigail Adams,1744—1818)给杰斐逊写了一封信,对他和亚当斯之间的关系表示遗憾。后来的通信往来中,杰斐逊逐渐消除了对亚当斯的怨气,亚当斯夫人也转达了亚当斯对他的敬重。杰斐逊在 1804 年 9 月 11 日给亚当斯夫人的信中曾表达出对最高法院有权审查议会通过的法律的忧虑:"但是,法官有权决定法律是否违宪,不仅是在

---

① 爱德华·考文:《"马伯里诉麦迪逊案"与司法审查原则》,载徐爽编:《司法审查的起源》,北京大学出版社 2015 年版,第 131 页。
② 爱德华·考文:《论司法审查的确立》(上),刘宗珍译,载徐爽编:《司法审查的起源》,北京大学出版社 2015 年版,第 35—36 页。
③ 爱德华·考文:《"马伯里诉麦迪逊案"与司法审查原则》,载徐爽编:《司法审查的起源》,北京大学出版社 2015 年版,第 131 页。

其职权范围内,而且在立法和执行范围内会使得司法部门成为一个专制的部门。"① 杰斐逊在 1820 年 9 月 28 日写给威廉·C. 贾维斯(William C. Jarvis)———一位外交官和商人的信中也表达出类似的担忧:"法官被视为所有宪法问题的最终裁决者……将使我们处于寡头政治的专制主义统治之下。"②

无论如何,北美殖民地人民将启蒙运动时期的思想理念付诸实践。这种对立法的司法审查在一定意义上保障了个人的"天赋权利",成为公民权利保障的一种重要方式。这种"司法审查"制度在美国域外的欧洲也产生了重要的影响。

三、欧洲人对美国宪法和政治制度的认知及其影响

对于美国的宪法制度和法律思想在欧洲的传播和影响,曾在 1785 年至 1789 年任美国驻法大使的托马斯·杰斐逊、于 1787 年回到欧洲并曾任法国国民议会议员的托马斯·潘恩(Thomas Paine,1737—1809)等人都起到过重要作用。杰斐逊在 1813 年 10 月 28 日致约翰·亚当斯的信中谈及美国的权利保障制度对欧洲产生的影响:"在欧洲,在人心中发生了显著的变化。科学解放了好学深思者的思想,而且美国的例子在人们中间点燃了争取权利的热情……"③ 差不多同一时间,欧洲人也开始系统地研究美国的宪法和政治制度,促进了美国宪法制度和法律思想在欧洲特别是西欧各国的了解和认知。

对于欧洲人中较早地介绍和研究美国的宪法制度者,我们不能不

---

① Kurt Heller, Der Verfassungsgerichtshof, Wien 2010, S. 40-42.
② Kurt Heller, Der Verfassungsgerichtshof, Wien 2010, S. 42.
③ 梅利尔·彼得森注释编辑:《杰斐逊集》(下),刘祚昌、邓红风译,生活·读书·新知三联书店 1993 年版,第 1531 页。

提及托克维尔（Alexis de Tocqueville，1805—1859）。托克维尔在1835年和1840年出版了《论美国的民主》上下两卷。在《论美国的民主》上卷中，托克维尔特别指出，美国法院所具有的司法审查权是不同于法国的司法权的一个特别之处："美国人允许法官可以不应用在他看来是违宪的法律"，易言之，"法官之有权对公民进行判决是根据宪法，而不是根据法律"。① 在托克维尔看来，美国宪法不像英国的法律"那样可被社会的公认权威所修改。它是一部与众不同的法典，代表全体人民的意志，立法者和普通公民均须遵守"，"它拥有唯一无二的权威"。② 托克维尔对美国法院的这种司法审查权给予高度评价："授予美国法院的这种范围有限的可以宣布某项法律违宪的权力，也是人们迄今为反对议会政治的专横而筑起的强大壁垒之一。"③ 而美国人授予法官这种特殊的权力同时又使其不至于侵犯其他权力的缘由在于，"在美国，国家永远可以通过修改宪法的办法使法官服从，所以不必害怕这种危险。因此，在这一点上，政治和逻辑是一致的，而人民和法官也都保存了他们自己的特权"④。因此，"在要求美国的法院援引一项在法官看来是违宪的法律时，法官可以拒绝援引。这项权利虽然是美国法官所特有的，但却产生了巨大的政治影响"⑤。所以，对于美国的这种制度，托克维尔的结论是："美国法院的作法不仅十分有利

---

① 托克维尔：《论美国的民主》（上卷），董果良译，商务印书馆2004年版，第111页。
② 托克维尔：《论美国的民主》（上卷），董果良译，商务印书馆2004年版，第112页。
③ 托克维尔：《论美国的民主》（上卷），董果良译，商务印书馆2004年版，第115页。
④ 托克维尔：《论美国的民主》（上卷），董果良译，商务印书馆2004年版，第113页。
⑤ 托克维尔：《论美国的民主》（上卷），董果良译，商务印书馆2004年版，第113页。

于公共秩序,而且十分有利于自由。"①

托克维尔对美国的政治和法律制度多持肯定和褒扬的态度,但是,他对"多数原则"是持怀疑态度的,因为"在民主共和国,人们有巴结大多数的思想,而且使这个思想立即渗入各个阶级"②,"民主政府的本质,在于多数对政府的统治是绝对的,因为在民主制度下,谁也对抗不了多数。美国大部分州的宪法,还设法人为地加强了多数的这种天然的力量"③。所以,托克维尔认为,"多数人"也会施行暴政:"如果你承认一个拥有无限权威的人可以滥用他的权力去反对他的敌手,那你有什么理由不承认多数也可以这样做呢?"④ 他认为,"立法机构代表多数,并盲目服从多数"⑤,"在所有的政权机构中,立法机构最受多数意志的左右"⑥。托克维尔认为,这种由多数人进行统治和管理的理念由移民到北美殖民地的人们在社会和政治生活中加以实践,并在实践中不断得到强化,以至于这种观念"已经风行于社会,深入到日常生活的一切细节"⑦。在托克维尔看来,在美国,"多数的统治极为专制和不可抗拒,以致一个人如想脱离多数规定的路

---

① 托克维尔:《论美国的民主》(上卷),董果良译,商务印书馆2004年版,第114页。
② 托克维尔:《论美国的民主》(上卷),董果良译,商务印书馆2004年版,第296页。
③ 托克维尔:《论美国的民主》(上卷),董果良译,商务印书馆2004年版,第282页。
④ 托克维尔:《论美国的民主》(上卷),董果良译,商务印书馆2004年版,第288页。
⑤ 托克维尔:《论美国的民主》(上卷),董果良译,商务印书馆2004年版,第290页。
⑥ 托克维尔:《论美国的民主》(上卷),董果良译,商务印书馆2004年版,第282页。
⑦ 托克维尔:《论美国的民主》(上卷),董果良译,商务印书馆2004年版,第283页。

线,就得放弃自己的某些公民权利,甚至要放弃自己做人的本色"①。同时,"多数专制"的作用和倾向不断加强,② 并且"一些特殊的环境条件还在促使多数的力量不仅居于压倒一切的地位,而且促使它成为不可抗拒的力量"③。所以,托克维尔对于美国政治发展的基本判断是:"美国共和政体的最大危险来自多数的无限权威"④,"假使有一天自由在美国毁灭,那也一定是多数的无限权威所使然,因为这种权威将会使少数忍无可忍,逼得少数诉诸武力"⑤。

托克维尔虽然赞赏美国依其法制和民情建立了一个自由和民主的国家,但是他清楚地认识到,美国的制度模式并非通过简单模仿就可达成的,并且仍然存在着个人专制统治的危险:"如果我们不及时建立绝大多数人的和平统治,我们迟早要陷于独夫的无限淫威之下。"⑥

此外,还需提及的是罗伯特·冯·莫尔。在他出生约七年后,神圣罗马帝国帝国覆亡,而他去世时,普鲁士已经统一德国多年。莫尔曾任图宾根大学和海德堡大学教授,在1848—1849年革命期间任德意志帝国议会议员和法兰克福国民大会代表及司法部长等职,在1848年革命后的宪法讨论中发挥了重要影响。莫尔在《符腾堡王国的国家

---

① 托克维尔:《论美国的民主》(上卷),董果良译,商务印书馆2004年版,第297页。
② 参见托克维尔:《论美国的民主》(上卷),董果良译,商务印书馆2004年版,第296页。
③ 托克维尔:《论美国的民主》(上卷),董果良译,商务印书馆2004年版,第283页。
④ 托克维尔:《论美国的民主》(上卷),董果良译,商务印书馆2004年版,第298页。
⑤ 托克维尔:《论美国的民主》(上卷),董果良译,商务印书馆2004年版,第299页。
⑥ 托克维尔:《论美国的民主》(上卷),董果良译,商务印书馆2004年版,第367页。

法》(1829年)一书中首次对一般国家法与政治进行了准确详细的探讨,对德国"法治国家"(Rechtsstaat)概念的形成和发展亦做出了奠基性贡献。① 早在 1824 年,比托克维尔早 11 年,莫尔就写成了系统介绍美国宪法与行政制度的著作《北美合众国的联邦国家法》。在该书的前言中,他论道,合众国赖以建立的原则是基于"学术界长期以来形成的关于国家、不同权力之间的分立以及公民权利和义务的理论。除了奴隶制的污点之外,这些原则得到了很好的贯彻"②。莫尔对美国法律制度的认知和了解要归功于他与美国最高法院的年轻法官、哈佛大学教授约瑟夫·斯托里(Joseph Story,1779—1845)之间的联系和交往。③

莫尔在诸多著作中论及司法性的审查权,在《北美合众国的联邦国家法》一书中也对美国的司法审查制度有着详细的论述,在此意义上,赫伯特·哈勒(Herbert Haller)教授称他为"合宪性审查的先行者"④。莫尔特别强调了美国最高法院在解决联邦与州之间的法律争议以及解决公民的跨州的争议方面的权力和地位,并将此视为合宪性审查的一个核心方面,他也详细地论述了对立法的司法审查:"合众国的人民是不受限制的主权者,为建立国家,他们在主权之下设立三种独立的权力,以成文宪法为其规范且不能违反。当三种权力中的一个

---

① Vgl. Ernst-Wolfgang Böckenförde, Entstehung und Wandel des Rechtsstaatsbegriffs, in: derselbe, Recht, Staat, Freiheit. Studien zur Rechtsphilosophie, Staatstheorie und Verfassungsgeschichte, Frankfurt am Main 1991, S. 144.

② Kurt Heller, Der Verfassungsgerichtshof, Wien 2010, S. 63.

③ Kurt Heller, Der Verfassungsgerichtshof, Wien 2010, S. 63. 约瑟夫·斯托里在 1811 年由民主共和党总统詹姆斯·麦迪逊(James Madison)任命为最高法院法官,当时年仅 32 岁。

④ Herbert Haller, Die Pfüfung von Gesetzen. Ein Beitrag zur verfassungsgerichtlichen Normenkontrolle, Wien-New York 1979, S. 8.

违反规范时,其他权力必须予以纠正。这毋宁说是法院有义务阻止违宪规定的贯彻实施……"① 莫尔是在规范的位阶等级理论的语境下论述合宪性审查的,他主张宪法的优先性地位,认为宪法规定的效力高于命令性规范(befehlende Normen),也高于一般的法律规范。② 在政治实践中,莫尔是"司法性审查权的捍卫者"③。为避免相互矛盾的判决造成法律的不确定性,他认为,中央最高法院的判决是所有法院都须遵循的"普遍性决定"(Gemeinbescheid),是行使审查权的必需前提。④

实际上,在"马伯里诉麦迪逊案"之前,欧洲人就有了应当限制和约束立法权力的思想观念,而"马伯里诉麦迪逊案"更为重要的意义在于其实践性,在于将限制议会的立法权和保护个人权利的思想观念付诸实践。可以说,美国人将源于欧洲的政治法律思想付诸实践,通过其制度实践反过来又对欧洲产生了影响。

第二节 1848年革命期间德意志地区的"宪法"

在现代国家的法律制度中,除解决国家机构之间的权限冲突、保障法律规范体系的统一性之外,保障公民的基本权利也是一个重要方面,并且公民的基本权利在很大程度上亦成为宪法和法律制度的重要

---

① Robert von Mohl, Das Bundesstaatsrecht der Vereinigten Staaten von Nord-Amerika, Stuttgart 1824, S. 298; Kurt Heller, Der Verfassungsgerichtshof, Wien 2010, S. 64–65.

② Herbert Haller, Die Pfüfung von Gesetzen. Ein Beitrag zur verfassungsgerichtlichen Normenkontrolle, Wien-New York 1979, S. 11–12.

③ Herbert Haller, Die Pfüfung von Gesetzen. Ein Beitrag zur verfassungsgerichtlichen Normenkontrolle, Wien-New York 1979, S. 10.

④ Herbert Haller, Die Pfüfung von Gesetzen. Ein Beitrag zur verfassungsgerichtlichen Normenkontrolle, Wien-New York 1979, S. 14.

判准。因而，对基本权利规定和保障的考察也是我们认识和理解一个国家法治历史的一个重要面向。在奥地利，对基本权利的讨论开始于 18 世纪，虽然有学者认为，这种对基本权利的讨论并非导源于美国革命或法国大革命，而是基于自然法理念和编纂民法典的努力①，但是美国革命和法国大革命的影响是不容忽视的。1848 年革命使得欧洲人对于 1815 年维也纳会议所确立的"欧洲新秩序"（亦即"梅特涅体系"）的积郁和不满爆发出来，在奥地利帝国进行的宪法讨论也由不公开转向公共讨论，革命也重新激起了德意志邦联关于宪法问题以及基本权利保障等方面斗争努力。② 同时，人们也为在"梅特涅体系"下受到专制主义压制和限制的基本权利而进行斗争，斗争的成果则反映在一系列宪法性文件之中。这些宪法性文件的内容以及当时的政治和法律实践为包括凯尔森在内的国家法和公法学者提出和发展相关理论思想奠定了历史基础。

一、1848 年"皮勒斯多夫宪法"

1848 年 4 月 25 日，由奥地利帝国的各等级组成的常设中央委员会（Ständiger Zentralausschuss）与部长弗朗茨·冯·皮勒斯多夫男爵（Franz Freiherr von Pillersdorf）共同起草的"奥地利君主国的宪法文件"生效。③ 该宪法（共 59 条）亦被称为"皮勒斯多夫宪法"，是奥地利的第一部正式宪法，是 19 世纪欧洲立宪主义早期的代表。威廉·布劳内德（Wilhelm Brauneder）教授指出，早期立宪主义的基本

---

① Kurt Heller, Der Verfassungsgerichtshof, Wien 2010, S. 85.
② Kurt Heller, Der Verfassungsgerichtshof, Wien 2010, S. 88, S. 67.
③ Wilhelm Brauneder, Österreichische Verfassungsgeschichte (11. Aufl.), Wien 2009, S. 115.

特征是，宪法是君主们被迫接受的，但是，君主仍享有国家最高权力，"议会主义"则意味着议会是由各等级组成的并由他们共同行使议会的权力。①

依据该宪法，皇帝享有绝对权力，国民军队和公职人员须向皇帝宣誓（第59条），其中包含了一系列基本权利规定（"国内居民的国民权利与政治权利"）（第17—31条），如信仰自由和良心自由、人身自由、表达自由、出版自由、通信秘密、结社权、营业自由、天主教徒和伊斯兰教徒的礼拜自由等，并且区分了一般人权与国民的权利。该宪法也规定了法院的独立性和法官的相关权力，但是没有规定具有依据宪法进行审查职能的相关机构。

二、1848年"克罗梅日什草案"与奥地利帝国的最高帝国法院

在1848年革命过程中，奥地利帝国的帝国议会被迫从维也纳迁至克罗梅日什②，为当时的奥地利帝国制定了一部宪法草案，被称为"克罗梅日什草案"（Kremsierer Entwurf），由于当时的奥地利帝国皇帝没有予以签发和颁布，所以该宪法草案从未生效。"克罗梅日什草案"是19世纪欧洲立宪主义盛期的产物，其中规定了诸多现代宪法的基本原则和公民的基本权利，例如，"法律面前人人平等"、公民享有的自由权等权利。"克罗梅日什草案"规定了"人民主权"原则："所有的国家权力源于人民"，并且君主不再享有绝对的权力，君主的权力在很多方面受到限制和约束，规定其权力"只能以宪法规定的方

---

① Kurt Heller, Der Verfassungsgerichtshof, Wien 2010, S. 88.
② 克罗梅日什（德语 Kremsier，捷克语 Kroměříž），历史上曾属于统治奥地利的哈布斯堡王朝，现为捷克共和国东南部的一座城市。

式行使"。此外,"克罗梅日什草案"规定,宪法需由制宪国民大会讨论通过;政府法案只有部长副署才能生效;没有帝国议会的许可,皇帝每年在国外的逗留时间不得超过两个月(第63条);皇帝对议会通过的法律没有绝对的否决权,仅有搁置否决权。① 此外,第43条规定,皇帝需"宣誓坚贞不渝地遵守帝国的宪法,依据宪法和法律进行统治"。

1848年的"克罗梅日什草案"中关于最高帝国法院(das Oberste Reichsgericht)的规定被看作是奥地利最早的关于宪法法院理念的规定。依据"克罗梅日什草案",奥地利帝国设立一个最高帝国法院,它具有现代宪法法院的部分职能——保障国民的宪法权利,对帝国的州之间的纷争、中央政府与州政府之间的权限争议以及针对部长和州长等的控诉进行裁决等(第140条)。依据该草案第139条的规定,最高帝国法院的院长和半数的成员由皇帝任命,副院长和其他半数的成员由议会选举产生。此外,第138条规定,公民的宪法权利还可通过民事诉讼得到保障:"因国家公职人员履行职权而致宪法规定的公民权利受到侵犯的,权利受到侵犯者可通过民事诉讼要求国家给以满意的答复。这种民事诉讼不妨碍追究过错者的刑事责任。"虽然"克罗梅日什草案"并未实施,但是其中规定了"奥地利人民的基本权利和对这些基本权利的保护";虽然其中并未规定对侵犯人民基本权利的国家行为应予以撤销,但是规定国家有义务消除此类行为所带来的不利后果和影响。② 依据威廉·布劳内德教授的观点,卡尔·伦纳

---

① Vgl. Wilhelm Brauneder, Österreichische Verfassungsgeschichte (11. Aufl.), Wien 2009, S. 119.

② Robert Walter, Die mitteleuropäische Verfassungsgerichtsbarkeit und die Reine Rechtslehre, in: Österreichische Richterzeitung 12 (1993), S. 266.

(Karl Renner)在 1920 年奥地利宪法草案中所持的相关观点可追溯至"克罗梅日什草案"。①

三、1849 年"保罗教堂宪法"与德意志邦联的帝国法院

1848 年 3 月初,德意志邦联国民大会成立了一个由 17 人组成的委员会,其任务是"制定一部适用于德意志国家的宪法"。此外,国民大会还选举出一个由 7 人组成的审核委员会,以与上述 17 人的委员会就宪法草案达成一致。1848 年 3 月 30 日,制宪国民大会在美茵河畔的法兰克福的保罗教堂开幕。由 17 人组成的"宪法草案起草委员会"在很短的时间内起草完成了一份宪法草案。该草案在 1848 年 4 月 27 日提交国民大会,但没有进行表决。1848 年 5 月 24 日,国民大会选举了一个由 30 人组成的委员会继续起草宪法。前述的罗伯特·冯·莫尔是当时起草宪法的委员会成员之一。以美国宪法修正案为蓝本,当时起草的德意志邦联宪法包含了一系列关于公民权利的规定。1848 年 12 月,这些关于公民权利方面的规定由国民大会以《关于德意志人民基本权利的帝国法律》的形式通过。1849 年 3 月 28 日,国民大会通过了《德意志邦联宪法》,其中涵括了《关于德意志人民基本权利的帝国法律》中关于公民权利方面的规定。② 因该宪法由在美茵河畔的法兰克福的保罗教堂召开的国民大会讨论通过,故该宪法又称"保罗教堂宪法"。

---

① Wilhelm Brauneder, Karl Renners „Entwurf einer provisorischen Verfassung", in: derselbe, Studien I: Entwicklung des Öffentlichen Rechts, Frankfurt am Main 1994, S. 198 f.
② 上述关于 1849 年《德意志邦联宪法》制定过程的内容,参见 Kurt Heller, Der Verfassungsgerichtshof, Wien 2010, S. 67.

虽然由于普鲁士的反对和拒绝,"保罗教堂宪法"未能生效,但是,奥地利支持该宪法,其中第 2 条规定:"若一个由非德意志人组成的德意志邦产生国家元首,则该邦应有一个与非德意志人相分离的自己的宪法、政府和管理机构。该邦的政府和行政部门应仅由德意志人组成。帝国宪法和立法像在其他邦一样均在该邦有效。"这项规定合乎奥地利作为一个多民族国家的基本情况。① 尽管该宪法未能得到实施,但还是具有重要的历史意义,它是德意志历史上第一部由国民大会讨论通过的宪法。

"保罗教堂宪法"共 197 条,其中有约 60 条涉及公民的基本权利,而第五部分的第 125 条至第 129 条是关于帝国法院(Reichsgericht)的规定。依据第 126 条的规定,该帝国法院具有广泛的职能,如解决帝国与邦之间以及各邦之间的争议、帝国机构与邦机构之间的争议、基于邦的控诉而进行的对帝国法律的审查、对部长的控诉、公民因基本权利受到侵犯而提起的宪法诉愿等,这些职能也是现代意义上宪法法院的基本职能。因而,该帝国法院实质上是一个具有宪法法院的传统职能的法院。② 因此,德国的国家法学者克劳斯·斯特恩(Klaus Stern)对此评论道:"保罗教堂宪法"规定了"今天所理解的意义上的宪法法院制度",也规定了"广泛的司法性的宪法保障"。③ 虽然在魏玛共和国时期曾依据《魏玛宪法》第 108 条在莱比锡设立过具有宪法法院职能的国务法院(Staatsgerichtshof),但是该国务法院只存续至 1926 年。由于种种原因,德国直到第二次世界大战之后,在 1951 年才真正建立起联邦宪法法院制度。

---

① Kurt Heller, Der Verfassungsgerichtshof, Wien 2010, S. 68-69.
② Kurt Heller, Der Verfassungsgerichtshof, Wien 2010, S. 69-70.
③ Kurt Heller, Der Verfassungsgerichtshof, Wien 2010, S. 70.

第三节 1867年"十二月宪法"与奥匈帝国的帝国法院

在1848年革命期间继承奥地利帝国的皇帝之位之后，弗朗茨·约瑟夫一世（Franz Joseph I.）在此后逐渐稳固了自己的权力地位和对帝国的统治，建立起具有中央集权性质的君主专制国家，这一时期被称为"新专制主义时期"（Neoabsolutismus）。弗朗茨·约瑟夫一世在1848年之后曾颁布了多部宪法，例如，1849年的"三月宪法"、1861年的"二月宪法"等。在这些宪法中，弗朗茨·约瑟夫一世统治早期所颁布的宪法多被称为"被迫接受的宪法"。但是，这些宪法中大多重新规定了皇帝对于议会通过法案的绝对否决权，并且均没有类似于"克罗梅日什草案"中关于最高帝国法院的规定，有的甚至没有关于公民基本权利的相关规定。1866年，奥地利在与普鲁士的"德意志战争"中战败，奥地利被排除在"大德意志方案"之外，弗朗茨·约瑟夫一世为解决帝国的危机不得不与匈牙利的议会达成协议，成立一个通常所谓的"二元君主制"的奥匈帝国，承认匈牙利王国在奥匈帝国中的独立性以及1848年的匈牙利宪法，承诺与匈牙利协商解决"共同事务"，同时他自己的权力也受到了很大的限制。在这种背景下，奥地利帝国皇帝同时也是匈牙利国王兼奥匈帝国皇帝弗朗茨·约瑟夫一世于1867年12月颁布所谓的"十二月宪法"。以此为基础，奥匈帝国成为一个君主立宪国家，也成为当时人思想观念意义上的"法治国家"与"理性法国家"。

一、1867年"十二月宪法"

"十二月宪法"并非一个统一的宪法文本，而是由《关于帝国代表的基本法》、《关于奥地利帝国各州共同事务的法律》（即所谓的"代表团法"）以及四个"国家基本法"组成，包括《关于国民一般权利的国家基本法》《关于建立帝国法院的国家基本法》《关于政府权力和执行权力的国家基本法》和《关于法官权力的国家基本法》，其中《关于帝国代表的基本法》是为适应新成立的奥匈帝国的政治现实的需要，根据1861年"二月宪法"的核心部分即《关于帝国代表的基本法》修改而成。"十二月宪法"只适用于奥匈帝国的奥地利帝国地区。此外，1862年的《保护公民人身自由的法律》以及《保护公民住宅不受侵犯的法律》等法律也作为"宪法性法律"继续得以实施。通过"十二月宪法"，奥地利帝国成为一个立宪君主制国家和"法治国家"，[1] 公民的权利和自由亦得到一定程度的保障。

《关于国民一般权利的国家基本法》共20条，规定了公民的诸多基本权利，即其中规定的"公民受宪法保障的权利"。《关于国民一般权利的国家基本法》现在在奥地利仍继续有效，是奥地利现行宪法中关于公民基本权利规定的核心部分。在《关于国民一般权利的国家基本法》关于基本权利的规定中，规定"通过（特别）法律予以规定"者不在少数，如关于财产权、通信秘密、结社和集会自由、请愿权、表达自由等。其中没有规定"法律保留"的基本权利有迁徙自由、获得土地收益的权利、人身自由、科学自由及相关的理论自由等。这些基本权利中的部分权利需要通过具体法律规定才能得到实施。

---

[1] Kurt Heller, Der Verfassungsgerichtshof, Wien 2010, S. 96.

第一章　追寻最早的"宪法法院":凯尔森法律理论之前的历史实践　　83

《关于建立帝国法院的国家基本法》也规定保障公民的基本权利,其中第3条规定:"帝国法院还对如下事项有最终裁决权:(1)不能通过正常的法律途径得到合理解决的诉求,例如在奥地利议会中有代表席位的匈牙利王国和奥地利帝国的州对于帝国的公共事务的诉求、匈牙利王国与奥地利帝国的州之间的诉求以及乡镇、组织或个人针对上述王国和州或者整个帝国的诉求,(2)国民在法定的行政程序中因其受宪法保障的政治权利受到侵犯而提起的诉愿。"《关于政府权力和执行权力的国家基本法》规定了部长责任制以及国家权力的"合法性原则",第11条规定:"国家机构在其职权范围内,依据法律颁布法规和发布命令。"《关于法官权力的国家基本法》规定了司法权力的特殊地位以及通过"行政诉讼"的方式保障公民权利免受行政机关的侵犯等内容,例如,第15条规定:"若行政机构的决定或命令侵犯公民的权利,公民有权通过行政法院以口头、公开的程序寻求救济,行政机构亦须由代理人参与诉讼。行政法院的组成及其程序由法律予以规定。"

二、以1867年"十二月宪法"为基础的帝国法院

依据1867年"十二月宪法"而设立的帝国法院(Reichsgericht, 1867—1918)被看作是奥地利宪法法院的"先驱"①,其设立和发展奠定了奥地利共和国时期宪法法院发展的基础。设立这样一个具有宪法法院职能的帝国法院得到了议会两院的赞同,当时的多数议员认为:"公法问题和公民的政治权利需要一种独立的、公正的、与公民

---

① Oskar Lehner, Österreichische Verfassungs- und Verwaltungsgeschichte (4. Aufl.), Graz 2007, S. 229.

权利相适应的解决方法，是确切无疑的。"① 当时设立的宪法委员会在报告中也述及设立这样一种法院的必要性："在涉及公法问题、在国民最重要的政治权利的贯彻及其发挥的效果依赖于国家行政机构的决定的地方，或者国家可以通过命令放弃其义务并且没有这种国家需履行的义务，则受法定法官审判的要求就不能实现的地方，那么由一种司法机构就此进行保障就是必要的，这种机构可以通过其较高的地位、其独立性和公正性提供一定的保障，在这里，不是专断的权力，而是公平和正义发挥作用。"② 在议会的讨论中，宪法委员会的报告还提及美国的制度模式："美利坚合众国一直以来都将最高法院作为其宪法制度的主要基石，将其作为一个成功的解决方案，最高法院成为国家和谐发展不可或缺的、可成功解决所有问题的最高司法机构。"③ 但是，当时议会对于帝国法院的设立基础应当是宪法（即前述的"国家基本法"）还是普通法律曾有过争论。最终，1867 年"十二月宪法"中的《关于建立帝国法院的国家基本法》和《关于法官权力的国家基本法》对帝国法院做了较为详细的规定，成为帝国法院设立的宪法基础。

（一）帝国法院的组成

《关于建立帝国法院的国家基本法》共 6 条，主要规定了帝国法院的职能及基本组成。该基本法的第 1 条规定，帝国法院设立的目的是"解决公法上的冲突和相关争议事项"。关于帝国法院的组织、程

---

① Kurt Heller, Der Verfassungsgerichtshof, Wien 2010, S. 99.
② Felix Ermacora, Der Verfassungsgerichtshof, Graz-Wien-Köln 1956, S. 79.
③ Johann von Spaun, Das Rechtsgericht. Die auf dasselbe sich beziehenden Gesetze und Verordnungen samt Gesetzesmaterialien sowie Übersicht der einschlägigen Judikatur und Literatur, Wien 1904, S. 26; Kurt Heller, Der Verfassungsgerichtshof, Wien 2010, S. 101.

序及其判决的执行等方面的具体内容"由特别法律规定予以规定"（第6条）。依据第5条的规定，帝国法院由14位法官和4位候补法官组成，均终身任职。院长及其副职由皇帝直接任命，其他12位法官和4位候补法官也由皇帝任命，但是其中半数要依据帝国议会上院的建议予以任命，其他半数则依据下院的建议进行任命，并且每一位法官都要由"三位男性专家"予以推荐。在议会的讨论中，一些上院的议员曾建议，帝国法院的法官应全部由皇帝直接任命。卡尔·雅布劳诺斯基侯爵（Karl Fürst Jablonowski）也曾反对帝国法院的法官由帝国议会选举产生，因为选举"必然受到党派意见的影响"。帝国法院法官终身任职的重要性在当时得到普遍认同，对此，宪法委员会在其建议中认为，法官终身任职的目的是"达至一个完全独立的、正义的和能胜任解决疑难复杂问题的法官团体，通过法官终身的任职使其尽可能地免受政府、不断增长的政党力量及其他团体的影响，以自主、公平和独立地进行工作"[①]。

（二）帝国法院的职能

作为奥地利宪法法院的"先驱"，帝国法院发挥了现代宪法法院的部分职能：解决国家机构之间的权限冲突、保障公民的基本权利、审查违宪的行政行为和审查法规的合法性。通过这样一个"公法"法院，帝国臣民的"政治权利"受到保障，针对行政机构的肆意侵犯和国家机构的不作为，人们也有了一种法律上和制度上的救济途径。"自此，人们可以明晰地就国家的法律生活做出判断：国家在法律上

---

① Johann von Spaun, Das Rechtsgericht. Die auf dasselbe sich beziehenden Gesetze und Verordnungen samt Gesetzesmaterialien sowie Übersicht der einschlägigen Judikatur und Literatur, Wien 1904, S. 33; Kurt Heller, Der Verfassungsgerichtshof, Wien 2010, S. 102.

是作为一个法人而发挥职能的……帝国法院的这些职能使得臣民从绝对的、不受控制的国家权力下解放出来。"①

1. 解决国家机构之间的权限冲突

《关于建立帝国法院的国家基本法》第 2 条规定："帝国法院就如下事项有最终的裁决权：（1）法院与行政机构之间关于某一事项是通过行政途径还是司法途径解决的争议，（2）州的机构与最高行政机构之间关于某一行政事务的决定权争议，（3）不同州的机构之间关于权限分配的争议。"此外，依据第 4 条的规定，帝国法院还可以决定某一事项是否由帝国法院自己予以裁决。以此，帝国法院在一定程度上实现了政治冲突的非政治化的解决，使政治冲突在法律的范域内得到解决，而帝国的"宪法"是实现这种政治冲突的"法治化"解决的基础。

2. 保障公民的基本权利

《关于建立帝国法院的国家基本法》第 3 条规定："帝国法院对如下事项有最终裁决权：（1）不能通过正常的法律途径得到合理解决的诉求，例如在奥地利议会中有代表席位的匈牙利王国和奥地利帝国的州对于帝国的公共事务的诉求、匈牙利王国与奥地利帝国的州之间的诉求以及乡镇、组织或个人针对上述王国和州或者整个帝国的诉求，（2）国民在法定的行政程序中因其受宪法保障的政治权利受到侵犯而提起的诉愿。"虽然部分议员在讨论中对上述规定持有异议，认为公民的基本权利已经通过部长责任制得到了充分的保障，但是当时的宪法委员会的多数成员认为："个人的政治权利可能会通过行政决定，特别是会通过非故意的、对国家基本法不正确的解释受到侵犯，而这

---

① Felix Ermacora, Der Verfassungsgerichtshof, Graz-Wien-Köln 1956, S. 80.

种情形恰恰并不能被解释为部长侵犯了宪法。"① 上述规定中的前者一般被称为"公法上的诉求"（Kausalgerichtsbarkeit），而后者则是"特殊的行政诉讼"。与稍后设立的行政法院（1876 年）不同的是，帝国法院是审查行政行为的合宪性，而于 1876 年设立的行政法院则是审查行政行为的合法性。《关于政府权力和执行权力的国家基本法》第 2 条规定："皇帝通过责任部长及其下属官员行使政府权力。"因此，该行政法院的主要职能是审查部长及其下属官员所行使的行政权力的合法性。奥匈帝国时期的帝国法院与行政法院在职能上的这种区分为后来的奥地利共和国时期建立宪法法院制度和行政法院制度奠定了基础。

3. 审查法规的合法性

《关于法官权力的国家基本法》第 7 条规定，"法官无权对法律的效力进行审查，但是可以对位阶低于法律的法规的有效性进行审查"。因此，一般认为，帝国法院不能进行法律审查，但具有法规审查的职能。法规审查的职能不是帝国法院所专属的职能，而是当时奥地利所有法院均具有的一种职能。1867 年之后，帝国的法院进行了法规的审查工作，但是，审查法规的有效性并宣告具有违法性的法规为无效是当时面临的重要问题。② 曾任帝国法院法官、维也纳大学校长以及奥地利第一共和国宪法法院法官的埃德蒙德·贝纳茨克（Edmund Ber-

---

① Johann von Spaun, Das Rechtsgericht. Die auf dasselbe sich beziehenden Gesetze und Verordnungen samt Gesetzesmaterialien sowie Übersicht der einschlägigen Judikatur und Literatur, Wien 1904, S. 31; Kurt Heller, Der Verfassungsgerichtshof, Wien 2010, S. 109.

② Ewald Wiederin, Der österreichische Verfassungsgerichtshof als Schöpfung Hans Kelsens und sein Modellcharakter als eigenständiges Verfassungsgericht, in: Thomas Simon, Johannes Kalwoda (Hrsg.), Schutz der Verfassung. Normen, Institutionen, Höchst- und Verfassungsgerichte, Berlin 2014, S. 298.

natzik, 1854—1919）认为，法规是一种抽象的法规范，其效力或者其合法性系于法院的裁决，但也可能跟法院的裁决无关，在实践中，法院的裁决却很少关涉法规的效力问题，亦如法院的裁决很少涉及法律的效力问题一样。他指出，法官不可能始终秉持同样的意见，各个机构对公法问题裁决的不一致性要远远多于私法方面问题的裁决，两个国家机构承认不同的抽象法规范的状况或许是可以理解的，因为这样的情况并不经常发生。因此，贝纳茨克认为，必须赋予"法院一种对行政行为进行审查的权力并且该审查行为对行政机构有拘束力，或者必须针对所有这类案件成立一个专门机构，该机构……须对法规的有效性作出具有拘束力的裁决"。贝纳茨克同时也指出，相应的制度性预防措施对于司法性的法律审查也是必不可少的，它们可以阻止或减少司法权与立法权及行政权之间的冲突。① 贝纳茨克建议由帝国法院集中进行法规的审查工作，以代替各个法院所分别进行的审查，② 他的这种建议为后来奥地利共和国时期设立的宪法法院所接受。

此外，奥匈帝国内部严重的民族问题也是帝国法院需要面对的重要问题，但是帝国法院没有能力也不可能从根本上解决这种民族问题，更不可能单纯地依据法律解决这种问题。值得注意的是，帝国法院在 1911 年的一个判决中认为，共同的语言是民族的一个特殊标志，一个民族必须有其同一的语言，因此，犹太人并不构成一个民族，因

---

① Vgl. Edmund Bernatzik, Rechtsprechung und materielle Rechtskraft. Verwaltungsrechtliche Studien, Wien 1886, zitiert nach Ewald Wiederin, Der österreichische Verfassungsgerichtshof als Schöpfung Hans Kelsens und sein Modellcharakter als eigenständiges Verfassungsgericht, in: Thomas Simon, Johannes Kalwoda (Hrsg.), Schutz der Verfassung. Normen, Institutionen, Höchst- und Verfassungsgerichte, Berlin 2014, S. 298-299.

② Edmund Bernatzik, Rechtsprechung und materielle Rechtskraft. Verwaltungsrechtliche Studien, Wien 1886; Kurt Heller, Der Verfassungsgerichtshof, Wien 2010, S. 134.

为只有加利西亚（Galizien）和布科维纳（Bukowina）的犹太人有自己的语言。①

（三）帝国法院的审理程序

帝国法院的案件审理程序主要是由《帝国法院法》予以规定的。《帝国法院法》第3条规定，帝国法院从其法官中选举必要数量的常务负责法官，任期为3年，其主要职责是对帝国法院分配给他的案件提出初步的裁决意见及理由。帝国法院只有在主席和至少8位法官出席的情形下才能作出有效的裁决(《帝国法院法》第6条)。通常情形下，帝国法院的裁决"以绝对多数作出"，只有在表决的票数相持不下时，主席才投票表决(《帝国法院法》第29条)，易言之，这种情形下，主席的一票具有决定性意义，主席在这种情形下决定案件最后的判决结果。这些程序方面的规定大多都为之后的宪法法院继续采行。《帝国法院法》第32条规定，帝国法院的判决"以皇帝的名义"予以宣告。此外，在帝国法院也是讲究"论资排辈"的，如《帝国法院议事规则》第4条规定，所有的法官都根据其年龄来安排座席位次。

帝国法院自1869年6月21日开始正式履行其职能。② 在帝国法院的判决汇编中共收录了2392个判决，其中最后一个判决记载的日期是1918年10月14日。根据统计，帝国法院的绝大部分裁决是在帝国的最后十几年作出的，仅在1904年至1913年期间，帝国法院作出

---

① Kurt Heller, Der Verfassungsgerichtshof, Wien 2010, S. 125.
② Robert Walter, Hans Kelsen als Verfassungsrichter, Wien 2005, S. 4.

的判决数为 819 个。① 从类型上看，帝国法院的判决大多是关于公民基本权利保护的，几乎涉及公民基本权利保障的各个方面，为充分保障公民的"政治权利"，帝国法院在多数情况下对上述《关于建立帝国法院的国家基本法》第 3 条规定中的"政治权利"做了扩张解释，因此，帝国法院被称为"基本权利法院"。② 帝国法院在公民权利保障方面作出的一个具有里程碑意义的判决是在 1876 年作出的一个关于法人是否享有基本权利的判决。帝国法院在该判决中判定，法人也可以是基本权利的享有者。该判决在后来的理论和实践中都得到了坚持和发展，并且按基本权利的类型来区分某项权利是否可以为法人所享有。③

虽然帝国法院不具有被视为现代宪法法院的核心职能的审查法律合宪性的职能，也没有现在奥地利宪法法院所具有的选举审查和对国家公职人员的行为进行审查的职能④，但是它自始就被视为奥地利的"宪法法院"，因为在当时的国家法学者看来，宪法法院最重要的职能和特征是解决国家机构之间的权限冲突，而非审查法律的合宪性与法规的合法性。⑤ 当时重要的国家法学者路德维希·古姆普罗维茨

---

① Vgl. Oswald Gschliesser, Die Verfassungsgerichtsbarkeit in der Ersten Republik, in: Ermacora/Klecatsky/Macic (Hrsg.), Hundert Jahre Verfassungsgerichtsbarkeit und Fünfzig Jahre Verfassungsgerichtshof in Österreich, Wien 1968, S. 27; Kurt Heller, Der Verfassungsgerichtshof, Wien 2010, S. 116.
② Ewald Wiederin, Der österreichische Verfassungsgerichtshof als Schöpfung Hans Kelsens und sein Modellcharakter als eigenständiges Verfassungsgericht, in: Thomas Simon, Johannes Kalwoda (Hrsg.), Schutz der Verfassung. Normen, Institutionen, Höchst- und Verfassungsgerichte, Berlin 2014, S. 286.
③ Kurt Heller, Der Verfassungsgerichtshof, Wien 2010, S. 119.
④ 当时对各部部长的控诉（包括刑事控诉）由 1867 年建立的国务法院来进行裁决。
⑤ Ludwig Gumplowicz, Das österreichische Staatsrecht. Ein Lehr- und Handbuch, wien 1891, S. 154; Kurt Heller, Der Verfassungsgerichtshof, Wien 2010, S. 128.

（Ludwig Gumplowicz，1838—1909）认为："国家必须设立一个具有独立性的最高等级的法院，该法院可以维护这种（国家权力）相互之间的界限，亦即在一定程度上承担维护宪法的职责。这个承担着维护宪法职责的最高法院，是一个真正的宪法法院，亦即帝国法院。"① 古姆普罗维茨曾指出，由于当时的立法者并未明确地认识到公法与国家法之间抑或宪法与行政法之间"原则上的区别以及历史发展中的一些因素，使得事实上的宪法法院并不是被称为宪法法院，而是被称为帝国法院。依其实质，帝国法院就是一个宪法法院"②。

格奥尔格·耶利内克亦认为，帝国法院是作为宪法法院而发挥其职能的，但是缺乏一种审查法律的职能，因而，他亦主张建立一个真正的宪法法院，并且赋予其审查法律的合宪性的职能，使少数人享有一种可以向宪法法院提出审查法律合宪性的权利。③ 耶利内克还指出，"一个没有宪法法院的联邦国家不能成为真正意义上的法治国家（Rechtsstaat）"④，因为议会也可能为不正义之事，保障少数人的权利是法治国家的必含之义。⑤ 耶利内克还指出，议会的意志可能会与人民的意志相左，任何议会都存在各种各样的缺陷，"任何议会的集会本身都有一些复杂的、人工的或者虚构的东西"，同时，议会之外的政党的组织可以越过议会中的政党对国家政策施加影响，而议会中的政

---

① Ludwig Gumplowicz, Das österreichische Staatsrecht. Ein Lehr- und Handbuch, wien 1891, S. 154; Kurt Heller, Der Verfassungsgerichtshof, Wien 2010, S. 128.
② Ludwig Gumplowicz, Das österreichische Staatsrecht. Ein Lehr- und Handbuch, wien 1891, S. 153; Kurt Heller, Der Verfassungsgerichtshof, Wien 2010, S. 127.
③ Georg Jellinek, Ein Verfassungsgerichtshof für Österreich, wien 1885, S. 22 f, 52.
④ Georg Jellinek, Ein Verfassungsgerichtshof für Österreich, wien 1885, S. 60.
⑤ Georg Jellinek, Ein Verfassungsgerichtshof für Österreich, wien 1885, S. 1, 18.

党则可能是甚少或者无力施加此种影响。① 尽管"议会的政治价值大幅缩水",但是,"在可预见的将来,议会也不会从形式上完全销声匿迹"②。因此,耶利内克指出,应当"通过民主制度对议会进行限制"③,"在许多国家,议会之外的人民意志通过宪法的规定或者习惯业已成为人们认可的国家生活要素"④。

三、奥匈帝国时期的国务法院（1867—1918）

1867年,奥匈帝国还规划设立一个国务法院,其主要职能是针对当时各部部长"所有履行职务时违反法律的行为"进行裁决,包括当时对于各部部长的控诉,其中也包括刑事控诉。1867年《关于部长责任的法律》(RGBl 1867/101)第1条规定:"皇帝的所有政府行为应由一位相应的部长副署才为有效。"第2条规定,部务委员会的成员对帝国议会负责,他们在职务范围内的所有行为或者不作为,包括失职、渎职、玩忽职守等行为均应依据帝国宪法或者州法律的规定予以追究。第30条规定,无论部长是否已经退休或者不再在职,不影响对其责任的追究。根据第3条的规定,这些应予追究责任的行为既包括具体的行政行为,例如执行最高政府权力的行为,也包括抽象的行政行为,例如发布命令或指示等。

根据1867年《关于部长责任的法律》(RGBl 1867/101)第7条

---

① 参见格奥尔格·耶利内克:《宪法修改与宪法变迁论》,柳建龙译,法律出版社2012年版,第88—89页。

② 格奥尔格·耶利内克:《宪法修改与宪法变迁论》,柳建龙译,法律出版社2012年版,第84页。

③ 格奥尔格·耶利内克:《宪法修改与宪法变迁论》,柳建龙译,法律出版社2012年版,第89页。

④ 格奥尔格·耶利内克:《宪法修改与宪法变迁论》,柳建龙译,法律出版社2012年版,第92页。

的规定，帝国议会的两院有权向国务法院提起控诉，而控诉申请须由20位上院议员或者40位下院议员联署提起。第16条规定，国务法院"由帝国议会两院各选举12位独立的、精通法律的国民组成，但他们不能为两院的议员，任期为6年。国务法院的院长由国务法院的法官从其中间选举产生"。该法律还对国务法院的相关程序及期限、判决等作了规定。例如，第17条规定，对责任人的调查应在六个月内完成。第20条规定，国务法院坚持公开和口头审理的原则；至少有十位法官出席的情形下，国务法院才能作出有效的判决；国务法院的法官根据自己的信念和判断投票表决，主席在所有案件的审理中都必须投票表决，投票表决以秘密的方式进行。第22条规定，普通的刑事诉讼程序规定也适用于国务法院，但是与现行法律规定相抵触的除外。第25条规定，国务法院的判决为最终判决，不能采取任何法律手段反对国务法院的判决。

该国务法院存续至1919年，但帝国议会两院从未提出过任何控诉申请，国务法院亦未作出过任何裁决。[1] 所以，奥匈帝国时期的国务法院仅在形式上设立和存在过，并未发挥出设想中的重要作用。在第一次世界大战之后，该国务法院的职能被奥地利共和国的宪法法院所承继。

---

[1] Vgl. Friedrich Lehne, Rechtsschutz im öffentlichen Recht: Staatsgerichtshof, Reichsgericht, Verwaltungsgerichtshof, in: Wandruszka/Urbanitsch (Hrsg.), Die Habsburgermonarchie 1848–1918, Band II (Verwaltung und Rechtswesen), Wien 1975, S. 666 ff.; Georg Schmitz, The constitutional Court of the Republic of Austria 1918–1920, in: Ratio Juris 16 (June 2003), p. 248.

第二章 凯尔森的纯粹法理论及其理论特性

汉斯·凯尔森以其"纯粹法理论"享誉盛名,是法律实证主义的代表性人物。汉斯·凯尔森的法学理论在西方历史上具有重要地位,也对西方法律理论产生了重要影响,但是,凯尔森的法学理论特别是其关于宪法法院制度的基本理论和实践理念并非凭空而来。历史地看,凯尔森的法学理论、国家理论以及政治理论等植基于当时的政治法律实践和相关的理论观念,同时也受到生活于其中的国家历史基础、文化传统的影响而不断建构和发展,在理论上与新康德主义哲学具有密切的内在关联,带有明显的新康德主义特性。①

以凯尔森的法律理论为基础,在当时形成了所谓的"维也纳法律理论学派",除汉斯·凯尔森之外,阿道夫·默克尔(Adolf Merkl)和阿尔弗雷德·费尔德罗斯(Alfred Verdross)也是"维也纳法律理论学派"的重要代表人物。他们的法律理论对于当时及后世的法律理论和法律实践产生了重要影响。

---

① 参见张龑:《凯尔森法学思想中的新康德主义探源》,载《环球法律评论》2012年第2期。

第一节　凯尔森与纯粹法理论

一、凯尔森的人生和学术之路①

1881年10月11日，汉斯·凯尔森出生在当时属于奥匈帝国时期的布拉格的一个犹太人家庭，之后举家迁往维也纳，高中毕业之后进入维也纳大学学习，1906年在维也纳大学获得博士学位。他在1905年加入罗马-天主教教会，但是，他在1912年与玛格丽特·邦迪（Margarete Bondi）结婚前不久，转信新教（奥格斯堡新教）。1911年，凯尔森完成教授资格论文《国家法理论的主要问题》，这奠定了他学术发展的基石。之后，凯尔森通过一系列论著提出了诸多法学上的新理论、新观点，特别是在1934年出版的《纯粹法理论》② 对之前的理论观点做了系统论述和理论总结，对后世的法学理论产生重要影响。在第一次世界大战期间，他因身体条件的限制在文书处工作，主要是在国防部工作，曾作为宪法专家成为国防部长施特格尔-施泰纳（Stöger-Steiner）的主管干事。1918年，凯尔森受奥地利第一共和国总理卡尔·伦纳之托，起草一部奥地利共和国的新宪法。基于他在起草奥地利宪法方面所起到的重要作用，凯尔森被称为1920年奥地利联邦宪法的"创造者"或"设计者"。同时，凯尔森对于奥地利宪法法院制度的设立和发展发挥了重要作用，该宪法法院不仅具有之前的奥匈帝国的帝国法院所具有的职能，而且具有审查法律的合宪性和法

---

① 本部分的主要内容，参见 Peter Häberle, Michael Kilian, Heinrich Wolff（Hrsg.）, Staatsrechtslehrer des 20. Jahrhunderts, Berlin/Boston 2018 （2. Aufl.）, S. 281-302。

② Hans Kelsen, Reine Rechtslehre. Einleitung in die rechtswissenschaftliche Problematik, 1. Auflage, Wien 1934.

规的合法性的职能。1919 年，凯尔森被任命为奥地利宪法法院的法官，此后，在 1929 年开始的奥地利宪法的"去政治化"改革中，所有的宪法法院法官离职，重新任命；基于社会民主党的建议，凯尔森再次被选为宪法法院法官，但是凯尔森拒绝了该任命。

自 1919 年起，凯尔森继任埃德蒙德·贝纳茨克的维也纳大学国家法与行政法的教授职位。由于当时对他不利的天主教圈子以及较为普遍的反犹太主义运动，1930 年 10 月 15 日，他接受了科隆大学的公法学教职，并担任法学院院长，但是，在 1933 年 4 月 12 日，基于 1933 年 4 月 7 日的《恢复公职法》，他成为第一批被免职的人员。此后，他曾受聘于日内瓦的"国际关系高等研究所"，自 1936 年起他又在布拉格的德语大学担任国际法教职，然而，很快就由于学生团体的反犹太主义宣传活动，他在 1937—1938 年的冬季学期之后结束了教学工作。第二次世界大战爆发之后，他被迫移居外国，他在 60 岁时并且在几乎没有掌握英语的情况下于 1940 年 6 月移居美国。在美国，他最初是作为讲师受聘于哈佛大学法学院，两年后受聘为加州大学伯克利分校的政治学讲师，直至去世。从 1945 年到他退休的 1952 年年间，他作为伯克利政治学系的全职教授讲授"国际法、法学和法律体系的起源"。他的告别演讲的题目是《何谓正义?》，探讨了关于正义的相关问题。① 1973 年 4 月 19 日，年逾 90 岁的凯尔森在美国加利福尼亚州伯克利附近的奥林达（Orinda）逝世。

除了法学理论、国家法理论、国家理论、民主理论②，凯尔森的学术研究和理论阐发还广泛地涉及国际法、政治学、政治哲学、社会

---

① Hans Kelsen, Was ist Gerechtigkeit?, Wien 1953.
② 关于凯尔森的国家观念和民主理论，下文将专门予以论述。

学等领域。国际法是凯尔森特别关注的一个领域。对于国际法和国内法之间的关系问题,凯尔森"试图建构起适合于认知的所有法律之间的统一性,因此,他在'思想逻辑上'坚持一元论","无论是作为国家法律体系中效力理论的优先性(主权教义),还是作为国际法体系中效力理论的优先性(统一的整个法律体系的教义),这种一元论的设想是可行的,即所谓一元论的'选择假说'。这种选择本身最终体现为世界观的问题",但是,"凯尔森关于国际法的著述超越了理论上的基本观念,其中包括了为数众多或者说不计其数的关于国际法的教义学问题,当然也包括关于 1945 年《联合国宪章》的评注,他试图将其方法论的逻辑前提与此联系起来。这应该恰好是一种高等级的抽象化与研究主体和提出问题的多样性之间的联结,凯尔森的这种联结能力及此后对其不断增多的理解接受体现出他在这方面所做出的重要贡献"。[1]

凯尔森关于政治学、社会学、政治哲学等方面的著述跟其法学理论之间也具有一定的联系,涉及法律理论中的意识形态功能及其思想基础、世俗的宗教观念与学术自由之间的关系、对于因果性的解释等。凯尔森还对自然法、希腊哲学等方面进行了深入研究,在霍斯特·德赖尔(Horst Dreier)看来,凯尔森"对于希腊哲学的深入、细致研究,首先也是最重要的是关于柏拉图的研究,他在这方面的研究是不可超越的"。[2]

---

[1] Horst Dreier, Hans Kelsen (1881-1973), in: Peter Häberle, Michael Kilian, Heinrich Wolff (Hrsg.), Staatsrechtslehrer des 20. Jahrhunderts, Berlin/Boston 2018 (2. Aufl.), S. 295-296.

[2] Vgl. Horst Dreier, Hans Kelsen (1881-1973), in: Peter Häberle, Michael Kilian, Heinrich Wolff (Hrsg.), Staatsrechtslehrer des 20. Jahrhunderts, Berlin/Boston 2018 (2. Aufl.), S. 299-300.

基于其理论贡献和世界范围内广泛的学术影响，凯尔森在其一生中被授予十多个名誉博士学位，主要有乌得勒支大学（1936年）、哈佛大学（1936年）、芝加哥大学（1941年）、加州大学伯克利分校（1952年）、柏林大学（1961年）、维也纳大学（1961年）、巴黎大学（1963年）、萨尔茨堡大学（1967年）、斯特拉斯堡大学（1972年）；凯尔森还被授予奥地利科学和艺术勋章（1961年）、维也纳市的荣誉戒指（1966年）等高级荣誉；他的诸多著作被译为英语、法语、意大利语、西班牙语、葡萄牙语、瑞典语、匈牙利语、捷克语、希伯来语、日语、韩语、中文等几十种语言。虽然凯尔森曾在多个国家任教和从事学术研究，但是，他"以学术为故乡"，正如霍斯特·德赖尔的评论："他的唯一故乡就是学术。"①

二、纯粹法理论

凯尔森的《纯粹法理论》被视为其"毕生之作"。② 根据霍斯特·德赖尔教授的论述，凯尔森将其毕生所致力于研究的法学理论以"纯粹法理论"命名。"纯粹法理论"的基础是凯尔森在1911年完成的教授资格论文《国家法理论的主要问题》，之后通过诸多论文和著作不断发展完善。③ 马蒂亚斯·耶施泰特（Matthias Jestaedt）指出，"纯粹法理论"也被用来"指称凯尔森在其整个研究生涯中细致勾勒

---

① Horst Dreier, Hans Kelsen (1881-1973), in: Peter Häberle, Michael Kilian, Heinrich Wolff (Hrsg.), Staatsrechtslehrer des 20. Jahrhunderts, Berlin/Boston 2018 (2. Aufl.), S. 284.

② Vgl. Peter Häberle, Michael Kilian, Heinrich Wolff (Hrsg.), Staatsrechtslehrer des 20. Jahrhunderts, Berlin/Boston 2018 (2. Aufl.), S. 285-290.

③ Peter Häberle, Michael Kilian, Heinrich Wolff (Hrsg.), Staatsrechtslehrer des 20. Jahrhunderts, Berlin/Boston 2018 (2. Aufl.), S. 285.

和不断完善一种（对意识形态进行）批判的实证主义的思想产物"①。1934年,《纯粹法理论》的第一版出版。实际上，凯尔森早在1920年出版的著作《主权问题与国际法理论》中就明确地表明他对于一种"纯粹的"法律理论和"纯粹的"法学的理论追求，该著作的副标题就是"关于一种纯粹的法理论的论述"。② 1960年,《纯粹法理论》的第二版（其附录为"正义问题"）出版③，第二版的篇幅远远大于第一版的篇幅，约为第一版篇幅的五倍，因而第二版不仅仅是凯尔森对其"迄今为止关于法律问题的研究结果进行总结"，用凯尔森自己的表述是，"对第一版所处理之对象的全新修订，也是对其研究对象领域的极大扩展……现在我试图依据法律科学之方法纯粹性原则去解决一般法学说（allgemeine Rechtslehre）的最根本的问题，并相比于我从前所做更为准确地界定法律科学在科学体系中的位置"。④

马蒂亚斯·耶施泰特对这两版的《纯粹法理论》评论道：如果第一版是"第一次打出大旗对凯尔森的法理论进行了完整阐述的话"，那么第二版"毋宁是对一项伟大的终身事业的总结"。⑤ 但是，凯尔森在《纯粹法理论》的第二版前言中指出,《纯粹法理论》的第二版

---

① 汉斯·凯尔森：《纯粹法学说》（第二版），马蒂亚斯·耶施泰特编，雷磊译，法律出版社2021年版，"导言 法理论的经典之作"，第8页。

② Hans Kelsen, Das Problem der Souveränität und die Theorie des Völkerrechts. Beitrag zu einer reinen Rechtslehre, Tübingen 1920; 参见斯坦利·L. 鲍尔森：《伟大的谜题：凯尔森的基础规范》，载张龑编译：《法治国作为中道：汉斯·凯尔森法哲学与公法学论集》，中国法制出版社2017年版，第177页，注释7。

③ Hans Kelsen, Reine Rechtslehre. Mit einem Anhang: Das Problem der Gerechtigkeit, 2. Auflage, Wien 1960.

④ 汉斯·凯尔森：《纯粹法学说》（第二版），马蒂亚斯·耶施泰特编，雷磊译，法律出版社2021年版，"第二版前言"，第1页。

⑤ 汉斯·凯尔森：《纯粹法学说》（第二版），马蒂亚斯·耶施泰特编，雷磊译，法律出版社2021年版，"导言 法理论的经典之作"，第7页。

"同样不想展示出某种终局性的结论,而要被视为一项需要通过补充和其他改进来得以赓续的事业。如果这种——通过已处于其生命旅程之终点的作者之外的其他人来进行的——赓续被视为是值得尊重的,那么它也就达到了目的"①。实际上,在《纯粹法理论》的第二版出版之后,凯尔森也对其理论进行了一定程度的修正,这方面的例证尤其体现在他逝世后于1979年出版的著作《规范的一般理论》中②,这可以视为他关于规范冲突和规范适用方面的理论原则的重要修正。③ 此外,凯尔森在1960年和1968年分别发表论文《何谓纯粹法理论?》和《纯粹法理论的问题》,再次对"纯粹法理论"的主旨予以阐释,同时也对人们对于其理论学说的批评做出一定的回应。④

凯尔森在《纯粹法理论》第一版前言中就表明了其理论宗旨:"将法学提升为一种真正的科学、一种精神科学",基于一种"纯粹的"法的认知倾向,凯尔森的理想是使法学尽可能地"趋近于一切科学的理想,即客观性和精确性"。⑤

纯粹法理论"不是从特定的价值判断的观点来规定它应该如何或不应该如何",而是对于"法"这一对象来予以论述,⑥ 并且纯粹法理论所研究的对象是"实在法",是特定的"共同体"的法,凯尔森

---

① 汉斯·凯尔森:《纯粹法学说》(第二版),马蒂亚斯·耶施泰特编,雷磊译,法律出版社2021年版,"第二版前言",第2页。
② Hans Kelsen, Allgemeine Theorie der Normen, hrsg. von K. Ringhofer und R. Walter, 1979.
③ Peter Häberle, Michael Kilian, Heinrich Wolff (Hrsg.), Staatsrechtslehrer des 20. Jahrhunderts, Berlin/Boston 2018 (2. Aufl.), S. 285 u. Fn 23.
④ Hans Kelsen, What is the Pure Theory of Law? 34 Tulane Law Review, 1960, pp. 269-276; Die Problematik der Reinen Rechtslehre, in: ÖZöR 18 (1968), S. 143ff.
⑤ 汉斯·凯尔森:《纯粹法学说》(第二版),马蒂亚斯·耶施泰特编,雷磊译,法律出版社2021年版,"第一版前言",第1页。
⑥ 参见凯尔森:《法与国家的一般理论》,沈宗灵译,中国大百科全书出版社1995年版,"作者序",第Ⅱ页。

在《纯粹法理论》第一版中指出,"纯粹法理论之旨趣唯在于认知其研究对象","试图回答'何谓法律'或'法律从何而来',而无意于对'法律应当如何'或'法律应如何制定'等问题"。① 因而,纯粹法理论是一种"实证主义的法理论"②,是一种"实在法理论","关乎实证法自身而非个别法律秩序"。③ 在纯粹法理论看来,"法律即规范,更确切地说,是一组规范、一个规范秩序(normative order)"④,包括"法律规范(legal norm)及其要素和相关关系、作为一个整体的法律秩序及其结构、不同法律秩序之间的关系,以及最后在多数实在法律秩序中的统一"⑤。纯粹法理论"试图专门从分析实在法中取得其结果",真正的法律科学必须建立在对于一个或多个实在法律秩序的内容予以比较的基础上,"只有将法学局限于对实在法的结构分析上,才能将法律科学与正义哲学以及法律社会学区分开来"⑥。因此,纯粹法理论"旨在对构成相应法律共同体的那些特殊的法律秩序(legal order)加以科学的阐明"⑦。

对于所谓的"正义"问题,凯尔森认为,"正义"是一种"主观价值判断",是"社会幸福","对于正义的期望是人们永恒的对于幸

---

① 凯尔森:《纯粹法理论》,张书友译,中国法制出版社2008年版,第37页。
② 汉斯·凯尔森:《纯粹法学说》(第二版),马蒂亚斯·耶施泰特编,雷磊译,法律出版社2021年版,第274页。
③ 凯尔森:《纯粹法理论》,张书友译,中国法制出版社2008年版,第37页。
④ 汉斯·凯尔森:《何谓纯粹法理论?》,张书友译,载《法哲学与法社会学论丛》2006年第1期,第69页。
⑤ 凯尔森:《法与国家的一般理论》,沈宗灵译,中国大百科全书出版社1995年版,"作者序",第Ⅰ页。
⑥ 凯尔森:《法与国家的一般理论》,沈宗灵译,中国大百科全书出版社1995年版,"作者序",第Ⅲ—Ⅳ页。
⑦ 凯尔森:《法与国家的一般理论》,沈宗灵译,中国大百科全书出版社1995年版,"作者序",第Ⅰ页。

福的期望"①,也被描述为"人类的一种美德",作为"正义的美德"也就具有了"道德性"。② 作为一种"针对不同对象说出的属性"③,"正义"并不是唯一的,而是"人言人殊且彼此冲突;除非指明究竟是谁之正义,否则此种诉求便永远无法满足"④。对于法律与"正义"之间的关系问题,凯尔森认为,"很多传统法学的特征是具有一种将实在法的理论同政治意识形态混淆起来的倾向,这些政治意识形态或伪装为对正义的形而上学的空论,或伪装为自然法学说",或多或少地"倾向于把法律和正义等同起来",⑤ 因此,凯尔森指出,纯粹法理论的主题不是"一种先验观念的或多或少不完备的复本。它并不试图将法律了解为正义的产物,了解为出自上帝的人类的产儿",纯粹法理论试图"把先验的正义从它的特定领域中排除出去,坚持明确区别经验的法和先验的正义"。⑥ 因此,"法律必须有别于正义","关于法律之陈述不得包含任何关于法律公正与否的道德价值判断"⑦,"只有把法的理论和正义哲学以至和社会学分开来,才有可能建立一门特

---

① 凯尔森:《法与国家的一般理论》,沈宗灵译,中国大百科全书出版社 1995 年版,第 6 页。
② 参见汉斯·凯尔森:《纯粹法学说》(第二版),马蒂亚斯·耶施泰特编,雷磊译,法律出版社 2021 年版,第 441 页。
③ 汉斯·凯尔森:《纯粹法学说》(第二版),马蒂亚斯·耶施泰特编,雷磊译,法律出版社 2021 年版,第 441 页。
④ 汉斯·凯尔森:《何谓纯粹法理论?》,张书友译,载《法哲学与法社会学论丛》2006 年第 1 期,第 71 页。
⑤ 凯尔森:《法与国家的一般理论》,沈宗灵译,中国大百科全书出版社 1995 年版,"作者序",第 III 页。
⑥ 凯尔森:《法与国家的一般理论》,沈宗灵译,中国大百科全书出版社 1995 年版,"作者序",第 III 页。
⑦ 汉斯·凯尔森:《何谓纯粹法理论?》,张书友译,载《法哲学与法社会学论丛》2006 年第 1 期,第 71 页。

定的法律科学"①。

在方法论方面,凯尔森主张"依据法律科学之方法纯粹性原则去解决一般法学说的最根本的问题",这种理论方法跟约翰·奥斯丁(John Austin)所主张的分析法学在原则上是一致的,②"凡不合于一门科学的特定方法的一切因素都摈弃不顾"③。凯尔森认为,"每一种政治意识形态的根源在于意志,而不在于认识;在于我们意识中的情感成分,而不在于它的理智成分",这跟科学所具有的"揭示其对象真相的内在倾向"是相违的,④因而,凯尔森所建构的"纯粹的"法理论"意在剔除所有的政治意识形态与所有的自然科学要素"⑤,因此,凯尔森指出:"正是由于它的反意识形态的特征,纯粹法理论才得以证明自己是一门真正的法律科学。"⑥

凯尔森的纯粹法理论是一个一元论的理论,"排除了法律和正义以及客观法和主观法的二元论",同时也"废除了法和国家的二元论",它"建立了一个作为法的理论不可分割部分的国家理论",并且确立起一个国内法和国际法相统一的实在法体系,特别是在一国之

---

① 凯尔森:《法与国家的一般理论》,沈宗灵译,中国大百科全书出版社1995年版,"作者序",第Ⅲ页。
② 参见凯尔森:《法与国家的一般理论》,沈宗灵译,中国大百科全书出版社1995年版,"作者序",第Ⅲ页。
③ 凯尔森:《法与国家的一般理论》,沈宗灵译,中国大百科全书出版社1995年版,"作者序",第Ⅱ页。
④ 凯尔森:《法与国家的一般理论》,沈宗灵译,中国大百科全书出版社1995年版,"作者序",第Ⅳ—Ⅴ页。
⑤ 汉斯·凯尔森:《纯粹法学说》(第二版),马蒂亚斯·耶施泰特编,雷磊译,法律出版社2021年版,"第一版前言",第1页。
⑥ 凯尔森:《法与国家的一般理论》,沈宗灵译,中国大百科全书出版社1995年版,"作者序",第Ⅳ页。

内,国家和法律是"同一的"。① 这个实在法体系在逻辑上是"一个无矛盾之规范体系",相互冲突的规范不能同时有效。②

基于前述论述,凯尔森指出,"纯粹法理论"的目的"并非在道德或政治上对实在法进行正当化。作为实在法科学,纯粹法理论原则上拒绝对其研究对象作出公正与否之评价;此理论亦无法提供严格而绝对的评价标准"③,其"唯一目的在于认识法律而不在于形成法律"④,同时,凯尔森也"希望那些认为精神比权力更重要的人的数量变得比今天看上去更多",使年轻一代坚持"对一种自由的法律科学的信仰"。⑤ 但是,"只有在形成社会均势的时代,一种关于法和国家之客观科学的理想才有获得普遍认可的希望"⑥。

尽管凯尔森所确立的是一种"纯粹的"法理论,但是这并不意味着凯尔森的理论"否定政治的、经济的、社会的和其他的原因因素在法的形成和实施方面的作用",因为纯粹法理论的目的在于"认识法律",凯尔森所主张的是"在新康德主义传统中明确区分实然和应然的二元性的背景下探讨法在法学上的纯粹性":"纯粹法理论不是纯粹的(良好的、合理的、正义的)法的理论,而应是法的纯粹的(自然

---

① 参见凯尔森:《法与国家的一般理论》,沈宗灵译,中国大百科全书出版社1995年版,"作者序",第IV页。
② 参见汉斯·凯尔森:《何谓纯粹法理论?》,张书友译,载《法哲学与法社会学论丛》2006年第1期,第70页。
③ 汉斯·凯尔森:《何谓纯粹法理论?》,张书友译,载《法哲学与法社会学论丛》2006年第1期,第74页。
④ 汉斯·凯尔森:《纯粹法学说》(第二版),马蒂亚斯·耶施泰特编,雷磊译,法律出版社2021年版,"第一版前言",第5页。
⑤ 汉斯·凯尔森:《纯粹法学说》(第二版),马蒂亚斯·耶施泰特编,雷磊译,法律出版社2021年版,"第一版前言",第5页。
⑥ 汉斯·凯尔森:《纯粹法学说》(第二版),马蒂亚斯·耶施泰特编,雷磊译,法律出版社2021年版,"第一版前言",第5页。

的、客观的）的理论。"① 凯尔森自己也指出："我并不想完全改变今日之法学的方向，而只是想确定诸多方向（它在它们之间来回摇摆）中的一种。"② 凯尔森在《纯粹法理论》第一版前言中的诸多论述也表明，他"期待纯粹法理论能够在实践中有所作为"③，亦即纯粹法理论的实践性。

第二节　纯粹法理论的理论特性及其影响

一、纯粹法理论的理论特性

凯尔森既基于"纯粹法理论"而享有盛誉，也因"纯粹法理论"而受到诸多批评。同时代的德国法学界对于凯尔森的《纯粹法理论》的态度"可以说过于冷淡乃至是拒斥性的，因而与它进行商榷要么兴趣不大，要么过于肤浅，要么/以及充满偏见"④。例如，卡尔·施米特（Carl Schmitt）曾评价道："凯尔森的理论是如此纯粹，以至于在实践中毫无用处，所以注定永远只能待在'法理学的休息室'里。'统一性和纯粹性都不难做到，但前提是对那些活生生的现实困难视

---

① Peter Häberle, Michael Kilian, Heinrich Wolff (Hrsg.), Staatsrechtslehrer des 20. Jahrhunderts, Berlin/Boston 2018 (2. Aufl.), S. 286; Hans Kelsen, Was ist die Reine Rechtslehre?, in: H. Klecatsky/R. Marcic/H. Schambeck (Hrsg.), Die Wiener Rechtstheoretische Schule. Ausgewählte Schriften von Hans Kelsen, Adolf Julius Merkl und Alfred Verdroß, Bd. I, 1968, S. 611 ff.
② 汉斯·凯尔森：《纯粹法学说》（第二版），马蒂亚斯·耶施泰特编，雷磊译，法律出版社 2021 年版，"第一版前言"，第 2 页。
③ 大卫·戴岑豪斯：《合法性与正当性：魏玛时代的施米特、凯尔森与海勒》，刘毅译，商务印书馆 2013 年版，第 125 页。
④ 汉斯·凯尔森：《纯粹法学说》（第二版），马蒂亚斯·耶施泰特编，雷磊译，法律出版社 2021 年版，"导言 法理论的经典之作"，第 4 页。

而不见,并将其视为与该理论体系相冲突的东西排除在外.'"① 凯尔森在《纯粹法理论》第一版前言中就指出,有些人"并不公开信奉纯粹法学说,部分人根本不提它,甚至直截了当、不那么友好地拒斥它,但从它那里接纳了根本性的结论"。"在认可和仿效之外,它也引发了反抗……这种反抗绝不可能被说成是来自随之出现的实质性对立。因为它部分基于看上去经常并不完全是无心的误解;而当真的出现时,极少能为反对者的深层怨恨进行辩护",一些反对意见发端于19世纪的实证主义法学,"在针对纯粹法学说的斗争中,不仅有科学的动机,而且主要有政治的故而极端受感情色彩影响的动机掺杂其间",他们基于"高度的主观性","以法的科学之名(故而以客观的诉求)来主张政治立场"。②

此外,凯尔森还列举了其他一些具体的批评意见:"有人轻蔑地认为,这种理论完全是没有内容的,是一场运用空心概念的空洞游戏;也有人警告说,由于其颠覆性的倾向,这种理论的内容对于既有的国家及其法来说是一种真正的威胁。因为纯粹法学说完全与一切政治保持距离,所以它远离了生活的脉动,因此在科学上没有价值;这是最频繁地针对它提出的一种反对意见。"③ 还有人批评,纯粹法理论"根本就不能满足其方法上的基本要求,它本身只是一种特定的政治价值立场的表达……法西斯主义者说它是民主自由主义,自由民主主义者或社会民主论者认为它是法西斯主义的先锋。共产主义阵营说它

---

① 大卫・戴岑豪斯:《合法性与正当性:魏玛时代的施米特、凯尔森与海勒》,刘毅译,商务印书馆2013年版,第122页。
② 汉斯・凯尔森:《纯粹法学说》(第二版),马蒂亚斯・耶施泰特编,雷磊译,法律出版社2021年版,"第一版前言",第2—3页。
③ 汉斯・凯尔森:《纯粹法学说》(第二版),马蒂亚斯・耶施泰特编,雷磊译,法律出版社2021年版,"第一版前言",第3页。

是国家资本主义的意识形态,国家资本主义阵营一会儿说它是明显的布尔什维克主义,一会儿又说它是隐蔽的无政府主义。一些人信誓旦旦地保证,它的精神接近于天主教经院哲学,其他人则相信在它那里看到了清教徒的国家和法学说的奠定特征。也不乏有人想要给它贴上无神论的标签"①。针对这些批评意见,凯尔森则指出,这些批评列举的纯粹法理论所具有的诸多"政治方向""恰恰能更好地证明它的纯粹性"。② 限于本书的主题和论述内容,这里仅对于纯粹法理论的"纯粹性""基础规范"以及法律规范的位阶等级理论予以简要论述。

(一)纯粹法理论的"纯粹性"

顾名思义,"纯粹法理论"必然具有其"纯粹性",否则就不能被称为"纯粹法理论"。凯尔森在《纯粹法理论》的第一版和第二版中都首先阐释了"纯粹法理论"的"纯粹性"问题。在《纯粹法理论》的第一版中,凯尔森指出:"纯粹法理论所以自命为'纯粹',则在于其唯求认知法律,而将不属其认知对象者皆摈除在外。换言之,纯粹法理论欲使法律科学免受一切异质因素之干扰,此乃本理论在方法论(Methodologie)上之根本原则。"③

"纯粹法理论"的"纯粹性"既体现为方法上的"纯粹性",也体现为研究对象的"纯粹性",既体现为法(即法律规范)的"纯粹性",也体现为法律科学的"纯粹性"。④ 综合凯尔森的相关论述,纯

---

① 汉斯·凯尔森:《纯粹法学说》(第二版),马蒂亚斯·耶施泰特编,雷磊译,法律出版社 2021 年版,"第一版前言",第 3—4 页。
② 汉斯·凯尔森:《纯粹法学说》(第二版),马蒂亚斯·耶施泰特编,雷磊译,法律出版社 2021 年版,"第一版前言",第 4 页。
③ 凯尔森:《纯粹法理论》,张书友译,中国法制出版社 2008 年版,第 37—38 页。
④ 参见凯尔森:《纯粹法理论》,张书友译,中国法制出版社 2008 年版,"前言",第 31 页。

粹法理论的"纯粹性"主要体现为下述几个方面：

一是纯粹法理论使法学有别于自然科学。① 凯尔森在《纯粹法理论》的第一版中指出，法律是一种社会现象，"自可于社会之中加以观察；然而社会与自然本属疏途，其构成要素迥然有别。若法律科学不欲为自然科学所吞并，则法律必须与自然判然两立"②。同时，纯粹法理论避免"将规范等同于以其为意义之行为和将实效等同于其效力的谬误"，"使应然陈述描述规范之法学独立于以实然陈述描述事实之自然科学"。③

二是纯粹法理论使法学独立于伦理学，因为法学所描述的规范是法律规范，而伦理科学所描述的规范是道德规范，法律规范具有强制性，而道德规范并非具有强制性，道德秩序并非强制秩序。此外，法律秩序与道德秩序也不具有一致性，一个法律秩序可能符合道德秩序，也可能与道德秩序相悖，从道德的立场来看，法律秩序在道德上可能是"善"的、"正义的"，也可能是"恶"的、"非正义的"。④ 因此，"法律问题，作为一个科学问题，是社会技术问题，并不是一个道德问题"⑤。

三是纯粹法理论是一种"实证主义理论"，是一种"彻底的现实

---

① 参见汉斯·凯尔森：《何谓纯粹法理论?》，张书友译，载《法哲学与法社会学论丛》2006年第1期，第71页。
② 凯尔森：《纯粹法理论》，张书友译，中国法制出版社2008年版，第38页。
③ 汉斯·凯尔森：《何谓纯粹法理论?》，张书友译，载《法哲学与法社会学论丛》2006年第1期，第71页。
④ 参见汉斯·凯尔森：《何谓纯粹法理论?》，张书友译，载《法哲学与法社会学论丛》2006年第1期，第71页；凯尔森：《法与国家的一般理论》，沈宗灵译，中国大百科全书出版社1995年版，第5页。
⑤ 凯尔森：《法与国家的一般理论》，沈宗灵译，中国大百科全书出版社1995年版，第5页。

主义法律理论"①。纯粹法理论仅探讨实在法,即"人之行为所创制之规范,此理论并不关注源自其他权威之法"②。同时,纯粹法理论"对实在法不作评价,其要务仅限于研究实在法之本质并分析其结构——此即作为认知科学的纯粹法理论之使命"③。因此,"神圣秩序""自然秩序"以及与此相关的"神法""自然法""上帝或其他类神实体所创制之法"都被排除在纯粹法理论的研究对象之外。④ 凯尔森在《纯粹法理论》的第一版中指出:"纯粹法律理论作为特殊法律科学,其所注重者既非作为事实之法律规范,也非对法律规范之意欲或想象,而仅在于作为(意欲或想象的)意义之法律规范。换言之,事实惟有成为法律规范之内容,即为法律规范所规制时,始为纯粹法理论之对象。"⑤

四是纯粹法理论坚持反意识形态的立场。凯尔森在《纯粹法理论》的第一版中指出:"反意识形态的趋向保障了纯粹法理论试图将实证法的阐释与任何形式的关于自然法的正义思想区隔开来。纯粹法理论不讨论实证法秩序之外的效力可能性。该理论限于讨论实证法,并且防止法学致力于探讨一个更高等级的秩序或者将法的正当性从中解放出来;或者防止滥用任何以此为前提的正义理想与实证法之间的不一致性,将此作为法学上的论据来否定实证法的效力。"⑥ 因此,凯尔森指出:"正是此反意识形态立场,令纯粹法理论得以自命为真正

---

① 凯尔森:《纯粹法理论》,张书友译,中国法制出版社2008年版,第49页。
② 汉斯·凯尔森:《何谓纯粹法理论?》,张书友译,载《法哲学与法社会学论丛》2006年第1期,第72页。
③ 凯尔森:《纯粹法理论》,张书友译,中国法制出版社2008年版,第49页。
④ 参见汉斯·凯尔森:《何谓纯粹法理论?》,张书友译,载《法哲学与法社会学论丛》2006年第1期,第72页。
⑤ 凯尔森:《纯粹法理论》,张书友译,中国法制出版社2008年版,第44页。
⑥ Hans Kelsen, Reine Rechtslehre, 1. Auflage, Wien 1934, S. 38.

之法律科学。"①

(二)"基础规范"

霍斯特·德赖尔认为，凯尔森在纯粹法理论中所追求的"法的科学性"和"去政治化的要求"，需要解决两个方面的问题："一是因果科学在法学中的重要地位，二是在自然法之下，如何解决法的效力根据问题，这既不能从一个现行的强制性制度的事实存在本身找到答案，也不能从超实证的规范的合法性中找到答案。"② 在凯尔森的纯粹法理论中，实在法的效力根据问题，即"何以强制秩序中之规范皆应被遵守和适用之问题"，最终都要追溯到所谓的"基础规范"（Grundnorm）。这个"基础规范""既不是实证法规范，也不是道德规范，而是一个纯粹思想中的规范"③，用凯尔森自己的表述就是，这种"基础规范"是一种"预设的规范"，这种规范不是实证法规范，不是"人之行为或超人意志创制之规范，而仅是法学思维之预设"，然而，这种规范是"整个实在法秩序之效力根据"。④ 易言之，"基础规范"作为凯尔森所预设的"最终的、最高位阶的规范"⑤，是一个法律体系中所有规范的最终基础，是"众多规范的统一性基础"⑥。只

---

① 凯尔森:《纯粹法理论》，张书友译，中国法制出版社2008年版，第49页。
② Horst Dreier, Hans Kelsen (1881–1973), in: Peter Häberle, Michael Kilian, Heinrich Wolff (Hrsg.), Staatsrechtslehrer des 20. Jahrhunderts, Berlin/Boston 2018 (2. Aufl.), S. 287.
③ 罗伯特·阿列克西:《论凯尔森的宪法概念》，载张龑编译:《法治国作为中道：汉斯·凯尔森法哲学与公法学论集》，中国法制出版社2017年版，第312页。
④ 汉斯·凯尔森:《何谓纯粹法理论?》，张书友译，载《法哲学与法社会学论丛》2006年第1期，第73页。
⑤ 汉斯·凯尔森:《纯粹法学说》（第二版），马蒂亚斯·耶施泰特编，雷磊译，法律出版社2021年版，第242页。
⑥ 汉斯·凯尔森:《纯粹法学说》（第二版），马蒂亚斯·耶施泰特编，雷磊译，法律出版社2021年版，第240页。

有在"基础规范"所预设的条件下,"由人之行为所确立并大体上具有实效之强制秩序方能被解释为客观有效之规范体系"①。

从凯尔森在《纯粹法理论》中关于"基础规范"的论述可以看出,这种"基础规范"部分地被作为"超验的前提",部分地被作为"假定的前提"。② 凯尔森在论述"基础规范"时,不时地论及"某个权威""超人类的存在""上帝的命令""上帝或自然制定的规范"等语词。凯尔森将"基础规范"视为"先验逻辑预设的"逻辑条件和逻辑基础。在凯尔森的理论中,作为实在法秩序的最终效力基础的"基础规范"受到诸多批评,也引发了无数争论。无论如何,他所"预设的"和"假想的"这种"基础规范"具有"超验"和"先验"的性质,离不开"超验"和"先验"的逻辑。

在《纯粹法理论》第二版中,凯尔森聚焦于"规范秩序的效力基础",系统论述了"基础规范"的逻辑前提、所具有的理论意义等方面的内容。在凯尔森看来,作为一个规范的效力基础的规范应是一个位阶更高的规范,这个位阶更高的规范不能是没有止境的,最终要在某个规范那里终结,因此必须要"预设"一个"规范的权威","他的效力不再能从一个更高位阶的规范中推导出来,他的效力基础不能再被质疑",而"基础规范是所有属于同一个秩序之规范的共同效力渊源、它们共同的效力基础"。③ 但是,"基础规范"仅仅意味着"对制

---

① 汉斯·凯尔森:《何谓纯粹法理论?》,张书友译,载《法哲学与法社会学论丛》2006年第1期,第73页。
② Vgl. Horst Dreier, Hans Kelsen (1881–1973), in: Peter Häberle, Michael Kilian, Heinrich Wolff (Hrsg.), Staatsrechtslehrer des 20. Jahrhunderts, Berlin/Boston 2018 (2. Aufl.), S. 287.
③ 汉斯·凯尔森:《纯粹法学说》(第二版),马蒂亚斯·耶施泰特编,雷磊译,法律出版社2021年版,第242页。

定规范之权威的授权"或者规定了以此为基础的"一般规范与个别规范应当如何被创设",即"仅仅包含着对创设规范之构成要件的设定",并不决定实在法体系的规范内容,不能从这种"基础规范"中推导出由其所决定的"初始规范"的内容,"因为基础规范限于委任制定规范的权威,也即建立一个创设这一体系之规范的规则","基础规范"只是"权威性"地确立了规范制定的方式。① 因此,"从基础规范中只能推导出法秩序的效力,而不能推导出法秩序的内容"②。这种被预设的"基础规范"实质上是"实在法创设程序的出发点",可以被视为"法律逻辑意义上的宪法",而这区别于实在法意义上的宪法。③ 所以,凯尔森指出,"基础规范"的功能在于:"证立某个实在法秩序(通过人类意志行为制定的、大体上有实效的强制秩序的规范)的客观效力,也就是将这些行为的主观意义诠释为他们的客观意义。"④

对于国际法的"基础规范",凯尔森认为,若只有当国际法被某个国家基于其宪法而得到承认时,国际法规范在这个国家才有效,那么国际法就只是该主权国家的国家法秩序的一个组成部分,其效力基础是"关涉有实效之宪法的基础规范"⑤。若出发点是国际法秩序具有优先性,而不是国家法秩序具有优先性时,那么,"国际法秩序事

---

① 汉斯·凯尔森:《纯粹法学说》(第二版),马蒂亚斯·耶施泰特编,雷磊译,法律出版社 2021 年版,第 242—243 页。
② 汉斯·凯尔森:《纯粹法学说》(第二版),马蒂亚斯·耶施泰特编,雷磊译,法律出版社 2021 年版,第 274 页。
③ 汉斯·凯尔森:《纯粹法学说》(第二版),马蒂亚斯·耶施泰特编,雷磊译,法律出版社 2021 年版,第 247 页。
④ 汉斯·凯尔森:《纯粹法学说》(第二版),马蒂亚斯·耶施泰特编,雷磊译,法律出版社 2021 年版,第 251—252 页。
⑤ 汉斯·凯尔森:《纯粹法学说》(第二版),马蒂亚斯·耶施泰特编,雷磊译,法律出版社 2021 年版,第 270 页。

实上包含着一个规范，它构成了具体国家法秩序的效力基础"，在这种情形下，国际法规范作为一个"被制定的"规范而不仅仅是"被预设的"规范成为具体国家法秩序的效力基础。① 如此，则国际法规范也成为国家法秩序的"基础规范"，"具体国家法秩序的效力基础就不再在于某个被预设的规范，而在于某个实在法上被制定的国际法规范"，这在法律逻辑意义上成为"国际法的宪法"。② 由于一般国际法规范通常以习惯的方式或者以合同的方式创设，因此其效力基础可表述为"契约应被遵守"③。所以，在这种情形下，国家法秩序需要服从于国际法秩序，"国家是国际法直接（管辖的）共同体"④。

在"基础规范"与自然法的关系方面，由于"基础规范"只为实在法秩序提供效力基础，而不决定实在法规范的内容，因而，凯尔森指出，纯粹法理论所预设的"基础规范"不为实在法规范提供"伦理-政治上的辩护"，也不为其提供类似的标准，因而，不能依据"基础规范"来判断某个实在法秩序是公正的抑或不公正的。⑤ 而自然法可以以其内容和原则判断某个实在法秩序是否跟它相符，从而成为实在法秩序的"伦理-政治价值标准"，为实在法秩序提供"伦理-政治上的辩护"，据此可以判断实在法规范的"善""恶"与否，这是自

---

① 参见汉斯·凯尔森：《纯粹法学说》（第二版），马蒂亚斯·耶施泰特编，雷磊译，法律出版社 2021 年版，第 270 页。
② 参见汉斯·凯尔森：《纯粹法学说》（第二版），马蒂亚斯·耶施泰特编，雷磊译，法律出版社 2021 年版，第 271—272 页。
③ 汉斯·凯尔森：《纯粹法学说》（第二版），马蒂亚斯·耶施泰特编，雷磊译，法律出版社 2021 年版，第 272 页。
④ 汉斯·凯尔森：《纯粹法学说》（第二版），马蒂亚斯·耶施泰特编，雷磊译，法律出版社 2021 年版，第 273 页。
⑤ 参见汉斯·凯尔森：《纯粹法学说》（第二版），马蒂亚斯·耶施泰特编，雷磊译，法律出版社 2021 年版，第 273 页。

然法的"根本功能"。① 凯尔森指出,他虽然偶尔用"法律逻辑上的自然法"的表述,但是不能将纯粹法理论视为对自然法理论的诠释,凯尔森所论述的是"基础规范"的认识论功能,而非其伦理-政治功能。② 因此,"基础规范"与自然法的重要区别在于,"基础规范"为实在法秩序提供效力基础,而自然法不能为实在法秩序提供效力基础,"基础规范"只是发挥一种认识论的功能,是"在证立实在法之效力时……的先验逻辑条件",而自然法具有一种伦理-政治功能。③ 然而,在凯尔森看来,自然法理论远不能像人们所想象的那样"提供对它所期待的那种固定的标准",例如,有的自然法学说认为个人所有权才是"自然的""公正的",而有的则认为集体所有权才是"自然的""公正的",有的认为民主制才是"自然的""公正的",而有的则认为只有独裁制才是"自然的""公正的"。④ 同时,在凯尔森看来,自然法没有意志,因此不能制定任何实在法规范,人们所认为的自然法"规范"实际上暗含着一种"假定",即"自然中存在上帝的意志",⑤ 因此,自然法作为"被制定的"规范,不是由人类制定的,而是由"超人类的意志"制定的。⑥

---

① 参见汉斯·凯尔森:《纯粹法学说》(第二版),马蒂亚斯·耶施泰特编,雷磊译,法律出版社2021年版,第275页。
② 参见汉斯·凯尔森:《纯粹法学说》(第二版),马蒂亚斯·耶施泰特编,雷磊译,法律出版社2021年版,第276页注释。
③ 参见汉斯·凯尔森:《纯粹法学说》(第二版),马蒂亚斯·耶施泰特编,雷磊译,法律出版社2021年版,第275页。
④ 参见汉斯·凯尔森:《纯粹法学说》(第二版),马蒂亚斯·耶施泰特编,雷磊译,法律出版社2021年版,第277页。
⑤ 参见汉斯·凯尔森:《纯粹法学说》(第二版),马蒂亚斯·耶施泰特编,雷磊译,法律出版社2021年版,第278页。
⑥ 参见汉斯·凯尔森:《纯粹法学说》(第二版),马蒂亚斯·耶施泰特编,雷磊译,法律出版社2021年版,第277页。

尽管凯尔森的纯粹法理论中的"基础规范"是一种"预设的"和"假定的"规范,但是,他指出,纯粹法理论中所预设的"基础规范"并非一种"必然",而仅是一种"可能",纯粹法理论将"基础规范"确定为一种逻辑条件,从而为实证法的效力提供一个"有条件的基础",而非"无条件的基础"。① 对此,凯尔森解释道:"若不预设基础规范,则由人之行为所确立并大体上具有实效之强制秩序便不得被解释为客观有效之规范体系,而仅系命令之集合;而此种秩序所构成之关系便不能被解释为法律关系(即义务、权利及能力之属),而仅系单纯的强力(power)关系。"② 凯尔森指出,根据纯粹法理论,"任何人之行为所确立并大体上具有实效之强制秩序均可预设一基础规范,而不论其内容如何,即不问其正义与否"③。因此,纯粹法理论并不是"一种法的形而上学,因而它并不从形而上学法律原则中,而是从法的假设中,从对实际法律思想的逻辑分析所确立的基本规范中去寻求法律的基础,即它的效力的理由"④。只有以此作为逻辑前提和逻辑基础,一个国家现行的、事实上发挥效能的强制性体系才能被视为法律体系,法作为现实的事物过程的阐释模式才能得到适用。⑤ 凯尔森在《纯粹法理论》的第一版中论道:"凭借基础规范,纯粹法理论才得以剖析长盛不衰之实在法认识方法,揭示其秘而不宣之

---

① 参见汉斯·凯尔森:《何谓纯粹法理论?》,张书友译,载《法哲学与法社会学论丛》2006年第1期,第73页。
② 汉斯·凯尔森:《何谓纯粹法理论?》,张书友译,载《法哲学与法社会学论丛》2006年第1期,第73页。
③ 汉斯·凯尔森:《何谓纯粹法理论?》,张书友译,载《法哲学与法社会学论丛》2006年第1期,第74页。
④ 凯尔森:《法与国家的一般理论》,沈宗灵译,中国大百科全书出版社1995年版,"作者序",第III页。
⑤ Hans Kelsen, Reine Rechtslehre, 1. Auflage, Wien 1934, S. 66.

先验逻辑前提。"①

(三) 法律规范的位阶等级理论

法律规范的位阶等级理论实质上是由凯尔森的学生阿道夫·默克尔发展完善的，之后，凯尔森将其吸纳入纯粹法理论之中。② 基于法律规范的位阶等级结构，实在法秩序"在一个相互关联的规范世界中成为一种有意识的自我创生（以及自我撤销）逐级具体化的结果"③。凯尔森在《纯粹法理论》的第一版中只是简要地论及"法律秩序及其等级结构"，在第二版中才以较大的篇幅详细论述了"法秩序的阶层构造"。

在纯粹法理论中，基于"基础规范"和制定规范的"意志行为"，实在法规范体系形成一个"相互间具有上下位关系之规范的构造"④。在这样一个阶层构造中，同属一个实在法秩序的诸多法律规范成为一体，法律规范之间具有了"统一性"。⑤ 在这个阶层构造中，法调整着自己的创设："某个规范只是确定了另一个规范被创设的程序"，但被创设的规范的内容有可能也被确定，一个规范成为由其所创设的规范的效力基础。⑥ 以此为基础，"调整另一个规范之创设的规

---

① 凯尔森：《纯粹法理论》，张书友译，中国法制出版社 2008 年版，第 84 页。
② 由于法律秩序之位阶等级理论是由阿道夫·默克尔最终发展和完善的，因此，该理论在奥地利一般被看作是阿道夫·默克尔的理论。
③ Horst Dreier, Hans Kelsen (1881–1973), in: Peter Häberle, Michael Kilian, Heinrich Wolff (Hrsg.), Staatsrechtslehrer des 20. Jahrhunderts, Berlin/Boston 2018 (2. Aufl.), S. 290; Hans Kelsen, Reine Rechtslehre, Wien 1934, S. 63 ff.
④ 汉斯·凯尔森：《纯粹法学说》（第二版），马蒂亚斯·耶施泰特编，雷磊译，法律出版社 2021 年版，第 250 页。
⑤ 参见凯尔森：《纯粹法理论》，张书友译，中国法制出版社 2008 年版，第 81 页。
⑥ 参见汉斯·凯尔森：《纯粹法学说》（第二版），马蒂亚斯·耶施泰特编，雷磊译，法律出版社 2021 年版，第 278 页。

范与根据规定被创设之规范之间的关系可以被展示为上位阶和下位阶的空间图像。调整创设的规范是上位规范,根据规定被创设的规范是下位规范"。由此,法秩序是一种"不同层级之法律规范的阶层构造",这些不同层级的规范之间的"统一性"的关联是基于被创设的规范的效力建立在另一个规范的基础之上,后者的创设又由其他规范所确定,依据这种逻辑,最终导向"被预设的"基础规范,"基础规范"具有最高的效力基础,是法秩序的"统一性"的基础。① 所以,"基础规范"不仅是实在法规范的产生基础,还具有统一规范的功能,类似于法律体系中位阶等级的最高点所具有的功能。②

在一个国家的实在法秩序中,宪法具有最高的位阶。凯尔森特别指出,这里的宪法只能是实质意义的宪法,而非形式意义上的宪法。这种实质意义上的宪法是"一个或多个实在规范,它或它们调整着一般法律规范的创设"③。这种宪法可以通过"习惯"或者"立法行为"而创设,其中,通过"立法行为"创设的宪法是通常所称的"成文宪法"。这种实质意义上的宪法可以部分地由成文的规范组成,部分地由习惯方式所创设的不成文的规范组成,其中除了涵括调整一般法律规范的创设(立法)的规范,还应当规定宪法规范只有通过修改或废除难度更大的特殊程序才能被修改或废除。④

---

① 参见汉斯·凯尔森:《纯粹法学说》(第二版),马蒂亚斯·耶施泰特编,雷磊译,法律出版社 2021 年版,第 278—279 页。
② Peter Häberle, Michael Kilian, Heinrich Wolff (Hrsg.), Staatsrechtslehrer des 20. Jahrhunderts, Berlin/Boston 2018 (2. Aufl.), S. 289; Hans Kelsen, Reine Rechtslehre, Wien 1960, S. 228 ff.
③ 汉斯·凯尔森:《纯粹法学说》(第二版),马蒂亚斯·耶施泰特编,雷磊译,法律出版社 2021 年版,第 279 页。
④ 参见汉斯·凯尔森:《纯粹法学说》(第二版),马蒂亚斯·耶施泰特编,雷磊译,法律出版社 2021 年版,第 279 页。

位阶低于宪法的规范是由立法或习惯创设的一般法律规范。凯尔森指出，现代国家的宪法中"无例外地设立了特殊的立法机关"，它具有创设由法院和行政机关适用的一般法律规范的权能，所以，在"立宪"的阶层之下是"立法"的阶层，在"立法"的阶层之下是司法诉讼和行政程序的阶层。当然，宪法可能授权法院和行政机构创设规范。[1] 除了通过立法有目的地创设一般法律规范，一个法律共同体中的人们在某种相同的条件下在足够长的时间内反复实践某种相同的行为，进而形成一种"集体意志，即人们应当如此行为"，这意味着"人们应当采取合乎习惯的行为"，但是"只有当被认定为习惯的构成要件被宪法设定为创设法律规范的构成要件时，习惯之构成要件的主观意义才能被诠释为客观上的法律规范"。[2] 凯尔森指出，"基础规范"也可以将习惯设定为创设法的构成要件。[3] 在凯尔森看来，制定法与习惯法的重要区别在于，"前者通过一种相对集权的程序被创设，而后者通过一种相对分权的程序被创设。制定法由特殊的、为此目的被设定的、分工协作的机关来创设。习惯法的规范则通过服从于法秩序之主体的特点行为来形成"[4]。

在具体的国家实在法秩序中，除了宪法和一般法律规范，还有其他阶层的法律规范，例如制定法和法规，这两种规范是凯尔森在《纯粹法理论》中着重论述的规范。宪法可以将一般法律规范的创设委托

---

[1] 参见汉斯·凯尔森：《纯粹法学说》（第二版），马蒂亚斯·耶施泰特编，雷磊译，法律出版社2021年版，第282页。
[2] 汉斯·凯尔森：《纯粹法学说》（第二版），马蒂亚斯·耶施泰特编，雷磊译，法律出版社2021年版，第283页。
[3] 参见汉斯·凯尔森：《纯粹法学说》（第二版），马蒂亚斯·耶施泰特编，雷磊译，法律出版社2021年版，第284页。
[4] 汉斯·凯尔森：《纯粹法学说》（第二版），马蒂亚斯·耶施泰特编，雷磊译，法律出版社2021年版，第287页。

给民选的议会,同时也允许某些行政机构制定和颁布"一般规范对制定法作进一步的细化规定;或者当出现特定的例外情形时,授权政府代替议会来颁布所有必要的或某些一般性的规范"。法规是由行政机关制定的一般规范,主要在于"细化制定法或替代制定法"。①

在纯粹法理论中,司法和行政是一般法律规范的"个别化与具体化",都创设"个别规范"。② 凯尔森认为,法院的法律适用、行政机关的决议、"私法行为"都存在着一般法律规范的适用。法院在适用一般法律规范的过程中"制定了其内容由一般规范确定的个别规范,其中规定了某项具体的制裁,也即民事强制执行或刑罚",法院创制"个别规范"的过程是"从一般(或抽象)到个别(或具体)的"过程,是一个"不断个别化或具体化的过程"。③ 法院通过司法裁判创设的"个别规范",在刑事司法裁判中具有刑罚性质,在民事司法裁判中具有民事强制执行的性质。④ 凯尔森也指出:"确立司法裁判这种个别规范的行为……主要是由形式法以及实体法的一般规范预先确定的。"⑤ 同时,法院"不仅可能被授权运用其裁判来创设个别的、只对当前案件有拘束力的规范,而且也可能被授权运用其裁判来创设一般规范",而法院所创设的一般规范通常是通过"先例性裁判"来创

---

① 参见汉斯·凯尔森:《纯粹法学说》(第二版),马蒂亚斯·耶施泰特编,雷磊译,法律出版社 2021 年版,第 287 页。
② 参见凯尔森:《纯粹法理论》,张书友译,中国法制出版社 2008 年版,第 91 页;汉斯·凯尔森:《纯粹法学说》(第二版),马蒂亚斯·耶施泰特编,雷磊译,法律出版社 2021 年版,第 296 页。
③ 参见汉斯·凯尔森:《纯粹法学说》(第二版),马蒂亚斯·耶施泰特编,雷磊译,法律出版社 2021 年版,第 296 页。
④ 参见汉斯·凯尔森:《纯粹法学说》(第二版),马蒂亚斯·耶施泰特编,雷磊译,法律出版社 2021 年版,第 318 页。
⑤ 汉斯·凯尔森:《纯粹法学说》(第二版),马蒂亚斯·耶施泰特编,雷磊译,法律出版社 2021 年版,第 302 页。

设的，但是，法院创设一般法律规范时，"就与宪法指定的立法机关形成了竞争关系"，这意味着"立法功能的分权化"。①

在凯尔森看来，国家行政活动的相当一部分与创设和适用规范的立法和司法属于同一类型，例如，国家最高行政机关（政府）的重要功能就在于根据宪法的规范参与立法、行使宪法所赋予的签订国际条约的权力、以合宪的方式向从属于它的行政机构和个人颁布法规和行政命令，亦即创设和适用一般规范和个别规范，在这方面，可以说行政机构与立法机构、司法机构之间"不存在法律技术上的差别"②。跟司法机关相比，"除了司法机关的独立性之外，法院的功能（如在盗窃案件中判处有期徒刑，或在诽谤案件中判处罚金刑）与行政机关的功能（如在违犯税收、卫生或交通法规的情形中指令强制执行类似的制裁）之间没有差别"③。

此外，凯尔森在《纯粹法理论》的第二版中还区分了"实体法"与"程序法"，亦即"实体法规范"与"形式法规范"："形式法指的是调整司法和行政机关之组织与程序的一般规范，即所谓的民事诉讼法、刑事诉讼法、行政程序法。实体法被理解为确定司法行为和行政行为之内容的规范，它们被简单地称为民法、刑法和行政法"，通过"实体法"与"程序法"的有机联系，"它们才构成了调整其自身的创设与适用的法"。④

---

① 参见汉斯·凯尔森：《纯粹法学说》（第二版），马蒂亚斯·耶施泰特编，雷磊译，法律出版社 2021 年版，第 312—313 页。
② 汉斯·凯尔森：《纯粹法学说》（第二版），马蒂亚斯·耶施泰特编，雷磊译，法律出版社 2021 年版，第 327 页。
③ 汉斯·凯尔森：《纯粹法学说》（第二版），马蒂亚斯·耶施泰特编，雷磊译，法律出版社 2021 年版，第 327 页。
④ 参见汉斯·凯尔森：《纯粹法学说》（第二版），马蒂亚斯·耶施泰特编，雷磊译，法律出版社 2021 年版，第 289 页。

在纯粹法理论中，以"预设的"基础规范为基础，上级规范决定下级规范的效力，由此形成了宪法、立法或习惯创设的一般法律规范、制定法、法规、司法裁判、行政行为以及个人之间的"私法行为"（以合同为典型）① 等不同层级的规范所构成的位阶构造，在一国的实证法秩序中实现不同层级的规范之间的系统化和"统一性"。霍斯特·德赖尔指出："基于法学学科的独立性而在理论上的整体安排、新康德主义-价值相对主义的效力根据以及法律规范的位阶等级理论体现在凯尔森在解释理论、宪法法院制度以及国家理论方面问题的具体结论。"② 正是基于其理论特性，海伦·希尔文（Helen Silving）评价道，凯尔森的纯粹法理论"代表着我们这个时代最独特和最杰出之法理学思想的顶峰"③。当然，法律规范的位阶等级理论也受到一些批评，卡尔·施米特的批评具有代表性，他认为，法律规范的位阶等级理论中的"宪法"无法区分宪法所具有的"多重意义"，并且"'规范阶层'是一种以欠缺鉴别力也欠缺方法论的方式去对'规范'进行'物种演化'，也是一种兴之所至的比喻创作"④。

二、凯尔森与维也纳法律理论学派

凯尔森在《纯粹法理论》第一版前言中就指出，他的理论引起了

---

① 参见汉斯·凯尔森：《纯粹法学说》（第二版），马蒂亚斯·耶施泰特编，雷磊译，法律出版社 2021 年版，第 319 页。

② Horst Dreier, Hans Kelsen (1881-1973), in: Peter Häberle, Michael Kilian, Heinrich Wolff (Hrsg.), Staatsrechtslehrer des 20. Jahrhunderts, Berlin/Boston 2018 (2. Aufl.), S. 290.

③ 汉斯·凯尔森：《纯粹法学说》（第二版），马蒂亚斯·耶施泰特编，雷磊译，法律出版社 2021 年版，"导言 法理论的经典之作"，第 2 页。

④ 卡尔·施米特：《宪法的守护者》，李君韬、苏慧婕译，商务印书馆 2008 年版，第 82—83 页，注释 58。

一些"志同道合者"的共鸣,形成了一个彼此紧密团结的"圈子",① 被称为"维也纳法律理论学派"。但是,这并不意味着其他人只是一味遵从、模仿和套用纯粹法理论,而是在纯粹法理论的基础上有创新,有的甚至是"批判性地创新",并且具有自己的理论特色。凯尔森自己也指出:"这只是意味着,在这里每个人都试图向他人学习,但又不放弃走他自己的路。"② 阿道夫·默克尔和阿尔弗雷德·费尔德罗斯是凯尔森的学生和同事,同时也是"维也纳法律理论学派"的主要代表人物,他们不仅继承了凯尔森的理论,而且在凯尔森理论的基础上又有诸多创新和发展。这里以阿道夫·默克尔和阿尔弗雷德·费尔德罗斯为例简要地予以论述。③

(一)阿道夫·默克尔及其理论

阿道夫·默克尔于1890年3月23日出生在维也纳,1908年高级中学毕业考试之后,在维也纳大学学习法律。阿道夫·默克尔在维也纳大学曾跟随埃德蒙·贝纳茨克和汉斯·凯尔森研习国家学,1913年获得法学博士学位。此后,默克尔在维也纳、下奥地利、奥地利的商务部、奥匈帝国部长会议主席团的国家法办公室等地区和部门工作,这使他对行政制度有了较为深入的了解;此外,默克尔发表了诸多国家法方面的学术论著,同时也为教授资格论文做了充分的准备。根据赫伯特·尚贝克(Herbert Schambeck)教授的论述,默克尔在26岁

---

① 参见汉斯·凯尔森:《纯粹法学说》(第二版),马蒂亚斯·耶施泰特编,雷磊译,法律出版社2021年版,"第一版前言",第1—2页。
② 汉斯·凯尔森:《纯粹法学说》(第二版),马蒂亚斯·耶施泰特编,雷磊译,法律出版社2021年版,"第一版前言",第2页。
③ 关于阿道夫·默克尔和阿尔弗雷德·费尔德罗斯的生平及其理论的介绍主要参见 Peter Häberle, Michael Kilian, Heinrich Wolff (Hrsg.), Staatsrechtslehrer des 20. Jahrhunderts, Berlin/Boston 2018 (2. Aufl.), S. 431-445, S. 417-427。

至 28 岁时就发表了诸多具有重要意义的学术作品，奠定了由他创造的、众所周知的法律规范的位阶构造理论。1919 年，阿道夫·默克尔取得大学教授资格，此时，他已经发表 30 篇重要学术文章，并且出版著作《德意志奥地利共和国的宪法》①。②

阿道夫·默克尔除诸多著述之外，还广泛参与在政治上与国家法相关的工作。作为国家法学者，他是当时新成立的德意志奥地利共和国的总理卡尔·伦纳以及奥匈帝国末期的最后一任总理、大学教授海因里希·拉马施（Heinrich Lammasch）的"亲密顾问"。这两位总理都在任期结束时表达了对阿道夫·默克尔的感谢，指出"阿道夫·默克尔在其任职期间的工作一如既往地卓越，他'无限尽职的热忱'得到他们的全面认同"。在奥地利第一共和国时期，"默克尔经常参与国务委员会的会议，致力于从国家法方面处理《圣日耳曼条约》及其准备和实施、对帝国时期法律的继承和义务的承担、对少数人权利的保障以及国籍问题等"。默克尔还参与制宪国民大会宪法委员会的下设委员会的工作，参与草拟宪法委员会报告，同时也参与了《奥地利联邦宪法法》（B-VG）的编辑审校工作。汉斯·凯尔森后来评价默克尔"出色地参与和完成了奥地利共和国的第一部联邦宪法的准备工作"。此后，大学的教学和学术研究是阿道夫·默克尔的主要工作，他在 1920 年 12 月 4 日成为维也纳大学法学院的副教授，1933 年年初被维也纳大学聘为教授。在 1934—1935 学年，阿道夫·默克尔被选任为维也纳大学的法学院院长。上述这些年是阿道夫·默克尔在学术上最为

---

① Adolf J. Merkl, Die Verfassung der Republik Deutschösterreich. Ein kritisch-systematischer Grundriss, Wien, Leipzig 1919.

② Vgl. Herbert Schambeck, Adolf Merkl（1890-1970）, in：Peter Häberle, Michael Kilian, Heinrich Wolff（Hrsg.）, Staatsrechtslehrer des 20. Jahrhunderts, Berlin/Boston 2018（2. Aufl.）, S. 431-434.

高产的时期,据统计,仅在 1921 年,他就发表了超过 44 项成果。① 1938 年 3 月,奥地利被希特勒德国占领,1939 年 12 月之后,阿道夫·默克尔被迫持续地处于"退休状态"。在第二次世界大战之后,阿道夫·默克尔在 1948 年再次被聘任为维也纳大学的教授,直至 1965 年退休。②

阿道夫·默克尔对纯粹法理论给予高度评价,认为"纯粹法理论恰恰是针对混合了其他规范性和解释性的科学知识,通过相应的判断而形成的一种理论的必要,是一种关于法的突破。因为法被过多地视为人类的创造,在正义的试验和讽刺之间摇摆,因此需要通过一种法伦理学来对法理论予以补充"③。阿道夫·默克尔在 1927 年出版的、在国际上引起了强烈反响的专著《一般行政法》以及在 1931 年发表的一篇论文④中详细地论述了法律规范的位阶构造理论,进一步推进了作为该理论渊源的纯粹法理论。马丁·博罗夫斯基(Martin Borowski)教授认为,默克尔的法律规范的位阶构造理论的"基本理念在于按形式标准对法的现象进行等级划分",其重要意义在于,一

---

① Vgl. Herbert Schambeck, Adolf Merkl (1890–1970), in: Peter Häberle, Michael Kilian, Heinrich Wolff (Hrsg.), Staatsrechtslehrer des 20. Jahrhunderts, Berlin/Boston 2018 (2. Aufl.), S. 434–435.

② Vgl. Herbert Schambeck, Adolf Merkl (1890–1970), in: Peter Häberle, Michael Kilian, Heinrich Wolff (Hrsg.), Staatsrechtslehrer des 20. Jahrhunderts, Berlin/Boston 2018 (2. Aufl.), S. 438–439.

③ Adolf J. Merkl, Zum 80. Geburtstag Hans Kelsens. Reine Rechtslehre und Moralordnung, Österreichische Zeitschrift für öffentliches Recht, Band XI NF, 1961, S. 313; Peter Häberle, Michael Kilian, Heinrich Wolff (Hrsg.), Staatsrechtslehrer des 20. Jahrhunderts, Berlin/Boston 2018 (2. Aufl.), S. 443.

④ Adolf J. Merkl, Prolegomena einer Theorie des rechtlichen Stufenbaus, in: Alfred Verdross u. a. (Hrsg.), Gesellschaft, Staat und Recht, Festschrift für Hans Kelsen zum 50. Geburtstag, Wien 1931, S. 252 ff.

是区分涉及了研究对象的范围，二是区分涉及层级划分的客观标准。① 对于法律规范的位阶构造理论，赫伯特·尚贝克教授论道："在这种法律规范的位阶构造中，一个规范的位阶等级决定了它所具有的撤销性效力。除了最高等级的规范，每一个法律条款都具有两个方面的性质：约束其他规范和受到其他规范约束的性质，例如，宪法性条款仅受到其本质的约束，而执行性规范只具有受到其他规范约束的特性。每一个法律条款都是宪法的具体化关系中的授权体系的一部分。"②

鉴于纳粹统治的惨痛教训，阿道夫·默克尔认识到，即使在20世纪，法律也可能被滥用，被用来侵害人们的自由和尊严。因此，默克尔在第二次世界大战之后更多地专注于法伦理学问题的研究，并且更为注重研究法的实质内容。他曾说道："有一些时代能够成为更值得人们尊敬的时代，这样的时代应是通过国家而逝去，而不是为了国家而逝去。"此外，阿道夫·默克尔还特别致力于奥地利宪法制度的发展和自然保护等领域的研究，他对于奥地利各州自然保护法的制定发挥了重要作用。赫伯特·尚贝克教授评论道，阿道夫·默克尔始终能够在不断扩展的领域中加深对问题的研究，而这些研究实际上已经超出了他之前所致力于研究的纯粹形式法学和实证法的领域。③

作为维也纳法律理论学派中除汉斯·凯尔森和阿尔弗雷德·费尔

---

① 参见马丁·博罗夫斯基：《论梅克尔的法律层级学说》，载张龑编译：《法治国作为中道：汉斯·凯尔森法哲学与公法学论集》，中国法制出版社2017年版，第203页。

② Herbert Schambeck, Adolf Merkl (1890–1970), in: Peter Häberle, Michael Kilian, Heinrich Wolff (Hrsg.), Staatsrechtslehrer des 20. Jahrhunderts, Berlin/Boston 2018 (2. Aufl.), S. 436 f.

③ Vgl. Herbert Schambeck, Adolf Merkl (1890–1970), in: Peter Häberle, Michael Kilian, Heinrich Wolff (Hrsg.), Staatsrechtslehrer des 20. Jahrhunderts, Berlin/Boston 2018 (2. Aufl.), S. 439–442.

德罗斯之外的重要代表人物,阿道夫·默克尔对法律理论的发展产生了重要影响。长期担任奥地利宪法法院法官并且后来担任宪法法院院长的卡尔·科里内克(Karl Korinek)评价道,阿道夫·默克尔"为现在的奥地利国家法理论奠定了基础,也为宪法法院的司法实践中主流的方法论立场奠定了基础,使宪法法院坚持一种以价值为中心的温和的实证主义"①。在阿道夫·默克尔看来,"法从来都不是其目的本身,而是有其适用的功能;法应当服务于人性和人道"②。

(二)阿尔弗雷德·费尔德罗斯及其理论和实践

阿尔弗雷德·费尔德罗斯于1890年2月22日出生在因斯布鲁克。他完成高级中学的学习以后,在维也纳大学学习法学,1913年获得法学和国家学博士学位。他在学生时期就认识了汉斯·凯尔森,并且上过凯尔森的研讨课。在第一次世界大战结束前,他曾在帝国外交部的国家法和国际法部门工作。1921年,费尔德罗斯在维也纳大学法学院获得国际法专业的教授资格,其教授资格论文是《违反国际法的战争行为和国家的刑事诉求》,此外他还获得法哲学和国际私法的教授资格。1924年被聘为维也纳大学教授之后,直至退休,费尔德罗斯在35年的时间里一直在维也纳大学任教。1933年,他接受了通过违反共和国宪法的方式获得权力的当时奥地利政府的司法部部长职位。1938年6月,在奥地利被德意志帝国占领三个月后,阿尔弗雷德·费尔德罗

---

① Karl Korinek, Besprechung von Wolf-Dietrich Grussmann, Adolf Julius Merkl—Leben und Werk, Zeitschrift für Verwaltung, Wien 1990, S. 23; Peter Häberle, Michael Kilian, Heinrich Wolff (Hrsg.), Staatsrechtslehrer des 20. Jahrhunderts, Berlin/Boston 2018 (2. Aufl.), S. 445.

② Peter Häberle, Michael Kilian, Heinrich Wolff (Hrsg.), Staatsrechtslehrer des 20. Jahrhunderts, Berlin/Boston 2018 (2. Aufl.), S. 445.

斯被纳粹当权者暂停教学工作。一年后，他重新获得国际法的教职。布鲁诺·西马（Bruno Simma）教授认为，有些学者通过当时发表的一系列出版物来研究阿尔弗雷德·费尔德罗斯对于国家社会主义的态度"无疑是有问题的"，因为"尽管阿尔弗雷德·费尔德罗斯在纳粹期间的表现和态度不能看作是模范性的"，但是，"他的学术成果在一些重要问题上还是明确地反对国家社会主义的国际法学说"。[1]

费尔德罗斯是当时国际法领域的代表性人物，也是"维也纳法律理论学派"的主要代表，在国际上得到广泛认可。他在1937年出版《国际法》第一版，米歇尔·施托莱斯教授在《德意志公法史》（第三卷）中将其评价为"当时最重要的国际法教科书"[2]。在1945年之后，费尔德罗斯的学术成就达到了新的高度，这不仅体现在他在维也纳所获得的成就，例如在1951—1952年成为维也纳大学的校长，而且特别地体现在他在国际上获得的成就。例如，从1957年至1966年，他任联合国国际法委员会的委员；1958年至1976年，他作为欧洲人权法院的法官在斯特拉斯堡工作；1961年，他作为主席领导由联合国召集的维也纳外交官法会议的工作；1969年至1972年，他担任主席主持奥地利和联邦德国之间关于德国在1938年至1945年统治期间造成的财产问题的仲裁程序。1957年，费尔德罗斯被奥地利的两个保守派政党提名为联邦总统的候选人，但是他拒绝了。此外，费尔德罗斯还被授予数量众多的名誉博士学位和奖章。值得指出的是，费尔德罗

---

① Vgl. Bruno Simma, Alfred Verdross (1890-1980), in: Peter Häberle, Michael Kilian, Heinrich Wolff (Hrsg.), Staatsrechtslehrer des 20. Jahrhunderts, Berlin/Boston 2018 (2. Aufl.), S. 417-419.

② Michael Stolleis, Geschichte des öffentlichen Rechts in Deutschland, Bd. 3 (1999), S. 399; Peter Häberle, Michael Kilian, Heinrich Wolff (Hrsg.), Staatsrechtslehrer des 20. Jahrhunderts, Berlin/Boston 2018 (2. Aufl.), S. 418.

斯一直努力地为汉斯·凯尔森在 1929 年之后在奥地利的遭遇争取给予一种道义上的补偿。1980 年 4 月 27 日，阿尔弗雷德·费尔德罗斯在其出生地因斯布鲁克逝世，享年 90 岁。①

根据布鲁诺·西马教授的论述，费尔德罗斯作为"维也纳法律理论学派"的主要代表，从一开始就明确地赞同汉斯·凯尔森自 20 世纪 20 年代以来所赞同的新康德主义及其哲学-理论的形成，但是他后来放弃了凯尔森和默克尔在形式法律方面的观点，主张一种"实质的、价值导向的、自然法视角的法"。因此，费尔德罗斯的国际法理论的哲学基础是一种实质法学的观念，具有"国际法的自然法-普遍性思想"。基于他所发展出的国际法体系，费尔德罗斯在 20 世纪的法学中"居于显著地位"，他的国际法体系不仅具有体系的完整性，而且深具思维的洞察力和逻辑性。②

阿尔弗雷德·费尔德罗斯在国际法法源理论方面的重要贡献是主张一般法律原则的重要作用。阿尔弗雷德·费尔德罗斯指出，国际司法实践中更多的是适用一般法律原则（经常被表述为"国际正义"），一般法律原则不仅涉及漏洞的填补，而且涉及实证的国际法的基础，也涉及与自然法有关的价值的实现。对此，费尔德罗斯认为最重要的一种原则是"由诸多法律制度所固有的原则所组成的原则，若没有这种原则，法律制度就不能发挥其功能或者几乎不能发挥其功能"，例如，"诚实信用原则既不能从法的理念中推导出来，也不能以

---

① Vgl. Bruno Simma, Alfred Verdross (1890-1980), in: Peter Häberle, Michael Kilian, Heinrich Wolff (Hrsg.), Staatsrechtslehrer des 20. Jahrhunderts, Berlin/Boston 2018 (2. Aufl.), S. 419.

② Vgl. Bruno Simma, Alfred Verdross (1890-1980), in: Peter Häberle, Michael Kilian, Heinrich Wolff (Hrsg.), Staatsrechtslehrer des 20. Jahrhunderts, Berlin/Boston 2018 (2. Aufl.), S. 420-421.

特定的法律领域为基础，而是以契约法和习惯法为前提"。在汉斯·凯尔森的论述中，这种作为效力基础的"规范"是"基础规范"，但是，在费尔德罗斯这里，它们"不是像凯尔森的理论中那样仅仅具有假设的特性，而是连接起自然法的基本制度，并体现出自然法所蕴含的价值"①。

费尔德罗斯明确地反对当时占主流地位的实证主义的国际法理论，赞同国际法中存在强制性规范的观点，认为强制性的国际法规范必须存在，"这意味着法律规则不能通过各方协商一致而被废除，也不导致内容有冲突的协约不具有效力"。他认为，法律和道德之间的联结是必要的，只有以此为基础，法律和道德在内容上才能是一致的，因为"任何一个文明国家的法律制度或者文明国家之间的法律制度都不可能接受具有不道德内容的协约，并认可其为有效的法律"，这跟费尔德罗斯的国际法理论基础跟自然法之间具有密切联系是相一致的。②

相较于当时诸多学者所主张的国际法和国内法关系的"二元论"，费尔德罗斯最终所坚持的是一种"温和的一元论"或"分阶段的一元论"。这种理论将国际法和国内法之间的关系问题与法律制度中规范的位阶等级问题联系起来，认为国际法规则的地位要高于一国的法律及其宪法，费尔德罗斯在其早期的著述中将这种超国家的法律称为"国际法宪法"。费尔德罗斯以纯粹法理论和法律规范的位阶等级理论

---

① Bruno Simma, Alfred Verdross (1890-1980), in: Peter Häberle, Michael Kilian, Heinrich Wolff (Hrsg.), Staatsrechtslehrer des 20. Jahrhunderts, Berlin/Boston 2018 (2. Aufl.), S. 421-423.

② Vgl. Bruno Simma, Alfred Verdross (1890-1980), in: Peter Häberle, Michael Kilian, Heinrich Wolff (Hrsg.), Staatsrechtslehrer des 20. Jahrhunderts, Berlin/Boston 2018 (2. Aufl.), S. 423-424.

为基础,"以类似于国内法中宪法上的结构来理解国际法"。费尔德罗斯认为,在与国际法的关系方面,一个国家的法律制度从属于国际法制度,各国以国际法为基础而享有主权,这种主权只能在国际法所确定的权能范围内依法行动和展开,相关冲突可以在国际法程序中通过适用关于国际争端解决和关于国际法上的非正义及其法律后果的国际法规则而得到解决。由此,违反国际法的国家法只是一种暂时性的存在,这既不意味着国家法不从属于国际法,也不意味着法律体系的统一性被打破。①

虽然阿道夫·默克尔和阿尔弗雷德·费尔德罗斯同为"维也纳法律理论学派"的主要代表,但是从他们的学术成果和理论观点来看,阿道夫·默克尔与凯尔森的纯粹法理论无疑更具"亲缘性",这典型地体现在凯尔森对于阿道夫·默克尔的法律规范的位阶等级理论的接受和吸纳。凯尔森在1923年出版的《国家法理论的主要问题》的第二版前言中写道:"得益于默克尔和费尔德罗斯的研究工作,我在之后的论著中接受了位阶等级理论,将其作为纯粹法理论体系的一个主要组成部分。"② 凯尔森后来也将阿道夫·默克尔视为纯粹法理论的"共同创立者"。③ 罗伯特·阿列克西也认为,如果没有引入阿道夫·默克尔的法律规范的位阶等级理论,"凯尔森的纯粹法理论是不可想

---

① Vgl. Bruno Simma, Alfred Verdross (1890-1980), in: Peter Häberle, Michael Kilian, Heinrich Wolff (Hrsg.), Staatsrechtslehrer des 20. Jahrhunderts, Berlin/Boston 2018 (2. Aufl.), S. 425-427.

② Hans Kelsen, Hauptprobleme der Staatsrechtslehre, 2. Aufl., Tübingen 1923, Vorrede zur zweiten Auflage, S. XVI.

③ 参见马丁·博罗夫斯基:《论梅克尔的法律层级学说》,载张龑编译:《法治国作为中道:汉斯·凯尔森法哲学与公法学论集》,中国法制出版社2017年版,第249页。

象的"①。由于阿道夫·默克尔长时间参与凯尔森所在"圈子"的活动，他们之间的相互影响"多重且复杂地交织在一起"②。马丁·博罗夫斯基教授认为，凯尔森的《纯粹法理论》采纳阿道夫·默克尔的法律规范的位阶等级理论"完全是一把双刃剑"：一方面，阿道夫·默克尔的学说"随着凯尔森的'纯粹法学'闻名于世"；另一方面，阿道夫·默克尔的学说被"淹没"在凯尔森的纯粹法理论之中。鉴于法律规范的位阶等级理论在纯粹法理论中的"核心地位"和"最有说服力的部分"以及阿道夫·默克尔的理论著作具有"极高的品质"，即使没有凯尔森的纯粹法理论的吸纳，默克尔的学说也会获得广泛的认可。③

尽管凯尔森的《纯粹法理论》受到诸多批评，但是《纯粹法理论》的第一版自 1934 年出版以来，在此后近百年的时间里始终在法理论的历史上居于重要地位，被视为"20 世纪法律实证主义的里程碑"④，"被认为是 20 世纪在全球范围内传播最广、影响最大、最为重要的法理论专著"⑤ 之一，凯尔森的纯粹法理论以及维也纳法律理论学派得到世界范围内的公认，产生了十分广泛的影响。关于凯尔森的纯粹法理论的继受及其影响，霍斯特·德赖尔教授在其 2001 年出版

---

① 罗伯特·阿列克西：《论凯尔森的宪法概念》，载张龑编译：《法治国作为中道：汉斯·凯尔森法哲学与公法学论集》，中国法制出版社 2017 年版，第 298 页。

② 马丁·博罗夫斯基：《论梅克尔的法律层级学说》，载张龑编译：《法治国作为中道：汉斯·凯尔森法哲学与公法学论集》，中国法制出版社 2017 年版，第 252 页。

③ 参见马丁·博罗夫斯基：《论梅克尔的法律层级学说》，载张龑编译：《法治国作为中道：汉斯·凯尔森法哲学与公法学论集》，中国法制出版社 2017 年版，第 253 页。

④ 彼德·科勒：《20 世纪法律实证主义的里程碑：凯尔森之〈纯粹法学〉与哈特之〈法的概念〉》，载张龑编译：《法治国作为中道：汉斯·凯尔森法哲学与公法学论集》，中国法制出版社 2017 年版，第 66 页。

⑤ 汉斯·凯尔森：《纯粹法学说》（第二版），马蒂亚斯·耶施泰特编，雷磊译，法律出版社 2021 年版，"导言 法理论的经典之作"，第 3 页。

的著作中作了系统的论述。① 无论人们对汉斯·凯尔森及其学说、理论的评价是赞誉还是批评，他都是 20 世纪的法学家中举足轻重的一位，他的理论和学说在世界诸多国家产生了广泛而深远的影响。"纯粹法理论"是凯尔森毕生的理论追求和学术使命，亦如他在《何谓正义?》的告别演讲中对于"正义"的最后总结："事实上，我不知道，也不能下结论说何为正义，绝对的正义是人类的美好梦想。我必须满足于一种相对正义，我只能告诉大家，什么是我所认为的正义。因为我的使命是学术，因此在我的生命中最重要的那种正义是守护学术，能够通过学术守护真理和真诚。这是一种自由的正义、和平的正义、民主的正义、宽容的正义。"②

---

① Horst Dreier, Rezeption und Rolle der Reinen Rechtslehre. Festakt aus Anlass des 70. Geburtstags von Robert Walter, Wien 2001.
② Hans Kelsen, Was ist Gerechtigkeit?, Wien 1953, S. 43.

第三章 纯粹法理论中的"国家""宪法"与宪法法院制度

在凯尔森的纯粹法理论中,"国家""宪法""法律"具有内在的"同一性",都体现在国家的实在法秩序之中,是国家的实在法秩序中的重要方面和不同层次。在法律规范的位阶等级理论中,由于"基础规范"本身所具有的特性,在一国的实在法秩序中可能会存在低位阶的规范违反高位阶的规范的情形。宪法虽然仅位于"基础规范"之下,是一国的实在法秩序中具有最高位阶等级的规范,同时也是一国的实在法效力基础,但是位阶等级低于宪法的法律、法规也可能会与宪法规范和较高位阶的规范相抵触。为维护和实现实在法秩序的"统一性",宪法法院作为一种具有独立性的宪法机构,是纯粹法理论中必然要存在的一种制度。

第一节 凯尔森理论中的"国家"与"民主"

一、纯粹法理论中的"国家"观念

在纯粹法理论中,国家与法律规范一样具有特别重要的意义。针对当时学术界中"国家"概念含义的多样性和多元理解,凯尔森在1925年出版的《一般国家理论》中对"国家"的概念进行了深入辨析和明确界定。在他的纯粹法理论中，特别是在一国的国内法律秩序方面，国家与法具有"同一性"，国家亦即一种"法秩序"①，易言之，"国家即法律之化身"②。由此，国家在本质上是一个"规范体系"或"规范系统"，可以说是这种"规范体系"或"规范系统"的"统一性表达"，国家存在于"规范或者价值的世界"之中，因此，国家作为实在法秩序，其"存在领域是规范效力领域"。③ 纯粹法理论意义上的"国家"明显不同于"国家"与"社会"二元对立意义上的"国家"。凯尔森指出，"因为法律学说的对象只能是法律，所以国家就必须成为并且仅仅作为法律，才能成为法律学说的对象"，因而需要承认"国家"也是规范性的。④

在国家与法的二元论观念中，一个是"伦理-政治规范的集合"，一个是"实证法律制度"，国家和法律是两种完全不同的"客观实体"。而纯粹法理论的"一元论"不仅"消解了国家与法的二元论"⑤，并且基于这种"一元论"，所有实在法律秩序中的国内法与国际法也是统一的。⑥ 但是，凯尔森也指出，"并非每种法秩序都是国家""为了成为国家，法秩序必须具有狭义和特殊意义上之组织的性质。也就是说，它必须指定分工协作的机关来创设和适用构成它的规

---

① 参见汉斯·凯尔森：《纯粹法学说》（第二版），马蒂亚斯·耶施泰特编，雷磊译，法律出版社2021年版，第353页。

② 汉斯·凯尔森：《何谓纯粹法理论？》，张书友译，载《法哲学与法社会学论丛》2006年第1期，第72页。

③ 参见汉斯·凯尔森：《国家的本质》，载黄卉主编：《德国魏玛时期国家法政文献选编》，黄卉等编译，清华大学出版社2016年版，第126页。

④ 参见汉斯·凯尔森：《国家的本质》，载黄卉主编：《德国魏玛时期国家法政文献选编》，黄卉等编译，清华大学出版社2016年版，第113页。

⑤ 汉斯·凯尔森：《纯粹法学说》（第二版），马蒂亚斯·耶施泰特编，雷磊译，法律出版社2021年版，第390页。

⑥ 参见凯尔森：《法与国家的一般理论》，沈宗灵译，中国大百科全书出版社1995年版，"作者序"，第IV页。

第三章 纯粹法理论中的"国家""宪法"与宪法法院制度

范;它必须显现出某种程度的集权化"。由此,"国家是一种相对集权化的法秩序"。① 基于这种"相对集权化","国家法秩序就区别于原始人的前国家的法秩序和超国家(或国家间)的一般国际法秩序",原始社会的法秩序和一般国际法秩序是"完全分权化的强制秩序",因此不能成为"国家"。②

在凯尔森看来,国家可以被理解为一种社会共同体,而社会共同体是由规范秩序构成的,因此,"构成国家的规范秩序就只能是相对集权化的强制秩序",可以将其视为"国家法秩序",③ 由这种强制秩序所构成的社会共同体因而也是"法律共同体"。④ 凯尔森指出,这种"共同体"不同于"有机体国家理论"意义上的"国家",根据这种"有机体理论",国家被视为一种"自然有机体",这种理论意义上的"国家"具有"意志""心灵"和"躯体"。虽然这种理论能够达到一种"形象化的效果",但是这种理论实质上是"借鉴自然科学认知的特点,来进行高度主观的、极具伦理-政治意味的思考",可以说是一种"纯粹政治上的公设",是通过"特定的伦理-政治假定"来"对具体的国家机构进行价值判断"。⑤ 而在作为"法律共同体"的国家中,国民、领土和国家权力作为国家的组成要素,只能通过法律来

---

① 汉斯·凯尔森:《纯粹法学说》(第二版),马蒂亚斯·耶施泰特编,雷磊译,法律出版社 2021 年版,第 353 页。
② 参见汉斯·凯尔森:《纯粹法学说》(第二版),马蒂亚斯·耶施泰特编,雷磊译,法律出版社 2021 年版,第 353—354 页。
③ 参见汉斯·凯尔森:《纯粹法学说》(第二版),马蒂亚斯·耶施泰特编,雷磊译,法律出版社 2021 年版,第 354 页。
④ 参见汉斯·凯尔森:《纯粹法学说》(第二版),马蒂亚斯·耶施泰特编,雷磊译,法律出版社 2021 年版,第 390 页。
⑤ 参见汉斯·凯尔森:《国家的本质》,载黄卉主编:《德国魏玛时期国家法政文献选编》,黄卉等编译,清华大学出版社 2016 年版,第 118—120 页。

确定,由此,"它们只能被理解为某个法秩序的效力和效力范围"①。所以,国家作为一种相对集权化的法秩序是一种"在其空间和时间效力范围上受限的、主权的或直接从属于国际法的、大体上有实效的法秩序"②。

此外,凯尔森指出,"法人"是一种"规范人格拟制",是一种"法律认知的辅助手段","法律秩序制造(erzeugen)出了各种共同体",并对这些共同体予以调整和规范,这些共同体"存在于法律秩序之中,与法律秩序共生"。③ 国家可以被视为一种"法律共同体的人格拟制",即作为行为主体和权利义务主体"在根本上与作为法人之社团的问题是同一个问题",但是,国家是"由某种规范秩序构成的共同体"④,即使可以对国家予以"人格拟制",那么"国家作为人格体只能是法律秩序的人格拟制"⑤。然而,国家作为行为主体主要是由"国家机关"实施行为,进而言之,国家机关实施行为是由特定的"人"进行的,用凯尔森自己的表述就是,"从事行动、实施特定行为、发挥特定功能的从来就不是国家,而总只是特定的生物人(Mensch)",但是,这里存在的问题是"特定人所发挥的某种功能是否可

---

① 汉斯·凯尔森:《纯粹法学说》(第二版),马蒂亚斯·耶施泰特编,雷磊译,法律出版社 2021 年版,第 354—355 页。
② 汉斯·凯尔森:《纯粹法学说》(第二版),马蒂亚斯·耶施泰特编,雷磊译,法律出版社 2021 年版,第 358 页。
③ 参见汉斯·凯尔森:《国家的本质》,载黄卉主编:《德国魏玛时期国家法政文献选编》,黄卉等编译,清华大学出版社 2016 年版,第 162—163 页。
④ 汉斯·凯尔森:《纯粹法学说》(第二版),马蒂亚斯·耶施泰特编,雷磊译,法律出版社 2021 年版,第 359 页。
⑤ 汉斯·凯尔森:《国家的本质》,载黄卉主编:《德国魏玛时期国家法政文献选编》,黄卉等编译,清华大学出版社 2016 年版,第 173 页。

以并在何种条件下可以被归属于国家"。① 所以,这里的"行动之人"是一种"法学思维上的辅助构造",只有将其"实体化"才能回答"特定行为或特定功能是或不是国家行为或国家功能"。②

基于此,"国家法创造法,只是意味着人(其行为根据法被归属于国家)创设法",国家只能通过国家行为才能体现出其"存在",所以,由特定的人所实施的"国家行为"应当受到规范,并且以"特殊的方式"规范这些特定的人的行为,"只有在此意义上才能称为国家自我承担义务,即被归属于国家人格者的义务和权利恰恰是由法秩序(它的拟人化就是国家的人格)规定的"③。由此,凯尔森批判了"国家自我约束的学说",这种学说认为,"国家不仅建立了一种法律秩序,而且它自己也服从于'它的'的法律秩序,并且由此成为法律人格体,也即成为法律义务和权利的主体"。凯尔森认为这种理论"存在明显的荒谬",因为国家和法律不能同时互为前提条件,即根据这种理论,国家作为"超越法律的实体"成为法律的前提条件,而法律同时也成为作为"法律人格体"的国家的前提条件;此外,若国家作为一种"最高的"权力,在本质上是不受限制的,并且也无法对这种"最高的权力"予以限制,因而,国家"不可能同时受到由它自己制定的法律的约束,因为它可以随意使自己脱离这种约束力;尤其这种理论还宣称,国家可以任意决定是否服从于它自己的法律,以及可

---

① 汉斯·凯尔森:《纯粹法学说》(第二版),马蒂亚斯·耶施泰特编,雷磊译,法律出版社 2021 年版,第 359 页。
② 汉斯·凯尔森:《纯粹法学说》(第二版),马蒂亚斯·耶施泰特编,雷磊译,法律出版社 2021 年版,第 359 页。
③ 汉斯·凯尔森:《纯粹法学说》(第二版),马蒂亚斯·耶施泰特编,雷磊译,法律出版社 2021 年版,第 383 页。

能存在不服从于自己法律的国家"。① 根据纯粹法理论，一个位阶的法律规范来自其上一级法律规范，最终可追溯至"基础规范"，即法律规范来自法律规范，而非来自权力或者其他事物。

在凯尔森的纯粹法理论中，国家和法律是"同一的"，作为法秩序的国家都是"法的国家"（Rechts-Staat），亦即"法治国家"（Rechtsstaat），这种特殊类型的国家通常就是"那种符合民主和法的安定性之要求的国家"。按照凯尔森的论述，在"法治国家"中，"司法和行政要受到制定法也即一般规范的拘束，后者是由人民选出的议会（在或不在作为政府最高层级之国家元首的参与下）通过的，政府成员对其行为负责，公民的某些自由权尤其是信仰和良心自由以及思想表达自由得到保障"②。也许正是基于此，凯尔森的国家理论被视为"无国家的法"③。

二、凯尔森的"民主"理论

凯尔森不仅是一位重要的理论法学家，而且"总的来说，也是一个写出诸多重要的民主基础著述"的著者。④ 凯尔森关于民主的重要著作是发表于 1920 年的《论民主的本质及其价值》，修改后的版本在

---

① 参见汉斯·凯尔森：《国家的本质》，载黄卉主编：《德国魏玛时期国家法政文献选编》，黄卉等编译，清华大学出版社 2016 年版，第 172 页。
② 汉斯·凯尔森：《纯粹法学说》（第二版），马蒂亚斯·耶施泰特编，雷磊译，法律出版社 2021 年版，第 383 页。
③ 亚历山大·索梅克：《无国家的法：凯尔森的国家理论及其限度》，载张龑编译：《法治国作为中道：汉斯·凯尔森法哲学与公法学论集》，中国法制出版社 2017 年版，第 325 页。
④ H. Boldt, Demokratietheorie zwischen Rousseau und Schumpeter, in: M. Kaase (Hrsg.), Politische Wissenschaft und politische Ordnung. Festschrift für Rudolf Wildenmann, 1986, S. 217 ff. (217); Peter Häberle, Michael Kilian, Heinrich Wolff (Hrsg.), Staatsrechtslehrer des 20. Jahrhunderts, Berlin/Boston 2018 (2. Aufl.), S. 297.

1929年由莫尔（Mohr）出版社出版。①《论民主的本质及其价值》第二版的篇幅不大，包括注释共119页。除了一个两页篇幅的前言，凯尔森依次分别论述了"自由""人民""议会""议会制的改革""职业等级代表""多数原则""行政""领袖的选择""形式民主与社会民主""民主与世界观"等方面的内容。

凯尔森在《论民主的本质及其价值》中指出，民主和专制都"仅仅是产生社会秩序的方法"②，而"1789年和1848年的两次资产阶级革命使民主近乎成为理所当然的政治思想"，民主制成为"统领19世纪和20世纪精神的流行口号"；同时，资产阶级和无产阶级都可以采用民主国家形式，资产阶级与无产阶级在这方面不存在对立；在民主制的意识形态方面，自由主义与社会主义也不存在根本区别。③ 但是，在当时的历史环境中，"民主"一词被滥用，"无论出于何种目的以及何种动机，都必须使用民主这一语词，所以，民主便成为所有政治概念中最被滥用的词汇"，同时，"第一次世界大战引发的社会革命（soziale Revolution）也强烈要求重新审视民主这一政治价值"④。

凯尔森认为，民主与自由之间没有必然的联系，虽然人们通常认为，公民个人可以参与国家意志的形成，但是，"即使国家统治意志通过公民决议而产生，个人其实也只享有片刻的也即表决时的自由"，并且即使"在这个时候"，只有个人的意见与多数意见相一致时，个

---

① Hans Kelsen, Vom Wesen und Wert der Demokratie, 2. Aufl., Tübingen 1929.
② 汉斯·凯尔森：《民主的本质和价值》，载黄卉主编：《德国魏玛时期国家法政文献选编》，黄卉等编译，清华大学出版社2016年版，第220页。
③ 参见汉斯·凯尔森：《民主的本质和价值》，载黄卉主编：《德国魏玛时期国家法政文献选编》，黄卉等编译，清华大学出版社2016年版，第175页。
④ 汉斯·凯尔森：《民主的本质和价值》，载黄卉主编：《德国魏玛时期国家法政文献选编》，黄卉等编译，清华大学出版社2016年版，第176页。

人才享有真正的自由，在这里，多数原则"看上去"似乎能够实现"民主自由原则"。① 但是，凯尔森强调，"认为多数人强于少数人，这是对于人类经验的一种并不令人满意的形式化表达而已"，实际上，"多数情况下，少数派可能决定了国家意志"，个人参与国家意志的自由观念恰恰意味着"民主主义与自由主义的分离"。② 因此，"民主与否不取决于国家秩序在何种程度上干预到个人'自由'"，"历史表明，民主制下的公权力与独裁制度公权力一样倾向于权力扩张与膨胀"。③

在凯尔森看来，民主是一种"国家形式或社会形式"，由此，在民主与人民的关系方面，社会秩序是通过"人民"而产生的。"人民统一体"作为一个"团结互助的利益体"，是一种道德政治上的"基本假设"，即使是一个"统一体"，也是"国家法秩序的统一体"。但是，"人民"不是一个整体，"不是平等地将人们集合在一起的集体，而只是由通过国家法秩序规定的单个的个人行为所组成的体系"④。凯尔森指出，在现实中，"政治权利完全不必与国家公民资格相连"，"享有政治权利的人数与真正行使政治权利的人数之间存在着差距"，而要实现民主，"政党"是联结"人民"与"民主"的重要纽带，"现代民主正好是建立在政党基础之上的，政党的作用越大，实现民主原则

---

① 参见汉斯·凯尔森：《民主的本质和价值》，载黄卉主编：《德国魏玛时期国家法政文献选编》，黄卉等编译，清华大学出版社2016年版，第178页。
② 参见汉斯·凯尔森：《民主的本质和价值》，载黄卉主编：《德国魏玛时期国家法政文献选编》，黄卉等编译，清华大学出版社2016年版，第180页。
③ 汉斯·凯尔森：《民主的本质和价值》，载黄卉主编：《德国魏玛时期国家法政文献选编》，黄卉等编译，清华大学出版社2016年版，第181页。
④ 汉斯·凯尔森：《民主的本质和价值》，载黄卉主编：《德国魏玛时期国家法政文献选编》，黄卉等编译，清华大学出版社2016年版，第183页。

的力量就越大"①:"民主得以真正实现的前提条件是:单个个人意识到各种不同的政治目的的存在,自己便以影响共同体意志为目的而融入到某个共同体中,由此形成了介于个人与国家之间的、联合了众多具有相同意志的个人的'集体组织',该组织便是政党。"② 所以,凯尔森认为,"民主就意味着一定要——同时也是无法避免——建一个政党国家",没有政党是不可能是实现民主的,这也就容易理解"君主立宪制的政治理论和国家法理论热衷于诋毁和攻击政党,其实质是躲在意识形态面纱下反对民主的实现"。③ 凯尔森进而指出,"不可阻挡的历史发展,促使'人民'在任何形式的民主社会中被划入不同的党派","反对组建政党的观点,最终就其本质而言就是反对民主,它——有意识地或无意识地——服务于某些政治力量",因此,非常有必要在宪法中规定和确立政党的地位,这"实际上等于创造了使共同体意志在宪法范围内得以民主化的机会"。④

凯尔森明确提出,直接民主制在现代国家是不可能实现的,"现代国家的民主是间接的、议会制的民主",因为"鉴于现代国家的规模以及国家任务的多样性,直接民主无法成为可能的政治形式"。⑤ 在凯尔森看来,议会是当时的社会现实中"唯一能真正实现民主的手

---

① 汉斯·凯尔森:《民主的本质和价值》,载黄卉主编:《德国魏玛时期国家法政文献选编》,黄卉等编译,清华大学出版社2016年版,第185页。
② 汉斯·凯尔森:《民主的本质和价值》,载黄卉主编:《德国魏玛时期国家法政文献选编》,黄卉等编译,清华大学出版社2016年版,第186页。
③ 汉斯·凯尔森:《民主的本质和价值》,载黄卉主编:《德国魏玛时期国家法政文献选编》,黄卉等编译,清华大学出版社2016年版,第186页。
④ 汉斯·凯尔森:《民主的本质和价值》,载黄卉主编:《德国魏玛时期国家法政文献选编》,黄卉等编译,清华大学出版社2016年版,第189页。
⑤ 汉斯·凯尔森:《民主的本质和价值》,载黄卉主编:《德国魏玛时期国家法政文献选编》,黄卉等编译,清华大学出版社2016年版,第190页。

段",因此,"选择了议会制就是选择了民主",议会制"关系到现代民主的存亡"。① 凯尔森给"议会制"所下的定义是:"人民基于普遍及平等的选举权,也即由民主选举出的集体机构,按照多数决原则形成国家意志。"因此,不能混淆议会制的客观本质和它的主观意义,所谓的"议会制危机"以及人们对于议会制的批评是对议会制的本质做了错误的理解,所以"没有什么价值"。② 此外,凯尔森指出,议会制实际上是自由的民主要求与社会技术进步所要求的社会分工合作相互妥协的产物。③

基于上述论述,凯尔森提出了在议会制改革中"继续增加民主的元素"的一些方案。凯尔森认为,全民公决机制"有能力并且也有必要进一步发展","这也是议会原则自身的利益所在"。由此,凯尔森建议:一是"人民公决",即"人民可以就议会决议进行表决,但不要对已经公告的、生效了的法律再进行表决"。但是,举行人民公决需要符合一定的条件,予以一定的限制,例如,针对"上下议院间的冲突、国家元首或者议会中特定少数派的提案"等,在人民的决议与议会的决议"背道而驰"时,可以解散议会,重新选举新一届议会等。④ 二是"人民动议权",即"一定数量的有投票权的公民可以提交法律议案,议会有义务按照工作章程对该议案进行处理",议

---

① 汉斯·凯尔森:《民主的本质和价值》,载黄卉主编:《德国魏玛时期国家法政文献选编》,黄卉等编译,清华大学出版社2016年版,第191页。
② 参见汉斯·凯尔森:《民主的本质和价值》,载黄卉主编:《德国魏玛时期国家法政文献选编》,黄卉等编译,清华大学出版社2016年版,第191页。
③ 参见汉斯·凯尔森:《民主的本质和价值》,载黄卉主编:《德国魏玛时期国家法政文献选编》,黄卉等编译,清华大学出版社2016年版,第192页。
④ 参见汉斯·凯尔森:《民主的本质和价值》,载黄卉主编:《德国魏玛时期国家法政文献选编》,黄卉等编译,清华大学出版社2016年版,第197页。

会也可以"根据人民倡议确定其立法方向"。① 三是引入"比例选举制",使每个党派都有其合乎比例的代表,通过"更加严格的政治组织结构"和相应的立法"保证议员与选民之间建立持续不断的联系"。②

对于议会多数原则,凯尔森认为,这是"防止阶级统治"的一种合适的方式,"多数原则与少数保护原则是兼容的,因为'多数'概念是依赖'少数'概念的存在而存在,由此多数派权利是以少数派的合理存在为前提的",少数保护原则体现为基本权利和自由权或者人权和公民权的基本功能,即宪法中规定的原本"对个人针对国家执行权的保护"。③ 因此,凯尔森指出,"那些干预了一定的民族、宗教、经济或一般的精神利益领域的措施,只有在获得——具有特别资质的——少数的同意而不是违背其意志时,亦即只有在多数与少数达成合意的情况下才有可能被实施",所以,多数原则意味着共同体的意志最大程度地与服从者的意志相一致。④ 此外,民主意味着"妥协",而"妥协"意味着"搁置争议,加强相互的联系"和"彼此谅解",因此,议会制中的多数原则涵括"关于妥协的原则"和"关于平衡政治对立力量的原则","全部议会程序都是为了找到一条能够平衡对立利益的中间线,为了获得一个社会力量相互作用的结果",在凯尔森

---

① 汉斯·凯尔森:《民主的本质和价值》,载黄卉主编:《德国魏玛时期国家法政文献选编》,黄卉等编译,清华大学出版社2016年版,第197页。
② 参见汉斯·凯尔森:《民主的本质和价值》,载黄卉主编:《德国魏玛时期国家法政文献选编》,黄卉等编译,清华大学出版社2016年版,第197—198、206页。
③ 参见汉斯·凯尔森:《民主的本质和价值》,载黄卉主编:《德国魏玛时期国家法政文献选编》,黄卉等编译,清华大学出版社2016年版,第203页。
④ 参见汉斯·凯尔森:《民主的本质和价值》,载黄卉主编:《德国魏玛时期国家法政文献选编》,黄卉等编译,清华大学出版社2016年版,第204页。

看来，比例选举制能够有效地保障实现这种"妥协"和利益的平衡。①

凯尔森对孟德斯鸠以来的"三权分立"原则提出了批评，认为这项原则不是一个民主原则，不符合"人民只应由人民统治"的思想，在凯尔森看来，"所有的权利或者所有的国家意志构建的职能，应该由人民或是由代表人民的议会予以统一"，他认为美国采用"三权分立的教条并以人民的名义将其推向极致，这几乎是历史的讽刺"。②

由于人类只能发现"相对的真理"，只能认知"相对的价值"，所以，在凯尔森看来，与此相联系的民主的世界观是一种"批判-相对主义的世界观"，"相对主义就是一种世界观，它是民主思想的前提"，而"民主意味着同等地看重任何一个人的政治意愿，也同等地对待任何一种反映政治意愿的政治信仰和政治观点"。因此，民主的政治制度是"政治相对主义的一种表达"。③

第二节　凯尔森的宪法观念

宪法在凯尔森的法律理论体系中具有"核心作用"，"在纯粹法理论的整个大厦中，凯尔森的宪法概念具有体系上必要的地位"，罗伯特·阿列克西认为，若没有宪法概念，凯尔森理论中的法律规范位阶

---

① 参见汉斯·凯尔森：《民主的本质和价值》，载黄卉主编：《德国魏玛时期国家法政文献选编》，黄卉等编译，清华大学出版社2016年版，第205、208页。
② 参见汉斯·凯尔森：《民主的本质和价值》，载黄卉主编：《德国魏玛时期国家法政文献选编》，黄卉等编译，清华大学出版社2016年版，第216页。
③ 参见汉斯·凯尔森：《民主的本质和价值》，载黄卉主编：《德国魏玛时期国家法政文献选编》，黄卉等编译，清华大学出版社2016年版，第225—226页。

等级构造"是不可想象的"。① 霍斯特·德赖尔教授也指出,在凯尔森的法律理论体系中,法律的"统治者"不是立法者,而是宪法。② 凯尔森在1928年的报告《宪法法院职能的本质及其发展》中也指出,宪法的概念问题"属于法律规范的位阶理论的知识范畴","要回答是否和应以何种方式保障宪法的问题,即保障直接以宪法为依据的法律的合法性和法律制度中宪法直接的等级效力问题,我们首先必须明确宪法的概念"③,"宪法原则上都会规定以何种方式制定法律,这表明与法之适用相比,宪法方面的立法更为重要"④。

一、纯粹法理论中的"宪法"及其与"基础规范"的关系

根据纯粹法理论,在一个国家的实在法秩序中,宪法是一国的实在法秩序的效力基础。凯尔森强调,一国实在法秩序中的"宪法"是"实质意义上的宪法",而非"形式意义上的宪法"。⑤ 在《纯粹法理论》的第二版中,凯尔森也明确指出,国家法秩序中的宪法"只作实质意义的理解","这个词只被理解为这样一个或多个实在规范,它或

---

① 参见罗伯特·阿列克西:《论凯尔森的宪法概念》,载张龑编译:《法治国作为中道:汉斯·凯尔森法哲学与公法学论集》,中国法制出版社2017年版,第298—299页。

② Horst Dreier, Rechtslehre, Staatssoziologie und Demokratietheorie bei Hans Kelsen, Baden-Baden 1990, S. 131, FN 240.

③ Hans Kelsen, Wesen und Entwicklung der Staatsgerichtsbarkeit, in: VVDStRL 5 (1929), S. 35.

④ Hans Kelsen, Wesen und Entwicklung der Staatsgerichtsbarkeit, in: VVDStRL 5 (1929), S. 32.

⑤ 参见凯尔森:《法与国家的一般理论》,沈宗灵译,中国大百科全书出版社1996年版,第142页。

它们调整着一般法律规范的创设"。① 凯尔森明确指出:"现代宪法不仅规定与立法机构和立法程序相关的规范,而且规定了一系列基本权利和自由权利。其最重要但可能并非唯一的意义在于为将来的法律内容设立了原则、准则和范围,规定了法律面前人人平等、表达自由、信仰和良心自由、财产的不可侵犯以及公民在平等、自由、财产等方面受宪法保障的其他形式的主体权利,首要的是通过宪法确立了:法律不仅应按规定的方式制定,同时也应规定公民的平等、自由、财产等权利内容。"②

凯尔森明确区分了"实质意义上的宪法"和"形式意义上的宪法"。"人们习惯上将(实质意义上的)宪法理解为规定立法机构和立法程序的规范,而且也是规定最高执行机构地位的规范,此外还规定公民与国家权力之间的基本关系,并由此规定一系列的公民基本权利和自由权利,在法律上的准确表述是:设定法律内容的原则、准则和范围。"③ 在凯尔森看来,"形式意义上的宪法是一个庄严的文件,这样的一批法律规范,它们只有在遵守特殊规定下才能变更,而这种规定的目的则在于使这些规范的变更更加困难。实质意义上的宪法则由调整一般法律规范的创造,尤其是创造法律的那些规则所构成"④。在罗伯特·阿列克西看来,"凯尔森所理解的实质意义上的宪法是什

---

① 汉斯·凯尔森:《纯粹法学说》(第二版),马蒂亚斯·耶施泰特编,雷磊译,法律出版社2021年版,第279页。
② Hans Kelsen, Wesen und Entwicklung der Staatsgerichtsbarkeit, in: VVDStRL 5 (1929), S. 37.
③ Hans Kelsen, Wesen und Entwicklung der Staatsgerichtsbarkeit, in: VVDStRL 5 (1929), S. 39.
④ 凯尔森:《法与国家的一般理论》,沈宗灵译,中国大百科全书出版社1996年版,第142页。

么"实际上等同于"根据凯尔森的观点，什么对宪法来说是本质的"。①

在凯尔森的纯粹法理论中，宪法是"基础规范"之下具有最高位阶等级的规范，"基础规范"是法律逻辑意义上的宪法。宪法是一国的实在法秩序中所有规范的效力基础，而"基础规范"是宪法的效力基础，也是实在法秩序中所有规范的最终效力基础。因此，"只要宪法也即基于它制定的法秩序整体丧失其效力时，法秩序甚至它的每个具体规范都会丧失其效力"②。

在论述"基础规范"作为法秩序的效力基础时，凯尔森论道，如果去追问一个国家的宪法的效力基础，人们会通过追溯之前"更古老的国家宪法"的方法来"证立既有的国家宪法的效力，即它是根据先前的国家宪法的规定"，若期间存在以"合乎宪法的宪法变更方式"来修改宪法的情形，也可以以此来论证其效力基础，这样，最终就会追溯到历史上的第一部宪法。③ 凯尔森还指出，从君主专制制度向君主立宪制转变的过程中，宪法的概念中增加了重要的含义，即宪法所具有的"规范性"："在法规范方面，法律只能按特定的方式（在人民代议机构参与的情形下）制定（这也是宪法的规定），事实上，尽管不像法律和其他的一般法规则那样简单，宪法的规定也是可以修改的"，但是，"为审慎地通过重要法律"，一些特殊的、更为复杂的"宪法形式"方面的内容是必需的，例如，提高的多数原则、决议案

---

① 参见罗伯特·阿列克西：《论凯尔森的宪法概念》，载张龑编译：《法治国作为中道：汉斯·凯尔森法哲学与公法学论集》，中国法制出版社 2017 年版，第 302—303 页。
② 汉斯·凯尔森：《纯粹法学说》（第二版），马蒂亚斯·耶施泰特编，雷磊译，法律出版社 2021 年版，第 268 页。
③ 参见汉斯·凯尔森：《纯粹法学说》（第二版），马蒂亚斯·耶施泰特编，雷磊译，法律出版社 2021 年版，第 249 页。

的多次通过、特别的制宪会议等。① 此外，在一些情形下，一部国家的宪法通过"革命性"的方式或者以"不合乎宪法规范的宪法变更方式"代替了之前的宪法，"也就是说，它与先前的国家宪法存在断裂，或是在某个以前并非国家宪法（以及以此为基础的国家法秩序）效力范围的范围内生效"，那么在一个国家法秩序中去追溯这部"革命性的"宪法或者历史上的第一部宪法的效力基础必然要追溯至某个"元法律的权威"，那么，作为一种具有拘束力的规范，这部宪法的效力基础只能是"预设的"。② 这种"预设的"规范就是"基础规范"。

在纯粹法理论中，作为宪法的效力基础的"基础规范""不会肯认任何超越实在法的价值"，"只有通过预设基础才能将立宪行为以及根据这部宪法实施之行为的主观意义诠释为它们的客观意义"③。由此，"基础规范"与以该"基础规范"作为效力基础的宪法之间具有一致性，"在预设这一基础规范的前提下，人们应当以宪法规定的方式，也即以符合立宪之意志行为的主观意义、立宪者规定的方式去行为"④。凯尔森还指出，在宪法发生改变的情形下，若"革命性的"新宪法取代了原来的旧宪法，随着新宪法发挥其实效，基础规范也要发生变化，即新的"基础规范"代替旧的"基础规范"，因为新宪法之下的法律规范的效力基础不可能是旧宪法和已经被废除的宪法，其

---

① Hans Kelsen, Wesen und Entwicklung der Staatsgerichtsbarkeit, in: VVDStRL 5 (1929), S. 33-34.
② 参见汉斯·凯尔森：《纯粹法学说》（第二版），马蒂亚斯·耶施泰特编，雷磊译，法律出版社 2021 年版，第 249 页。
③ 汉斯·凯尔森：《纯粹法学说》（第二版），马蒂亚斯·耶施泰特编，雷磊译，法律出版社 2021 年版，第 251 页。
④ 汉斯·凯尔森：《纯粹法学说》（第二版），马蒂亚斯·耶施泰特编，雷磊译，法律出版社 2021 年版，第 251 页。

效力基础只能是新宪法。① 对此,凯尔森举例论道:

> 例如,如果旧宪法具有君主专制的性质,而新宪法具有议会共和制的性质,那么描述其基础规范之法律命题说的不再是应当在此条件下、依此方式来实施强制行为,即像在旧的、不再有实效的宪法中所规定,故而像在根据这部宪法行使职权之专制君主及其委任的机关所创设和运用之一般规范和个别规范中所规定的那样,而是应当在此条件下、依此方式来实施强制行为,即像新的宪法中所规定,故而像在根据这部宪法选出的议会及其通过规范委任之机关所创设和运用之一般规范和特别规范中所规定的那样。②

因此,新宪法取代旧宪法意味着"整个法秩序的效力基础都已经改变了"③,"基础规范随着被诠释为创设和适用有效的法律规范之构成要件的变化而变化"④。

二、"实质意义上的宪法"与违宪的类型

凯尔森指出,在作为位阶等级构造的国家法秩序中,从实质的意义上来理解的宪法在客观上"具有拘束力之规范的性质",而"基础

---

① 参见汉斯·凯尔森:《纯粹法学说》(第二版),马蒂亚斯·耶施泰特编,雷磊译,法律出版社 2021 年版,第 262 页。
② 汉斯·凯尔森:《纯粹法学说》(第二版),马蒂亚斯·耶施泰特编,雷磊译,法律出版社 2021 年版,第 262 页。
③ 汉斯·凯尔森:《纯粹法学说》(第二版),马蒂亚斯·耶施泰特编,雷磊译,法律出版社 2021 年版,第 262 页。
④ 汉斯·凯尔森:《纯粹法学说》(第二版),马蒂亚斯·耶施泰特编,雷磊译,法律出版社 2021 年版,第 263 页。

规范"作为法律逻辑意义上的宪法不仅将立法者的行为设定为创设法的构成要件,"而且将由服从于根据宪法创设之法秩序的主体之行为构成的习惯也设定为创设法的构成要件"。① 根据凯尔森自己的论述,在其法律理论中,"实质意义的宪法的主要职能就是决定一般法律规范的创造,即,决定立法的机关和程序以及在某种程度上,还决定今后法律的内容"②。因此,在凯尔森看来,这种实质意义上的宪法在调整一般法律规范的创设方面具有立法的性质,这种调整应包括关于被授权创设一般法律规范的机构的规定,如果适用法律的法院被授权,那么应当由宪法来予以规定。在这种情形下,"宪法必须将习惯设定为创设法的构成要件"③。基于这种前提,调整一般法律规范创设的宪法可以"确定未来制定法的内容",而"更有效的做法是通过宪法排除特定内容之制定法。构成现代宪法之典型组成部分的基本权利与自由权目录在本质上与不让这类制定法出现的努力没有区别",而普通的制定法"不拥有毁损确定其创设和其内容之宪法文件的能力",因为修改或废除宪法的难度更大,程序更为严格。④

凯尔森在1928年4月举办的德国国家法教师协会会议上作了题为《宪法法院职能的本质及其发展》⑤的报告,其中凯尔森所论述的作为宪法法院职能基础的宪法也是"实质意义上的宪法"。罗伯特·阿

---

① 参见汉斯·凯尔森:《纯粹法学说》(第二版),马蒂亚斯·耶施泰特编,雷磊译,法律出版社2021年版,第280页。
② 凯尔森:《法与国家的一般理论》,沈宗灵译,中国大百科全书出版社1996年版,第296页。
③ 汉斯·凯尔森:《纯粹法学说》(第二版),马蒂亚斯·耶施泰特编,雷磊译,法律出版社2021年版,第280页。
④ 参见汉斯·凯尔森:《纯粹法学说》(第二版),马蒂亚斯·耶施泰特编,雷磊译,法律出版社2021年版,第281页。
⑤ Hans Kelsen, Wesen und Entwicklung der Staatsgerichtsbarkeit, in: VVDStRL 5 (1929), S. 30-88, 117-123.

列克西教授指出，凯尔森在这里所用的"宪法"概念实际上也是"狭义上的宪法""真正意义上的宪法"，同时也是"原初意义上的宪法"。① 凯尔森在这个报告中区分了形式违宪和实质违宪、直接违宪和间接违宪。在凯尔森看来，形式违宪和实质违宪的基本区别在于，一项法律是因其制定程序的缺陷而违宪，还是因其内容与宪法所确立的原则和宗旨相违背或者逾越其界限而违宪。同时，凯尔森指出，形式违宪和实质违宪的区分仅是相对的，并对形式违宪与实质违宪的区分做了"限制"：当一项其内容与宪法规定相抵触的法律成为宪法性法律而"失去违宪的特性"时，则这种情形既是实质违宪亦是形式违宪。② 实际上，这种将实质违宪作为形式违宪来理解的可能性显然不是将"内容"（一项法律的"内容"与宪法规定的内容"相抵触"）作为"形式"来理解，内容上的"相抵触"是实质违宪的必需条件，而非形式违宪的必需条件。③

凯尔森还明确区分了直接违宪和间接违宪。他指出，"不仅一般性规范——法律、命令——而且一些特别行为也具有宪法的直接特征，也因而存在直接违宪的可能性。宪法直接的特别行为之范围自然是可以扩展的，只要直接适用于具体事件的法规范——无论出于何种政治动机——以宪法形式表现出来"，在此意义上，关于结社的法律

---

① 参见罗伯特·阿列克西：《论凯尔森的宪法概念》，载张龑编译：《法治国作为中道：汉斯·凯尔森法哲学与公法学论集》，中国法制出版社 2017 年版，第 304 页。
② Hans Kelsen, Wesen und Entwicklung der Staatsgerichtsbarkeit, in: VVDStRL 5 (1929), S. 37.
③ Robert Alexy, Hans Kelsens Begriff der Verfassung, in: Stanley L. Paulson, Michael Stolleis (Hrsg.), Hans Kelsen. Staatsrechtslehrer und Rechtstheoretiker des 20. Jahrhunderts, Tübingen 2005, S. 335, FN 7.

或仅仅关于宗教团体地位的法律规范也可以被视为宪法性法律。① 凯尔森认为，位阶低于宪法的法律或者依据宪法直接替代和修改法律的法规或命令（例如，由总统发布的、与法律有同等效力的所谓紧急命令等，这种紧急命令不用于与纯粹解释法律的法规）与宪法的规定相抵触则属直接违宪。② 若执行行为（如行政行为、司法裁判等）、法规或命令不仅违反法律，而且也因此违反了执行合法性所应遵从的一般宪法原则和宪法所明确规定的特殊原则或者逾越了宪法之立法所确立的特殊界限，则属间接违宪。凯尔森还对此举例予以论述，例如，宪法规定，只有在完全补偿的情形下才能征收个人之财产，完全合宪的财产征收法亦规定应给予完全补偿。若在一个具体事件中，某行政行为——甚至违反该法律之规定——在没有补偿的情形下征收个人财产，那么该行政行为并不是通常意义上的违反法律，而是间接违宪。③ 凯尔森也指出，直接违宪与间接违宪的界限并非总是泾渭分明，因为这两种违宪类型之间存在一定的混合形式或者过渡形式：当宪法直接授权所有或某一行政机构在其权限范围内发布关于具体实施相关法律的法规时，这些机构即享有直接依据宪法发布这种实施性法规的权限。这些机构之有权发布法规是直接源于宪法，但法规的内容是由位阶处于宪法与法规之间的法律所规定，法律也由此得以具体实施。④

凯尔森在《宪法法院职能的本质及其发展》中还论述了国家条约

---

① Hans Kelsen, Wesen und Entwicklung der Staatsgerichtsbarkeit, in: VVDStRL 5 (1929), S. 39.
② Hans Kelsen, Wesen und Entwicklung der Staatsgerichtsbarkeit, in: VVDStRL 5 (1929), S. 38.
③ Hans Kelsen, Wesen und Entwicklung der Staatsgerichtsbarkeit, in: VVDStRL 5 (1929), S. 40.
④ Hans Kelsen, Wesen und Entwicklung der Staatsgerichtsbarkeit, in: VVDStRL 5 (1929), S. 40.

在一国国内法中的地位及其"违宪性"问题:"除法律、特定的命令与特殊的个别执行行为之外,尤其是国家条约也被看作是宪法直接的法律现象。宪法条文中通常也有关于国家条约的规定,由国家元首缔结,由议会最终承认其全部或其中部分,并将其转化为法律形式,这也是使国家条约在一国之内具有效力的前提条件。"① 在凯尔森看来,一国的宪法对于法律内容所规定的原则同样可以适用于国家条约,所以,与宪法在一国的实在法秩序中的地位相比,"国家条约必须具有与法律完全同等的地位"。因此,国家条约不仅可能在实质内容方面"直接违宪",而且可能在形式上,即其制定通过方面是"直接违宪"的。② 但是,凯尔森指出:"在这一点上,国家条约是否具有一般特征或特殊特征是无关紧要的。"③

在凯尔森的法律理论中,宪法不仅具有程序法的特征,而且具有实体法的性质。④ 作为宪法法院制度职能基础的宪法必须是"实质意义上的宪法",也是"从法学的角度来理解的宪法"⑤。宪法在一国的法律体系中具有最高法律效力是宪法法院制度发挥职能的基础,也是宪法法院制度本身存在的基础。因此,在一国的法秩序中,宪法的政治功能在于,将权力的行使限制在合法的范围内。⑥

---

① Hans Kelsen, Wesen und Entwicklung der Staatsgerichtsbarkeit, in: VVDStRL 5 (1929), S. 41.
② Hans Kelsen, Wesen und Entwicklung der Staatsgerichtsbarkeit, in: VVDStRL 5 (1929), S. 41.
③ Hans Kelsen, Wesen und Entwicklung der Staatsgerichtsbarkeit, in: VVDStRL 5 (1929), S. 41-42.
④ Hans Kelsen, Wesen und Entwicklung der Staatsgerichtsbarkeit, in: VVDStRL 5 (1929), S. 37.
⑤ Hans Kelsen, Wesen und Entwicklung der Staatsgerichtsbarkeit, in: VVDStRL 5 (1929), S. 117-118.
⑥ Hans Kelsen, Wer soll Hüter der Verfassung sein?, in: Die Justiz 6 (1931), S. 577.

第三节 纯粹法理论与宪法法院制度

凯尔森以宪法审查和宪法法院制度为主题的著述绝大部分发表于20世纪20年代①，当时凯尔森还担任奥地利宪法法院的法官。作为奥地利宪法法院法官，凯尔森为奥地利宪法法院成为一个宪法保障机构及其建立初期的发展发挥了重要作用。凯尔森关于宪法法院制度及其职能的主要观点集中体现在他于1928年4月在德国国家法教师协会会议上所作的题为《宪法法院职能的本质及其发展》的报告中。② 而凯尔森发表于1931年为众者所知的《谁应是宪法的守护者?》③ 是对卡尔·施米特1929年所著《宪法的守护者》④ 一文的回应，也是对其法学理论和思想主张的捍卫，他当时已经是科隆大学的法学教授，但该文的大部分观点实质上已体现在前述《宪法法院职能的本质及其发展》中。关于"宪法的守护者"的提法，格拉德·斯托茨（Gerald Stourzh）认为，凯尔森于1920年8月31日在议会的讨论中首次提到"宪法法院作为宪法的维护者或守护者"（Wahrer oder Hüter der Verfassung）的观点。⑤

---

① 详见后文所述及的凯尔森的相关著述。
② Hans Kelsen, Wesen und Entwicklung der Staatsgerichtsbarkeit, in: VVDStRL 5 (1929), S. 30-88, 117-123.
③ Hans Kelsen, Wer soll Hüter der Verfassung sein?, in: Die Justiz 6 (1931), S. 576-628.
④ Carl Schmitt, Der Hüter der Verfassung, in: Archiv des öffentlichen Rechts, Neue Folge, XVI, S. 161-237. 扩充后的版本于1931年在图宾根出版。
⑤ Vgl. Gerald Stourzh, Wege zur Grundrechtsdemokratie, Wien 1989, S. 331.

一、1928年《宪法法院职能的本质及其发展》

在《宪法法院职能的本质及其发展》中，凯尔森对与宪法法院职能相关的基本理论及相关基础性问题做了阐释和论述，其主要内容在很大程度上可以看作是凯尔森之前相关论述的总结和之后相关著述的基础。凯尔森在 1944 年《法与国家的一般理论》一书的序言中写道："本书意图与其说只是为了重新出版，不如说是为了重新陈述以前用德文和法文已经表述过的思想和观念。"他的主要目的是使纯粹法理论的内容能够"包括英美法系以及民法法系的问题和制度"，并且使"那些在普通法（Common law）传统和气氛中成长起来的读者易于了解"纯粹法理论及其基本原理。① 因此，《法与国家的一般理论》一书中"已经表述过的思想和观念"中的主要内容之一即是作为宪法法院制度之理论基础的纯粹法理论，并且凯尔森的诸多论著都可以说是"纯粹法理论"的组成部分或者跟"纯粹法理论"有着内在的理论联系。

在《宪法法院职能的本质及其发展》（Wesen und Entwicklung der Staatsgerichtsbarkeit）中，凯尔森所用的语词是"Staatsgerichtsbarkeit"，而非德语中更为常用的"Verfassungsgerichtsbarkeit"。有学者指出，1928 年在维也纳召开的德国国家法教师协会会议上之所以使用"Staatsgerichtsbarkeit"一词作为会议的"主题词"，而不是现在德语中常用的"Verfassungsgerichtsbarkeit"，是受到当时奥地利德语表达的影响。德语中的"Staatsgerichtsbarkeit"一词在狭义上是指"国务裁判权"或者"国务审判机构"等，但是，凯尔森当时是在较为宽泛的意

---

① 参见凯尔森：《法与国家的一般理论》，沈宗灵译，中国大百科全书出版社 1996 年版，"作者序"，第 1 页。

义上使用这一概念。他在题为《宪法法院职能的本质及其发展》的报告中指出,"Staatsgerichtsbarkeit"是一种"宪法性司法权",是"依据宪法进行的审查,是宪法的司法保障。它是法律技术性措施体系的一个组成部分,其目的在于保障国家职能的合法性。国家职能本身具有法的特性,其表现为法律行为。通过这些行为,法即法规范的生成或者生成的法、制定的法规范得以贯彻实施"①。同时,基于法治的基本原则和要求,这也意味着所有的法律行为都不能逾越宪法和法律所确定的界限。"Verfassungsgerichtsbarkeit"一词有不同的译法,如"宪法审判机构""宪法审判权""宪法裁判权"等。在奥地利,"Verfassungsgerichtsbarkeit"涵括了宪法法院对国家机构间的权限冲突的裁决、对法律与法规的合宪性和合法性审查、对公民宪法权利的保护、对特定行政行为的审查、对侵犯国际法行为的审查等。因此,"Verfassungsgerichtsbarkeit"的含义实质上体现出奥地利宪法法院的基本职能和法律功能。

凯尔森在《宪法法院职能的本质及其发展》开篇所提出的问题是"合法性问题",在凯尔森看来,合法性和正当性问题是宪法法院发挥职能所面临的首要问题。凯尔森认为,法律制度中每一个等级的规范"既是相对于较低位阶的生产,同时也是——相对于较高位阶的——再生产",因此,法律规范的适用可以看作是"法的再生产","合法性观念也因此具有可适用性"。② 凯尔森在这里所提的"合法性问题""仅是指法律制度中较低位阶的法遵循较高位阶的法的相应关系",

---

① Hans Kelsen, Wesen und Entwicklung der Staatsgerichtsbarkeit, in: VVDStRL 5 (1929), S. 30.

② Hans Kelsen, Wesen und Entwicklung der Staatsgerichtsbarkeit, in: VVDStRL 5 (1929), S. 32.

"合法性需求和特定的法律技术保障不仅关涉与行政命令、行政决定和法院判决相关的特别规范执行的事实情况,以及与命令或法律的一般性规范相关的执行行为,而且关涉与法律相关的命令以及与宪法相关的法律。因此,保障命令的合法性亦如同保障法律的合宪性、保障个别法律行为的合法性一样是可以实现的"。① 凯尔森强调:"宪法保障意味着保障直接以宪法为依据的各位阶法律的合法性,其中首要的是保障法律的合宪性。"② 因此,要重视和加强宪法保障,然而,"对宪法的保障现在还要——或者实际上现在才——予以更多的重视和学术讨论,其原因不仅仅在于早期理论中缺乏对法律位阶理论的深入探讨或者缺乏对国家职能的一般法律特性及其相互间关系的认识。现代国家法律制度中有大量的机构来保障执行的合法性,而对于法律的合宪性(以及法规的合法性)保障却很少,甚或没有相应的保障体系……也未认识到此种保障的可能性和必要性,尤其是源于立宪君主制的现代欧洲议会制民主国家"③。

对于"以何种方式可以有效地守护宪法"的问题,凯尔森指出,既有"预防性保障",也有"控制性保障""私人性保障"和"实质性保障"。④ 其中,"预防性保障意在自始就阻止违法行为的实现,控制性保障则在于阻止已发生的违法行为在将来再次发生,这种保障方式可以排除违法行为、弥补违法行为所引致的损害,同时也可能由合

---

① Hans Kelsen, Wesen und Entwicklung der Staatsgerichtsbarkeit, in: VVDStRL 5 (1929), S. 32.
② Hans Kelsen, Wesen und Entwicklung der Staatsgerichtsbarkeit, in: VVDStRL 5 (1929), S. 32-33.
③ Hans Kelsen, Wesen und Entwicklung der Staatsgerichtsbarkeit, in: VVDStRL 5 (1929), S. 33.
④ Hans Kelsen, Wesen und Entwicklung der Staatsgerichtsbarkeit, in: VVDStRL 5 (1929), S. 43.

法行为予以替代",这两种保障方式可以同时实施,但预防性保障十分重要。① 由此,凯尔森指出,行政权与司法权在职能的合法性需求方面、与较高位阶规范的重要关系等方面有着明显的区别,法院应当仅受一般性规范的约束,特别是法律以及与法律相一致的命令之约束,而行政行为在特定情形下要受到司法权的约束,例如所谓的"行政裁判权",或者是"法院针对行政机构实施的行为进行的合法性审查",在这种情形下,若行政行为被确定为违法,那么这种行政行为就要"被纠正",这就意味着该行政违法行为要由"合法行为"予以替代。②

凯尔森指出,法院作为创设"个别规范"的机构,不仅对将要实施的行为提供"预防性保障",而且在所谓的"私人性保障"机制中居于最先的地位,而后则是被确定为实施了违法行为的机构承担刑法或者惩戒法以及民法上的责任。"实质性保障"也明显具有"控制性"的特征:"违法行为的无效性或者可撤销性。"③ 凯尔森接着辨析了"违法行为的无效性":"违法行为的无效性"意味着"该行为,特别是国家行为仅在其主观意识上是法律行为,在客观上则不是",因为该行为"没有遵循更高位阶的法律规范"。④ 在凯尔森看来,对于"无效"行为,"任何人、任何机构都有权审查其合法性,断定其违法性,并因此将其视为无效、无约束力的行为",但是,"实证法规范尽

---

① Hans Kelsen, Wesen und Entwicklung der Staatsgerichtsbarkeit, in: VVDStRL 5 (1929), S. 43.
② Hans Kelsen, Wesen und Entwicklung der Staatsgerichtsbarkeit, in: VVDStRL 5 (1929), S. 43-44.
③ Hans Kelsen, Wesen und Entwicklung der Staatsgerichtsbarkeit, in: VVDStRL 5 (1929), S. 44.
④ Hans Kelsen, Wesen und Entwicklung der Staatsgerichtsbarkeit, in: VVDStRL 5 (1929), S. 44-45.

可能地对此种——每个人都有权享有的——将违法行为视为无效行为的权力进行限制"。① 因此，在这方面需要区分"个人法律行为"与"官方法律行为"。对于"官方法律行为"，"总的说来，存在着使国家机构实施的违法行为继续有效和有约束力之趋向，因为该行为并未由其他官方法律行为予以撤销"，亦即通常存在的"官方行为的自我合法化"。② 关于确定某一官方行为是否为违法的问题，"不应由该行为要求对其遵从的臣民或国家机构予以认定，而是应由实施该行为的机构自身做出不具有合法性的裁决，或者由其他机构依特定程序作出裁决"。因此，"官方行为的自我合法化"有其一定的限度。③

凯尔森还指出，实践中需要区分"具有法律外观但先验无效的行为"与"虽有瑕疵但有效力的法律行为"。④ 对此，"只有实证法规范可以承担此任务"，"若实证法制度确立某前提条件的最小值，而某行为满足此最低限度的前提条件，那么该法律行为就不是先验地无效"。所以，"宪法可以规定，所有在法律公报中公布的法律，只要其未被各级机构废除或撤销，无论其是否与其他法律相抵触，都具有法律效力。而是否符合最低条件，必须由一个机构来最终正式确定；否则，任何人都可以认为其不符合最低条件而不遵守任何法律"。⑤

---

① Hans Kelsen, Wesen und Entwicklung der Staatsgerichtsbarkeit, in: VVDStRL 5 (1929), S. 45.
② Hans Kelsen, Wesen und Entwicklung der Staatsgerichtsbarkeit, in: VVDStRL 5 (1929), S. 45.
③ Hans Kelsen, Wesen und Entwicklung der Staatsgerichtsbarkeit, in: VVDStRL 5 (1929), S. 45.
④ Hans Kelsen, Wesen und Entwicklung der Staatsgerichtsbarkeit, in: VVDStRL 5 (1929), S. 46.
⑤ Hans Kelsen, Wesen und Entwicklung der Staatsgerichtsbarkeit, in: VVDStRL 5 (1929), S. 46.

在此次德国国家法教师协会会议上，奥地利国家法理论的代表人物凯尔森关于宪法法院职能的思想和论说并未得到与会的德国学者的认同，德国的主流学说对于建立这种制度的尝试仍持拒绝或者怀疑的态度。[1] 来自柏林的海因里希·特里佩尔（Heinrich Triepel）教授虽然也以与凯尔森的报告相同的主题作了主题报告，但是特里佩尔与凯尔森的报告内容几乎是完全相反的。特里佩尔认为，与宪法法院职能相关的概念是"政治性的概念"[2]，"宪法的本质在一定程度上是与宪法法院职能的本质相矛盾的"[3]。因为当时广泛流行的一个观点是，制定法律的合宪性可以通过国家元首的法律颁布权得到充分保障。[4] 由此可见，在 20 世纪初期，虽然在奥地利，学者们对于设立宪法法院这样一种宪法机构基本持赞成态度，但是设立这样一种机构的正当性和合法性及建立宪法法院的"应然性"仍然是当时学术讨论的重点，通过一个类似于宪法法院的机构依据宪法和法律来集中、统一地对法律、法规及特定的政治行为进行审查的模式在当时并未得到广

---

[1] Robert Walter, Die mitteleuropäische Verfassungsgerichtsbarkeit und die Reine Rechtslehre, in: Österreichische Richterzeitung 12 (1993), S. 268.

[2] Heinrich Triepel, Wesen und Entwicklung der Staatsgerichtsbarkeit, in: VVDStRL 5 (1929), S. 6.

[3] Heinrich Triepel, Wesen und Entwicklung der Staatsgerichtsbarkeit, in: VVDStRL 5 (1929), S. 8. 对于特里佩尔的相关观点，德特莱夫·梅尔顿（Detlef Merten）曾评论道：特里佩尔将宪法与"政治"概念等同视之，这导致其"宪法争论总是政治争论"的观点，是不成立的。Vgl. Detlef Merten, Aktuelle Probleme der Verfassungsgerichtsbarkeit in der Bundesrepublik Deutschland und in Österreich, in: Heinz Schäffer (Hrsg.), Im Dienst an Staat und Recht. Internationale Festschrift Edwin Melichar zum 70. Geburtstag, Wien 1983, S. 119.

[4] Hans Kelsen, Wesen und Entwicklung der Staatsgerichtsbarkeit, in: VVDStRL 5 (1929), S. 35. 这也是卡尔·施米特所持的观点，参见 Carl Schmitt, Der Hüter der Verfassung, Tübingen 1931.

泛接受。①

此外，凯尔森以《宪法法院职能的本质及其发展》为题的报告也受到施米特的批评。施米特认为，凯尔森在这个报告中"把现代民主国家的协议性格和联邦国家中的宪法法院裁判权相互联结"，并且凯尔森的出发点是将宪法等同于实在宪法，将实在宪法等同于规范，而"规范概念的多义性在这里显然又推动了概念的漂移：因为所有可能被称为规范的东西，都可能将这些在理论及实际上居于县法院论述核心地位之宪法概念的基本差异……加以抹煞，而将这些概念——决定、法律及契约——都用一个字'规范'来涵盖"。②

二、实在法秩序的"统一性"与宪法法院制度的必要性

凯尔森关于宪法法院制度的理论不仅与他作为奥地利共和国联邦宪法的起草者相联系，而且也与其纯粹法理论密不可分，纯粹法理论被看作是奥地利宪法法院制度设立的理论基础。宪法法院所具有的职能是凯尔森的纯粹法理论，尤其是法律秩序之位阶等级理论所必然包含的内容之一。

---

① 由德国国家法教师协会所举办的历次关于宪法法院制度的会议可以看出宪法法院制度理论的阶段性发展。在1952年，埃里希·考夫曼（Erich Kaufmann）和马丁·德拉特（Martin Drath）的报告题目已是《宪法法院职能的界限》（Erich Kaufmann, Martin Drath, Die Grenzen der Verfassungsgerichtsbarkeit, in: VVDStRL 9, Berlin 1952）。这表明，此时对于宪法法院制度的正当性和合法性的讨论已经成为过去时，所讨论的是宪法法院制度应该在何种条件下如何实施的问题。而在德国，联邦宪法法院已于1951年在卡尔斯鲁厄（Karlsruhe）设立，其主要目的是保障《德意志联邦共和国基本法》的实施和自由-民主的基本制度。1981年，卡尔·科里内克（Karl Korinek）、约格·穆勒（Jörg P. Müller）与克劳斯·施莱希（Klaus Schlaich）的报告题目则是《国家功能构造中的宪法法院制度》（Karl Korinek, Jörg P. Müller, Klaus Schlaich, Die Verfassungsgerichtsbarkeit im Gefüge der Staatsfunktionen, in: VVDStRL 39, Berlin-New York 1981）。

② 参见卡·施米特：《宪法的守护者》，李君韬、苏慧婕译，商务印书馆2008年版，第89页，注释87。

（一）实在法秩序中的规范冲突

在凯尔森的纯粹法理论中，"一切实在法皆是人之行为建立并大体上具有实效之强制秩序"，这种强制秩序不涉及"正义"问题。① 实在法秩序中的法律规范之间是一种法律规范的位阶等级式的阶层构造，高位阶的规范决定了低位阶规范的创设，虽然"基础规范"是实在法秩序的最终效力根据，但其自身不是实在法规范，而是一种在法律逻辑上预设的规范。这种基础规范只是确立实在法秩序中规范制定的程序和方式，并不决定所制定的规范的具体内容。基于"基础规范"而产生的这种具有强制性的实在法秩序是一种"人为的"秩序，法律规范的内容完全是由立法者的意志行为所决定的，② 而人是可能会犯错的，立法者的意志行为有时可能会是错误的，因而，凯尔森指出，基于制定法律机构的"意志行为"而制定规范，"事实上有可能会制定彼此冲突的规范"。③ 以"基础规范"为基础而产生的这种"人为的"实在法秩序中，作为强制性规范秩序，其中不仅可能会存在"恶法"，而且某些规范之间也有可能是相互冲突的。

因此，在实在法秩序中，"从宪法至执行的事实状况的法律之旅是一种持续的具体化。宪法、法律和命令始终展现出法在一般性规范

---

① 参见汉斯·凯尔森：《何谓纯粹法理论?》，张书友译，载《法哲学与法社会学论丛》2006年第1期，第73页。
② Hans Kelsen, On the Basic Norm, in: California Law Review, 47. Band, 1959, Nr. 1, pp. 107-110; 也见张书友译：《论基础规范》，载张书友：《凯尔森：纯粹法理论》，黑龙江大学出版社2013年版，"附录二"，第212—216页。
③ 参见汉斯·凯尔森：《纯粹法学说》（第二版），马蒂亚斯·耶施泰特编，雷磊译，法律出版社2021年版，第256页。

的可执行性方面的内容,而法院判决和行政行为则相当于特别的法规范"①。立法者所制定的法律、法院判决和行政行为都有可能是违反宪法和法律的,下级规范有可能违反上级规范的内容。根据法律秩序之位阶理论,一个规范的产生须与其上级规范相符合,而在实践中,低等级规范与高等级规范之间的冲突是不可避免的。② 因此,基于"法秩序的逻辑统一性"的要求,必须有一种制度机制来解决实在法秩序中相互冲突的规范问题,使"客观有效的规范体系"内部实现统一和融贯。若宪法缺乏一种保障机制来撤销立法者所制定的违宪的法律,则该宪法不可能具有完全的约束力。③ 因此,通过审查法律规范的合宪性和合法性可以达至法律规范体系的统一和融贯。

在凯尔森看来,实在法秩序内的规范冲突主要可以分为同一位阶规范之间的冲突以及低位阶的规范与高位阶的规范之间的冲突。④

对于同一位阶等级的规范之间的冲突,如果是同一个机构在不同时期制定的规范,那么可以通过适用"新法优于旧法"的原则来解决,即后制定的规范的效力废止先制定的与之相矛盾的规范的效力,因为制定规范的机构通常会被授权制定具有这种意义的规范。⑤ 如果彼此冲突的规范是由两个不同的机构制定且具有时间上的先后顺序

---

① Hans Kelsen, Wesen und Entwicklung der Staatsgerichtsbarkeit, in: VVDStRL 5 (1929), S. 32.
② Hans Kelsen, Reine Rechtslehre (2. Aufl.), Wien 1960, S. 271.
③ Hans Kelsen, La garantie juridictionnelle de la constitution (La Justice constitutionnelle), in: Revue de Droit Public (1928), S. 197 f. Zitiert nach Michel Troper, "The Guardian of the Constitution" —Hans Kelsen's Evaluation of a Legal Concept, in: Dan Diner, Michael Stolleis (eds.), Hans Kelsen and Carl Schmitt: A Juxtaposition, Gerlingen 1999, S. 86.
④ 参见汉斯·凯尔森:《纯粹法学说》(第二版),马蒂亚斯·耶施泰特编,雷磊译,法律出版社 2021 年版,第 256—258 页。
⑤ 参见汉斯·凯尔森:《纯粹法学说》(第二版),马蒂亚斯·耶施泰特编,雷磊译,法律出版社 2021 年版,第 258 页。

时,也可以适用"新法优于旧法"的原则来解决;但若彼此冲突的规范是同时制定的,那么不能适用"新法优于旧法"的原则,这就需要被授权适用这部制定法的机构在彼此冲突的规范之间进行选择,或者在两个规范只有部分内容相冲突时,一个规范限缩另一个规范的效力。若这些方式均不可行,那么我们可以理解为:"立法者规定了某种无意义的内容,就出现了某个无意义的规范制定行为。"①

对于不同位阶等级的规范之间的冲突,在纯粹法理论所确立的法律规范的位阶等级构造中,低位阶的规范的效力系于高位阶的规范,高位阶的规范决定着低位阶的规范的创设,并且创设"个别规范"的司法和行政也要受到一般法律规范的约束。凯尔森指出:"如果真的有违法之法这样的事物,那么规范体系(它被表述为法律体系的概念)的统一性就会被废弃。但'违反规范的规范'……不能被视为有效的法律规范,它可能是无效的,也即根本就不是法律规范。无效之事物无法以合法的方式被废除。"②"废除某个规范意味着,剥夺其主观意义为某个规范之行为的客观规范意义;而这意味着,通过另一个规范来终结这一规范的效力。"③

此外,在法律实践中还可能存在司法裁判或者行政决议违反法律规定的情形,而这"只可能意味着,创设个别规范的程序与确定这一程序的(由制定法或习惯创设之)一般规范不符,或者其内容与确定其内容的(由制定法或习惯创设之)一般规范不符"。在这种情形下,

---

① 汉斯·凯尔森:《纯粹法学说》(第二版),马蒂亚斯·耶施泰特编,雷磊译,法律出版社 2021 年版,第 258—259 页。
② 汉斯·凯尔森:《纯粹法学说》(第二版),马蒂亚斯·耶施泰特编,雷磊译,法律出版社 2021 年版,第 331 页。
③ 汉斯·凯尔森:《纯粹法学说》(第二版),马蒂亚斯·耶施泰特编,雷磊译,法律出版社 2021 年版,第 332 页。

"其问题在于：司法裁判这一个别规范是否与它所适用的、确定其内容的一般规范相符"，而这个问题"只能由法院自身或由上级的法院来决定"。① 由于在法律规范的位阶等级理论中，低位阶的规范实际上是高位阶的规范的具体化，"较高等级的规范可以通过特定的行为使其本身的内容得到执行，但不是在所有方面都予以规定。始终存在着一个或者较为广泛或者较为狭小的自由裁量空间，因此，相对于执行其内容的规范创制或者具体实施行为，较高等级的规范始终仅在该执行行为的范围内发挥作用"②。在实在法秩序中，终审法院的裁判具有既判力意味着，"终审法院被授权，要么创设一个其内容由通过或习惯创设之一般规范预先确定的个别法律规范，要么创设一个其内容没有被如此预先确定而是要由终审法院自己来确定的个别法律规范"③。凯尔森还指出，法院的司法裁判并非纯粹具有"宣告性"，法院还要在司法裁判中确认适用于具体案件的一般规范，这种"确认"不仅具有宣告性，而且具有构成性。④ 法院在适用一般规范的过程中"必须来回答这一问题：它适用的规范是否合宪，也即是否是通过宪法确定的立法程序或通过被宪法授权的习惯创设的"⑤。

对于立法者所制定法律的"违宪性"问题，凯尔森指出，"违宪的"制定法的表述是有问题的，由于制定法的有效性和效力基础在于

---

① 参见汉斯·凯尔森：《纯粹法学说》（第二版），马蒂亚斯·耶施泰特编，雷磊译，法律出版社 2021 年版，第 332 页。
② Hans Kelsen, Reine Rechtslehre, Wien 1934, S. 90-91.
③ 汉斯·凯尔森：《纯粹法学说》（第二版），马蒂亚斯·耶施泰特编，雷磊译，法律出版社 2021 年版，第 333 页。
④ 参见汉斯·凯尔森：《纯粹法学说》（第二版），马蒂亚斯·耶施泰特编，雷磊译，法律出版社 2021 年版，第 297 页。
⑤ 汉斯·凯尔森：《纯粹法学说》（第二版），马蒂亚斯·耶施泰特编，雷磊译，法律出版社 2021 年版，第 297 页。

宪法，所以，"对于一部无效的制定法，我们不可以说它是违宪的，因为无效的制定法压根就不是制定法"，无效的制定法在法律上根本就不存在。① "'违宪的'制定法"意味着这种制定法"不仅可以通过惯常的程序——也即根据新法优于旧法的准则——被另一部制定法所废除，而且也可以通过宪法规定的特殊程序被废除"，但是，"只要它尚未被废除，它就必须被视为是有效的；而只要它还是有效的，它就不可能是违宪的"。② 这里，凯尔森辨析了"无效的"制定法和"违宪的"制定法的问题，但是，实践中宪法和一般法律规范"并非总是被遵守，也并非会完全被遵守"，这会出现制定法的内容与宪法规定不相符的情形。③ 因而，所谓"'违宪的'制定法"是"可通过特殊程序被废除的制定法"，但是，在它们被废除之前是"合宪的"，即应当被视为是"合宪的"。④ 因此，"司法裁判之合法性或制定法之合宪性的问题是这样一个问题：伴随创设某个规范这一宣称出现的行为是否与规定其创设甚或其内容的上位规范相符"⑤。

（二）通过宪法法院制度解决规范冲突问题的必要性

在凯尔森的法律理论中，由于实质意义上的宪法决定着一般法律规范的创造，因此产生了如何确保宪法规定得到遵守的问题，亦即

---

① 参见汉斯·凯尔森：《纯粹法学说》（第二版），马蒂亚斯·耶施泰特编，雷磊译，法律出版社 2021 年版，第 335 页。

② 汉斯·凯尔森：《纯粹法学说》（第二版），马蒂亚斯·耶施泰特编，雷磊译，法律出版社 2021 年版，第 336 页。

③ 参见汉斯·凯尔森：《纯粹法学说》（第二版），马蒂亚斯·耶施泰特编，雷磊译，法律出版社 2021 年版，第 336 页。

④ 参见汉斯·凯尔森：《纯粹法学说》（第二版），马蒂亚斯·耶施泰特编，雷磊译，法律出版社 2021 年版，第 339 页。

⑤ 汉斯·凯尔森：《纯粹法学说》（第二版），马蒂亚斯·耶施泰特编，雷磊译，法律出版社 2021 年版，第 341 页。

"如何保证法律的合宪性问题"。因此，为解决这种规范之间的冲突问题，在凯尔森看来，宪法应当授权一个机构或者一个人来决定某个规范是否与宪法相抵触，需要有一种制度保障低位阶的规范符合高位阶的规范，并且确立一种在发现低位阶的规范不符合高位阶的规范时对其予以审查和废除的程序。① 但是，"如果宪法授权每个人去决定这一问题，就难以形成拘束法律主体和法律机关的制定法"，因此，宪法只能授权特定的法律机构履行这种职能，而这种特定的法律机构只能是立法机构或者其他机构。此外，被委任公布制定法的机构、与立法机关有别的政府机关也可以被授予这种权力去审查该制定法的通过程序或决议的内容是否符合宪法，但是，在一定程度上要受到限制。②

凯尔森论道，若宪法规范中没有授权某个特定的机构来决定制定法是否与宪法相符，那么由法院来履行这种职能是合适的。③ 凯尔森指出，若宪法将这种权力授予某个特定的机构，那么将此委托给一个特殊的法院或者最高法院，"法律状况就会有根本不同"④。他的理由是，"如果制定法之合宪性的审查权被保留给唯一的法院，那么这家法院就可以被授权去废除被认为'违宪的'制定法，不仅相对于具体案件，而且相对于这部制定法所涉及的所有案件"，这就意味着废除该制定法；而若审查制定法的合宪性的权力被授予所有法院，则达不到这种效果，因为法院"通常只有拒绝将这部制定法适用于具体案件，也即只

---

① 参见凯尔森：《法与国家的一般理论》，沈宗灵译，中国大百科全书出版社1996年版，第296页。
② 参见汉斯·凯尔森：《纯粹法学说》（第二版），马蒂亚斯·耶施泰特编，雷磊译，法律出版社2021年版，第337页。
③ 参见汉斯·凯尔森：《纯粹法学说》（第二版），马蒂亚斯·耶施泰特编，雷磊译，法律出版社2021年版，第336页。
④ 汉斯·凯尔森：《纯粹法学说》（第二版），马蒂亚斯·耶施泰特编，雷磊译，法律出版社2021年版，第338页。

能废除它相对于具体案件的效力；但这部制定法对于所有其他相关的案件依然有效……只要这些法院没有拒绝将它适用于具体案件"。①

在凯尔森看来，审查和废除某个违宪规范的程序主要有两种重要的类型。一是适用法律的机关在具体案件中被授权审查所适用的法律的合宪性，如果发现该法律违宪，则拒绝在具体案件中予以适用。如果将这种审查法律的合宪性的权力授予法院，那么这种审查就是一种"立法的司法审查"。对法律的审查可以由主管机关（如法院）依据职权或者依据具体案件中一方当事人的申请来启动。但是，这种由主管机关拒绝将法律适用于具体案件的审查只是个别式的，不是一般地使该法律不能适用于所有可能的案件，即并不使该法律一般地归于无效。② 二是将审查法律合宪性的"无限制的权力"归于某个特定的机构（如最高法院），该机构被授权一般性地审查和废除被认为是违宪的法律，那么该违宪的法律不能适用于一切可能的案件。在这种情形下，被审查认为是违宪的法律可以通过明文宣告的形式被废除，或者"法院以该法律的违宪性为公开依据而拒绝将该法律适用于具体案件，因而这一判决就具有前例的地位，以至所有其他适用法律机关，尤其是所有法院，就必须拒绝适用该法律"③。应当指出的是，在纯粹法理论中，"即使有缺陷的、有悖于风俗习惯的法也属于规范体系的一部分，但是可以——或许是必须——在伦理和道德的立场上对其予以批判。在凯尔森看来，评断一个有效规制人们行为的强制性体系是否属

---

① 汉斯·凯尔森：《纯粹法学说》（第二版），马蒂亚斯·耶施泰特编，雷磊译，法律出版社2021年版，第339页。
② 参见凯尔森：《法与国家的一般理论》，沈宗灵译，中国大百科全书出版社1996年版，第296—297页。
③ 凯尔森：《法与国家的一般理论》，沈宗灵译，中国大百科全书出版社1996年版，第297页。

于法律体系的标准不应无视人的尊严及其认同的权利资格，更不应将法律规范延展为人们必须服从的义务"①。

凯尔森还指出，对于维护实在法秩序的"统一性"的这个机构而言，有权撤销违宪法律的机构是否是一个"法院"，"完全是不重要的"，重要的是，这个机构应排除"政党政治的影响"，应是"中立的"和"去政治化的"，易言之，这个机构应当具有不依附于议会的独立性。② 但是，凯尔森最终选择了宪法法院制度来保障实在法秩序中法律规范的"统一性"。在凯尔森看来，宪法法院这样一个机构不仅能保障法律规范体系的统一性，而且能保障不同的国家机构依法行使职权、履行职能。通过一个专门的宪法法院来审查法律的合宪性以及废除违宪的法律的职能意味着"对立法的司法审查的集权化"③。基于凯尔森等当时奥地利宪法法院法官在宪法实践和法学理论等方面的努力，奥地利宪法法院较好地履行了宪法所规定的职能，特别是保障了宪法法院作为一个宪法机构相对于其他机构所具有的中立性和独立性，这种中立性和独立性是奥地利宪法法院发挥职能的重要基础。

如前所述，基于"基础规范"而产生的实在法秩序中，下级规范可能会不符合上级规范的内容，但是，在纯粹法理论中，所有的法律规范都是实在法秩序中的规范，在实在法秩序中不可能存在"无效的"法律规范，而只可能是"可废除的"规范，只是法律规范的"可废除性"的程度不同而已。④ 在一个实在法秩序中，"无效只是最高程

---

① Peter Häberle, Michael Kilian, Heinrich Wolff（Hrsg.）, Staatsrechtslehrer des 20. Jahrhunderts, Berlin/Boston 2018 （2. Aufl.）, S. 288.

② Hans Kelsen, Wesen und Entwicklung der Staatsgerichtsbarkeit, in：VVDStRL 5 （1929）, S. 55.

③ 凯尔森：《法与国家的一般理论》，沈宗灵译，中国大百科全书出版社1996年版，第298页。

④ 参见汉斯·凯尔森：《纯粹法学说》（第二版），马蒂亚斯·耶施泰特编，雷磊译，法律出版社2021年版，第342页。

度的可废除性"①。被废除的法律规范可能会"溯及既往地针对过去被废除,因而所有在其下出现的法律效果都会被废除",但是,"制定法直到它被废除前都是有效的;它并非自始无效"。②

凯尔森指出,由于撤销和废除法律是一项立法职能,因此废除被审查确定为违宪的法律可以看作是"消极的立法行为",有权废除法律的法院起到了"消极的立法者"的作用。③ 因此,凯尔森认为,特定的有权机构作出的"无效宣告"不仅具有"宣告性",而且具有"构成性","废除某个规范(也即废止其效力)之行为的意义,就像创设某个规范之行为的意义那样,是一个规范"。④ 在此意义上的"规范"可以看作是"消极的立法者"所创设的规范。在凯尔森看来,这种"消极的立法者"可以是一个"根据与民选议会的原则完全不同原则所构成的机关",对于由此产生的"消极的立法者"与"积极的立法者"之间的矛盾或对立,可以通过规定该机构的成员由议会选出的方法在一定程度上缓解或者消除。⑤ 成立初期的奥地利宪法法院法官正是通过议会选举的方式产生的,这在一定程度上可以缓解在一些国家中出现的"民选的议会"与"非民选的法官"之间的权力紧张关系。

---

① 汉斯·凯尔森:《纯粹法学说》(第二版),马蒂亚斯·耶施泰特编,雷磊译,法律出版社2021年版,第344页。
② 汉斯·凯尔森:《纯粹法学说》(第二版),马蒂亚斯·耶施泰特编,雷磊译,法律出版社2021年版,第342页。
③ 参见凯尔森:《法与国家的一般理论》,沈宗灵译,中国大百科全书出版社1996年版,第297—298页。
④ 汉斯·凯尔森:《纯粹法学说》(第二版),马蒂亚斯·耶施泰特编,雷磊译,法律出版社2021年版,第342页。
⑤ 参见凯尔森:《法与国家的一般理论》,沈宗灵译,中国大百科全书出版社1996年版,第298页。

第四章 凯尔森与承继传统的奥地利宪法法院

在德意志历史上,通过一个专门的机构来保障宪法的实施和宪法在一国法律体系中的优先性地位是一种具有历史传统的制度方式,1848年革命以后德意志地区诸多宪法中规定的"最高帝国法院"以及"帝国法院"是这种制度传统的具体体现,并且这种制度的实践和理论又促进了这种制度传统的发展,汉斯·凯尔森从理论和实践的诸多方面为这种制度传统的发展和完善做出了重要贡献。

在第一次世界大战之后的奥地利共和国,被誉为"奥地利国父"的卡尔·伦纳和被誉为"宪法法院之父"的汉斯·凯尔森对于奥地利宪法法院的设立都做出了极为重要的贡献。卡尔·伦纳是建立宪法法院的决定性推动者,但是,他意欲设立宪法法院的初衷之一是解决哈布斯堡王朝统治以来奥地利国家中日益严重的民族问题,实际上,卡尔·伦纳设想中的宪法法院的职能并不局限于此,这在其1918年出版的《民族的自决权》(第二版)一书中有着明确的论述。① 奥地利宪法法院的设立及其组织规划和设计在根本上得益于凯尔森的创造性

---

① Theo Öhlinger, Die Entstehung und Entfaltung des österreichischen Modells der Verfassungsgerichtsbarkeit, in: Bernd-Christian Funk ua (Hrsg.), Der Rechtsstaat vor neuen Herausforderungen. Festschrift für Ludwig Adamovich zum 70. Geburtstag, Wien 2002, S. 588.

工作,特别是他起草 1919 年《关于设立德意志奥地利宪法法院的法律》和 1920 年奥地利共和国的《联邦宪法法》①,凯尔森以其理论和法律实践为第一次世界大战之后新生的奥地利共和国以及奥地利宪法和宪法法院的设立做出了重要贡献。

第一节 凯尔森与奥地利宪法法院的设立及其概况

汉斯·凯尔森不仅以其"纯粹法理论"享誉盛名,而且也被誉为"奥地利宪法之父"②"奥地利宪法的创造者"③"奥地利宪法的设计师"④"宪法法院之父"⑤等。凯尔森对于奥地利宪法和宪法法院的重要性于此可见一斑。凯尔森在 1968 年说道,宪法中,他最为重视的部分是宪法法院制度。⑥凯尔森经常将"宪法法院制度"称为其"最心爱的孩子",他最后一次如此称呼是在 1965 年维也纳大学成立 600 周年之

---

① 于 1920 年 10 月 1 日通过并于同年 11 月 10 日生效的《奥地利联邦宪法法》在二战后重新生效适用(1929 年修改后的颁本),即奥地利现行《联邦宪法法》,但其内容已有很多改变。奥地利宪法可归入"柔性宪法",对其内容的修改(修正案)较易通过(宪法性法律只需国民议会议员过半数出席,以三分之二多数通过即可)。从形式上看,奥地利宪法的核心是该《联邦宪法法》,此外还包括约 100 个宪法性法律及 300 多个散见于联邦法律和国家条约中的宪法决议和宪法规定等。
② Rudolf Aladár Métall, Hans Kelsen. Leben und Werk, Wien 1969, S. 101.
③ Wiener Zeitung(Nr. 224 vom 1951. 9. 28).
④ Thomas Olechowski, Der Beitrag Hans Kelsens zur österreichischen Bundesverfassung, in: Robert Walter, Werner Ogris, Thomas Olechowski(Hrsg.), Hans Kelsen: Leben—Werk—Wirksamkeit, Wien 2009, S. 228.
⑤ Giorgio Bongiovanni, Rechtsstaat and Constitutional Justice in Austria: Hans Kelsen's Contribution, in: Pietro Costa, Danilo Zolo(eds.), The Rule of Law: History, Theory and Criticism, Dordrecht 2007, S. 293.
⑥ Gerald Stourzh, Wege zur Grundrechtsdemokratie, Wien 1989, S. 331.

际，在奥地利外交部一次早餐聚会的祝酒词中提及①，而凯尔森那时已是年逾八旬的耄耋老人。由此可见凯尔森对宪法法院制度的重视程度。

一、凯尔森与1919年《关于设立德意志奥地利宪法法院的法律》

在建立奥地利宪法法院的过程中，作为政治家的卡尔·伦纳是决定性的推进者，而作为法律家的凯尔森则是具体的规划者和实践者。凯尔森不仅是1920年奥地利共和国的《联邦宪法法》的主要起草人，还是1919年《关于设立德意志奥地利宪法法院的法律》的起草者。② 1919年1月25日，奥地利的临时国民大会通过了由凯尔森起草的《关于设立德意志奥地利宪法法院的法律》。

凯尔森起草的《关于设立德意志奥地利宪法法院的法律》共8条，③ 虽然凯尔森起草的这项法律的内容比较简略，但是规定的内容较为全面，为当时奥地利宪法法院的设立及其履行职能提供了法律依据。其中，第1条规定了设立宪法法院的目的，即为履行之前的奥匈帝国时期的帝国法院的职能，德意志奥地利共和国在维也纳设立宪法法院。第2条第1款规定，只要奥匈帝国时期关于帝国法院的相关法律不与该法的内容相抵触，则宪法法院的职能范围及其组织、程序方面仍依据奥匈帝国时期的相关法律。第2款规定，按照奥匈帝国时期

---

① Vgl. René Marcic, Verfassungsgerichtsbarkeit und Reine Rechtslehre, Wien 1966, S. 58.
② 在第一次世界大战之后，新成立的"奥地利共和国"的名称是"德意志奥地利共和国"。之后，依据《圣日耳曼条约》，"德意志奥地利共和国"在1919年9月21日改名为"奥地利共和国"。
③ Vgl. Georg Schmitz, Die Vorentwürfe Hans Kelsens für die österreichische Bundesverfassung, Wien 1981, S. 309.

的相关法律的精神原则，将当时关于帝国法院的组织及其设立的法律适用于宪法法院。第 3 条规定了宪法法院的组成，规定宪法法院由一位院长、一位副院长以及八位法官和四位候补法官组成，所有的法官和候补法官均由国务委员会（Staatsrat）任命。第 4 条规定，在宪法法院法官职位出现空缺时，国务委员会应发布通知，任命新法官。第 5 条第 1 款规定，宪法法院法官在履职之前应宣誓，信守不渝地遵守德意志奥地利共和国的宪法及所有其他法律，并尽心尽责认真履职。第 2 款规定，院长应手抚国民大会主席的双手宣誓，副院长、法官和候补法官应手抚院长的双手宣誓。第 6 条规定，宪法法院在包括主席（由院长或副院长担任）在内的至少六位法官出席的情形下才能作出有效的裁决。第 7 条规定，宪法法院以德意志奥地利共和国的名义作出裁决。第 8 条规定，政府负有执行该法律的职责。从这些内容可以看出，凯尔森起草的《关于设立德意志奥地利宪法法院的法律》明显参考了之前的帝国法院的相关规定及其当时的状况。

新成立的德意志奥地利共和国设立这样一个宪法法院的主要理由在于，虽然之前的帝国法院的相关职能可以由行政法院及其他法院来行使，但是，原来的帝国法院"最重要的职能"，例如保障公民在宪法上受保护的政治权利和解决国家机构之间的权限冲突问题，应当由一个机构来行使，并且"必须由具有完全的独立性和能力出众的、具有法学上的资格的成员组成的一个机构"来行使。鉴于国体和国家法上关系的改变，这个机构不宜再冠以"帝国"的名称，而是应称为"宪法法院"。[1]

---

[1] Vgl. Georg Schmitz, Die Vorentwürfe Hans Kelsens für die österreichische Bundesverfassung, Wien 1981, S. 309-310.

依据奥地利学术界的通说,奥地利宪法法院依据该法律于 1919 年 1 月 25 日设立。1919 年 2 月 14 日,保罗·维托莱利(Paul Vittorelli,1851—1932)被选为宪法法院院长,阿道夫·门采尔(Adolf Menzel)被选为副院长,埃德蒙顿·贝纳茨克等八人被选为法官,弗里德里希·奥斯特利茨(Friedrich Austerlitz)等四人被选为候补法官,他们于 2 月 20 日获得国务委员会正式任命。新成立的宪法法院的绝大部分法官(七位法官和一位候补法官)曾为帝国法院的法官。[1] 但是,这并不意味着新设立的宪法法院是原来的帝国法院的延续,宪法法院的法官都是"重新任命的",因为国体不同、机构不同,原来帝国法院的法官不能"依法"成为新设立的宪法法院的法官,并且原来帝国法院的部分法官在国籍方面已经不再是德意志奥地利共和国的公民。[2] "德意志奥地利宪法法院"成立时,临时国民大会没有通过并颁布相应的宪法法院组织法或程序法,所以继续沿用奥匈帝国时期关于帝国法院的职能范围、组织和程序的法律。这些法律包括《关于设立帝国法院的国家基本法》(1867 年)、《关于帝国法院组织和程序的法律》、《执行帝国法院裁决的法律》(1869 年)、《关于决定行政法院与普通法院和帝国法院之间权限冲突的法律》(1876 年)。

实际上,奥地利共和国新成立的宪法法院与之前的帝国法院的差异主要在于名称的改变、宪法法院法官人数的减少、法官任命方式的

---

[1] Georg Schmitz, The Constitutional Court of the Republic of Austria 1918-1920, in: Ratio Juris 16 (June 2003), p. 246; Oswald Gschliesser, Die Verfassungsgerichtsbarkeit in der Ersten Republik, in: Ermacora/Klecatsky/Macic (Hrsg.), Hundert Jahre Verfassungsgerichtsbarkeit und Fünfzig Jahre Verfassungsgerichtshof in Österreich, Wien 1968, S. 25.

[2] Georg Schmitz, Die Vorentwürfe Hans Kelsens für die österreichische Bundesverfassung, Wien 1981, S. 310.

不同以及其他形式上的变化。① 1919 年 3 月 10 日,"德意志奥地利宪法法院"作出第一个裁决,在其成立之初的两年中(即 1919 年和 1920 年),该宪法法院共作出 70 个裁决。②

值得一提的是,在第一次世界大战结束之初,依据 1918 年 11 月 12 日《关于德意志奥地利之国体和政体的法律》(国家法律公报号码:5/1918)第 3 条,原来帝国君主的权力转至共和国的国务委员会,即中央政府,而国务委员会拥有批准各州法律的权力。但是,各州强烈反对国务委员会拥有这种权力,各方最终对于联邦法律与各州法律的地位问题不得不达成妥协。1919 年 3 月 14 日,制宪国民大会通过《关于人民代表的法律》,该法律第 15 条第 1 款规定,联邦政府若认为州国民大会通过的法律决议违宪,可在 14 日内提请宪法法院予以撤销。据此,联邦政府可向宪法法院申请撤销州国民大会通过的法律,但是州政府无权提请宪法法院对联邦法律的合宪性进行审查。这也与伦纳的观念和凯尔森所主张的"联邦法优于州法"原则相符合。在埃瓦尔德·魏德林(Ewald Wiederin)教授看来,伦纳和凯尔森坚持联邦法的优先性地位的目的在于,通过宪法法院的法律审查职能来保障联邦法的优先性,他们将宪法法院视为联邦监督州的一种工具,而其效仿的对象是《魏玛宪法》第 13 条,也可能是瑞士的司法裁决中确认的联邦法所具有的撤销性效力。③《魏玛宪法》第 13 条规

---

① Kurt Heller, Der Verfassungsgerichtshof, Wien 2010, S. 149 f.
② 与之相比,之前的帝国法院仅在 1917 年就作出 63 个裁决。Georg Schmitz, The Constitutional Court of the Republic of Austria 1918–1920, in: Ratio Juris 16 (June 2003), p. 249, footnote 16.
③ Ewald Wiederin, Der österreichische Verfassungsgerichtshof als Schöpfung Hans Kelsens und sein Modellcharakter als eigenständiges Verfassungsgericht, in: Thomas Simon, Johannes Kalwoda (Hrsg.), Schutz der Verfassung. Normen, Institutionen, Höchst- und Verfassungsgerichte, Berlin 2014, S. 292.

定：帝国法优于州法（第 1 款）；在州法规定是否违反帝国法存有疑义或者有不同意见时，主管的帝国或州的机构可依帝国法律的具体规定提请帝国最高法院作出裁决（第 2 款）。在瑞士，联邦法院只审查州法律是否与联邦法律相抵触，而不涉及联邦法律的合宪性问题。

基于 1920 年奥地利宪法起草时宪法委员会的会议记录，魏德林教授指出，宪法委员会的一个分委员会在 1920 年夏季召开会议集中讨论了"联邦法优于州法"的原则，但最后摈弃了这一原则，并且鲍尔（Bauer）在当时提出的关于各法院均可以提请宪法法院撤销州法律的建议同样未被接受。此外，劳特纳（Leuthner）议员在此期间提出，应授予宪法法院可依其职权直接对相关规范进行审查的权力，但是，当时的会议记录表明，劳特纳议员的建议是源于凯尔森的动议，劳特纳只是协助提出，他们认为，通过这种规定和授权，"宪法法院……可以成为真实的宪法维护者……宪法法院的常务负责法官（Ständige Referenten）可起到联邦检察官的作用，宪法法院可以此经常性地审查联邦法律、州法律和法规的合宪性"。[①]

二、作为奥地利宪法法院法官的凯尔森

凯尔森在 1919 年至 1930 年间任奥地利宪法法院法官。1919 年 3 月 30 日，当时的宪法法院法官埃德蒙德·贝纳茨克逝世，其宪法法

---

① Felix Ermacora（Hrsg.）, Quellen zum Österreichischen Verfassungsrecht（1920）. Die Protokolle des Unterausschusses des Verfassungsausschusses samt Verfassungsentwürfen, Wien 1967, S. 302–303, 363, 421；Ewald Wiederin, Der österreichische Verfassungsgerichtshof als Schöpfung Hans Kelsens und sein Modellcharakter als eigenständiges Verfassungsgericht, in: Thomas Simon, Johannes Kalwoda（Hrsg.）, Schutz der Verfassung. Normen, Institutionen, Höchst- und Verfassungsgerichte, Berlin 2014, S. 295–296.

院法官职位由凯尔森继任。在埃德蒙德·贝纳茨克逝世之后,当时的宪法法院院长维托莱利将贝纳茨克逝世的消息通知总理办公厅,并建议由"非常适合该职位的专业人士"——凯尔森来接替贝纳茨克的职位。维托莱利的"建议"得到采纳:根据总理卡尔·伦纳的申请,政府决议由凯尔森继任贝纳茨克的宪法法院法官职位。凯尔森的任命于 1919 年 5 月 3 日进行。1919 年 5 月 8 日,凯尔森第一次参与宪法法院的裁决工作。① 凯尔森担任宪法法院法官直至 1930 年 2 月 15 日,之后,凯尔森拒绝了当时的社会民主党主席兼维也纳市市长卡尔·塞茨(Karl Seitz)关于再次提名其为宪法法院法官的建议。② 作为宪法法院的法官,凯尔森对奥地利宪法法院的发展做出了重要贡献。根据官方出版的宪法法院裁决的统计,从 1920 年至 1929 年年底,凯尔森共参与 1300 个案件的裁决,③ 其中自 1921 年 7 月开始,凯尔森即成为三位常务负责法官之一,作为常务负责法官或者案件审理的主要参与人,凯尔森对处于初创时期的奥地利宪法法院的发展做出了实质性贡献。

关于凯尔森任奥地利宪法法院法官期间的工作活动及其相关的法律理论和法律思想在宪法实践中的应用,维也纳大学法学院教授、奥地利汉斯·凯尔森研究所(Hans Kelsen-Institut)的主要奠基者和首任所长罗伯特·瓦尔特(Robert Walter,1931—2010)先生基于翔实的宪法法院档案及相关文献资料在其著作《作为宪法法院法官的汉斯·凯尔森》("汉斯·凯尔森研究所丛书"第 27 卷)中有过系统、深入

---

① Vgl. Robert Walter, Hans Kelsen als Verfassungsrichter, Wien 2005, S. 11.
② Rudolf Aladár Métall, Hans Kelsen. Leben und Werk, Wien 1969, S. 55.
③ Robert Walter, Hans Kelsen als Verfassungsrichter, Wien 2005, S. 2. 常务负责法官的一项重要职责就是起草案件的裁决,而后由宪法法院法官对此进行讨论和表决。

的论述,① 由此亦可评断凯尔森任奥地利宪法法院法官期间对于奥地利宪法法院所做出的贡献。

值得指出的是，凯尔森的纯粹法理论与奥地利宪法法院制度之间的关系问题，即奥地利宪法法院制度的建立是否是基于凯尔森的纯粹法理论（特别是法律规范的位阶等级理论）的问题，学术界一直存在着争议。罗伯特·瓦尔特教授作为阿道夫·默克尔的学生，试图从"纯粹法理论"和法律规范的位阶等级理论中发展出宪法审查观念和宪法法院制度，并以此为基础确立其正当性，当然，法律规范的位阶等级理论源自阿道夫·默克尔，凯尔森将该理论纳入纯粹法理论体系之中。然而，实践中存在的一个重要问题是，1920年《奥地利联邦宪法法》及以此为基础的设立的奥地利宪法法院是否以纯粹法理论（特别是法律规范的位阶等级理论）为基础，或者1920年《奥地利联邦宪法法》是否为该理论奠定基础？罗伯特·瓦尔特教授认为，凯尔森的理论出现得更早。但是，埃瓦尔德·魏德林教授认为，阿道夫·默克尔在1920年之后才具体地发展出法律规范的位阶等级理论，并且1920年通过并生效的《联邦宪法法》已经在法律体系中确立起规范的位阶等级，即确立起对联邦法律和州法律规范的审查，其中包括法律的合宪性审查和法规的合法性审查。

魏德林教授认为，凯尔森在1911年的《国家法理论的主要问题》中没有提出关于"纯粹法理论"的核心观点，"纯粹法理论"是逐步发展出来的，宪法审查观念和宪法法院制度也不是凯尔森首先提出的。这种观点受到民主和社会民主理论的质疑和怀疑。但是，在当时

---

① 该书的中译本参见罗伯特·瓦尔特:《宪法法院的守护者：汉斯·凯尔森法官研究》，王银宏译，人民日报出版社2015年版。

的奥地利，宪法法院制度较为容易地确立起来了，这主要是基于当时的政治环境和政治斗争：联邦想要审查各州的法律，而各州也想要审查联邦的法律，最终各方达成妥协，奥地利宪法法院被赋予审查联邦和各州法律的合宪性的权力，并且有权依其职权主动审查联邦和各州法律的合宪性。根据当时的会议记录，这种制度的产生是当时的宪法委员会在最后一次会议上所确立的。

无论如何，法律规范的位阶等级理论对于实践中的宪法审查和宪法法院制度具有非常重要的意义。"纯粹法理论"的"不纯粹性"的重要表现之一就是试图为1920年《奥地利联邦宪法法》及其中规定的宪法法院制度等相关问题确立一种理论上的分析工具。这实际上也是"纯粹法理论"的实践性的具体体现。

第二节 凯尔森与1920年《奥地利联邦宪法法》

1919年1月25日，奥地利的临时国民大会通过了由凯尔森起草的《关于设立德意志奥地利宪法法院的法律》，奥地利宪法法院依此设立，可以说奥匈帝国时期的帝国法院制度以"宪法法院"的形式得以延续，但是，应当以宪法为基础和依据宪法履行职能的奥地利宪法法院此时尚缺少现实的宪法基础。1920年奥地利共和国《联邦宪法法》的制定使奥地利宪法法院的存在及履行职能具有了宪法基础。

一、凯尔森与1920年《奥地利联邦宪法法》的起草

在第一次世界大战之后，新的奥地利共和国刚一成立，凯尔森就被邀请成为当时的奥地利总理卡尔·伦纳（后任奥地利第二共和国第

一任总统,被称为"奥地利国父")的法律顾问,在总理办公室工作。① 1919年5月,凯尔森作为总理的法律顾问接受了总理卡尔·伦纳的一项任务——与总理办公室的宪法部门共同起草奥地利宪法。② 实际上,凯尔森也认识到一部新宪法对于新成立的奥地利共和国所具有的重要意义,他在1921年写道:"由于德意志奥地利共和国的建立缺乏国家法上的基础,中央集权的单一制国家和具有独立性的各州基于自由意志而共同组成的联邦之间的矛盾对于年轻的共和国的整个政治发展是不利的,这种矛盾只能尝试在一部联邦宪法中达成平衡,以此将联邦的形式与实质上具有相对独立性的实体在整体上联结起来。"③

1919年5月12日,卡尔·伦纳带领奥地利代表团启程前往圣日耳曼之前,请凯尔森起草一个宪法文件,要求其基本前提是利于在圣日耳曼达成协约。对此,卡尔·伦纳提出了两项基本原则:"一是宪法应具有联邦国家的特性,通过赋予中央机构(联邦政府、联邦国民大会)一些重要的职能来改变各州之间的松散结构;二是国家形式应当是一个议会制共和国。"④ 凯尔森在自传中提及,卡尔·伦纳在起草宪法方面提出了三个方面的政治要求,即联邦制的结构、民主原则以及尽可能地在实行代表制的宪法中实现前述要求。⑤ 凯尔森与总理办

---

① Georg Schmitz, Die Vorentwürfe Hans Kelsens für die österreichische Bundesverfassung, Wien 1981, S. 27, FN 63.

② Hans Kelsen, Georg Froehlich, Adolf Merkl, Die Bundesverfassung vom 1. Oktober 1920, Wien und Leipzig 1922, S. 54.

③ Georg Schmitz, Die Vorentwürfe Hans Kelsens für die österreichische Bundesverfassung, Wien 1981, S. 44.

④ Georg Schmitz, Die Vorentwürfe Hans Kelsens für die österreichische Bundesverfassung, Wien 1981, S. 44.

⑤ Hans Kelsen, Autobiographie, in: Matthias Jestaedt (Hrsg.), Hans Kelsen Werke, Band 1 (2007), S. 65.

公室的宪法改革和行政改革部门共同起草宪法的过程中并没有过多地纠结于理论上的研究，凯尔森所坚持的基本准则是"尽可能地保留之前的宪法中所有可用的内容，以在最大程度上维持当时的宪法中规定的诸多机构的连续性，将联邦国家原则'装配'在既存有效的制度机制之中，同时在考虑到不同的历史-政治传统的前提下，凯尔森也参考了瑞士宪法，但更多地参考了当时新制定的《德意志帝国宪法》（即《魏玛宪法》）"①。

根据总理卡尔·伦纳提出的基本要求，凯尔森"在法律技术方面完全自由地起草宪法草案"②。1919年夏，凯尔森完成了第一个宪法草案，至同年9月中旬，他又起草完成了四个宪法草案，凯尔森共起草完成六个宪法草案。③

凯尔森的第一个宪法草案共七章，131条，各章的标题分别是"一般规定"（第1条至第7条）、"联邦的立法权"（第8条至第39条）、"联邦的执行权"（包括联邦的统治权和联邦的司法权）（第40条至第75条）、"拥有主权的各州的立法权和执行权"（第76条至第84条）、"联邦的预算审查"（第85条至第101条）、"基本权利和自由权"（第102条至第115条）、"公法的保障"（包括关于行政法院的规定、关于联邦宪法法院的规定）（第116条至第131条）。

凯尔森的第二个宪法草案共七章，170条，在体系结构上基本沿袭第一个宪法草案，跟第一个宪法草案的区别主要是：第一，在第二

---

① Georg Schmitz, Die Vorentwürfe Hans Kelsens für die österreichische Bundesverfassung, Wien 1981, S. 44.
② Hans Kelsen, Autobiographie, in: Matthias Jestaedt (Hrsg.), Hans Kelsen Werke, Band 1 (2007), S. 66.
③ Georg Schmitz, Die Vorentwürfe Hans Kelsens für die österreichische Bundesverfassung, Wien 1981, S. 45-60.

章的标题"联邦的立法权"之下规定了联邦国民大会、联邦议会、联邦立法的程序、联邦国民大会和联邦议会议员的地位、联邦政府在联邦国民大会和联邦议会中的地位五个方面的内容;第二,在第三章关于联邦的统治权之下规定了联邦总统、联邦政府和联邦军队三个方面的内容;第三,第四章的标题改为"各州的立法权和执行权",删去了"拥有主权的"表述;第四,第七章的标题改为"宪法保障和行政保障",其下仍规定行政法院和联邦宪法法院两个方面的内容。

凯尔森的第三个宪法草案仍是七章,共161条,体系结构和各章的标题跟第二个宪法草案基本一样,但是,在第二章关于联邦的立法权之下只规定了联邦国民大会和联邦立法的程序两个方面的内容,在第三章关于联邦的统治权之下则规定了联邦总统、联邦政府和联邦议会三个方面的内容。

凯尔森的第四个宪法草案又重新回到第一个宪法草案的体系结构,"其原因至今不得而知",引人注目的是,第二个宪法草案和第三个宪法草案的第四章标题中所删去的各州"拥有主权的"表述,在第四个宪法草案中又重新改回到第一个宪法草案第四章的表述"拥有主权的各州"。[1]

凯尔森的第五个宪法草案基本上也回到第一个宪法草案的体系结构,但是条款数量增加了不少,共198条。第五个宪法草案跟其他几个宪法草案的主要区别是:第一,第二章的标题改为"联邦的机构",其下包括联邦国民大会、联邦总统和联邦政府、联邦议会三个方面的内容;第二,第四章标题跟第四个宪法草案中第四章的标题一样,恢

---

[1] Georg Schmitz, Die Vorentwürfe Hans Kelsens für die österreichische Bundesverfassung, Wien 1981, S. 56.

复了"拥有主权的各州"的表述;第三,第六章的标题跟其他宪法草案中第六章的标题不同,改为"基本权利和基本义务"。

凯尔森的第六个宪法草案仍为七章,但是共 156 条,在体系结构上跟第五个宪法草案的区别主要是:第一,第二章的标题改回之前的表述"联邦的立法权",其下规定了联邦国民大会和联邦立法的程序两个方面的内容;第二,第三章联邦的统治权之下规定了联邦总统、联邦政府和联邦议会三个方面的内容;第三,第四章的标题又删去了各州"拥有主权的"表述;第四,第六章的标题又改回之前的表述"基本权利和自由权";第五,第七章的标题也改回之前的表述"宪法保障和行政保障"。

从体系结构上看,凯尔森起草的六个宪法草案的体系结构是一致的,都分为七章,仅在个别的具体内容方面有所变化,但是各个宪法草案中条款数量一直变动不居。从事后来看,这可能反映出当时各党派以及联邦和州之间的斗争和妥协对凯尔森起草宪法草案的影响,即凯尔森起草的宪法草案内容受到现实政治的影响。

由于凯尔森考虑了诸多不同的"政治可能性",他起草的这些宪法草案中关于对联邦制国家具有重要意义的联邦议会的组成及其职能、国家元首的地位和选举问题以及公民基本权利和自由权等方面的内容不尽相同。[①] 1919 年 11 月 17 日,国民制宪大会讨论宪法草案时,由于凯尔森所设想的联邦制与实践中基于各派政治力量之平衡而形成的联邦制之间的不同,当时讨论的宪法草案的"几个重要部分已不同

[①] Vgl. Hans Kelsen, Georg Froehlich, Adolf Merkl, Die Bundesverfassung vom 1. Oktober 1920, Wien und Leipzig 1922, S. 54-55.

于凯尔森的宪法草案"①,但是,凯尔森的观点在诸多方面对 1920 年《奥地利联邦宪法法》的内容产生了影响,例如,在联邦宪法中规定对于基本权利的保障、关于联邦军队的内容、关于联邦国家的首都维也纳的地位以及关于乡镇的地位等方面在总体上接受了凯尔森的观点,而宪法草案中关于法治国家的制度规定则是源于之前的历史传统和宪法传统。②

1920 年 5 月至 6 月,凯尔森被联邦政府任命为一个更高等级的宪法起草委员会的成员,这个委员会只由四人组成,其他三人分别是总理卡尔·伦纳、副总理约多克·芬克(Jodok Fink)和国务秘书米夏埃尔·迈尔(Michael Mayr)。此外,凯尔森还是制宪国民大会下设的宪法委员会的专家,从 1920 年 7 月 11 日至 9 月 24 日修订和完善《奥地利联邦宪法法》。③

因此,凯尔森对于奥地利共和国宪法的贡献在于他不仅完成了前述奥地利宪法草案的起草,而且还作为专家继续全过程地参与 1920 年《奥地利联邦宪法法》的起草、讨论、修改和完善。凯尔森在自己的自传中写道,虽然卡尔·伦纳曾起草过一个宪法草案,但是,"我的主要任务是起草最终的宪法,因为伦纳全身心地投入到和平谈判以及处理严重的经济问题,很少有精力关心宪法问题"④。凯尔森在起草

---

① Felix Ermacora (Hrsg.), Die österreichische Bundesverfassung und Hans Kelsen: Analysen und Materialien. Zum 100. Geburtstag von Hans Kelsen, Wien 1982, S. 20.

② Felix Ermacora (Hrsg.), Die österreichische Bundesverfassung und Hans Kelsen: Analysen und Materialien. Zum 100. Geburtstag von Hans Kelsen, Wien 1982, S. 75.

③ Theo Öhlinger, Hans Kelsen—Vater der österreichischen Bundesverfassung?, in: Gerald Kohl u. a. (Hrsg.), Festschrift für Wilhelm Brauneder zum 65. Geburtstag. Rechtsgeschichte mit internationaler Perspektive, Wien 2008, S. 407-408.

④ Hans Kelsen, Autobiographie, in: Matthias Jestaedt (Hrsg.), Hans Kelsen Werke, Band 1 (2007), S. 65.

奥地利宪法方面的一个贡献就是"尽可能地在法律技术方面以无瑕疵的方式将政治性原则予以编纂并且建构起一个能够有效地保障国家功能的合宪性的机制"①。

二、凯尔森宪法草案中的宪法法院制度

在凯尔森看来,"宪法保障和行政保障"是一部宪法的核心部分,其目的是"构建一个旨在有效地保障国家职能的合宪性的体系"②。所以,凯尔森在1919年完成的六个宪法草案中都设计了行政法院和联邦宪法法院作为"公法保障"机构,并且赋予联邦宪法法院的裁决以撤销性效力。③ 在这方面,凯尔森参考了奥匈帝国时期的帝国法院和行政法院制度的历史经验,试图将帝国法院"改造"成为一个"真正的宪法法院"。④

在凯尔森的第一个宪法草案中,行政法院和联邦宪法法院共同成为公法上的保障机构。凯尔森设计的联邦宪法法院拥有广泛的职能:有权解决"拥有主权的"各州之间以及某个州与联邦之间的法律争议,有权审查联邦或者某个州的执行命令的合法性,有权根据联邦政府的申请审查州法律是否与联邦法律相抵触,有权审查联邦国民大会和联邦总统的选举以及裁决是否失去联邦国民大会的席位,有权对于

---

① Hans Kelsen, Autobiographie, in: Matthias Jestaedt (Hrsg.), Hans Kelsen Werke, Band 1 (2007), S. 66.

② Hans Kelsen, Archivaufnahme, in: Robert Walter, Clemens Jabloner, Klaus Zeleny (Hrsg.), 30 Jahre Hans Kelsen-Institut (Wien 2003), S. 89.

③ Vgl. Georg Schmitz, Die Vorentwürfe Hans Kelsens für die österreichische Bundesverfassung, Wien 1981, S. 298 - 299; Felix Ermacora, Die Entstehung der Bundesverfassung Bd. 4: Die Sammlung der Entwürfe zur Staats-bzw. Bundesverfassung, Wien 1990, S. 236f.

④ Hans Kelsen, Autobiographie, in: Matthias Jestaedt (Hrsg.), Hans Kelsen Werke, Band 1 (2007), S. 66.

联邦总统违反联邦宪法的行为、联邦政府的成员及与其同等地位的联邦机构违反法律的行为、州政府的成员及与其同等地位的州的机构违反法律的行为、州长违反联邦宪法或者联邦法律以及州法律的行为、依据联邦机构的执行命令或者个人的命令而提起的诉讼作出判决。所以，这个联邦宪法法院兼具所谓的权限冲突法院、法律审查法院、选举法院、国务法院等诸多机构的职能。根据凯尔森的这个宪法草案，联邦宪法法院由一位院长、一位副院长、14 位法官和 8 位候补法官组成，其中，院长、副院长、7 位法官和 4 位候补法官由联邦国民大会选举产生，其他 7 位法官和 4 位候补法官由联邦议会选举产生，他们的任期与立法机构的任期相同。①

在凯尔森的第二个宪法草案中，联邦宪法法院作为宪法保障机构，有权依联邦政府的申请审查州法律是否违反联邦法律，并且有权撤销违反联邦法律的州法律。联邦政府有权在任何时候提出申请，但是需要提前四周告知州政府。联邦宪法法院的裁决由联邦总统执行。联邦宪法法院法官为终身任职，这是与第一个宪法草案规定的一个不同之处。②

凯尔森的第三个宪法草案至第六个宪法草案中关于联邦宪法法院的规定基本没有变化。由此可见，凯尔森在宪法保障和宪法法院制度方面的考虑和认识是比较成熟的。虽然在凯尔森的宪法草案中，联邦宪法法院所具有的审查法律的合宪性的职能仅限于依联邦政府的申请审查州法律是否违反联邦法律，但是，基于凯尔森的动议，奥地利宪

---

① Georg Schmitz, Die Vorentwürfe Hans Kelsens für die österreichische Bundesverfassung, Wien 1981, S. 49.

② Georg Schmitz, Die Vorentwürfe Hans Kelsens für die österreichische Bundesverfassung, Wien 1981, S. 53.

法法院最终有权依其职权主动审查法律的合宪性，并且基于宪法法院在保障公民的宪法权利方面的职能，"凯尔森自始就认识到，最终任何人都会有权申请审查法律的合宪性"①。

埃瓦尔德·魏德林教授认为，凯尔森起草的宪法草案中关于宪法法院的职能及其审查方式的规定体现出凯尔森对于奥地利宪法法院的职能定位："从法的有效性审查转变为法的违法性审查"，由此，被宪法法院宣告为违宪的法律仅在表面上看来是法律，实际上并非真正有效的法律，"其毋宁是一次失败的规范制定试验，而不是规范性的法"。② 由此，法律体系中"法与非法"（Recht und Unrecht）的区分被重新引入制度中并且涉及法自身，魏德林教授进而指出："凯尔森的不完全纯粹的法理论，从法源理论和规范的位阶等级理论、联邦国家理论和错误推算理论（die Lehre vom Fehlerkalkül）直至其后期著作，在根本上仅是试图勾画出处理这种其所设问问题的理论范域。"③

在宪法草案的讨论过程中，一些大州以及基督教社会党（Christlichsozialen）等反对联邦法的优先性地位，在主张中央集权制以及主张联邦制、议会制等政治力量的妥协下，奥地利最终实行的是"弱联邦制"，即联邦法律和州法律处于同等地位，联邦法律不具有优于州

---

① Theo Öhlinger, Hans Kelsen—Vater der österreichischen Bundesverfassung?, in: Gerald Kohl u. a. (Hrsg.), Festschrift für Wilhelm Brauneder zum 65. Geburtstag. Rechtsgeschichte mit internationaler Perspektive, Wien 2008, S. 412.

② Ewald Wiederin, Der österreichische Verfassungsgerichtshof als Schöpfung Hans Kelsens und sein Modellcharakter als eigenständiges Verfassungsgericht, in: Thomas Simon, Johannes Kalwoda (Hrsg.), Schutz der Verfassung. Normen, Institutionen, Höchst- und Verfassungsgerichte, Berlin 2014, S. 302.

③ Ewald Wiederin, Der österreichische Verfassungsgerichtshof als Schöpfung Hans Kelsens und sein Modellcharakter als eigenständiges Verfassungsgericht, in: Thomas Simon, Johannes Kalwoda (Hrsg.), Schutz der Verfassung. Normen, Institutionen, Höchst- und Verfassungsgerichte, Berlin 2014, S. 302.

法律的法律地位。由此，1920年《联邦宪法法》扩大了上述《关于人民代表的法律》规定的审查法律的范围：联邦政府可以提请宪法法院对州法律的合宪性进行审查，州政府也有权提请宪法法院对联邦法律的合宪性进行审查。至此，凯尔森极为重视的审查法律的合宪性①的机制才真正确立。虽然1920年《联邦宪法法》规定宪法法院具有审查法律的合宪性和法规的合法性的职能并且有权对违宪的法律和违法的法规予以撤销，但是，依据临时国民大会的会议记录，奥地利共和国作为一个联邦制国家的建立才是宪法法院具有这种职能的必要基础。② 通过宪法法院审查联邦和各州立法的合宪性，可以约束和限制联邦与各州的行为，而"宪法法院将奥地利共和国的联邦-二元制的国家建构作为一个整体进行保障，而不是直接保障联邦或州的任何一方"③。因而，审查法律的合宪性被看作是"服务于联邦制国家"的制度，是"联邦和州相互调整对方法律制度的基点"。④

凯尔森的宪法草案中关于宪法法院制度的绝大部分内容为最终通过的奥地利《联邦宪法法》所涵括。⑤ 凯尔森在"宪法保障"方面的重要贡献在于不仅建立了宪法法院制度，而且赋予宪法法院"在一般意义上审查法律的合宪性的职能"，虽然当时已经有部分国家的法院具有在具体的案件中审查法律的合宪性的职能，但是还没有一个机构

---

① Hans Kelsen, Verfassungs- und Verwaltungsgerichtsbarkeit im Dienste des Bundesstaates, nach der neuen österreichischen Bundesverfassung vom 1. Oktober 1920, in: Zeitschrift für Schweizerisches Recht 52 (Neue Folge, 1923/1924), S. 187.
② Felix Ermacora, Der Verfassungsgerichtshof, Graz-Wien-Köln 1956, S. 80.
③ Felix Ermacora, Der Verfassungsgerichtshof, Graz-Wien-Köln 1956, S. 80-81.
④ Herbert Haller, Die Pfüfung von Gesetzen. Ein Beitrag zur verfassungsgerichtlichen Normenkontrolle, Wien-New York 1979, S. 2.
⑤ Robert Walter, Die mitteleuropäische Verfassungsgerichtsbarkeit und die Reine Rechtslehre, in: Österreichische Richterzeitung 12 (1993), FN 20; dazu Georg Schmitz, Die Vorentwürfe Hans Kelsens für die österreichische Bundesverfassung, Wien 1981.

像凯尔森设计的联邦宪法法院那样具有普遍性的审查法律的合宪性的职能。① 正是基于奥地利宪法法院所具有这种审查法律的合宪性的职能，奥地利《联邦宪法法》在这方面被视为凯尔森的"个人作品"。② 基于凯尔森的努力和贡献，奥地利的宪法法院不仅成为"宪法的守护者"，而且成为"基本权利的守护者"，在欧洲和世界范围内产生了重要影响，这种宪法法院模式也被称为"凯尔森模式"。③

关于凯尔森对于1920年奥地利联邦宪法的贡献，奥地利著名历史学家格拉德·斯托茨（Gerald Stourzh）评价道："凯尔森在奥地利联邦宪法的形式（结构）方面做出了极为重要的贡献，但其在内容方面的贡献是较少的。"④ 或许正是基于此，将凯尔森称为"奥地利宪法之父"受到一些学者的质疑。特奥·约林格尔（Theo Öhlinger）指出，凯尔森深深地影响了奥地利宪法的"风格"和"体系"，⑤ 而托马斯·奥勒乔夫斯基（Thomas Olechowski）将凯尔森称为"奥地利宪法的设计师"⑥。在费利克斯·埃马克拉（Felix Ermacora）看来，凯尔森对于奥地利宪法的一个重要贡献在于，将之前的宪法历史经验

---

① Vgl. Hans Kelsen, Autobiographie, in: Matthias Jestaedt (Hrsg.), Hans Kelsen Werke, Band 1 (2007), S. 66.

② Theo Öhlinger, Hans Kelsen—Vater der österreichischen Bundesverfassung?, in: Gerald Kohl u. a. (Hrsg.), Festschrift für Wilhelm Brauneder zum 65. Geburtstag. Rechtsgeschichte mit internationaler Perspektive, Wien 2008, S. 411.

③ Theo Öhlinger, Hans Kelsen—Vater der österreichischen Bundesverfassung?, in: Gerald Kohl u. a. (Hrsg.), Festschrift für Wilhelm Brauneder zum 65. Geburtstag. Rechtsgeschichte mit internationaler Perspektive, Wien 2008, S. 412-413.

④ Gerald Stourzh, Wege zur Grundrechtsdemokratie (Wien 1989), S. 325.

⑤ Theo Öhlinger, Hans Kelsen—Vater der österreichischen Bundesverfassung?, in: Gerald Kohl u. a. (Hrsg.), Festschrift für Wilhelm Brauneder zum 65. Geburtstag. Rechtsgeschichte mit internationaler Perspektive, Wien 2008, S. 408.

⑥ Thomas Olechowski, Der Beitrag Hans Kelsens zur österreichischen Bundesverfassung, in: Robert Walter, Werner Ogris, Thomas Olechowski (Hrsg.), Hans Kelsen: Leben—Werk—Wirksamkeit, Wien 2009, S. 228.

汇集为一个"法律上的统一体",这个"法律上的统一体"本身就是一个"新事物",具有"创新性",因为在此之前,关于奥地利国家的本质性内容都是规定在单个的宪法性法律和不成文的法律规则中,而凯尔森从他起草的第一个宪法草案开始就将这些内容编纂汇集在一个完整的宪法文本中。① 虽然凯尔森对于奥地利宪法和奥地利宪法法院的贡献是有争议的,但仅是贡献程度上的差别,他对此做出了实质性贡献却是毋庸置疑的。

第三节　1920 年《联邦宪法法》与奥地利宪法法院

1920 年 10 月 1 日,奥地利制宪国民大会通过《联邦宪法法》。根据《联邦宪法法》的规定,奥地利宪法法院承续了奥匈帝国时期的帝国法院和国务法院的全部职能,② 由此,依据凯尔森起草的《关于设立德意志奥地利宪法法院的法律》而设立的宪法法院开始了以《联邦宪法法》作为其宪法基础的时代,③ 奥地利宪法法院履行职能具有了宪法基础。在公民的基本权利规定方面,1867 年"十二月宪法"中的《关于国民一般权利的国家基本法》继续得到确认和适用,规定公民享有完全的平等权、人身自由、住宅不受侵犯的权利、财产不受侵犯的权利、集会自由、结社自由、营业自由、职业自由、宗教信仰自由、学术自由等权利和自由。

---

① Vgl. Felix Ermacora (Hrsg.), Die österreichische Bundesverfassung und Hans Kelsen: Analysen und Materialien. Zum 100. Geburtstag von Hans Kelsen, Wien 1982, S. 75.
② „Bericht des Verfassungsausschusses über den Entwurf eines Gesetzes, womit die Republik Österreich als Bundesstaat eingerichtet wird (Bundes-Verfassungsgesetz)", in: Felix Ermacora (Hrsg.), Quellen zum Österreichischen Verfassungsrecht (1920), Wien 1967, S. 556.
③ Robert Walter, Hans Kelsen als Verfassungsrichter, Wien 2005, S. 6 ff.

一、1920 年《联邦宪法法》中的奥地利宪法法院及其主要职能

1920 年《联邦宪法法》第六部分的第 137 条至第 148 条专门规定了"宪法保障",即关于宪法法院的规定,其中第 137 条至第 145 条规定了宪法法院的职能,包括"所有针对联邦、各州、各区或乡镇的不能通过正常的法律途径得到解决的案件"(第 137 条)、国家机构之间的权限冲突、审查法规的合法性与法律的合宪性、确认议会等代表机构的选举结果、裁决联邦总统等国家公务人员的职务行为是否违法、对由于行政机构的决定或命令侵犯公民受宪法保障的权利而提起的诉愿作出裁决等。

1920 年《联邦宪法法》第 146 条至第 148 条规定了宪法法院的组织构成、宪法法院的所在地、宪法法院裁决的执行等内容。第 147 条规定,宪法法院的所在地是维也纳,宪法法院由一位院长、一位副院长以及必要数量的法官和候补法官组成,其中院长、副院长以及半数的法官和候补法官由国民议会选举产生,其他半数的法官和候补法官由联邦议会选举产生,并且选举出的宪法法院的法官终身任职。此外,根据第 146 条规定,宪法法院的裁决由联邦总统执行。而宪法法院的具体组织和程序由联邦法律予以规定(第 148 条)。1925 年 12 月 18 日,《奥地利宪法法院法》由国民议会通过(联邦法律公报号码:454/1925)。

根据 1920 年《联邦宪法法》第 138 条的规定,宪法法院有权裁决如下机构之间的权限冲突:第一,法院与行政机构之间的权限冲突;第二,行政法院与其他法院之间的权限冲突,特别是行政法院与宪法法院自身之间的权限冲突;第三,各州之间以及某个州与联邦之

间的权限冲突。

对于审查法规的合法性和法律的合宪性,1920年《联邦宪法法》分别不同情形做出不同的规定。第139条规定了宪法法院对法规的合法性审查:"宪法法院有权基于某一个法院的申请,裁决联邦的机构或州的机构的法规的合法性,若这种法规成为宪法法院裁决的前提,那么宪法法院有权依职权主动审查其合法性;宪法法院有权基于联邦政府的申请,审查州的机构的法规的合法性;宪法法院有权基于州政府的申请,审查联邦的机构的法规的合法性。"对于审查法律的合宪性,第140条规定:"宪法法院有权基于联邦政府的申请,审查州法律的合宪性;宪法法院有权基于某个州政府的申请,审查联邦法律的合宪性;若这种法律成为宪法法院裁决的前提,那么宪法法院有权依职权审查其合宪性。"上述审查申请可在任何时候提出,但是,提出申请者应立即通知主管的州政府或联邦政府。根据《联邦宪法法》的规定,宪法法院作出的裁决对于制定和实施相关法律、法规的机构具有约束力。第139条第2款规定:"宪法法院作出法规的违法性裁决并撤销该法规之后,主管的最高机构有义务立即公布宪法法院的撤销裁决;宪法法院的撤销裁决自公布之日起生效。"第140条第3款规定:"宪法法院作出法律的违宪性裁决并撤销该法规之后,联邦总理或主管的州长有义务立即公布宪法法院所作出的撤销裁决;若宪法法院没有为其确定失效的期限,则宪法法院的撤销裁决自公布之日起生效。宪法法院确定的失效期限不得超过六个月。"

作为中央选举法院,根据1920年《联邦宪法法》第141条规定,奥地利宪法法院有权确认国民议会(Nationalrat)、联邦议会(Bundesrat)、州议会以及所有其他一般性代表机构的选举为无效,有权依上述代表机构的申请,宣告一个代表机构的成员失去其席位。作为中央国务法院，宪法法院有权对针对最高联邦机构或州最高机构人员的职务违法行为而提起的控诉作出裁决，根据第 142 条的规定，这种控诉可由如下方式提起：第一，联邦国民大会通过决议针对联邦总统违反联邦宪法的行为；第二，国民议会通过决议针对联邦政府的成员以及地位相当的机构的违法行为；第三，州议会通过决议针对州政府的成员以及州宪法确认的地位相当的机构的违法行为；第四，联邦政府通过决议针对某个州的州长的违法行为及其在属于间接的联邦行政事务方面没有遵守联邦的法规或其他规定的行为。对此，第 142 条还规定，宪法法院应在裁决中载明是否免去被控诉人员的职务以及在特殊情形下剥夺一定期限的政治权利等。若职务行为违反刑法的规定，第 142 条规定的控诉也可以基于刑法规定而提起。在这种情形下，只有宪法法院有管辖权，普通刑事法院应将已经进行的相关调查移交宪法法院。

1920 年《联邦宪法法》第 144 条规定，在穷尽所有的行政救济方式之后，宪法法院有权对因行政机构的决定或命令侵犯公民受宪法保障的权利而提起的诉愿作出裁决。宪法法院有权在裁决中撤销违宪的决定或命令，并且相关机构在发布新的决定或命令时应根据宪法法院的法律观点而进行，即宪法法院的观点具有法律上的约束力。此外，第 145 条规定，"宪法法院有权根据联邦法律的特别规定裁决某行为是否违反国际法"。

二、凯尔森论 1920 年《联邦宪法法》与奥地利宪法法院

凯尔森不仅直接参与 1920 年《联邦宪法法》的起草工作，而且

第四章　凯尔森与承继传统的奥地利宪法法院

在诸多论著中论及奥地利宪法及其中规定的宪法法院制度，对于1920年《联邦宪法法》的主要内容及其性质、作用以及奥地利宪法法院的制度定位、职能及其裁决的效力等方面进行了深入的阐释和论述。凯尔森在1927年发表的关于奥地利宪法的文章专门论述了1920年《联邦宪法法》及其在1925年宪法修订之后的主要内容。① 凯尔森在这篇文章中论述了奥地利联邦制下的联邦和各州、财政宪法、宪法保障（其中也包括审计监察、行政诉讼以及宪法法院制度等）、国民的一般权利等方面的内容。通过凯尔森的这篇文章，我们能更好地理解和认识当时作为奥地利宪法法院制度基础的奥地利宪法的概况。

凯尔森在这篇文章中指出，依据1920年《联邦宪法法》，奥地利共和国成为一个联邦制国家。这意味着，"这个国家的所有立法权和执行权在中央国家机构和诸多地方机构间分立"，其中中央的立法权由国民议会行使，执行权由联邦政府行使，地方的立法权和执行权分别由州议会和州政府行使，由此，"地方立法机构的职能不仅包括实在法的创造，也——在一定的限度内——涉及宪法的制定（宪法自治），地方立法机构通过由其选举产生的机构（联邦议会）来参与中央的立法"②。基于奥地利的历史以及奥地利作为联邦制国家所具有的自己的特性，凯尔森指出，"奥地利的联邦制国家不是由之前的主权国家（即国际法秩序下的国家）联合而成，而是通过中央集权制国家的分权化形成的，因而论述前述第一种联邦制国家之形成形式的确定

---

① Hans Kelsen, Verfassung, in: Fritz Stier-Somlo und Alexander Elster (Hrsg.), Sonderabdruck aus Handwörterbuch der Rechtswissenschaft, Berlin und Leipzig: Verlag von Walter de Gruyter & Co. 1927, S. 315-326. 该文的中译本，参见汉斯·凯尔森等：《德意志公法的历史理论与实践》，王银宏译，法律出版社2019年版，第3—18页。

② 汉斯·凯尔森：《奥地利宪法》（1927年），载汉斯·凯尔森等：《德意志公法的历史理论与实践》，王银宏译，法律出版社2019年版，第3页。

性概念在实质上并不适于奥地利",因此,"人们只能基于分权化的特殊形式来理解奥地利之作为宪法中明确规定的联邦制国家,并以此作为其特性"。①

此外,凯尔森还指出奥地利宪法本身所具有的特性,即奥地利宪法属于通常所说的"柔性宪法"一类,因为虽然"奥地利宪法的绝大多数规定和实质性内容都规定在一个宪法文本中",即官方所称的"联邦宪法法"(Bundes-Verfassungsgesetz),但是除了该《联邦宪法法》,奥地利宪法还包括其他的宪法性法律。② 1925 年 7 月 30 日,通过"联邦宪法修正案"(联邦法律公报号码:268),该《联邦宪法法》在诸多方面被修改,修改后的《联邦宪法法》文本由联邦总理通过 1925 年 9 月 26 日的法令(联邦法律公报号码:367)再次予以公布。③

在联邦层面,国民议会议员的选举采用比例选举制,这跟凯尔森发表于 1920 年的《论民主的本质及其价值》中主张采用"比例选举制"的观点是一致的,这样可以使每个党派都有其"合乎比例的"代表。依据凯尔森的论述,以各州之间的界限为基础,联邦分为 25 个选区,要选出的 165 位议员按照各选区的人口比例进行分配,选区则依上一次人口普查时在选区有正式居所的公民人数进行划分。④ 凯尔森还指出:"依据之前的《国民议会选举条例》(1923 年 7 月 11 日的

---

① 汉斯·凯尔森:《奥地利宪法》(1927 年),载汉斯·凯尔森等:《德意志公法的历史理论与实践》,王银宏译,法律出版社 2019 年版,第 3 页。
② 参见汉斯·凯尔森:《奥地利宪法》(1927 年),载汉斯·凯尔森等:《德意志公法的历史理论与实践》,王银宏译,法律出版社 2019 年版,第 4 页。
③ 参见汉斯·凯尔森:《奥地利宪法》(1927 年),载汉斯·凯尔森等:《德意志公法的历史理论与实践》,王银宏译,法律出版社 2019 年版,第 4 页。
④ 参见汉斯·凯尔森:《奥地利宪法》(1927 年),载汉斯·凯尔森等:《德意志公法的历史理论与实践》,王银宏译,法律出版社 2019 年版,第 4 页。

联邦法律，联邦法律公报号码：367），选举不是通过一般的行政机构，而是通过特殊的选举机构进行的，而政党的参与对其形成具有决定性意义，选举是依照选举人名单的原则进行的，由此，每位选民须依据在选举机构登记并公布的政党名单投票支持或反对某一政党。"此外，在确定选举结果之前还要进行两个确认程序，其中第一个程序是"在每个选区成立的选举机构需确认各该选区的有效票数（总数）及每个政党所获得的票数（政党票数），每个政党所获得的议席数则是基于每个政党所获得的票数及总议席数在各政党之间的分配"①。但是，"所有的165个议席并不是都通过这种程序来进行分配，还有所谓的余席（Restmandate）。同样也存在所谓的余票（Reststimmen），即没有达到获得一个议席或者继续获得一个议席的票数。依据不同政党的余票来分配余席或者依据不同政党的余票之间的比例来分配余席则是第二个程序。这并不在整个联邦的范围内统一实施，而是在25个选区基础上联合成的四个'大选区'的范围内分别实施。只要一个政党在该'大选区'获得一定的票数，就会获得相应的分属于该'大选区'的余席"②。

凯尔森详细论述了联邦立法的基本程序。其中，向国民议会提出的法律议案，"可以由国民议会议员申请、联邦政府提出法律草案、联邦议会通过联邦政府的申请或者基于公民的表决而达成，作为公民表决而提出的议案须有200 000名以上的公民投票同意或者三个州联合提出的议案申请得到这三个州中半数公民的同意，若是以法律草案

---

① 汉斯·凯尔森:《奥地利宪法》（1927年），载汉斯·凯尔森等:《德意志公法的历史理论与实践》，王银宏译，法律出版社2019年版，第4页。
② 汉斯·凯尔森:《奥地利宪法》（1927年），载汉斯·凯尔森等:《德意志公法的历史理论与实践》，王银宏译，法律出版社2019年版，第4—5页。

的形式提出,则需由联邦政府依国民议会议事规则规定的方式提交国民议会"①。国民议会原则上通过"三读"来表决是否审议通过法律草案,国民议会通过的法律案决议"均需立即转送联邦总理,并由联邦总理送交联邦议会通过后予以公布"②。根据凯尔森的论述,当时的联邦议会由50位议员组成,由各州的州议会选举产生;各州选举产生的联邦议会议员人数根据其人口数确定,其中人数最多州的州议会可选举12位联邦议会的议员,但是每个州的州议会最少应选举出3位联邦议会议员,同时也应选出每位联邦议会议员的候补人选,"联邦议会的议员及候补人选由各州议会依据比例原则选出,其任职期限与每届州议会议员的任职期限相同"③。

对于国民议会和联邦议会之间的权力关系问题,凯尔森指出:"对于国民议会的法律案决议,联邦议会可在收到国民议会的法律案决议后八周内附理由地提出异议。然而,国民议会可在其至少半数议员出席的情形下推翻联邦议会的异议,就其原初的法律案决议继续进行其立法程序。若联邦议会的异议没有附加理由,或者没有在八周内提出附理由的异议,则国民议会亦可继续其立法程序。对于国民议会通过的关于其议事规则的法律决议、关于解散国民议会的决议、关于联邦预算的批准、关于审议工作的批准、关于接受或改变联邦公债或者与联邦资产相关的决议,联邦议会无权提出异议。对于国民议会通过的包含有改变联邦议会地位的联邦宪法性规定的法律案决议,联邦

---

① 汉斯・凯尔森:《奥地利宪法》(1927年),载汉斯・凯尔森等:《德意志公法的历史理论与实践》,王银宏译,法律出版社2019年版,第5页。
② 汉斯・凯尔森:《奥地利宪法》(1927年),载汉斯・凯尔森等:《德意志公法的历史理论与实践》,王银宏译,法律出版社2019年版,第5页。
③ 汉斯・凯尔森:《奥地利宪法》(1927年),载汉斯・凯尔森等:《德意志公法的历史理论与实践》,王银宏译,法律出版社2019年版,第5—6页。

议会没有搁置否决权,只有同意权。"① 在特定的情形下,国民议会的法律案决议可能需要交付全民公决,但是,"仅在联邦宪法受到整体修改的情形下,这种全民公决的程序才是强制性和必须的。在联邦宪法受到部分修改时,仅在国民议会三分之一的议员或者联邦议会三分之一的议员要求的情形下,国民议会的这种决议才受全民公决的审查";此外,若国民议会自己作出决议或者国民议会的多数议员提出相关申请,那么国民议会的任何法律案决议均可交由全民公决进行决定,而全民公决的决定遵循有效票数的绝对多数原则。②

凯尔森指出,根据联邦宪法,当时奥地利的立法职能在联邦和州之间的分配体现出"中央集权"的特性,因为联邦在绝大多数重要事务方面都拥有立法权。③ 在联邦和州之间分配的立法职能在原则上可分为四种不同类型的事务:"一是立法权和执行权都归于联邦的事务;二是联邦仅有立法权,而执行权归于各州的事务;三是联邦仅以法律的形式确立基本原则,而各州可依此颁布实施性法律并享有执行权的事务;四是立法权和执行权都归于各州的事务。"在一些情形下,联邦和州共同享有执行权,"在某些特定的情况下,立法权可能会产生在联邦和州之间的转移等情形"。④

在当时奥地利的联邦制下,"所有的司法权,包括行政法院和宪法法院的司法权,均属联邦的职能",各州不享有司法权。联邦的最

---

① 汉斯·凯尔森:《奥地利宪法》(1927年),载汉斯·凯尔森等:《德意志公法的历史理论与实践》,王银宏译,法律出版社2019年版,第6页。
② 参见汉斯·凯尔森:《奥地利宪法》(1927年),载汉斯·凯尔森等:《德意志公法的历史理论与实践》,王银宏译,法律出版社2019年版,第6—7页。
③ 参见汉斯·凯尔森:《奥地利宪法》(1927年),载汉斯·凯尔森等:《德意志公法的历史理论与实践》,王银宏译,法律出版社2019年版,第7页。
④ 参见汉斯·凯尔森:《奥地利宪法》(1927年),载汉斯·凯尔森等:《德意志公法的历史理论与实践》,王银宏译,法律出版社2019年版,第7页。

高行政权力属于联邦政府,联邦政府由联邦总理、副总理和各部部长组成,而各州行使"间接的联邦行政之权"的机构原则上是州长,而非以州长为首的州政府。①"中间层级的联邦行政权力和州领域范围内的联邦行政权力既可以通过联邦机构(直接的联邦行政)行使,也可以通过州的行政机构在其权限范围内(间接的联邦行政)得到执行",凯尔森指出,"后一种形式是常态,前一种形式是例外",对于"由联邦机构在州的领域范围内处理的联邦行政事务",宪法详尽地予以列举,包括关税、联邦财政、邮政、电报和电话事务、采矿、军事等事务,"对于宪法中明确保留的事务,联邦想在州的领域范围内设立自己的联邦机构,则需要相关各州的同意"。②

对于各州的宪法,根据当时《联邦宪法法》的规定,各州只能在联邦宪法所确定的范围内制定自己的宪法,因而,"各州的宪法自治是受到限制的"。③ 对于各州议会的法律决议,"只要联邦宪法未予规定,那么以州法律的形式颁布的州宪法也可以通过州法律予以修改。州的宪法性法律只能在州议会议员过半数出席且以三分之二多数通过。任何州的州议会均可基于联邦政府的申请在联邦议会同意的情形下由联邦总统予以解散。在这种情形下,该州议会在联邦议会中的代表不能参与投票表决"④。

在财政宪法方面,凯尔森论道,联邦和州之间的财政关系基本是

---

① 参见汉斯·凯尔森:《奥地利宪法》(1927年),载汉斯·凯尔森等:《德意志公法的历史理论与实践》,王银宏译,法律出版社2019年版,第8—9页。
② 参见汉斯·凯尔森:《奥地利宪法》(1927年),载汉斯·凯尔森等:《德意志公法的历史理论与实践》,王银宏译,法律出版社2019年版,第9页。
③ 参见汉斯·凯尔森:《奥地利宪法》(1927年),载汉斯·凯尔森等:《德意志公法的历史理论与实践》,王银宏译,法律出版社2019年版,第10页。
④ 汉斯·凯尔森:《奥地利宪法》(1927年),载汉斯·凯尔森等:《德意志公法的历史理论与实践》,王银宏译,法律出版社2019年版,第10—11页。

通过 1922 年 3 月 3 日《关于规定联邦和州之间财政关系的联邦宪法法》（联邦法律公报号码：124）确定的，之后有过修改。① 根据该"财政宪法"的规定，"在整个联邦范围内，为使联邦、州及乡镇有效履行职能而征收的公共赋税可以是纯粹联邦的税收，也可以是在联邦和州之间分配的税收或者纯粹州的税收"，其中，纯粹联邦的税收是"仅用于联邦事务目的的税收以及州和乡镇征收的同种类型的税收和附加费"，而在联邦和州之间分配的税收则部分用于联邦事务，部分用于州的事务，"存在如下几种分配方式：（1）由联邦征收的在联邦和州之间分配的赋税（'普通税'）；（2）联邦征收一种赋税，而这种赋税成为州（或乡镇）征收附加费用的基础（'附加税'）；（3）联邦征收一种赋税，州（或乡镇）也对征收对象征收同一种赋税（'同种税'）"。② 除此之外，由州（或乡镇）征收的赋税为纯粹州的税收（或乡镇的税收），"原则上，公共赋税——不考虑财政宪法中规定的几种特殊情形——只能基于法律予以征收、改变、延长征收期限或者予以取消"。③

在宪法保障方面，联邦设立审计署、行政法院和宪法法院，以保障宪法和法律的实施。联邦设立的审计署有权审查联邦的国家经济财政，也有权审查州的财政。审计署直接隶属于国民议会，其审计长由国民议会依总委员会的提名建议选举产生；审计长向国民议会负责，可由国民议会决议罢免；审计署的成员由联邦总统依据审计长的建议

---

① 参见汉斯·凯尔森：《奥地利宪法》（1927 年），载汉斯·凯尔森等：《德意志公法的历史理论与实践》，王银宏译，法律出版社 2019 年版，第 12 页。
② 参见汉斯·凯尔森：《奥地利宪法》（1927 年），载汉斯·凯尔森等：《德意志公法的历史理论与实践》，王银宏译，法律出版社 2019 年版，第 12 页。
③ 参见汉斯·凯尔森：《奥地利宪法》（1927 年），载汉斯·凯尔森等：《德意志公法的历史理论与实践》，王银宏译，法律出版社 2019 年版，第 12 页。

和同意而任命。① 联邦设立的行政法院有权对行政权（既包括联邦的行政权，也包括州的行政权）进行法律审查，可对公民针对行政机构的决定（包括决定和命令）而提出的控诉进行裁决，"若某人认为，行政决定侵犯了自己的权力，那么他可以在穷尽了所有行政方式的救济途径之后针对该行政决定向行政法院提起控诉；另一种可向行政法院提起控诉的合法情形是针对最终做出行政决定的行政机构提起控诉"，但是，行政法院的裁决"仅具有撤销的性质"。②

联邦设立的宪法法院也有权对针对行政机构的行政决定而提出的诉愿作出裁决，"只要诉愿人主张该行政决定侵犯了其受宪法保障的权利，当然原则上要在穷尽了所有行政方式的救济途径之后才能诉至宪法法院"③。1920 年《联邦宪法法》规定了宪法法院所具有的职能。基于宪法法院所具有的诸多职能，在凯尔森看来，奥地利宪法法院既是解决国家机构间权限冲突的中央法院，也是中央选举法院、中央国务法院，同时也有权解释宪法以及保障公民的宪法权利。④ 在宪法法院的工作规定方面，宪法法院从其法官中选举相应数量的常务负责法官（当时为三位），以提前准备宪法法院对案件的审理。奥地利宪法法院通常以全体会议的形式作出裁决；然而，某些案件可以由五位法

---

① 参见汉斯·凯尔森：《奥地利宪法》（1927 年），载汉斯·凯尔森等：《德意志公法的历史理论与实践》，王银宏译，法律出版社 2019 年版，第 13 页。
② 参见汉斯·凯尔森：《奥地利宪法》（1927 年），载汉斯·凯尔森等：《德意志公法的历史理论与实践》，王银宏译，法律出版社 2019 年版，第 13—14 页。
③ 汉斯·凯尔森：《奥地利宪法》（1927 年），载汉斯·凯尔森等：《德意志公法的历史理论与实践》，王银宏译，法律出版社 2019 年版，第 14 页。
④ Hans Kelsen, Verfassung, in: Fritz Stier-Somlo und Alexander Elster (Hrsg.), Sonderabdruck aus Handwörterbuch der Rechtswissenschaft, Berlin und Leipzig: Verlag von Walter de Gruyter & Co. 1927, S. 322-324.

官（包括主席在内）组成的裁决委员会作出裁决。①

在国民的一般权利方面，1920年《联邦宪法法》接受了奥匈帝国时期1867年12月22日《关于国民一般权利的国家基本法》（帝国法律公报号码：142），将该国家基本法"宣告作为联邦的宪法性法律"。"通过联邦宪法，《关于国民一般权利的国家基本法》第1条所规定的一般性的奥地利公民身份制度被与州的公民身份相联系的联邦公民身份制度所代替，每个州都有其公民身份制度"，但是，联邦宪法规定，任何联邦的公民在任何州都享有与其本州公民同样平等的权利和义务。②

1920年《联邦宪法法》坚持了1867年《关于国民一般权利的国家基本法》所规定的所有国民在法律面前一律平等的原则，其中增加的内容是"基于出生、性别、社会地位、阶级和宗教的特权均被取消"③。作为联邦宪法性法律予以颁布的1919年4月3日《关于取消贵族、世俗骑士和女性修会及特定称号和头衔的法律》（国家法律公报号码：211）和1919年4月3日《关于驱逐出境和接收哈布斯堡—洛林王室财产的法律》（国家法律公报号码：209）进一步保障了平等原则。④《关于国民一般权利的国家基本法》所规定诸多基本权利和自由权继续得到1920年《联邦宪法法》的确认和保障，其中包括所有公民平等获得公职之资格的权利、个人自由迁徙和财产自由转移的

---

① 参见汉斯·凯尔森：《奥地利宪法》（1927年），载汉斯·凯尔森等：《德意志公法的历史理论与实践》，王银宏译，法律出版社2019年版，第16页。
② 参见汉斯·凯尔森：《奥地利宪法》（1927年），载汉斯·凯尔森等：《德意志公法的历史理论与实践》，王银宏译，法律出版社2019年版，第17页。
③ 汉斯·凯尔森：《奥地利宪法》（1927年），载汉斯·凯尔森等：《德意志公法的历史理论与实践》，王银宏译，法律出版社2019年版，第17页。
④ 参见汉斯·凯尔森：《奥地利宪法》（1927年），载汉斯·凯尔森等：《德意志公法的历史理论与实践》，王银宏译，法律出版社2019年版，第17页。

权利、移民自由、财产不受侵犯的权利、营业自由、获取地产的自由、职业自由、公民的人身自由和住宅不受侵犯、通信秘密、请愿权、集会和结社的权利、完全的信仰自由和良心自由、学术自由和理论自由等,但是,《关于国民一般权利的国家基本法》的最后一条规定因其中"蕴含着宣布国家处于紧急状态的可能性"而被明确废除。①

凯尔森作为奥地利宪法法院法官为奥地利宪法法院真正成为一个其设想中的"宪法机构"做出了重要贡献。凯尔森不仅以其宪法实践使奥地利宪法法院成为所谓的"宪法的守护者",而且在任奥地利宪法法院法官期间还发表相关论著,阐释和论证奥地利宪法法院的职能及其作用和意义。在专门论述奥地利宪法法院的职能方面,凯尔森发表于1928年的《奥地利现行法中权限冲突的概念》一文具有代表性②,他在这篇文章中专门论述了当时奥地利法律中关于不同机构之间权限冲突的规定以及奥地利宪法法院在解决不同机构之间的权限冲突方面的职能。解决国家机构之间的权限冲突在当时被看作是奥地利宪法法院"最重要的职能"之一。

1920年《联邦宪法法》第138条规定了不同国家机构之前的冲突问题及其解决,即由宪法法院来解决权限冲突问题,但是,凯尔森指出,1920年《联邦宪法法》第138条"并未详细规定权限冲突的概念,只是在规定一些机构或者某类机构时,对此做了一定的限制",即规定了在法院和行政机构之间、行政法院和所有其他法院之间以及

---

① 参见汉斯·凯尔森:《奥地利宪法》(1927年),载汉斯·凯尔森等:《德意志公法的历史理论与实践》,王银宏译,法律出版社2019年版,第17—18页。
② Hans Kelsen, Der Begriff des Kompetenzkonfliktes nach geltendem österreichischen Recht, in: Juristische Blätter, Nr. 6, 24. März 1928, S. 105-110. 该文的中译本,参见汉斯·凯尔森等:《德意志公法的历史理论与实践》,王银宏译,法律出版社2019年版,第19—33页。

普通法院和其他法院之间、各州之间可能存在权限方面的冲突。① 在凯尔森看来，"当一个法律制度中规范的颁布和执行需要通过诸多机构才能实现时，该法律制度必须明确界定这些机构在时间、空间和事务方面的职权。任何职权方面的冲突都意味着对规定一个机构职权的规范尚未进行的侵犯或已成的侵犯；但是，并非所有对职权的侵犯都是权限冲突"②。

凯尔森指出，除了 1920 年《联邦宪法法》第 138 条的规定，1925 年《宪法法院法》还规定了"两个机构都要求对同一事务做出决定或发布命令，或者都已经对同一事务做出了决定或发布命令，抑或两个机构都拒绝对同一事务做出决定或发布命令"的情形，因而，"《宪法法院法》不仅确认两个机构以上述方式都试图对同一事务做出决定或发布命令属于权限冲突，也确认两个机构已经对同一事务做出了决定或发布命令亦为权限冲突"。③ 同时，《宪法法院法》第 51 条规定，宪法法院可以撤销与其裁决相对立的其他机构的行为，因此，无论是行政行为，还是法院的判决，都可能会被宪法法院撤销，"权限冲突可能存在于任何阶段，并且可能存在权限冲突的机构一方或者双方已经做出了决定或发布命令，因而宪法法院必须享有一种可以撤销相互对立的决定或命令的权力"④。凯尔森在这里明确区分了权限冲突

---

① 参见汉斯·凯尔森：《奥地利现行法中权限冲突的概念》（1928 年），载汉斯·凯尔森等：《德意志公法的历史理论与实践》，王银宏译，法律出版社 2019 年版，第 19—20 页。
② 汉斯·凯尔森：《奥地利现行法中权限冲突的概念》（1928 年），载汉斯·凯尔森等：《德意志公法的历史理论与实践》，王银宏译，法律出版社 2019 年版，第 19 页。
③ 参见汉斯·凯尔森：《奥地利现行法中权限冲突的概念》（1928 年），载汉斯·凯尔森等：《德意志公法的历史理论与实践》，王银宏译，法律出版社 2019 年版，第 20 页。
④ 汉斯·凯尔森：《奥地利现行法中权限冲突的概念》（1928 年），载汉斯·凯尔森等：《德意志公法的历史理论与实践》，王银宏译，法律出版社 2019 年版，第 20—21 页。

中"决定"(Entscheidungen)和"命令"(Verfügugnen)的概念内涵,并且以此确定它们对于权限冲突问题的意义。①

基于此,凯尔森指出:"对于《宪法法院法》中规定的权限冲突的概念具有重要意义的是,在权限上相互冲突的两个机构都试图或者已经对'同一事务'做出官方行为。当然,事务的同等性并未在法律中予以详细规定。因而,这种问题留给了需要对权限冲突做出裁决的宪法法院,宪法法院需要对此权衡斟酌。"② 凯尔森在这里区分了"事务的同一性"与"事实情况的同一性"的概念,指出"1925年的《宪法法院法》并未明确地将权限冲突限定于两个机构均要求对同一事务做出决定的情形,而是明确地将其扩展为两个机构已经对同一事务做出决定的情形",在确定权限冲突时,"需要认清权限冲突产生的原因,亦即不同机构做出决定的依据,因为只有从其决定的理由中才能看到不同机构所援引的法律规范,而这是不同机构针对明确的事实情况做出决定的依据"。③ 由此,凯尔森进一步论道:"权限冲突不仅存在于两个机构对作为主要问题的同一事务做出决定或者意欲做出决定的情形中,而且还存在于一个机构对需要预先解决的问题单独做出决定而另一个机构则已经将此作为主要问题做出决定的情形中。"④

凯尔森指出:"宪法法院已经对其与行政法院之间的关系规定进

---

① 参见汉斯·凯尔森:《奥地利现行法中权限冲突的概念》(1928年),载汉斯·凯尔森等:《德意志公法的历史理论与实践》,王银宏译,法律出版社2019年版,第21—22页。
② 汉斯·凯尔森:《奥地利现行法中权限冲突的概念》(1928年),载汉斯·凯尔森等:《德意志公法的历史理论与实践》,王银宏译,法律出版社2019年版,第22页。
③ 汉斯·凯尔森:《奥地利现行法中权限冲突的概念》(1928年),载汉斯·凯尔森等:《德意志公法的历史理论与实践》,王银宏译,法律出版社2019年版,第24页。
④ 汉斯·凯尔森:《奥地利现行法中权限冲突的概念》(1928年),载汉斯·凯尔森等:《德意志公法的历史理论与实践》,王银宏译,法律出版社2019年版,第24页。

行了数年的权衡考量;宪法法院的这种权衡考量在 1925 年导致对《宪法法院法》进行了一次十分重要的修改。"① 从 1925 年起,宪法法院一般会驳回因要求对行政行为的合法性审查而对行政行为的法律效力提起的诉愿,因为宪法法院不想"越权行使应当由行政法院行使的职权","行政行为的合法性在行政程序上最终受到作为最高审级的行政法院的审查"。② 此外,对于侵犯公职人员权益的行政行为,若公职人员"与此相关的诉求并不具有国家公职的权利属性",那么宪法法院"在实践中的做法是,驳回所有此类针对行政行为而提起的诉愿申请",当事人"应向行政法院提起诉愿来申请撤销相对的行政行为";若与此相关的诉求具有国家公职的权利属性,那么宪法法院有权作出裁决。③

凯尔森在这篇文章的最后还对当时产生激烈争论的"豁免婚姻"案件④进行了分析,论述和探讨了行政机构和普通法院在"民事婚姻的有效性"方面的"权限冲突"问题,并为宪法法院在当时作出的裁

---

① 汉斯·凯尔森:《奥地利现行法中权限冲突的概念》(1928 年),载汉斯·凯尔森等:《德意志公法的历史理论与实践》,王银宏译,法律出版社 2019 年版,第 26 页。
② 汉斯·凯尔森:《奥地利现行法中权限冲突的概念》(1928 年),载汉斯·凯尔森等:《德意志公法的历史理论与实践》,王银宏译,法律出版社 2019 年版,第 27 页。
③ 参见汉斯·凯尔森:《奥地利现行法中权限冲突的概念》(1928 年),载汉斯·凯尔森等:《德意志公法的历史理论与实践》,王银宏译,法律出版社 2019 年版,第 27 页。
④ 即天主教徒离婚案。因时为下奥地利州(Niederösterreich)州长的阿尔贝特·泽韦尔(Albert Sever)力主天主教徒可以离婚并且离婚后可以再婚,同时颁布法令解除对天主教徒禁止离婚的限制,故该事件亦称为"泽韦尔婚姻"(Sever-Ehen)事件。自 1938 年起,奥地利才有现代意义上的民事婚姻。对"豁免婚姻"案件的详细讨论,参见 Ulrike Harmat, Ehe auf Widerruf? Der Konflikt um das Eherecht in Österreich 1918-1938, Frankfurt am Main 1999, S. 290-311, 403-415; Christian Neschwara, Kelsen als Verfassungsrichter. Seine Rolle in der Dispensehen-Kontroverse, in: Stanley L. Paulson, Michael Stolleis (Hrsg.), Hans Kelsen. Staatsrechtslehrer und Rechtstheoretiker des 20. Jahrhunderts, Tübingen 2005, S. 361 ff.; Robert Walter, Hans Kelsen als Verfassungsrichter, Wien 2005, S. 57 ff.; Rudolf Aladár Métall, Hans Kelsen. Leben und Werk, Wien 1969, S. 51-56。

决辩护:"宪法法院在'豁免婚姻'案件中的裁决遭到普通市民和民事诉讼专家的激烈反对,但是宪法法院并非——就像诸多误解一再所提出的那样——意在支持'豁免婚姻'的有效性,或者意在确认行政机构对受婚约的约束而造成缔结相关婚姻障碍的豁免的合法性——对这种法律问题做出裁决并非宪法法院的职权范围内之事,宪法法院的最终目的是确立行政权和普通司法权之间的平等地位。"①

---

① 汉斯·凯尔森:《奥地利现行法中权限冲突的概念》(1928年),载汉斯·凯尔森等:《德意志公法的历史理论与实践》,王银宏译,法律出版社2019年版,第33页。

第五章 宪法法院的守护者：
凯尔森的宪法实践及其理念

在第一次世界大战之后，以汉斯·凯尔森的法学理论为基础而设立的奥地利宪法法院较好地履行了其宪法保障的职能，同时，凯尔森作为奥地利宪法法院法官在宪法实践中也对宪法法院制度的发展和维护起到了重要作用。卡尔·伦纳和汉斯·凯尔森在设立奥地利宪法法院方面都做出了极为重要的贡献，但是基于他们在设立奥地利宪法法院方面所做出的不同贡献，在埃瓦尔德·魏德林教授看来，卡尔·伦纳是"奥地利宪法法院之父"，而凯尔森则是"奥地利宪法法院之母"。[①] 无论对于凯尔森的贡献评价如何，他至少应是奥地利宪法法院的"父母"之一，为奥地利宪法法院的设立、发展及其理论辩护做出了重要贡献。

第一节 凯尔森作为宪法法院法官的实践理念

凯尔森不仅以其法学理论为奥地利宪法法院奠定了理论基础，而

---

① Ewald Wiederin, Der österreichische Verfassungsgerichtshof als Schöpfung Hans Kelsens und sein Modellcharakter als eigenständiges Verfassungsgericht, in: Thomas Simon, Johannes Kalwoda (Hrsg.), Schutz der Verfassung. Normen, Institutionen, Höchst- und Verfassungsgerichte, Berlin 2014, S. 306.

且通过起草 1919 年《关于设立德意志奥地利宪法法院的法律》和 1920 年奥地利共和国的《联邦宪法法》为奥地利宪法法院的设立和发展奠定宪法和法律基础,更为重要的是,凯尔森作为宪法法院法官为奥地利宪法法院成为其设想中的国家机构付出了诸多努力,做出了诸多贡献。在理论上,所有的法律行为都应受到规范和审查,以确保其不违反宪法或上级规范,易言之,凯尔森设想中的宪法法院的主要职能在于保障所有具有直接宪法效力的行为的合宪性和合法性。

一、宪法法院的职能范围

依据凯尔森的观点,宪法法院的职能范围十分广泛,这不仅体现在凯尔森起草的 1920 年奥地利共和国的《联邦宪法法》中,也体现为凯尔森作为宪法法院法官的法律实践中。奥地利宪法法院的职能范围主要包括如下几个方面:

(一)公法上的(财产权)诉求

在凯尔森起草的宪法草案中,"公法上的诉求"(Kausalgerichtsbarkeit)一词所指的是联邦与州之间以及各州之间的所有法律争议。在奥地利宪法史上,"公法上的诉求"一词的含义并非一成不变。1920 年奥地利《联邦宪法法》中规定的"公法上的诉求"主要是指所有不能通过正常法律途径得到解决的针对联邦、州和乡镇的诉求可由宪法法院予以裁决。依据该宪法法,州是作为"国家"、乡镇是作为"国家的机构"来行使职能的,而联邦则是"国家"之整体。[1] 1925 年的《联邦宪法法修正案》将"公法上的诉求"限定为"针对

---

[1] Hans Kelsen, Georg Froehlich, Adolf Merkl, Die Bundesverfassung vom 1. Oktober 1920, Wien und Leipzig 1922, S. 249.

联邦、州、乡镇及乡镇联合体的财产权诉求",这种含义至今没有大的变化。

在凯尔森任宪法法院法官时期,有相当数量的裁决涉及公民的财产权诉求,尤其是基于《公职人员法》(Dienstrecht)而产生的财产权诉求,对于这些案件,凯尔森经常是作为常务负责法官参与裁决。① 宪法法院1921年第68号裁决(A 40/21)所涉及的问题是,宪法法院在何种程度上可以就"自由裁量决定"进行审查的问题。作为常务负责法官,凯尔森的意见是,宪法法院可以在一般意义上对自由裁量进行审查,当然这种观点在具体案件中并不具有可执行性。在裁决理由中,凯尔森进行了详细论述:未经宪法法院审查的行政机构之自由裁量行为是可信赖的,依据1920年《联邦宪法法》第129条的规定,当行政法院所撤销的行政决定是行政机构在法律允许范围内的自由裁量时,可以认为没有侵犯公民的权利。②

1922年第88号裁决(A 54/21)所涉及的问题是,是否可以依据先例确认某特定法规的合法性。凯尔森对此持肯定态度(这也是宪法法院最后的裁决观点),并且认为:"宪法法院须抓住每一个机会来审查法规是否违宪。这与其作为宪法之保护者(Hort der Verfassung)的地位和使命相适应。"③

(二)国家机构间的权限争议

当某一国家职能涉及两个或多个不同机构时,这些机构的职能之间不可避免地会产生争议,这些争议应在法律制度中从"时间、空间

---

① Robert Walter, Hans Kelsen als Verfassungsrichter, Wien 2005, S. 70.
② Robert Walter, Hans Kelsen als Verfassungsrichter, Wien 2005, S. 71-72.
③ Robert Walter, Hans Kelsen als Verfassungsrichter, Wien 2005, S. 72.

及客观实际方面"予以界定。① 依据凯尔森的宪法草案,宪法法院有权裁决联邦以及各州的法院与行政机构之间、联邦政府与州政府之间以及各州政府之间的权限争议。② 此外,宪法法院还可以就行政法院与其他法院,包括行政法院与宪法法院之间的权限争议进行裁决。③ 凯尔森认为,传统定义中的(国家机构间的)权限争议范围过于狭窄,例如制定法律和法规的权限争议不属于宪法法院的裁决范围,④ 因此应扩大宪法法院关于权限争议的裁决范围,以有效地解决国家机构间的权限争议,无论是"积极的权限争议",还是"消极的权限争议"均可由宪法法院予以裁决。⑤ 对于两个行政机构之间是否存在积极的权限冲突的问题,宪法法院基于常务负责法官凯尔森的裁决建议在 1924 年第 257 号裁决(K 6/23)中一致认为,不存在此种冲突。⑥

奥地利宪法法院起初仅在有限的范围内解决国家机构之间的权限冲突问题。因在一系列"豁免婚姻"案件中,法院和行政机构之间一直存在着权限方面的冲突,宪法法院自 1927 年开始裁决较大数量的权限冲突案件。在解决这些在理论上和政治上极具争议的案件方面,

---

① Hans Kelsen, Der Begriff des Kompetenzkonfliktes nach geltendem österreichischen Recht, in: Juristische Blätter 6 (57. Jahrgang, 24. 3. 1928), S. 105.
② Felix Ermacora, Die österreichische Bundesverfassung und Hans Kelsen: Analysen und Materialien. Zum 100. Geburtstag von Hans Kelsen, Wien 1982, S. 446.
③ Hans Kelsen, Verfassungs- und Verwaltungsgerichtsbarkeit im Dienste des Bundesstaates, nach der neuen österreichischen Bundesverfassung vom 1. Oktober 1920, in: Zeitschrift für Schweizerisches Recht 52 (Neue Folge, 1923/1924), S. 205.
④ Hans Kelsen, Der Begriff des Kompetenzkonfliktes nach geltendem österreichischen Recht, in: Juristische Blätter 6 (57. Jahrgang, 24. 3. 1928), S. 105.
⑤ "积极的权限争议"一般是指两个或多个司法或行政机构均认为某一事项属其权限管辖,而其他机构无此权限。"消极的权限争议"则是指两个或多个机构均认为某一事项不属其权限管辖而拒绝或不行使对某一事项的管辖权。
⑥ Robert Walter, Hans Kelsen als Verfassungsrichter, Wien 2005, S. 69.

凯尔森发挥了重要的作用。① 关于这种"豁免婚姻"所引起的混乱状况，从鲁道夫·梅塔尔（Rudolf Aladár Métall）为凯尔森所写传记中对这一事件的描述可见一斑："这个明确许可由其行政机构来缔结婚姻的国家，又通过法院来宣告这些婚姻为无效。国家的尊严几乎以这种令人恼扰的方式受到侵害。由此，法院有权依其职权来审查现存的婚姻关系的有效性，任何一个简单的告发都足以引致婚姻被宣告为无效。这种状况可以被用来进行无耻的敲诈勒索。在行政机构所批准的豁免婚姻中生活的人，始终面临着这种被敲诈勒索的危险。并且不仅于此。借助于行政机构颁发的婚姻豁免而开始第二个婚姻的丈夫，若其愿意的话，可以解除这段婚姻，他只需向主管法院寄去一封信件，告知法院他在豁免婚姻中生活……"② 由于这些案件的裁决，凯尔森"不时地成为被猛烈抨击的对象"，并且"被认为是怂恿离婚罪的罪魁祸首"。③ 在这些案件中，基于凯尔森谨慎的教义学立场和严格的解释立场，宪法法院在裁决中认为，普通法院无权宣告颁发豁免的行政行为为无效，基于此，撤销了那些宣告婚姻为无效的法院的判决。通过这些裁决和关于权限冲突的宪法实践，宪法法院恢复了由于法院和行政机构之间的公开冲突而受到损害的国家权威。④

在确定宪法法院的审查范围时，还要考虑到行政法院对相关法律行为的审查范围。早在1922年，凯尔森在一次裁决（K 1/22）的讨论中就指出："侵犯公民的一般权利由行政法院管辖，而保护公民的

---

① Robert Walter, Hans Kelsen als Verfassungsrichter, Wien 2005, S. 57.
② Rudolf Aladár Métall, Hans Kelsen. Leben und Werk, Wien 1969, S. 51-52.
③ Hans Kelsen, Autobiographie, in: Matthias Jestaedt (Hrsg.), Hans Kelsen Werke, Band 1 (2007), S. 75.
④ Rudolf Aladár Métall, Hans Kelsen. Leben und Werk, Wien 1969, S. 53.

合宪性权利由宪法法院进行。"① 之后，凯尔森在1923年的一篇论文中继续论道，宪法法院与行政法院的审查的区别在于审查法律行为的合宪性还是合法性，其在法学理论上的界限则是区分其属于直接违宪还是间接违宪。行政法院的审查则是一般的行政审查，而宪法法院对行政行为的审查是特殊的行政审查。② 易言之，宪法法院与行政法法院对公民权利保障的区别在于，宪法法院对公民权利的保障是基于宪法，而行政法院的保障则是基于普通法律，而仅仅因适用法律错误而导致公民权利受到侵犯的情形则属于行政法院的职权管辖。③ 宪法法院在1924年第337号裁决（K 3/24）中亦坚持了凯尔森的上述观点：对于通过错误的法律适用而导致的对财产权的侵犯，由行政法院管辖；只有在行政行为没有法律授权或者明显未遵循相关法律的情形下，才由宪法法院管辖。凯尔森的一次专题学术报告也对宪法法院的此种裁决产生了重要影响。④

凯尔森作为宪法法院法官在解决国家机构之间的权限冲突问题方面做出了重要贡献。在行政权与司法权的冲突方面，他更偏向于自由的行政权，这在宪法法院裁决汇编1927年第878号裁决中有着明显的体现。⑤ 同时，他还在其论著中针对人们的批评为宪法法院的裁决进

---

① Robert Walter, Hans Kelsen als Verfassungsrichter, Wien 2005, S. 69.
② Hans Kelsen, Verfassungs- und Verwaltungsgerichtsbarkeit im Dienste des Bundesstaates, nach der neuen österreichischen Bundesverfassung vom 1. Oktober 1920, in: Zeitschrift für Schweizerisches Recht 52 (Neue Folge, 1923/1924), S. 187–188.
③ Hans Kelsen, Verfassungs- und Verwaltungsgerichtsbarkeit im Dienste des Bundesstaates, nach der neuen österreichischen Bundesverfassung vom 1. Oktober 1920, in: Zeitschrift für Schweizerisches Recht 52 (Neue Folge, 1923/1924), S. 200 f.
④ Robert Walter, Hans Kelsen als Verfassungsrichter, Wien 2005, S. 69.
⑤ Vgl. Robert Walter, Hans Kelsen als Verfassungsrichter (= Schriftenreihe des Hans Kelsen-Instituts Bd. 27), Wien 2005, S. 60–61.

行辩护。①

(三) 对法律的审查

在凯尔森看来，对法律的合宪性进行审查居于重要地位。② 凯尔森在其起草的宪法草案中认为，联邦政府可以向宪法法院申请审查州的法律是否合乎联邦法律，③ 因此，在凯尔森看来，联邦法律的效力应高于州法律的效力，④ 宪法法院可以撤销违宪的州法是凯尔森起草的《联邦宪法法》的目的之一。凯尔森在其宪法草案中还曾建议在各州的行政法院各设一位联邦检察官，在联邦行政法院设立一位联邦总检察官，以维护法律的合宪性。⑤ 在国民大会的宪法委员会的讨论中，凯尔森还建议联邦检察官应协助宪法法院的常务负责法官审查联邦及州的法律和法规是否违宪，这样宪法法院才能真正成为"宪法的客观公正的维护者"⑥。此外，凯尔森认为，下述议会行为也应当受到宪法

---

① Vgl. Ewald Wiederin, Der österreichische Verfassungsgerichtshof als Schöpfung Hans Kelsens und sein Modellcharakter als eigenständiges Verfassungsgericht, in: Thomas Simon, Johannes Kalwoda (Hrsg.), Schutz der Verfassung. Normen, Institutionen, Höchst- und Verfassungsgerichte, Berlin 2014, S. 305; Hans Kelsen, Der Begriff des Kompetenzkonfliktes nach geltendem österreichischen Recht, in: Juristische Blätter 57 (1928), S. 105-110.

② Hans Kelsen, Verfassungs- und Verwaltungsgerichtsbarkeit im Dienste des Bundesstaates, nach der neuen österreichischen Bundesverfassung vom 1. Oktober 1920, in: Zeitschrift für Schweizerisches Recht 52 (Neue Folge, 1923/1924), S. 187.

③ Felix Ermacora, Die österreichische Bundesverfassung und Hans Kelsen: Analysen und Materialien. Zum 100. Geburtstag von Hans Kelsen, Wien 1982, S. 458.

④ 如前所述，在奥地利的政治实践中，由于主张实行中央集权制以及主张联邦制、议会制等政治力量的妥协，奥地利最后实行的是"弱联邦制"，即联邦法律和州法律处于同等地位，联邦法律并不具有优于州法律的法律地位，但是联邦宪法具有最高的法律地位，其位阶高于州宪法。因而，1920 年《奥地利联邦宪法法》规定，联邦政府可以提请宪法法院对州法律的合宪性进行审查，州政府也有权提请宪法法院对联邦法律的合宪性进行审查。

⑤ Georg Schmitz, Die Vorentwürfe Hans Kelsens für die österreichische Bundesverfassung, Wien 1981, S. 292.

⑥ Gerald Stourzh, Wege zur Grundrechtsdemokratie, Wien 1989, S. 331.

法院的审查：(1) 一些具有法律拘束力但不具有法律形式的议会行为，如议会通过的议事规程或预算决策（当它们不以法律的形式出现时）；(2) 那些议会主观上认为其不是法律，但依据宪法应是法律且其中包含了违宪内容的议会行为，如某些未公布的议会决议或法规；① (3) 州议会通过的关于在联邦税收的基础上增加税赋的决议，此类决议应由宪法法院予以撤销。② 凯尔森的这些意见亦为宪法法院所接受。③ 此外，凯尔森在 1921 年第 31 号（D 3/21）裁决的讨论中指出，有缺陷的"法律"也应受到宪法法院的审查。④

应当指出的是，凯尔森在宪法法院关于法律审查案件的裁决中所发表的意见主要可归结为法律解释问题。在宪法法院的裁决中，凯尔森针对不同的案件采用不同的法律解释方法，例如在宪法法院裁决汇编 1919 年第 32 号裁决关于戏剧审查的案件中，凯尔森主张依据文本含义进行客观解释；在 1919 年第 36 号裁决关于"法院"（"法定法官"）一词的解释中，凯尔森主张依据通常的字义进行客观解释；在另外一些案件中，他又主张法律解释应受到立法者的主观意图的限制，应进行"限缩解释"。⑤

（四）对法规的审查

在凯尔森看来，法规审查的对象首先是具有直接宪法效力的法规（其违法性外在于其违宪性而存在），这种法规可以以法律的形式公

---

① Hans Kelsen, Wesen und Entwicklung der Staatsgerichtsbarkeit, in: VVDStRL 5 (1929), S. 57-58.
② Hans Kelsen, Die Vollendung der österreichischen Bundesverfassung, in: Zeitschrift für Politik (Band 15, 1926), S. 318.
③ 例如，宪法法院裁决汇编中 1921 年第 31 号（D 3/21）裁决。
④ Robert Walter, Hans Kelsen als Verfassungsrichter, Wien 2005, S. 26.
⑤ Vgl. Robert Walter, Hans Kelsen als Verfassungsrichter, Wien 2005, S. 18-19.

布，其重要表现形式之一是未经议会批准而由总统直接发布的紧急命令（Notverordnungen）；其次是一些补充或修改法律内容的法规，这些法规的位阶与法律相同，其违法性表现为直接违反法律，同时间接违反宪法。① 根据凯尔森起草的宪法草案，宪法法院可以根据法院的申请审查联邦或州的行政机构的法规（或执行命令）的合法性，根据联邦政府的申请审查州的行政机构的法规的合法性或者根据州政府的申请审查联邦行政机构的法规的合法性。②

宪法法院裁决汇编中1922年第90号裁决（G 1/22）所面临的一个法律问题是，一项法规是否可以因违宪而被撤销。对于这个问题，我们现在可以不假思索地给出明确的答案，但在当时是有争议的。在常务负责法官凯尔森的建议下，宪法法院在裁决中认为，虽然一项法规可因其违法性而被撤销，但其亦可因违宪性而被撤销。③ 对于宪法法院可否对已失效的法规进行审查的问题，凯尔森在1921年第20号裁决（D 2/21）中持否定态度，根据他的观点，"宪法法院只能审查那些尚未被撤销的法规，宪法法院只能依据法律对相关法规予以撤销，易言之，对于已经无效的法规，宪法法院无须依据法律对其（再次）作出予以撤销的裁决"。④

---

① Hans Kelsen, Wesen und Entwicklung der Staatsgerichtsbarkeit, in: VVDStRL 5 (1929), S. 58-59. 奥地利宪法法院在1923年的判决（VfSlg 176/1923）中认为，法规仅能依据法律或者在法律的范围内颁布，法规仅能执行法律，而不能修改法律。Vgl. Robert Walter, Hans Kelsen als Verfassungsrichter, Wien 2005, S. 36, FN 112.

② Felix Ermacora, Die österreichische Bundesverfassung und Hans Kelsen: Analysen und Materialien. Zum 100. Geburtstag von Hans Kelsen, Wien 1982, S. 450.

③ Robert Walter, Hans Kelsen als Verfassungsrichter, Wien 2005, S. 35.

④ 参见宪法法院裁决汇编中1921年第20号（D 2/21）裁决，Robert Walter, Hans Kelsen als Verfassungsrichter, Wien 2005, S. 34-35。

(五) 对国家条约的审查

宪法法院能否对国家条约进行审查是有争议的。在20世纪初期，宪法法院对国家条约的审查，无论在法理上还是在国际法上均没有很大的障碍，但是对国家条约的合宪性或合法性审查并非当时奥地利宪法法院的职能。无论在凯尔森的宪法草案中，还是1920年《奥地利联邦宪法法》中都没有规定对国家条约的合宪性或合法性的审查。1928年，凯尔森在德国国家法教师协会会议上提出："宪法对于法律内容所规定的原则，同样或者仍然可以适用于国家条约……与宪法相比，国家条约应当具有与法律完全同等的地位。国家条约在形式上——在其制定通过方面——如在实质上那样——在内容方面——可能是直接违宪的。"[1] 因而，国家条约应受到宪法法院的审查以维护一国法律规范的统一性："这种（对国家条约进行审查的）宪法法院制度成为现实，无疑非常有益于一国的法律制度。"[2] 但是，凯尔森也承认，以法律秩序之位阶理论观之，国家条约的地位不是很明确。[3]

无论如何，凯尔森希望通过宪法法院来对国家条约进行审查的愿望在1929年奥地利《联邦宪法法修正案》中得以实现。依据此修正案，宪法法院可以对国家条约的合法性或合宪性作出裁决，可以宣告某项执行国家条约的法律或法规因违法或违宪而无效。由于实施该相关宪法规定的法律至今没有制定颁布，因而奥地利宪法法院也从未作出这方面的裁决。

---

[1] Hans Kelsen, Wesen und Entwicklung der Staatsgerichtsbarkeit, in: VVDStRL 5 (1929), S. 41.

[2] Hans Kelsen, Wesen und Entwicklung der Staatsgerichtsbarkeit, in: VVDStRL 5 (1929), S. 61.

[3] Hans Kelsen, Wesen und Entwicklung der Staatsgerichtsbarkeit, in: VVDStRL 5 (1929), S. 42.

(六) 对选举的审查

奥地利宪法法院是作为"中央选举法院"来行使这种职能的。依据凯尔森起草的宪法草案，宪法法院可以裁定联邦国民大会或总统的选举为无效，可以依据国民大会的申请宣告剥夺某代表的议员资格。① 基于1920年《联邦宪法法》，凯尔森认为，宪法法院可以裁决所有一般代表机构——国民议会、联邦议会、各州议会及其他一般代表机构的选举为无效，可以依据上述代表机构的申请裁定其成员是否失去议员席位。② 从保障宪法所规定的公民权利的角度看，宪法法院的这种职能可以有效地保障公民个人参与国家政治生活的权利，尤其是选举权和被选举权。

凯尔森任宪法法院法官期间，奥地利宪法法院也作出了一系列关于撤销选举的裁决，凯尔森亦参与了其中的大部分裁决，而这些案件中的大部分均涉及选举的实际过程或者选举方式问题。作为常务负责法官，凯尔森在宪法法院裁决汇编1927年第888号裁决（W 12/27）的裁决理由中认为，若对区长的选举任命仅产生间接的影响，那么对选举结果的影响是可以接受的，对选举结果之影响的评判不是依据严格的证据，而是依据可能性，但是如何进行评判最终是取决于宪法法院的裁量。③

---

① Felix Ermacora, Die österreichische Bundesverfassung und Hans Kelsen: Analysen und Materialien. Zum 100. Geburtstag von Hans Kelsen, Wien 1982, S. 468-470.

② Hans Kelsen, Verfassungs- und Verwaltungsgerichtsbarkeit im Dienste des Bundesstaates, nach der neuen österreichischen Bundesverfassung vom 1. Oktober 1920, in: Zeitschrift für Schweizerisches Recht 52 (Neue Folge, 1923/1924), S. 205.

③ Robert Walter, Hans Kelsen als Verfassungsrichter, Wien 2005, S. 87.

(七) 对国家机构公职人员行为的审查 (Staatsgerichtsbarkeit) [1]

依据凯尔森起草的宪法草案，宪法法院可以裁决总统和副总统、联邦政府与州政府成员及与其地位相当的机构所应负的法律或宪法责任。宪法法院可以根据联邦国民大会授权的联邦议会的申请对联邦总统或副总统故意或过失违反联邦宪法的行为、联邦政府成员及与其地位相当的机构的成员基于行使职权而故意或过失违反法律的行为进行裁决，也可以依各州国民大会的申请对州政府成员及与其地位相当的机构的成员基于行使职权而故意或过失违反法律的行为进行裁决，以及依联邦政府的申请对州长基于行使职权而故意或过失违反法律的行为或者对其不执行联邦政府的实施命令或其他要求的行为进行裁决。若宪法法院确认其违法性或违宪性，则可以宣告其失去公职或者被剥夺政治权利，[2] 而需由普通法院（如刑事法院、民事法院）追究的责任，则由普通法院作出裁决。[3] 凯尔森也指出，"职务行为"不仅包括积极地行使职权，也包括消极地不履行职能。宪法法院的这项职能旨在裁定相关国家机构工作人员的行为是否符合宪法，而不仅仅是判定其是否违法。[4]

---

① 这里仅指狭义上的 Staatsgerichtsbarkeit，而广义上的 Staatsgerichtsbarkeit，在凯尔森看来，是宪法法院所具有的职能。

② Felix Ermacora, Die österreichische Bundesverfassung und Hans Kelsen: Analysen und Materialien. Zum 100. Geburtstag von Hans Kelsen, Wien 1982, S. 474-478.

③ Hans Kelsen, Verfassungs- und Verwaltungsgerichtsbarkeit im Dienste des Bundesstaates, nach der neuen österreichischen Bundesverfassung vom 1. Oktober 1920, in: Zeitschrift für Schweizerisches Recht 52 (Neue Folge, 1923/1924), S. 207.

④ Hans Kelsen, Verfassungs- und Verwaltungsgerichtsbarkeit im Dienste des Bundesstaates, nach der neuen österreichischen Bundesverfassung vom 1. Oktober 1920, in: Zeitschrift für Schweizerisches Recht 52 (Neue Folge, 1923/1924), S. 188.

在凯尔森任宪法法院法官时期，奥地利国家档案馆所保存的宪法法院的档案中只有两个案件涉及宪法法院对国家公职人员行为的审查（宪法法院裁决汇编中 1921 年第 8 号裁决 [E 1/21] 与 1923 年第 206 号裁决 [E 1/23]），而凯尔森都参与了这两个案件的裁决。① 第一个案件发生时（1921 年上半年），没有相关法律可予以适用，因为《宪法法院法》当时并未生效（在六月份才颁布），这意味着没有关于对国家公职人员行为进行审查的程序性规定。凯尔森的意见是，依据 1920 年《过渡法》第 40 条，宪法法院只能适用与之前的宪法法院的组织和程序有关的法律，但与本案有关的程序也没有予以规定。因而，这种程序"只能由宪法法院依其自由裁量来确定"。②

第二个案件（宪法法院裁决汇编中 1923 年第 206 号裁决 [E 1/23]）所涉及的问题是，维也纳市长明确拒绝执行禁止或阻止火葬场开工运转的命令，接下来的问题是，当州长认为一项命令为违法时，应该如何处理。凯尔森的意见是，人们只应遵从合法的命令和法规，若一项命令被裁定为合法，但州长没有执行该命令，则他要承担一定的风险；对于不服从的情况存在与否，只有宪法法院有权裁决，并应对命令的合法性问题进行审查。③

（八）通过"宪法诉愿"来保障公民的宪法权利

宪法法院可以通过公民诉愿来保障其因行政机关——无论是联邦行政机关还是州的行政机关——的决定或命令而受到侵犯的宪法权利，但只能在穷尽所有的行政程序之后，公民的权利诉求仍得不到保

---

① Robert Walter, Hans Kelsen als Verfassungsrichter, Wien 2005, S. 81 ff.
② Robert Walter, Hans Kelsen als Verfassungsrichter, Wien 2005, S. 82.
③ Robert Walter, Hans Kelsen als Verfassungsrichter, Wien 2005, S. 84-85.

障的情形下才由宪法法院予以保障。① 这些权利包括财产权、人身自由、自由迁徙权、营业自由、表达自由等公民的一般权利，其中对公民财产权的保护尤为重要。在宪法实践中，凯尔森的态度基本上是倾向于保障公民的基本权利。值得一提的是，在一个涉及财产基本权利的案件中，作为常务负责法官的凯尔森在其草拟的裁决中对基本权利的合比例性审查（Verhältnismäßigkeitsprüfung）持明确的否定态度，因为在他看来，评估公共利益与权衡私人权益属于议会的事务，而非宪法法院职能范围内的事务。②

在凯尔森看来，对法律和法规进行合宪性与合法性审查是宪法法院"最重要的职能"，宪法法院的这种职能不应被看作是"司法"，而应被看作是"立法"③——作为"消极的立法者"④ 而发挥其职能。宪法法院对规范审查的裁决也因此是"消极的立法行为"⑤，因为宪法法院对规范进行审查的结果，一般仅是对该规范的撤销或宣告其为无效，而非创造新的规范。

二、宪法法院的程序及其功能

在通常情形下，宪法是宪法法院履行职能的依据，但是凯尔森也

---

① Hans Kelsen, Verfassungs- und Verwaltungsgerichtsbarkeit im Dienste des Bundesstaates, nach der neuen österreichischen Bundesverfassung vom 1. Oktober 1920, in: Zeitschrift für Schweizerisches Recht 52（Neue Folge, 1923/1924）, S. 200.

② Vgl. Ewald Wiederin, Der österreichische Verfassungsgerichtshof als Schöpfung Hans Kelsens und sein Modellcharakter als eigenständiges Verfassungsgericht, in: Thomas Simon, Johannes Kalwoda（Hrsg.）, Schutz der Verfassung. Normen, Institutionen, Höchst- und Verfassungsgerichte, Berlin 2014, S. 304-305.

③ Hans Kelsen, Wer soll Hüter der Verfassung sein?, in: Die Justiz 6（1931）, S. 591.

④ Hans Kelsen, Wer soll Hüter der Verfassung sein?, in: Die Justiz 6（1931）, S. 598.

⑤ Hans Kelsen, Judicial Review of Legislation. A Comparative Study of the Austrian und American Constitution, in: Journal of Politics 4（1942）, S. 187.

指出，作为例外，法律也可以作为审查"具有间接宪法效力即执行法律的法规"的标准。① 此外，凯尔森认为，当国际法规范或国家条约成为一国法律秩序的内在组成部分时，也可以作为宪法法院职能的基础和标准。② 但是，"正义""自由""平等""公正""美德"等观念不能成为宪法法院履行职能的标准和依据，除非它们在宪法中详细地予以规定，因为这些语词，如"正义"，是多义的。若"正义"作为审查的标准由宪法法院予以适用时，宪法法院法官的多数意见可能与民众的多数意见或者议会的多数意见相违背而被民众和议会认为是"非正义的"。③ 因此，在凯尔森看来，只有实在法才能成为宪法法院履行职能和作出裁决的标准。④ 在宪法解释方面，凯尔森主张"司法谦抑"，宪法法院不应对诸如"公共利益"之类语词的含义进行解释，这类语词应由作为立法者的议会进行解释。⑤

凯尔森认为，与个人的法律行为相比，重要的是规制国家机构的法律行为。某一国家机构的行为是否为违法或违宪的问题，不应由该行为要求对其遵从的臣民或国家机构予以认定，而应由实施该行为的机构自身⑥或者由其他机构依特定程序作出裁决。⑦ 但是对于宪法法

---

① Hans Kelsen, Wesen und Entwicklung der Staatsgerichtsbarkeit, in: VVDStRL 5 (1929), S. 87.
② Hans Kelsen, Wesen und Entwicklung der Staatsgerichtsbarkeit, in: VVDStRL 5 (1929), S. 65-67.
③ Hans Kelsen, Wesen und Entwicklung der Staatsgerichtsbarkeit, in: VVDStRL 5 (1929), S. 69 f.
④ Hans Kelsen, Wesen und Entwicklung der Staatsgerichtsbarkeit, in: VVDStRL 5 (1929), S. 87.
⑤ Theo Öhlinger, Hans Kelsen—Vater der österreichischen Bundesverfassung?, in: Gerald Kohl u. a. (Hrsg.), Festschrift für Wilhelm Brauneder zum 65. Geburtstag. Rechtsgeschichte mit internationaler Perspektive, Wien 2008, S. 417.
⑥ 由于总体上存在着使官方法律行为继续有效之趋向，所以"官方行为的自我合法化"必须有一定的限度。
⑦ Hans Kelsen, Wesen und Entwicklung der Staatsgerichtsbarkeit, in: VVDStRL 5 (1929), S. 45.

院作出裁决的具体程序,凯尔森并未详加论述。凯尔森仅指出,宪法法院履行职能的程序通常由相关国家机构依职权提请进行,特定的机构或党派或者议会的少数派也可以向宪法法院申请。① 宪法法院的程序通常应以公开和口头的形式进行。在宪法法院履行职能的过程中,相关的国家机构可以就其可能被撤销或裁定为违宪的行为进行辩护,而另一方当事人也可以通过此程序来保障自己的权利和利益。②

此外,当特定的国家行为侵犯公民个人的权利或者利益时,公民个人可以向宪法法院提出请求确定该国家行为的合法性。③ 凯尔森还建议设立一个有权威的国家机构——宪法检察官,以协助宪法法院履行职能,同时强调了该机构的独立性。根据凯尔森的设想,宪法检察官可以就其认为是违宪或违法的行为提请宪法法院进行审查④,但该建议最终未被采纳。

宪法法院履行的职能在于消除违法行为。⑤ 宪法法院可以最终宣告被裁定为违宪的行为无效,被宪法法院撤销的法律原则上不再具有效力。通常情形下,宪法法院宣布某行为或规范为无效的裁决不具有

---

① Hans Kelsen, Wesen und Entwicklung der Staatsgerichtsbarkeit, in: VVDStRL 5 (1929), S. 87.

② Hans Kelsen, Wesen und Entwicklung der Staatsgerichtsbarkeit, in: VVDStRL 5 (1929), S. 76 f.

③ Hans Kelsen, Wesen und Entwicklung der Staatsgerichtsbarkeit, in: VVDStRL 5 (1929), S. 76. 依据现在奥地利的相关规定,若公民个人的权利或利益因违宪或违法的规范(不是通过法院判决或者行政命令适用该规范)而受到"直接的""明确的""现时的"(而非潜在的)侵犯且无其他法律途径予以救济时,公民个人可直接向宪法法院申请审查该规范的合宪性。Vgl. Manfred Stelzer, Grundzüge des Öffentlichen Rechts, Wien 2005, S. 133-134.

④ Hans Kelsen, Wesen und Entwicklung der Staatsgerichtsbarkeit, in: VVDStRL 5 (1929), S. 75.

⑤ Hans Kelsen, Wesen und Entwicklung der Staatsgerichtsbarkeit, in: VVDStRL 5 (1929), S. 85.

第五章　宪法法院的守护者：凯尔森的宪法实践及其理念　　225

追溯力，这至少意味着，"在它们被宣告为无效之前即已发生的行为并不受其影响"①。但是通过具体的规范审查程序（即通过具体个案）予以撤销的规范，其效力可追溯至该具体案件，这意味着，宪法法院的裁决对规范的撤销具有追溯力。② 被宪法法院裁定为违宪的规范一般自裁决公告之日起无效（通常是在联邦法律公报或州法律公报上公告），但宪法法院可以为被宣告为违宪的规范设定其失效的期限：一般不超过六个月。③ 自期限届满之日起，该规范不再具有法律效力。这意味着，在此期间内，该被宣告为违宪的规范仍可继续适用。④

这是以凯尔森的理论为基础的"错误推算理论"在奥地利宪法实践中的应用。该理论是由凯尔森的学生阿道夫·默克尔所明确提出的。依据该理论，创造法规范的形式和内容都有可能与上级规范相违，但是这些"违宪"或"违法"的行为应该暂时受到承认，直至其被专门机构撤销。凯尔森在《纯粹法理论》中指出，"某个法秩序的规范直到它的效力以这一法秩序规定的方式被终止或者被这一法秩序的另一个规范的效力所取代为止都有效，这一原则是合法性原则"，但是这个原则"只能十分有限地适用于国家法秩序"⑤，"合法性原则受到效率原则的限制"。⑥ 依据"错误推算理论"，有缺陷的法律规范

---

① Hans Kelsen, Wesen und Entwicklung der Staatsgerichtsbarkeit, in: VVDStRL 5 (1929), S. 71.
② Hans Kelsen, Wesen und Entwicklung der Staatsgerichtsbarkeit, in: VVDStRL 5 (1929), S. 87; Manfred Stelzer, Grundzüge des Öffentlichen Rechts, Wien 2005, S. 134.
③ 奥地利当前的规定是：对于法规，不超过 6 个月；对于法律，不超过 18 个月。
④ Hans Kelsen, Die Entwicklung des Staatsrechts in Österreich seit dem Jahre 1918, in: Gerhard Anschütz, Richard Thoma (Hrsg.), Handbuch des Deutschen Staatsrechts, Tübingen 1929, S. 159.
⑤ 汉斯·凯尔森：《纯粹法学说》（第二版），马蒂亚斯·耶施泰特编，雷磊译，法律出版社 2021 年版，第 261 页。
⑥ 汉斯·凯尔森：《纯粹法学说》（第二版），马蒂亚斯·耶施泰特编，雷磊译，法律出版社 2021 年版，第 263 页。

也应被看作是法律规范,但不是绝对有效的法律规范,这种法律规范是可撤销的规范。凯尔森在《法与国家的一般理论》中指出:"法律规范始终是有效力的,它不能是没有效力的,但是它是可以被废除的。然而,可废除性的程度有不同。法律秩序可能授权一个特殊机关宣称一个规范是没有效力的,即具有追溯力地废除该规范,以至以前由该规范所产生的法律效果可以被取消,这种情况……即:这一规范是从一开始就是无效的或已被宣布为'无效的'(nul and void)。然而这里的'宣布'并不具有一种宣告性而却具有一种构成性。未经主管机关的这种宣布,该规范就不能被认为是无效的。"① 因此,"法律秩序可能授权每一国民甚至具有追溯力地废除一个法律规范。通常所称的无效性(nullity)只不过是最高程度的可废除性(annullability),也就是不只是一个特殊机关,而是每个国民,都被授权废除该规范",但是在实践中,不可能授权每个人都具有废除某个规范的权力,因为"每个人都被授权宣布每个规范,即每一个作为规范而出现的东西,是无效的这种状态,几乎是一种无政府状态"。② 所以,"在现代国内法中,无效性,作为最高程度的可废除性来说,实际上是被排除的……现代国内法,具有相对集权化秩序的性质,或者也就是说,是国家性法律,它将宣布规范为无效的,即废除法律规范的资格,保留于特殊机关",若每个人都被授予废除某个规范的权力,那就要"冒以下危险:他的行为,如果违反规范的话,那么,在主管机关并不认可这一国民关于该规范无效力的意见的条件下,就可能被主管机关认

---

① 凯尔森:《法与国家的一般理论》,沈宗灵译,中国大百科全书出版社 1996 年版,第 180 页。
② 凯尔森:《法与国家的一般理论》,沈宗灵译,中国大百科全书出版社 1996 年版,第 180 页。

为是不法行为"。① 然而，凯尔森指出："这并不意味着每一个作为规范出现的事物在法律上就是一个规范，纵使是一个可废除的规范。的确有这样的情况，某个作为规范而出现的事物根本不是什么规范，是从一开始就无效的，而这种绝对无效性情况的特征就是不需要什么法律程序来废除他们。然而，这些情况是不在法律制度之列的。"② 凯尔森所说的这种情况就是法律规范的"绝对无效性"，而"绝对无效性的情况是不在法律之列的"③。

由此，即使是具有违宪性或违法性的法律、法规、行政决定也应暂时予以适用，因为它们仅是相对无效的。相对无效的规范仅具有暂时的效力，但它们也是一个法律制度的构成部分。这些规范是否应予以撤销应由一个机构来最终确定，否则任何人都可以认为其是"无效的"而不遵守任何法律。所以，宪法可以规定，所有在法律公报中公布的法律，只要其未被各级机构废除或撤销，无论其是否与其他法律相抵触，都具有法律效力。④ 从实在法的角度来看，当一个人认为某法律文件无效时，他可以拒绝遵守，然而这会有一定的风险：当这一法律文件不被专门机构认定为无效时，他将承担不遵守的责任和后

---

① 凯尔森：《法与国家的一般理论》，沈宗灵译，中国大百科全书出版社1996年版，第180—181页。
② 凯尔森：《法与国家的一般理论》，沈宗灵译，中国大百科全书出版社1996年版，第181页。
③ 凯尔森：《法与国家的一般理论》，沈宗灵译，中国大百科全书出版社1996年版，第182页。
④ Hans Kelsen, Wesen und Entwicklung der Staatsgerichtsbarkeit, in: VVDStRL 5 (1929), S. 46. 凯尔森在《法与国家的一般理论》中概括论述道：违宪法律并不是自始无效的，只是可以无效的；它可以因特殊理由而被废除，如立法机关在宪法直接规定以外的方式创造了这种法律或者给予这种法律以宪法直接规定以外的内容。参见凯尔森：《法与国家的一般理论》，沈宗灵译，中国大百科全书出版社1996年版，第177页。

果；当它被认定为无效时，"这意味着：被撤销的行为自始无效"。① 只有具有违宪性或违法性的法律、法规、行政决定被专门法院撤销后才是真正无效的规范。

凯尔森认为，宪法法院通过其裁决来撤销法律的行为，与立法者通过一个法律来撤销另一个法律的行为在实质上没有区别，② 因此，宪法法院履行职能特别是规范审查，具有立法的相关特性③和"补充立法"的功能④。在法律审查方面，宪法法院所行使的权力应是一种"审慎的权力"⑤，因其审查的对象是代表"人民意志"的议会行为。凯尔森也敏锐地看到，宪法法院撤销违宪或违法规范的行为会产生一个问题，即在一定程度上会产生一个"'无法'的空间"，⑥ 先前受到规范的事物在此后则可能不受规范。凯尔森认为，宪法法院应该在判决中宣告，因执行或实施被宪法法院裁定为违宪的法律而失去效力的法律规范应在宪法法院的裁决宣告后重新生效，而当时的奥地利宪法

---

① Hans Kelsen, Wesen und Entwicklung der Staatsgerichtsbarkeit, in: VVDStRL 5 (1929), S. 46 f.

② Hans Kelsen, Judicial Review of Legislation. A Comparative Study of the Austrian und American Constitution, in: Journal of Politics 4 (1942), S. 187.

③ Hans Kelsen, Wesen und Entwicklung der Staatsgerichtsbarkeit, in: VVDStRL 5 (1929), S. 73.

④ Detlef Merten, Aktuelle Probleme der Verfassungsgerichtsbarkeit in der Bundesrepublik Deutschland und in Österreich, in: Heinz Schäffer (Hrsg.), Im Dienst an Staat und Recht. Internationale Festschrift Erwin Melichar zum 70. Geburtstag, Wien 1983, S. 121.

⑤ Michel Troper, Kelsen und die Kontrolle der Verfassungsmäßigkeit, in: Agostino Carrino, Günther Winkler (Hrsg.), Rechtserfahrung und Reine Rechtslehre, Wien-New York 1995, S. 32. 在其他方面，奥地利宪法法院在履行其职能时并不"自我克制"，而是谋求对相关宪法问题甚或政治问题的解决。

⑥ Hans Kelsen, Wesen und Entwicklung der Staatsgerichtsbarkeit, in: VVDStRL 5 (1929), S. 72.

中缺少这种规定。① 凯尔森的意见最终为 1929 年的奥地利《联邦宪法法修正案》所采纳:"若某一法律或法律的一部分为宪法法院的裁决所撤销,除非宪法法院的裁决另有规定,则被宪法法院宣告为违宪的法律所废止的规范自宪法法院宣告该违宪法律被撤销之日起重新生效(1929 年《奥地利联邦宪法法》第 140 条第 4 款)。"在此意义上,宪法法院的裁决"不仅是消极的立法行为,也是积极的立法行为"②。

通过在《宪法法院职能的本质及其发展》中的论述,凯尔森得出其结论:在民主共和国,宪法法院是少数派防止多数人专政的"非凡的杰作"和"有效的工具"。③ 在君主立宪国,宪法法院这种制度可以防止立法权的滥用和专制民主所带来的危险。④ 宪法法院制度对于联邦制国家亦具有重要意义:"宪法法院在联邦制国家中的任务突出地表现为将其职能与维护国际法的司法权明晰地区别开来……并予以保障。如此,各民族之间的战争则是不必要的,宪法法院——在其最后的意义上——可以作为一个国家维护政治和平的保障。"⑤ 因而,对于宪法法院制度而言,凯尔森所想要解决的"不是国家的形而上学问

---

① Hans Kelsen, Verfassungs- und Verwaltungsgerichtsbarkeit im Dienste des Bundesstaates, nach der neuen österreichischen Bundesverfassung vom 1. Oktober 1920, in: Zeitschrift für Schweizerisches Recht 52 (Neue Folge, 1923/1924), S. 196.

② Hans Kelsen, Judicial Review of Legislation. A Comparative Study of the Austrian und American Constitution, in: Journal of Politics 4 (1942), S. 199.

③ Hans Kelsen, Wesen und Entwicklung der Staatsgerichtsbarkeit, in: VVDStRL 5 (1929), S. 81.

④ Walter Antoniolli, Hans Kelsen und die österreichische Verfassungsgerichtsbarkeit, in: Robert Walter, Clemens Jabloner, Klaus Zeleny (Hrsg.), 30 Jahre Hans Kelsen-Institut, Wien 2003, S. 75.

⑤ Hans Kelsen, Wesen und Entwicklung der Staatsgerichtsbarkeit, in: VVDStRL 5 (1929), S. 84.

题，而完全是实在论上的组织技术问题"①。基于此，瓦尔特·安东尼奥利（Walter Antoniolli）教授认为，通过这种宪法法院制度，政治争议可以转化为法律争议，政治生活也可以由此从诸多权力冲突中解脱出来。②

第二节 基于历史传统发展的"凯尔森模式"

在凯尔森的法律理论中，宪法具有优先性和最高的法律效力是宪法法院履行职能的基础。凯尔森没有主张人们应维护宪法的优先性，只是主张若没有宪法法院的这种职能，则宪法的优先性将不复存在；没有宪法法院的这种职能，法律的等级效力也得不到保障。③ 在凯尔森看来，宪法法院制度是维护"宪法的优先性"和"法律的等级效力"的重要保障。虽然凯尔森对与此相关的基本理论问题进行了论述，但是凯尔森在这方面的理论论述并非完善，如前文所述，他并未论及通过何种程序来确认现存有效的法律是否符合宪法规定。第二次世界大战之后，随着这种宪法法院制度模式在欧洲以及在其他一些国家和地区的实现和发展，凯尔森自己也认识到，其著述中与此相关的

---

① Hans Kelsen, Wesen und Entwicklung der Staatsgerichtsbarkeit, in: VVDStRL 5 (1929), S. 81.

② Walter Antoniolli, Hans Kelsen und die österreichische Verfassungsgerichtsbarkeit, in: Robert Walter, Clemens Jabloner, Klaus Zeleny (Hrsg.), 30 Jahre Hans Kelsen-Institut, Wien 2003, S. 76.

③ Michel Troper, Kelsen und die Kontrolle der Verfassungsmäßigkeit, in: Agostino Carrino, Günther Winkler (Hrsg.), Rechtserfahrung und Reine Rechtslehre, Wien-New York 1995, S. 22.

理论"仅处于边缘性地位"。①

在奥地利宪法法院的司法实践中，凯尔森并不拘泥于自己的理论，而是综合运用各种法学方法来解决实际问题。② 当时的宪法法院主席（院长维托莱利，或者副院长门采尔）在裁决中经常同意凯尔森的观点，并在表决的票数相同时倾向于同意凯尔森的意见。③ 凯尔森以其理论学识和对宪法的深入研究维护了宪法的尊严以及宪法法院的独立性、中立性及其法律地位，但是凯尔森作为宪法法院法官在奥地利宪法法院履行职能过程中所持的一些观念并非总是导致在今天看来是进步和良好的结果：例如，依据凯尔森的报告而作出的1924年第259号裁决（G 1/24），规定在一定情形下可将特定的人驱逐出境的州法并不违宪；④ 在1928年第1119号裁决（G 5/28）中（凯尔森为常务负责法官），联邦政府要求撤销《维也纳州关于将特定人从维也纳驱逐至其他州的法律》的申请被驳回；⑤ 凯尔森还强调，宪法法院不应盲目看重审查的结果，而这种观点导致的一个严重后果是，在1924年第328号裁决（G 2/24）中，宪法法院基于萨尔茨堡州政府的申请撤销了包含农业和林业经济方面职工疾病保险的联邦法律规定，

---

① Michel Troper, Kelsen und die Kontrolle der Verfassungsmäßigkeit, in: Agostino Carrino, Günther Winkler (Hrsg.), Rechtserfahrung und Reine Rechtslehre, Wien-New York 1995, S. 35.

② Ewald Wiederin, Der österreichische Verfassungsgerichtshof als Schöpfung Hans Kelsens und sein Modellcharakter als eigenständiges Verfassungsgericht, in: Thomas Simon, Johannes Kalwoda (Hrsg.), Schutz der Verfassung. Normen, Institutionen, Höchst- und Verfassungsgerichte, Berlin 2014, S. 304.

③ Robert Walter, Hans Kelsen als Verfassungsrichter, Wien 2005, S. 91.

④ Robert Walter, Hans Kelsen als Verfassungsrichter, Wien 2005, S. 28.

⑤ Robert Walter, Hans Kelsen als Verfassungsrichter, Wien 2005, S. 33.

这可能会在一定程度上导致社会保险体系的崩溃;① 在 1924 年第 299 号裁决（G 3/24）的讨论中，凯尔森建议撤销全部下奥地利州的乡镇选举规定（而不仅仅是个别的违宪规定），因为在他看来，"州议会反正必须要制定新的选举规定"。② 导致这些后果的一个重要原因即在于，凯尔森力图纯粹地将其理论观念运用于法律实践，当然这无可厚非，因为理论须应用于实践，实践是检验理论的重要场所。这些裁决在当时也并未引起严重的甚或灾难性的社会问题，因为在相关法律被撤销之后所产生的法律上的"真空"可以由作为立法者的议会来予以弥补。由此，制度设计的完整性和合理性则突显出来。

此外，凯尔森在一系列涉及"豁免婚姻"的案件中从未摆脱其对当时存在问题的成见。这导致他将其观点和理论强加于当时可能并不适合于其观点和理论的案件，例如忽视法院判决的既判力、始终以自己的观点来解释关于积极的权限冲突方面的规定等。③ 应当指出的是，凯尔森的纯粹法理论中同样存在着"法律解释"的空间，虽然在纯粹法理论中，特别是法律规范的位阶等级理论中，实在法秩序中的法律规范是一个"逻辑性"的体系，高位阶的规范决定了低位阶的规范的产生，但是，实在法秩序并不是一个纯粹基于法律逻辑而产生的体系，其中存在着立法者的"意志行为"，"凯尔森没有否定每一个法的适用者——同时也是法的创造者——都会受到其价值判断影响的主观

---

① Ewald Wiederin, Der österreichische Verfassungsgerichtshof als Schöpfung Hans Kelsens und sein Modellcharakter als eigenständiges Verfassungsgericht, in: Thomas Simon, Johannes Kalwoda (Hrsg.), Schutz der Verfassung. Normen, Institutionen, Höchst- und Verfassungsgerichte, Berlin 2014, S. 305; Robert Walter, Hans Kelsen als Verfassungsrichter, Wien 2005, S. 29.

② Robert Walter, Hans Kelsen als Verfassungsrichter, Wien 2005, S. 29.

③ Robert Walter, Hans Kelsen als Verfassungsrichter, Wien 2005, S. 68.

裁量"。① 同时，在低位阶的规范具体执行和实现高位阶的规范的过程中始终存在一个"自由裁量的空间"，无论是立法者还是法官都要面对这个"自由裁量的空间"，这就为"法律解释"提供了空间。

关于凯尔森对于宪法理论和奥地利宪法法院的贡献，曾任奥地利宪法法院院长近二十年（1958—1977）的瓦尔特·安东尼奥利教授给予了中肯的评价和总结："一是凯尔森奠定了宪法法院履行职能的理论基础，他对此做出了太多的贡献……二是凯尔森使第一个宪法法院在奥地利 1920 年的联邦宪法中得以实现……三是凯尔森作为宪法法院法官使宪法法院获得了生命力……"② 虽然埃瓦尔德·魏德林教授认为，将凯尔森称为"宪法法院之父"是不合适的，但是他认为凯尔森为宪法法院的"奥地利模式"做出了创造性贡献，他至少应是宪法法院的"父母之一"，甚至是父母中更重要的一方——母亲，他的"母亲身份"是人们应予承认的。③ 魏德林教授是以父母对孕育婴孩所起的作用来类比卡尔·伦纳与汉斯·凯尔森对于设立奥地利宪法法院所起的作用的。在孕育婴孩的过程中，母亲的付出更具重要性和根本性。这也是我们将这种由一个专门的宪法法院来统一行使审查权的模式称为"凯尔森模式"的重要基础。

---

① Horst Dreier, Hans Kelsen (1881-1973), in: Peter Häberle, Michael Kilian, Heinrich Wolff (Hrsg.), Staatsrechtslehrer des 20. Jahrhunderts, Berlin/Boston 2018 (2. Aufl.), S. 291 - 292; Dreier, Rechtslehre, Rechtssoziologie und Demokratietheorie bei Hans Kelsen (1986), 2. Aufl. 1990, S. 148ff.

② Walter Antoniolli, Hans Kelsen und die österreichische Verfassungsgerichtsbarkeit, in: Hans Kelsen zum Gedenken, Wien 1974, S. 27.

③ Ewald Wiederin, Der österreichische Verfassungsgerichtshof als Schöpfung Hans Kelsens und sein Modellcharakter als eigenständiges Verfassungsgericht, in: Thomas Simon, Johannes Kalwoda (Hrsg.), Schutz der Verfassung. Normen, Institutionen, Höchst- und Verfassungsgerichte, Berlin 2014, S. 306.

尽管凯尔森关于宪法法院制度的相关论述并非完善，但是凯尔森的理论绝不应被低估，因为他所处时代的大多数国家还在讨论建立宪法法院式制度的正当性和"应然性"，其理论不仅奠定了建立宪法法院的理论基础，而且为宪法法院履行职能提供了理论保障。在实践中，凯尔森作为宪法法院的法官精心地"抚育"尚处于幼年时期的宪法法院，努力地使其健康成长。作为宪法法院的法官，凯尔森亦依其理论和学识努力地使宪法法院成为一个专业、独立的国家机构，尽力避免使其成为一个受政党政治影响的政治机构。只有将凯尔森的理论和实践置于历史的大环境中进行考察，我们才能对凯尔森为宪法法院制度所做贡献做出准确、客观的评价。

"马伯里诉麦迪逊案"判决所确立的制度原则对当时和后世一些国家的政治制度和宪法制度的发展产生一定的影响。然而，在德意志地区，1848年革命期间以及此后的奥匈帝国、德意志帝国时期的宪法及宪法性文件中规定了"最高帝国法院""帝国法院"等具有现代宪法法院职能的机构，通过一个专门的机构来解决国家机构之间的权限争议和保障公民的基本权利成为现实。同时，德意志地区的国家法与公法学者不仅为这种实践提供了理论基础，而且在更高的层次上促进了这种制度的发展和完善。

对于奥地利宪法法院的设立及其履行职能，汉斯·凯尔森和卡尔·伦纳都为此做出了重要贡献，但更为重要的是，德意志地区通过专门机构来解决国家机构之间的权限争议和保障公民基本权利的历史传统和法学理论的重要影响，奥匈帝国时期的帝国法院法官和相关理论者也为奥地利宪法法院的建立并发挥其职能奠定历史基础。若没有奥匈帝国时期通过帝国法院进行法规审查、保障公民基本权利等诸多方面的实践经验和理论基础，世界上第一个宪法法院不可能出现在奥匈帝国分裂后的奥地利和捷克斯洛伐克。以凯尔森的理论为基础的维也纳法律理论学派为奥地利宪法法院的设立及其合法性和正当性提供了重要的理论基础:法的创造规则必须能约束创造法的机构,在以宪法为基础的法律规范体系中,"宪法是立法存在的前提,也是立法工作的依据,立法是'基于'宪法而发挥职能的,宪法是较高等级的法的表现形式,而法律则是较低等级的法的表现形式。法律是司法和行政的基础"。①

基于历史上的帝国法院传统及其理论基础,奥地利宪法法院制度可以看作是一种"自生自发的秩序"(a grown or spontaneous order),这种源于内部的、自我生成的秩序是基于本国的历史传统及相关理论基础而产生的,一般能较好地发挥其制度功能,而其他诸多国家在此后以此为"模式"所建立的宪法法院制度则不能看作是"自我生成的制度",其毋宁是一种"人造的秩序"(a made order),是一种源于外部的、建构的秩序。② 虽然依据一定的"模式"和经验,可以有目的地设计、建立或移植一种法律制度,但是一种"人造的"、从外部建构的制度要发挥其功能,要依赖于一国的法律历史和文化传统、具体的政治情境和制度设计及其他诸多因素的作用。因此,这种"外生"的制度和规则要发挥功能,存在着与本国的传统、国情相互调适与融合的过程。能否将他国的法律制度融入本国的固有传统,使之适合本国的国情,并"发挥特定的功能",决定了法律移植借鉴的成功与否。③ 勒内·达维德曾论道:"在法的问题上并无真

---

① Adolf Merkl, Die Lehre von der Rechtskraft, Leipzig und Wien 1923, S. 215.
② Vgl. F. A. Hayek, Law, Legislation and Liberty (Vol.1): Rules and Order, Routledge & Kegan Paul London 1973, S. 35 ff. (2. Kapitel „Cosmos and Taxis")
③ 参见何勤华等:《法律移植论》,北京大学出版社2008年版,第297—298页。

理可言,每个国家依照各自的传统自定制度与规范是适当的。但传统并非老一套的同义语,很多改进可以在别人已有的经验中汲取源泉。"①

无论是"自生自发的秩序"还是"人造的秩序",在二战之后,这种由专门的宪法法院来进行宪法保障的制度在诸多国家建立,形成了一种所谓的宪法法院模式,这种模式也被称为"奥地利模式"或者"凯尔森模式"。这种"奥地利模式"或"凯尔森模式"具有五个方面的基本特征:一是由一个法院来集中进行规范审查;二是承认具有违法性的规范并将其视为有效之法规范的组成部分(在其被撤销之前);三是通过特定的程序进行审查,该程序中存在申请人和被告;四是司法性的审查权限于撤销被审查的规范;五是宪法法院有相当大的自由权力来确定这种撤销的时间和范围。② 也许正是基于这种"奥地利模式"或"凯尔森模式"所具有的历史特性,卡尔·科里内克教授对于德意志地区的宪法法院制度持肯定态度,认为"宪法法院是一种解决政治争议的司法形式的适宜方案"③。

---

① 勒内·达维德:《当代主要法律体系》,漆竹生译,上海译文出版社 1984 年版,"为中译本序",第 2 页。

② Ewald Wiederin, Der österreichische Verfassungsgerichtshof als Schöpfung Hans Kelsens und sein Modellcharakter als eigenständiges Verfassungsgericht, in: Thomas Simon, Johannes Kalwoda (Hrsg.), Schutz der Verfassung. Normen, Institutionen, Höchst- und Verfassungsgerichte, Berlin 2014, S. 302-303.

③ Karl Korinek, Die Verfassungsgerichtsbarkeit in Österreich, in: Christian Starck, Albrecht Weber (Hrsg.), Verfassungsgerichtsbarkeit in Westeuropa. Teilband 1: Berichte, Baden-Baden 1986, S. 154.

第六章　凯尔森与魏玛共和国时期的宪法实践

第一次世界大战后，德国建立起民主共和政体，虽然其正式称谓仍是"德意志帝国"，但一般以"魏玛共和国"称之。不仅魏玛共和国和《魏玛宪法》在德国历史上具有重要意义，这一时期的国家法学在法律史上也具有重要地位。其中，汉斯·凯尔森与卡尔·施米特、赫尔曼·黑勒（Hermann Heller）、鲁道夫·斯门德（Rudolf Smend）一起被称为德意志国家法学的"四驾马车"，对当时及后世的法学理论和法律实践都产生重要影响。

第一节　凯尔森与《魏玛宪法》第 48 条的适用问题

根据《魏玛宪法》，德国确立了民主原则和法治国家原则，建立起联邦制的国家政权。但是，《魏玛宪法》也受到诸多政治家和学者的批评，特别是在纳粹党攫取德国的国家权力之后，《魏玛宪法》更是因其内容及其所构建制度的缺陷受到诸多批评。

一、《魏玛宪法》中的国务法院与总统的权力

《魏玛宪法》第 19 条规定了国务法院（Staatsgerichtshof）的相关内容。第 19 条第 1 项规定："对于一州内部的宪法争议、各州之间或者帝国与各州之间的非私法上的争议，若没有法院具有裁判权限，在

其他帝国法院无管辖权的情形下,国务法院可基于当事一方的申请作出裁判。"第 2 项规定:"国务法院的裁决由帝国总统执行。"由此,《魏玛宪法》中规定的"国务法院"的名称虽然不是当时和后来的"宪法法院",但是,这个国务法院具有当时和后来的宪法法院的部分职能,国务法院是一个解决"宪法争议"的机构。正是基于此,国务法院宣称自己是"帝国宪法的守护者"①。

根据《魏玛宪法》的规定,当时的总统拥有极大的权力。《魏玛宪法》第41条规定,联邦总统由全体德国人民选举产生,凡年满35周岁的德国人都有资格被选举为总统。第 42 条规定,总统应当对帝国的众议院宣誓,致力于增进德意志人民的福祉,捍卫帝国的宪法和法律,应当秉持良知和公平正义。第 43 条规定总统的任期为七年,得连选连任。在总统的任期结束之前,经帝国众议院提议和人民投票表决,可以罢免总统。根据第 45 条的规定,总统代表国家,可以以国家的名义与其他国家缔结同盟、订立条约、授受使节,但是,与外国缔结同盟及订立的条约有涉及联邦立法事项的,应得到众议院的同意。根据《魏玛宪法》的规定,总统拥有联邦军队的最高命令权,有权任免联邦的文武官员,有权解散联邦议会,但基于同一原因只能解散议会一次。

此外,《魏玛宪法》第 48 条规定了总统的"紧急命令权"。根据第 48 条第 1 款的规定,若联邦中的某一个州不尽其依照联邦宪法或联邦法律所规定的义务时,总统可以武力强制之。第 2 款规定,在联邦的公共安全及秩序受到扰乱或危害时,总统在必要时可以使

---

① 卡尔·施米特:《宪法的守护者》,李君韬、苏慧婕译,商务印书馆 2008 年版,第 3 页。

用武力恢复公共安全及秩序。为实现恢复公共安全及秩序的目的，总统还可以临时限制公民的人身自由、住宅不受侵犯、通信自由和通信秘密、言论自由、集会自由、结社自由、财产所有权等宪法规定的基本权利和自由，即可以使《魏玛宪法》第 114 条、第 115 条、第 117 条、第 118 条、第 123 条、第 124 条、第 153 条中规定的基本权利的一部分或全部失去效力。正是基于这些重要权力，联邦总统的"紧急命令权"也被称为"独裁权"，在当时的德国产生了诸多争论。

针对当时的"普鲁士事件"，1932 年 7 月 20 日，当时的总统兴登堡颁布了一项名为"重建普鲁士各地区的公共安全与秩序"的法规（《帝国法律公报》第 I 卷，第 377 页），实际上，从该法规的标题就可以看出这项法规与《魏玛宪法》第 48 条第 2 款之间的联系。[1] 针对总统发布的这项法规，普鲁士将其诉至当时的国务法院。1932 年 10 月 25 日，国务法院针对该"普鲁士诉帝国"案作出判决，当时两位著名的公法学者分别代表当事双方出庭论辩，其中，赫尔曼·黑勒代表德国社会民主党-州议会一方出庭；另一方的代表则是卡尔·施米特。[2]

针对国务法院在 1932 年 10 月 25 日的判决，凯尔森于 1932 年年底在威廉·克罗纳（Wilhelm Kroner）所编的《司法》（Die Justiz）第八卷上发表了题为《1932 年 10 月 25 日的国务法院判决》

---

[1] 汉斯·凯尔森:《德国国务法院于 1932 年 10 月 25 日的判决》，载汉斯·凯尔森等:《德意志公法的历史理论与实践》，王银宏译，法律出版社 2019 年版，第 34 页。

[2] Uwe Volkmann, Hermann Heller（1891-1933）, in: Peter Häberle, Michael Kilian, Heinrich Wolff（Hrsg.）, Staatsrechtslehrer des 20. Jahrhunderts, Berlin/Boston 2018（2. Aufl.）, S. 474.

的文章。① 凯尔森在这篇文章中探讨了总统在特殊情形下("紧急状态下")依据《魏玛宪法》第 48 条发布总统命令的合宪性问题(国务法院实际上在其判决中也对帝国总统颁布的这项法规是否合宪做了一定的回答)以及《魏玛宪法》第 48 条第 1 款和第 2 款的适用问题,同时也探讨了当时的国务法院判决的效力问题,并对当时国务法院的判决做出评价。大卫·戴岑豪斯(David Dyzenhaus)认为,凯尔森当时发表的文章《1932 年 10 月 25 日的国务法院判决》是除 1931 年与卡尔·施米特的论辩文章之外,"将纯粹法学理论应用于实践的极为稀少但非常重要的例证"②,凯尔森在这篇文章中"最大程度地运用了他的纯粹法理论"③。

二、《魏玛宪法》第 48 条的适用及其限度:凯尔森对 1932 年 10 月 25 日国务法院判决的评论

凯尔森在《1932 年 10 月 25 日的国务法院判决》的开篇论道,总统在 1932 年 7 月 20 日发布的法规的序言表明:"其颁布之基础不仅是亦如诸人所推测的、反映出其自身特性的帝国宪法第 48 条第 2 款,也包括帝国宪法第 48 条第 1 款。该法规表明,其自身是针对普鲁士的帝国执行行为,也是针对普鲁士而采取的一项措施,其目的在于,依据

---

① Hans Kelsen, Das Urteil des Staatsgerichtshofs vom 25. Oktober 1932, in: Wilhelm Kroner (Hrsg.), Die Justiz, Band VIII, November/Dezember 1932, S. 65—91. 该文的中译本,参见汉斯·凯尔森等:《德意志公法的历史理论与实践》,王银宏译,法律出版社 2019 年版,第 34—53 页。凯尔森在该文所述的"帝国宪法"亦即《魏玛宪法》。
② 大卫·戴岑豪斯:《合法性与正当性:魏玛时代的施米特、凯尔森与海勒》,刘毅译,商务印书馆 2013 年版,第 122 页。
③ 大卫·戴岑豪斯:《合法性与正当性:魏玛时代的施米特、凯尔森与海勒》,刘毅译,商务印书馆 2013 年版,第 123 页。

宪法，借助于武力使普鲁士履行其尚未履行的、但依据帝国宪法或帝国法律而应当履行的义务。但是，事关何种义务，该法规并未提及。"[1] "这项由联邦总统发布的、通过联邦总理予以执行的法规的意义是明确的：使普鲁士履行那些没有详细说明的、在联邦总统看来其尚未履行的、但是依据帝国宪法或者帝国法律而应当履行的义务，同时还要在普鲁士地区重建明显受到破坏和受到危及的公共安全与秩序。"[2] 从内容和逻辑上看，《魏玛宪法》第48条第1款和第2款为该法规提供了"宪法基础"，但是，该案件中存在的一个根本问题是"公共安全与秩序是否明显地受到破坏或者危害"。[3]

1932年7月20日发布的法规的第1条还规定，"帝国总理及受其委托在普鲁士政府各部领导下的相关人员行使普鲁士国务部门的职权"，但是，"其中并未提及让他们承担普鲁士国务部长的所有义务，特别是普鲁士宪法第57条和第58条所规定的政治上和国家法上的责任"。[4] 根据这项法规，"普鲁士政府的所有职能将归于帝国，亦即帝国的机构：帝国总理及由其任命并隶属于他的特派员"，由此，"帝国和普鲁士的权力联结为一种整体性的国家权力……由帝国行使这种集中化的权力"，凯尔森指出，这就意味着，"《魏玛宪法》中规定的两个基本组织原则：联邦国家原则和民主原则，在帝国最大的州的执行

---

[1]　汉斯·凯尔森：《德国国务法院于1932年10月25日的判决》，载汉斯·凯尔森等：《德意志公法的历史理论与实践》，王银宏译，法律出版社2019年版，第34—35页。
[2]　汉斯·凯尔森：《德国国务法院于1932年10月25日的判决》，载汉斯·凯尔森等：《德意志公法的历史理论与实践》，王银宏译，法律出版社2019年版，第35页。
[3]　参见汉斯·凯尔森：《德国国务法院于1932年10月25日的判决》，载汉斯·凯尔森等：《德意志公法的历史理论与实践》，王银宏译，法律出版社2019年版，第39页。
[4]　汉斯·凯尔森：《德国国务法院于1932年10月25日的判决》，载汉斯·凯尔森等：《德意志公法的历史理论与实践》，王银宏译，法律出版社2019年版，第35页。

职能方面和第一个原则在其立法职能方面被废除了"。① 所以，普鲁士作为"帝国"的一个"州"，其立法职能、执行职能方面参与联邦国家中中央的立法和行政工作的权能和资格实际上被取消了，成了帝国的一个"省"，"这样一个政府并不向州议会负责，因而民主原则也在实质上受到了限制，在执行职能方面，民主原则则完全被摈弃"。②

凯尔森基于其理论主张和逻辑分析指出了当时的国务法院判决在逻辑和判决理由方面的不合理和疏漏之处。他认为，国务法院最初声称帝国宪法第 48 条第 1 款的适用条件在该案件中并不存在，但是，"其判决理由无疑表明，针对普鲁士的帝国执行行为，即该法规所规定的解除普鲁士国务部门的职务并且由帝国总理及由其任命并隶属于他的帝国机构代行其职能的行为并不符合宪法，或者易言之：这种作为帝国执行行为的措施是违宪的"；然而，"如果该法规是以第 48 条第 2 款为基础，即作为重建明显受到破坏或者受到危及的公共安全和秩序的措施，那么国务法院就会宣称，该行为的实施是合适的，原则上也就不是违宪的"。③ 通过分析，凯尔森指出："现行法缺乏一种人们所期望的、对狭义的法律问题的限制，特别是缺乏实证法的基础，以区分依据第 48 条第 1 款而产生的宪法争端和依据第 48 条第 2 款而产生的宪法争端。"④

对于该案件中存在的"公共安全与秩序是否明显地受到破坏或者

---

① 汉斯·凯尔森：《德国国务法院于 1932 年 10 月 25 日的判决》，载汉斯·凯尔森等：《德意志公法的历史理论与实践》，王银宏译，法律出版社 2019 年版，第 35 页。
② 参见汉斯·凯尔森：《德国国务法院于 1932 年 10 月 25 日的判决》，载汉斯·凯尔森等：《德意志公法的历史理论与实践》，王银宏译，法律出版社 2019 年版，第 36 页。
③ 汉斯·凯尔森：《德国国务法院于 1932 年 10 月 25 日的判决》，载汉斯·凯尔森等：《德意志公法的历史理论与实践》，王银宏译，法律出版社 2019 年版，第 37—38 页。
④ 汉斯·凯尔森：《德国国务法院于 1932 年 10 月 25 日的判决》，载汉斯·凯尔森等：《德意志公法的历史理论与实践》，王银宏译，法律出版社 2019 年版，第 39 页。

危害"的问题,凯尔森认为,国务法院有权裁决何种措施对于重建公共安全与秩序是合乎宪法的,因此,国务法院有权对此提出自己的观点,但是对于国务法院提出的"帝国和普鲁士的所有国家权力工具都联合在一起"的表达,凯尔森提出异议,并且详细论述了"权力工具"这个词所表达的意涵,认为"一个州的'所有国家权力工具'远不仅仅限于其'警察权力工具'","这里的'国家权力工具'明显应当是指:国家权力之整体、国家的职能或功能",甚至州议会的立法职能也都属于国家权力整体意义上的"国家权力工具"。① 所以,依据国务法院的判决,"依据帝国宪法第48条第2款所采取的措施是被允许的,因此,帝国总统于7月20日颁布的法规在其整体内容方面是完全合宪的"②。

此外,当时的国务法院还指出"普鲁士州的政治尽量顺应帝国的政治","依据帝国宪法第48条第2款而采取的措施不仅必须合乎重建公共安全与秩序的目的,而且也必须不能逾越相关规定和帝国宪法所确定的界限",而凯尔森认为,国务法院的这些表述意味着"依据第48条第2款所采取的措施会使帝国宪法中的一些规定失去效力",例如,"帝国宪法中与(帝国和州之间)职能区分的相关规定要失去效力,因此帝国宪法中关于国家组织部分的这两项重要原则都会被废除",但每个州的宪法都保障"每个州存在一个由该州自身所产生的州政府",并且根据《魏玛宪法》第17条的规定,那些未明确规定由帝国履行的职能只能是属于州的职能,只能由州的机构来行使,而不

---

① 参见汉斯·凯尔森:《德国国务法院于1932年10月25日的判决》,载汉斯·凯尔森等:《德意志公法的历史理论与实践》,王银宏译,法律出版社2019年版,第39—40页。

② 汉斯·凯尔森:《德国国务法院于1932年10月25日的判决》,载汉斯·凯尔森等:《德意志公法的历史理论与实践》,王银宏译,法律出版社2019年版,第40页。

能由帝国的机构来行使。① 所以，凯尔森在文中指出："亦如 7 月 20 日的法规所言，如果将普鲁士政府的'所有职权'转至帝国机构，那么它在帝国参议会中代表州的职权也相应地要转至帝国机构，因而，这就意味着帝国宪法第 60 条和第 63 条的规定以此被废除，因为这是一种职能的转移。所以，国务法院一方面宣称，仅仅将职能作为事务管理和权限的载体从州政府转移给帝国机构是允许的，另一方面又要求尊重帝国宪法第 60 条和第 63 条的规定。"② 这就造成宪法规定在实践适用中产生矛盾。国务法院或许已经认识到这种内在的矛盾和对立，因而"试图在两者之间寻求一种妥协"，试图区分"可解除的职能"与"不可解除的职能"，从而确定合乎帝国宪法第 48 条第 2 款的措施，但凯尔森指出："这种区分的界限不仅在实践中是完全不可行的，而且在实证法上也几乎找不到这种区分的根据。"③

对于帝国总统在 1932 年 7 月 20 日颁布的法规及其针对普鲁士采取的措施是否合宪的问题，国务法院没有作出裁决，仅是在判决理由中提及，国务法院认为当时不存在帝国宪法第 48 条第 1 款的适用条件，"确认普鲁士并不存在未履行对帝国应尽义务的情形"，也不认为该法规违反帝国宪法第 48 条第 2 款的规定，认为该法规"与帝国宪法是协调一致的"。④ 根据当时的历史情况，凯尔森认为："国务法院

---

① 参见汉斯·凯尔森：《德国国务法院于 1932 年 10 月 25 日的判决》，载汉斯·凯尔森等：《德意志公法的历史理论与实践》，王银宏译，法律出版社 2019 年版，第 40—42 页。

② 汉斯·凯尔森：《德国国务法院于 1932 年 10 月 25 日的判决》，载汉斯·凯尔森等：《德意志公法的历史理论与实践》，王银宏译，法律出版社 2019 年版，第 42—43 页。

③ 汉斯·凯尔森：《德国国务法院于 1932 年 10 月 25 日的判决》，载汉斯·凯尔森等：《德意志公法的历史理论与实践》，王银宏译，法律出版社 2019 年版，第 44—45 页。

④ 汉斯·凯尔森：《德国国务法院于 1932 年 10 月 25 日的判决》，载汉斯·凯尔森等：《德意志公法的历史理论与实践》，王银宏译，法律出版社 2019 年版，第 48—49 页。

第六章　凯尔森与魏玛共和国时期的宪法实践　　245

应在判决中明确表明，7月20日的法规虽然是合宪的，但仅是部分合宪。"他接着论述了国务法院裁决的效力问题，在这方面，凯尔森的观点跟之前论著中的观点是一致的，即国务法院可以通过其判决撤销违宪的规范，这种撤销的效力"可以追溯至违宪的规范发布之时"，凯尔森在这里也简要论述了在诸多论著中论及的规范的"无效性""可撤销性"。① 这里所述的帝国总统发布的法规不是无效的，而是可撤销的。

凯尔森在文中最后指出了《魏玛宪法》本身存在的问题，虽然《魏玛宪法》规定的联邦制度确认了帝国和各州之间的职能划分，但是其中缺少"一套有效维护这种制度的保障制度"，特别是一种"目的明确的宪法审查制度"。② 当然，这种制度"并非在所有人看来都是必要的"，"德国的法学向来就反对这样一种对法律之外的'政治'领域进行法律审查"。③ 在《魏玛宪法》所确立的制度框架中，"人们没有考虑到，基于宪法中重建公共安全与秩序的条款，受宪法其他规定所保障的州的全部职能或者其实质性职能是否可以转至帝国的机构"，因此，凯尔森认为："若要保障联邦国家制度，在技术上最严重的问题在于，迫切需要在适用帝国宪法第48条，特别是在适用其第2款的过程中进行司法性的审查。这条规定授予帝国总统可以采取措施重建公共安全与秩序，而这可能会侵犯州的职权，因为宪法和法律都

---

①　参见汉斯·凯尔森：《德国国务法院于1932年10月25日的判决》，载汉斯·凯尔森等：《德意志公法的历史理论与实践》，王银宏译，法律出版社2019年版，第49页。
②　汉斯·凯尔森：《德国国务法院于1932年10月25日的判决》，载汉斯·凯尔森等：《德意志公法的历史理论与实践》，王银宏译，法律出版社2019年版，第52—53页。
③　汉斯·凯尔森：《德国国务法院于1932年10月25日的判决》，载汉斯·凯尔森等：《德意志公法的历史理论与实践》，王银宏译，法律出版社2019年版，第53页。

没有明确规定这种侵犯的界限。"① 根据合目的性解释，依据《魏玛宪法》第 48 条第 2 款而采取的措施应当采取"最严格的字面意义"来理解，因为"《魏玛宪法》的制定者的目的是，对依据第 48 条第 2 款而采取的措施和与此相关的、将州的职能转至帝国的行为尽可能地予以限制"。②

对于凯尔森在《1932 年 10 月 25 日的国务法院判决》一文的论述及其对国务法院判决的批评，大卫·戴岑豪斯认为，凯尔森最后对于《魏玛宪法》的批评"既没有牢固地确立法院的宪法审查权，也没有说清楚这种权力应如何行使"；同时，对于普鲁士所提出的帝国总统发布的该法规为无效的主张，凯尔森也没有"坚持到底"，因为"正是出于违宪的目的"，该法规才"选中普鲁士"，在此，"凯尔森不得不采取一种政治的立场，而不是基于法律科学的论辩"。③

第二节　谁应是宪法的守护者？

1929 年，卡尔·施米特发表了《宪法的守护者》一文，论证作为国家元首的总统是宪法的守护者。之后，凯尔森在 1931 年发表了《谁应是宪法的守护者？》④，作为对施米特发表的前文的回应，同时

---

① 汉斯·凯尔森：《德国国务法院于 1932 年 10 月 25 日的判决》，载汉斯·凯尔森等：《德意志公法的历史理论与实践》，王银宏译，法律出版社 2019 年版，第 53 页。
② 参见汉斯·凯尔森：《德国国务法院于 1932 年 10 月 25 日的判决》，载汉斯·凯尔森等：《德意志公法的历史理论与实践》，王银宏译，法律出版社 2019 年版，第 53 页。
③ 参见大卫·戴岑豪斯：《合法性与正当性：魏玛时代的施米特、凯尔森与海勒》，刘毅译，商务印书馆 2013 年版，第 153—154 页。
④ Hans Kelsen, Wer soll Hüter der Verfassung sein?, in: Die Justiz 6 (1931), S. 576-628.

也对施米特的观点提出批评。到底谁应是宪法的守护者？实际上，基于不同的制度环境、法律理论或逻辑起点，对这个问题的回答不可能是相同的。施米特指出，"也许人们在当时是出于对政治安定与维护公益的想法，才将宪法守护者的单纯议题视为'政治'问题而不予讨论"，然而，"《魏玛宪法》的制定再度引发了人们对于宪法特别保障的兴趣，也引起谁是宪法守护者或捍卫者的疑问"。[1] 上一节所述及的德国国务法院自称是"帝国宪法的守护者"，当时的帝国总统西蒙斯将帝国法院视为宪法的"捍卫者及守望者"，有人认为最高法院能够发挥宪法的守护者的作用，有人将宪法法院视为宪法的守护者、维护者或捍卫者，有人将当时的总统视为宪法的守护者，还有人将当时的帝国参议院视为宪法的守护者。[2]

施米特和凯尔森关于"谁是宪法的守护者"这个问题的论争也跟当时的历史环境、他们的理论主张有着密切的联系。施米特认为，国家的总统可以发挥其作为宪法的守护者的职能，当时的德国总统"就其宪法地位而言更常被视为宪法守护者的结果"。[3] 而在凯尔森看来，《魏玛宪法》第19条规定所设立的法院应是宪法的守护者，而非帝国的总统，认为这符合《魏玛宪法》的"实质精神"，也有利于维护其自由民主制度。[4] 在奥地利，一种具有独立性的宪法机构——宪法法院则已经成为宪法的守护者，这跟凯尔森的理论之间具有内在的联

---

[1] 卡尔·施米特：《宪法的守护者》，李君韬、苏慧婕译，商务印书馆2008年版，第2—3页。
[2] 参见卡尔·施米特：《宪法的守护者》，李君韬、苏慧婕译，商务印书馆2008年版，第3—4页。
[3] 参见卡尔·施米特：《宪法的守护者》，李君韬、苏慧婕译，商务印书馆2008年版，第3页。
[4] 参见大卫·戴岑豪斯：《合法性与正当性：魏玛时代的施米特、凯尔森与海勒》，刘毅译，商务印书馆2013年版，第152—153页。

系。关于凯尔森和施米特之间的论辩,近百年之后,至今仍有不少学者予以论述和评断。

一、卡尔·施米特:总统作为宪法的守护者

对于当时主张法院或司法机构应当成为宪法的守护者的观点,卡尔·施米特指出:"在19世纪,人们所思考的主要是如何免于政府的侵犯,但今日我们所关切的,则更常是如何防止来自国会多数之立法的侵害。因此,既然宪法现在所受到的威胁是出于立法部门,那么立法者也就不能成为宪法的守护者。另一方面,由于人们的脑海中还残留着为了宪法而雨政府奋战百年的印象,因此人们也就不会在行政权的范畴里寻找宪法的守护者。这么一来,守护者既不属于行政权,也不属于立法权,那么似乎除了司法权外我们也就别无选择。"[1] 但是,施米特认为,"将重大宪法争议与真正司法权限加以联结"必然会造成一定的困难与矛盾。[2] 在宪法法律内容有疑义时,其决定权应当属于立法者,这也是立法者的"本质任务"。[3] 施米特也指出,"在宪法内容不明确时,应该赋予一个现有或新增的机关有多大的决定权、从而使它成为一个与立法部门相抗衡的力量,这并不是宪法理论上的问题,而是政治现实上的目的性考量",因此,无论在现实中还是在理论上都不能将"宪法争议"的概念形式化,不能"忽略宪法争议的具体意义及客体";从而"将所有的问题都视为应由'宪法法院'管辖

---

[1] 卡尔·施米特:《宪法的守护者》,李君韬、苏慧婕译,商务印书馆2008年版,第28页。

[2] 参见卡尔·施米特:《宪法的守护者》,李君韬、苏慧婕译,商务印书馆2008年版,第35页。

[3] 参见卡尔·施米特:《宪法的守护者》,李君韬、苏慧婕译,商务印书馆2008年版,第39页。

的宪法争议"。①

施米特将《魏玛宪法》中的帝国总统视为宪法的守护者,在理论上是基于贡斯当提出的"中立性、斡旋性与规制性权力"的学说,将国家元首的权力视为一种"中立权力",这种具有"中立性"的权力同时兼具"斡旋性"和"规制性",并且国家元首在制度实践中具有"不可侵犯性(或者至少是具有特权的地位)、签署并公布法律、特赦权、部长与官员之任命、解散由人民所选举之议院"等权力。② 同时,"根据《魏玛宪法》所构成的实证法,由全体人民选出的帝国总统所具有之地位,唯有借助于一种关于中立性、斡旋性、规制性与持存性权力,并且进一步开展的学说,才有可能被建构出来",因而,总统"被赋予能够使其脱离立法者职位掌控的权限"。③

在施米特看来,当时的总统"能够维系与各邦、各政党,以及(!)外国的关系,并且在议会与政府之间展现为一股斡旋势力……整个关于总统的问题,并不是政党问题,而是一项关于政治性技术与和谐的问题"④。因此,总统作为一种"中立权力"在"多元主义与多角势力的建构体"中具有"关键性意义"。⑤ 正是由于总统的存在,

---

① 卡尔·施米特:《宪法的守护者》,李君韬、苏慧婕译,商务印书馆2008年版,第50页。
② 参见卡尔·施米特:《宪法的守护者》,李君韬、苏慧婕译,商务印书馆2008年版,第190页。
③ 卡尔·施米特:《宪法的守护者》,李君韬、苏慧婕译,商务印书馆2008年版,第194页。
④ 卡尔·施米特:《宪法的守护者》,李君韬、苏慧婕译,商务印书馆2008年版,第195—196页。
⑤ 参见卡尔·施米特:《宪法的守护者》,李君韬、苏慧婕译,商务印书馆2008年版,第197页。

德国作为一个国家才具有"完整的统一性"。① 此外，根据《魏玛宪法》，当时的德国总统是由全体人民选举产生的，具有坚实的民主基础，因此，在当时的《魏玛宪法》中，"不管是从相对的静态性及恒常性（七年一任、高罢免门槛、独立于变动的国会多数）还是权限的类型来看"，总统都是一个政治上的"中立的机关"，"而这种机关正是宪法情势与最高宪法机构合宪运作最妥适的捍卫者及守护者，也因为帝国总统具备有效的紧急状态权力，从而能够成为宪法的积极屏障"，同时，"在帝国总统依据第 42 条所作宣誓的誓词中就明白指出帝国总统应'捍卫宪法'。根据德国宪法传统，宪法上的宣誓属于'宪法的保护'，而现行宪法条文规定的成文文义，也将帝国总统清楚地标示为宪法的捍卫者"。② 因此，《魏玛宪法》不仅使总统的产生及权力的行使具有民主基础，而且"使帝国总统之权威有机会能直接与德国人民之政治总意结合，并借此以宪法统一体之守护者、捍卫者及全体德国人的身份而行动"。③

实际上，施米特的这种观点在德国有其历史传统。④ 梅耶在其 1909 年出版的《萨克森国家法》中就论道："宪法的最高守护者是国王。"⑤ 凯尔森在《谁应是宪法的守护者?》一文中反驳了这种以"君

---

① 参见卡尔·施米特:《宪法的守护者》，李君韬、苏慧婕译，商务印书馆 2008 年版，第 195 页。
② 参见卡尔·施米特:《宪法的守护者》，李君韬、苏慧婕译，商务印书馆 2008 年版，第 214—215 页。
③ 参见卡尔·施米特:《宪法的守护者》，李君韬、苏慧婕译，商务印书馆 2008 年版，第 215—216 页。
④ 施米特在《宪法的守护者》一书中也引用过贡斯当的论述："君王在三个权力部门（立法、行政、司法）中间，是作为中立的与调解性的权威。"参见卡尔·施米特:《宪法的守护者》，李君韬、苏慧婕译，商务印书馆 2008 年版，第 219 页，注释 14。
⑤ 卡尔·施米特:《宪法的守护者》，李君韬、苏慧婕译，商务印书馆 2008 年版，第 7 页。

主原则"为导向的 19 世纪的宪法理论。① 凯尔森也在 1928 年所作的题为《宪法法院职能的本质及其发展》的报告中指出:"现在仍广泛流行且以完全不同的论据进行论辩的一个观点是:必须取消法之适用机构对法律合宪性的审查,至多法院可以有权审查,法律制定的合宪性可以通过国家元首的法律颁布权得到充分保障,当前共和国宪法中法律政治观念上实证法之实现并非最终源于立宪君主国理论,虽然其政治观念或多或少影响了具有影响力的现代民主形态。"② 施米特在 1934 年发表的《领袖守护法律》一文中再次表达了国家元首作为宪法和法律的守护者的观点。③

二、汉斯·凯尔森:宪法法院是宪法的守护者

汉斯·凯尔森在 1931 年发表的《谁应是宪法的守护者?》一文反驳了施米特的观点,批评了施米特的论据,从多个方面再次论述和申明自己的理论观点。凯尔森在《谁应是宪法的守护者?》一文的开篇就重申了自己的纯粹法理论:宪法是一种秩序,"是一种具有确定内容的规范集合",所谓"宪法的守护者"亦即通常所称的"宪法保障",这意味着为实现对权力的法律控制提供一种"安全机制",即"法律限制不能被超越"。④

凯尔森在该文中首先对于施米特在《宪法的守护者》中作为其理

---

① 参见汉斯·凯尔森:《谁应成为宪法的守护者?》,载黄卉主编:《德国魏玛时期国家法政文献选编》,黄卉等编译,清华大学出版社 2016 年版,第 229—231 页。
② Hans Kelsen, Wesen und Entwicklung der Staatsgerichtsbarkeit, in: VVDStRL 5 (1929), S. 35.
③ 参见卡尔·施米特:《论断与概念:在与魏玛、日内瓦、凡尔赛的斗争中(1923—1939)》,朱雁冰译,上海人民出版社 2006 年版,第 200—205 页。
④ 参见汉斯·凯尔森:《谁应成为宪法的守护者?》,载黄卉主编:《德国魏玛时期国家法政文献选编》,黄卉等编译,清华大学出版社 2016 年版,第 228—229 页。

论基础的贡斯当的"中立性权力"学说进行了批判性重构。凯尔森认为,施米特在《宪法的守护者》一文中试图复兴贡斯当"这位君主立宪思想中资格最老且最可靠的思想家的学说,即君主作为中立性权力的学说,并且不加限定地就改头换面为共和国的国家首脑作为中立性权力",凯尔森将施米特运用这种学说比喻为从宪法剧院的"废物储藏室里捡拾出最老旧的布景材料",这种学说对于当时的民主共和国和《魏玛宪法》来说是"满是灰尘的道具"。① 凯尔森批评道,施米特将这种具有"时代依附性"的权力学说"当成自己解释《魏玛宪法》的主要工具","尝试将贡斯当之君主作为中立性权力的意识形态挪用到民主共和国的国家首脑身上";然而,施米特一方面想让国家首脑成为"宪法的守护者"的合适人选,另一方面又试图"使得国家首脑的职能扩展到超过立宪君主制中的君主所拥有的正常职权范围","通过更为广义地解释宪法第48条,试图扩大帝国总统的权限",但是帝国的总统"正是国家的主权统治者"。②

凯尔森在文中再次强调了自己之前主张的"通过法院的宪法保障"的观点,并且再次指出一个具有宪法保障职能的机构是否为一个司法机构或者宪法法院,是不重要的,重要的是这个机构要有"独立性",而现代的宪法通常"习惯于将这种独立性规定给法院",亦即"法官的"独立性。③ 在凯尔森看来,施米特为了论证自己的观点,"以相对重大的成本来证明,对自身可运用的法律享有实质审查权的

---

① 参见汉斯·凯尔森:《谁应成为宪法的守护者?》,载黄卉主编:《德国魏玛时期国家法政文献选编》,黄卉等编译,清华大学出版社2016年版,第231页。
② 参见汉斯·凯尔森:《谁应成为宪法的守护者?》,载黄卉主编:《德国魏玛时期国家法政文献选编》,黄卉等编译,清华大学出版社2016年版,第232—233页。
③ 参见汉斯·凯尔森:《谁应成为宪法的守护者?》,载黄卉主编:《德国魏玛时期国家法政文献选编》,黄卉等编译,清华大学出版社2016年版,第234页。

德国刑事、民事和行政法院在'精确的意义上'并不算是'宪法的守护者'",但是,"没有就美国最高法院谈及此事,尽管实际上这一法院与德国法院的作为并无二致"。① 同时,凯尔森指出,施米特错误地认为司法的职能和"政治性"职能之间存在着根本的对立,实际上,"在立法者的政治特征和司法的政治特征之间所存在的只是量上的差别,而非质的差别",而施米特对"可司法化"和"不可司法化"进行的区分以及"政治性"问题"不可司法化"的主张明显只是为了达到自己的论证目的。②

凯尔森在文中反驳了施米特关于宪法诉讼不属于司法的观点,进而批评了施米特关于司法的本质的论点,认为施米特关于这方面的论述"在根本上导致了长期以来就被视为谬误而加以认知的观念旧错重演"。③ 对于法律的违宪性,凯尔森再次指出,一个法律的违宪性可能体现为违反宪法规定的程序,或者包含有违反宪法规定的内容,而宪法法院对某一法律进行的合宪性审查,"通过意味着对法律是否合乎宪法而成立的问题做出裁断",宪法法院的裁断"在各别意义上,它仅适用于具体的案例,在普遍意义上,适用于所有情形"。④ 针对施米特关于合宪性审查的论述,凯尔森指出,施米特"没有看到法作为规范和法的创设作为事实构成之间的区别",因此,凯尔森反对施米特所主张的"规范的自我保护"或者"一个弱的法通过强的法或者强的

---

① 参见汉斯·凯尔森:《谁应成为宪法的守护者?》,载黄卉主编:《德国魏玛时期国家法政文献选编》,黄卉等编译,清华大学出版社 2016 年版,第 234 页。
② 参见汉斯·凯尔森:《谁应成为宪法的守护者?》,载黄卉主编:《德国魏玛时期国家法政文献选编》,黄卉等编译,清华大学出版社 2016 年版,第 235—237 页。
③ 参见汉斯·凯尔森:《谁应成为宪法的守护者?》,载黄卉主编:《德国魏玛时期国家法政文献选编》,黄卉等编译,清华大学出版社 2016 年版,第 237 页。
④ 参见汉斯·凯尔森:《谁应成为宪法的守护者?》,载黄卉主编:《德国魏玛时期国家法政文献选编》,黄卉等编译,清华大学出版社 2016 年版,第 239—240 页。

法通过弱的法来保护"。①

凯尔森在文中还批评了施米特提出的"多元主义"和"全能国家"的概念及相关主张。凯尔森认为，"全能国家"只是一个"新词"，绝不可能是一个"新现象"，"因为古代国家以及同样的'绝对国家'，也即18世纪的警察国家都属于'全能国家'，因此并不存在什么辩证的分阶段的结果"。② 同时，凯尔森指出，施米特虽然将"多元主义"和"全能国家"这两个概念"彼此结合起来"，但是"两者实则互不相关"，这两个概念"时而是这种对立，时而是那种走向前台"，并且"全能国家"本身也存在着"多元性"："全能国家"可能成为"完全吸收社会、统摄所有社会功能"的"独裁国家"，也可能成为"民主国家"；在"独裁国家"中，政党被排除在外，而在"民主国家"中，"政治上的党派斗争则被纳入国家意志建构的程序当中"，"全能国家"也可能成为一个"多元化的政党国"，因此，"全能国家"可能是"去中心化"的，也可能是"集中化"的，而"全能国家"为了"自身的全能化"而"分成小块的全能化简直就是语词矛盾"。③ 在凯尔森看来，施米特的"全能国家"中根本就没有议会的位置："全能国家的'统一体'并不是议会，而仅仅是国家首脑的产物！"④

对于施米特提出的"国家首脑作为宪法的守护者"的观点，凯尔

---

① 参见汉斯·凯尔森：《谁应成为宪法的守护者?》，载黄卉主编：《德国魏玛时期国家法政文献选编》，黄卉等编译，清华大学出版社2016年版，第240页。
② 参见汉斯·凯尔森：《谁应成为宪法的守护者?》，载黄卉主编：《德国魏玛时期国家法政文献选编》，黄卉等编译，清华大学出版社2016年版，第247页。
③ 参见汉斯·凯尔森：《谁应成为宪法的守护者?》，载黄卉主编：《德国魏玛时期国家法政文献选编》，黄卉等编译，清华大学出版社2016年版，第248页。
④ 汉斯·凯尔森：《谁应成为宪法的守护者?》，载黄卉主编：《德国魏玛时期国家法政文献选编》，黄卉等编译，清华大学出版社2016年版，第264页，注释1。

森认为,"全能国家"和《魏玛宪法》序言中的"全体德意志人民作为同质的、不可分的统一体"之间具有内在的联系,这是国家首脑通向"宪法的守护者"的道路,同时也为帝国总统成为"宪法的守护者"提供了"最重要的支持"。① 但是,凯尔森指出,施米特借用贡斯当的"中立性权力"学说的"真正意义就在于,它可以掩盖实际上已经存在的、激进的利益对立,而这一对立就表现在政治性党派对立,以及更有意义的、掩藏在党派对立背后的阶级对立的事实之中",同时,所谓的"人民的总体意志"也是一个"典型的民主虚构"。②

在凯尔森看来,施米特没有证明"国家首脑比司法和公务员具有更高程度的独立性和中立性",相对于宪法法院的独立性和中立性而言,国家首脑"毫无优势可言",凯尔森同时也反驳了施米特关于宪法法院的"不民主性",所以,凯尔森认为施米特"没有成功证立他关于国家元首作为宪法守护者的观点"。③ 因此,凯尔森认为,施米特的文章实际上进一步确证了宪法法院作为"宪法的守护者"的观点,而且从宪法解释的立场上,施米特旨在"运用一切可能的解释手段,将权力的重心转移到国家首脑身上"。④

所以,凯尔森认为,施米特将国家元首视为宪法的守护者,不仅"过高地评价了"总统的职能,而且还"低估了"议会的职能。《魏玛宪法》中不仅规定了由人民选出的总统,而且也规定了由人民选出

---

① 参见汉斯·凯尔森:《谁应成为宪法的守护者?》,载黄卉主编:《德国魏玛时期国家法政文献选编》,黄卉等编译,清华大学出版社 2016 年版,第 253—254 页。
② 参见汉斯·凯尔森:《谁应成为宪法的守护者?》,载黄卉主编:《德国魏玛时期国家法政文献选编》,黄卉等编译,清华大学出版社 2016 年版,第 255—256 页。
③ 参见汉斯·凯尔森:《谁应成为宪法的守护者?》,载黄卉主编:《德国魏玛时期国家法政文献选编》,黄卉等编译,清华大学出版社 2016 年版,第 257—258 页。
④ 参见汉斯·凯尔森:《谁应成为宪法的守护者?》,载黄卉主编:《德国魏玛时期国家法政文献选编》,黄卉等编译,清华大学出版社 2016 年版,第 258 页。

的议会,在维护《魏玛宪法》序言中的"统一体"方面,使国家元首成为宪法的守护者,"只能在被神化了的宪法第 48 条那里达到顶峰",在这种逻辑上,《魏玛宪法》中规定的两个国家权力主体就会"演变出国家的敌人和朋友",即"宪法的侵犯者和宪法的守护者","所有这一切都肯定不再同宪法的实证法解释相关",而是"善神与恶灵的神话"。① 凯尔森最后指出,需要"严格区分科学知识与政治价值判断",不能将政治目的"隐藏在社会学知识和国家理论的宪法解释背后",他的文章所要批判的就是知识"对象的'科学处理'背后的政治目的"。②

对于凯尔森对施米特的批评,大卫·戴岑豪斯指出,凯尔森的论辩在一个关键环节上"含混不清","总体来说,凯尔森并不清楚他的批评究竟是站在法律科学的立场上,还是立足于政治理论,抑或是一个纯粹技术性的立场"。③ 由于凯尔森认为应在法学和政治学之间划清界限,而施米特认为任何跟法律有关的诉求都是"政治性"的,因而凯尔森和施米特之间论争的"含糊不清似乎是不可避免的"。④ 所以,"凯尔森最终试图凭借其纯粹法学理论,从与施米特的论战中抽身而去,因此也看出纯粹法学理论无法兑现其诺言"⑤。

从魏玛时期的政治讨论中可以看出,由一个司法机构对法律进行

---

① 参见汉斯·凯尔森:《谁应成为宪法的守护者?》,载黄卉主编:《德国魏玛时期国家法政文献选编》,黄卉等编译,清华大学出版社 2016 年版,第 262—264 页。
② 参见汉斯·凯尔森:《谁应成为宪法的守护者?》,载黄卉主编:《德国魏玛时期国家法政文献选编》,黄卉等编译,清华大学出版社 2016 年版,第 265 页。
③ 大卫·戴岑豪斯:《合法性与正当性:魏玛时代的施米特、凯尔森与海勒》,刘毅译,商务印书馆 2013 年版,第 126 页。
④ 参见大卫·戴岑豪斯:《合法性与正当性:魏玛时代的施米特、凯尔森与海勒》,刘毅译,商务印书馆 2013 年版,第 126 页。
⑤ 大卫·戴岑豪斯:《合法性与正当性:魏玛时代的施米特、凯尔森与海勒》,刘毅译,商务印书馆 2013 年版,第 153 页。

合宪性审查是有争议的,"这体现出时人意欲探寻一种在思想观念方面令人信服的(普遍接受的)方式,同时在功能上探寻一种易于理解的并且同时是一种完美的方式来依据法律对行政行为进行审查"[1]。在这方面,奥地利的1920年《联邦宪法法》及以此作为宪法基础的奥地利宪法法院已经走在前列,并成为这种宪法保障制度的一种典型。

---

[1] Peter Häberle, Michael Kilian, Heinrich Wolff (Hrsg.), Staatsrechtslehrer des 20. Jahrhunderts, Berlin/Boston 2018 (2. Aufl.), S. 292-293.

第七章 二战前的奥地利宪法法院：
兼与捷克斯洛伐克宪法法院比较

在第一次世界大战之后，奥地利共和国与捷克斯洛伐克共和国较早地建立起宪法法院制度，奠定宪法法院制度的"奥地利模式"或者"凯尔森模式"的基础。第二次世界大战之后，世界一些国家和地区相继采用这种宪法法院式的制度模式，在现代法治国家发展中发挥出一定的作用。虽然较早设立宪法法院的奥地利和捷克斯洛伐克在这种制度方面的影响力日渐式微，但是奥地利和捷克斯洛伐克宪法法院的发展对之后诸多国家相关制度的发展做出了重要贡献，在历史上起到了"引领者"和"先驱者"的作用。

哪一个宪法法院（奥地利宪法法院还是捷克斯洛伐克宪法法院）是世界上第一个宪法法院，是有争议的。亚娜·奥斯特坎普（Jana Osterkamp）认为，依据《捷克斯洛伐克共和国宪法》（1920年2月29日由国民大会通过）设立的捷克斯洛伐克宪法法院是"世界上第一个真正的宪法法院"。[1] 特奥·约林格尔教授也认为，捷克斯洛伐克宪法法院比奥地利宪法法院早大约半年设立。[2] 而绝大多数奥地利

---

[1] Jana Osterkamp, Verfassungsgerichtsbarkeit in der Tschechoslowakei (1920 – 1939) (= Studien zur europäischen Rechtsgeschichte 243), Frankfurt am Main 2009, S. 1.

[2] Theo Öhlinger, Verfassungsgerichtsbarkeit und parlamentarische Demokratie, in: Heinz Schäffer (Hrsg.), Im Dienst an Staat und Recht. Internationale Festschrift Erwin Melichar zum 70. Geburtstag, Wien 1983, S. 128.

学者，如维也纳大学教授费利克斯·埃马克拉①、罗伯特·瓦尔特②、威廉·布劳内德③、曾任奥地利宪法法院法官的库尔特·海勒（Kurt Heller）④ 等认为，奥地利宪法法院成立于 1919 年 1 月 25 日，即临时国民大会通过《关于设立德意志奥地利宪法法院的法律》之日，而不是制宪国民大会于 1920 年 10 月 1 日通过《奥地利联邦宪法法》之日。究竟哪一个宪法法院是世界上第一个宪法法院？根据不同的标准会得出不同的结论。对奥地利和捷克斯洛伐克宪法法院进行多方面的考察，从历史的视角来认识奥地利和捷克斯洛伐克宪法法院在二战之前的设立及其组织、职能等方面的发展变化，该问题的答案或许会更为明确。

第一节　奥地利和捷克斯洛伐克宪法法院的历史传统及其设立

20 世纪初期，奥地利共和国与捷克斯洛伐克共和国几乎同时并行设立宪法法院并不是偶然的。作为奥匈帝国（奥地利帝国）分裂后成立的国家，奥地利共和国与捷克斯洛伐克共和国⑤在制度传统方面很

---

① Felix Ermacora u. a. (Hrsg.), Hundert Jahre Verfassungsgerichtsbarkeit und Fünfzig Jahre Verfassungsgerichtshof in Österreich, Wien 1968.
② Robert Walter, Die mitteleuropäische Verfassungsgerichtsbarkeit und die Reine Rechtslehre, in: Österreichische Richterzeitung 12 (1993), S. 269, FN 20.
③ Wilhelm Brauneder, Österreichische Verfassungsgeschichte (11. Aufl.), Wien 2009, S. 201.
④ Kurt Heller, Der Verfassungsgerichtshof, Wien 2010, S. 188.
⑤ 捷克斯洛伐克共和国由之前属于奥匈帝国的波希米亚王室世袭领地（波希米亚王国、摩拉维亚边境总督辖区、西里西亚公爵领地）以及属于匈牙利王国的部分领土（斯洛伐克和喀尔巴阡－乌克兰［Karpato-Ukraine］）构成。Vgl. Monika Krupar, Tschechische juristische Zeitschriften des 19. und 20. Jahrhunderts (= Schriften zur Rechtsgeschichte 152), Berlin 2011, S. 211.

大程度上有着相同的历史渊源，两国宪法法院的设立都受到凯尔森法学理论的重要影响。可以说，奥地利宪法法院和捷克斯洛伐克宪法法院同源同宗，对奥地利宪法法院制度历史发展的认识是理解捷克斯洛伐克宪法法院传统的基础。

前已述及，在奥地利，关于宪法法院制度的相关规定可追溯至1848年的"克罗梅日什草案"。该草案中所设计的最高帝国法院已经具有现代宪法法院的部分职能，例如保障国民的宪法权利，对帝国的州之间的纷争、中央政府与州政府之间的权限争议以及针对部长和州长等公务人员的控诉进行裁决等（第140条）。虽然"克罗梅日什草案"并未实施，但是其中的相关规定及其所蕴含的思想观念对之后宪法的发展产生重要影响，例如，规定了奥地利人民的基本权利以及对这些基本权利的保护。

在奥匈帝国时期，依据1867年"十二月宪法"而设立的帝国法院被看作是奥地利宪法法院的"先驱"[1]，也被视为捷克斯洛伐克宪法法院的"模范"[2]。该帝国法院的设立和发展奠定了奥地利和捷克斯洛伐克宪法法院发展的基础。1867年"十二月宪法"中所包含的《关于建立帝国法院的国家基本法》和《关于法官权力的国家基本法》对帝国法院作了较为详细的规定。作为宪法法院的先驱，帝国法院发挥了现今宪法法院的部分职能。该帝国法院自1869年6月

---

[1] Oskar Lehner, Österreichische Verfassungs- und Verwaltungsgeschichte (4. Aufl.), Linz 2007, S. 229.
[2] 曾任捷克宪法法院副院长（2003—2013）的帕维尔·霍兰德（Pavel Holländer）教授指出，奥地利1867年宪法中规定设立的帝国法院在一定程度上也是捷克和捷克斯洛伐克宪法法院的"模范"。Vgl. Pavel Holländer, Verfassungsgerichtsbarkeit in der Tschechischen Republik, in: Georg Brunner u. a., Verfassungsgerichtsbarkeit in der Tschechischen Republik, Baden-Baden 2001, S. 13.

21 日开始履行其职能，但大部分裁决是在奥匈帝国的最后十几年作出的。①

奥地利和捷克斯洛伐克宪法法院的设立是基于同样的理论基础，即凯尔森的纯粹法理论。② 前文述及，凯尔森不仅是奥地利 1920 年《联邦宪法法》的主要起草人，还是《关于设立德意志奥地利宪法法院的法律》的起草人。对于奥地利宪法法院的设立，凯尔森做出了卓越的贡献。1919 年 1 月 25 日，奥地利临时国民大会通过了由凯尔森起草的《关于设立德意志奥地利宪法法院的法律》。"德意志奥地利宪法法院"成立时，临时国民大会并未通过并颁布相应的宪法法院组织法或程序法，而是继续沿用奥匈帝国时期关于帝国法院的职能范围、组织和程序的法律。③ 1920 年 10 月 1 日，《奥地利联邦宪法法》由制宪国民大会通过，为奥地利宪法法院的存在奠定宪法基础。

在捷克斯洛伐克共和国，国民大会于 1920 年 2 月 29 日通过《捷克斯洛伐克共和国宪法》，其中对宪法法院做出了相关规定。故多数学者认为，捷克斯洛伐克宪法法院设立于 1920 年 2 月 29 日。1921 年

---

① 据统计，在 1904—1913 年的和平时期，帝国法院共作出 819 个裁决。Vgl. Oswald Gschliesser, Die Verfassungsgerichtsbarkeit in der Ersten Republik, in: Felix Ermacora u. a. (Hrsg.), Hundert Jahre Verfassungsgerichtsbarkeit und Fünfzig Jahre Verfassungsgerichtshof in Österreich, Wien 1968, S. 27.

② Robert Walter, Die mitteleuropäische Verfassungsgerichtsbarkeit und die Reine Rechtslehre, in: Österreichische Richterzeitung 12 (1993), S. 268. 关于捷克斯洛伐克宪法法院的设立以及弗朗茨·维尔（Franz Weyr）、基里·霍茨尔（Jirí Hoetzel）等捷克斯洛伐克学者与凯尔森之间的关系，参见 Herbert Haller, Die Prüfung von Gesetzen, Wien-New York 1979, S. 65 ff.; Jana Osterkamp, Verfassungsgerichtsbarkeit in der Tschechoslowakei (1920 - 1939) (= Studien zur europäischen Rechtsgeschichte 243), Frankfurt am Main 2009, S. 9 f.; Kurt Heller, Der Verfassungsgerichtshof, Wien 2010, S. 188。

③ 这些法律是《关于设立帝国法院的国家基本法》（1867 年）、《关于帝国法院组织和程序的法律》、《执行帝国法院裁决的法律》（1869 年）、《关于决定行政法院与普通法院和帝国法院之间权限冲突的法律》（1876 年）。

11月17日，捷克斯洛伐克宪法法院的七位法官被正式任命。曾任维也纳帝国议会代表的卡莱尔·巴克萨（Karel Baxa）被任命为宪法法院院长，约瑟夫·博伍斯拉夫（Josef Bohuslav）等被任命为宪法法院法官，任期至1931年11月17日。[①]

第二节 二战前奥地利与捷克斯洛伐克宪法法院的组织构成及其职能

一、二战前奥地利与捷克斯洛伐克宪法法院的组织构成

（一）奥地利共和国宪法法院的组织变化

依据《关于设立德意志奥地利宪法法院的法律》（国家法律公报号码：48/1919），（德意志）奥地利宪法法院由一名院长、一名副院长、8位法官和4位候补法官组成，他们均由国务委员会任命产生。1919年，以维托莱利为院长的宪法法院成立后，宪法法院的法官人数增为12人，候补法官人数增为6人，增补的法官和候补法官系由国民大会的主席根据联邦政府的建议任命产生。

根据1920年《奥地利联邦宪法法》第147条规定，宪法法院由一名院长、一名副院长及必要数量的法官和候补法官组成（实际上，此时的宪法法院由一名院长、一名副院长以及12位法官和6位候补法官组成，包括院长维托莱利和副院长门采尔在内的大多数宪法法院法官和候补法官继续任职）。院长、副院长及半数的法官与候补法官由

---

① Pavel Holländer, Verfassungsgerichtsbarkeit in der Tschechischen Republik, in: Georg Brunner u. a., Verfassungsgerichtsbarkeit in der Tschechischen Republik, Baden-Baden 2001, S. 15.

国民议会选举产生,其他的半数法官与候补法官由联邦议会选举产生。该条款还规定宪法法院的法官终身任职,但并未规定宪法法院法官的专业知识资格和其他相关任职条件。

1921年7月13日通过的《关于宪法法院组织和程序的法律》与1925年12月18日由国民议会通过的《宪法法院法》仅规定宪法法院法官不可兼职其他职务(第1—2条),对宪法法院法官的特定任职资格同样未作规定。[①] 1925年的《联邦宪法法修正案》(B-VG-Novelle 1925)仅增加了宪法法院法官的责任等限制性规定,对于法官的任职资格条件也未作任何规定。

1929年的《联邦宪法法修正案》(B-VG-Novelle 1929)仿照德国的《魏玛宪法》"放弃了严格的议会制度和权力分立的国家形式与政府形式"[②]。依据该修正案,奥地利宪法法院的法官不再由议会选举产生,而是由总统依据联邦政府和议会的建议任命。1929年《联邦宪法法修正案》较为详尽地规定了宪法法院的组成、法官的任命方式及任职资格:宪法法院由一名院长、一名副院长以及其他12位法官和6位候补法官组成(第147条第1款)。院长、副院长及6位法官和3位候补法官由联邦总统根据联邦政府的建议任命,其他3位法官和2位候补法官由联邦总统根据国民议会的建议任命,另外3位法官和1位候补法官由联邦总统根据州议会和联邦议会提出的建议任命(第147条第2款)。关于法官的任职资格,1929年《联邦宪法法修正案》规定,宪法法院院长、副院长以及所有法官和候补法官,均须完成法学

---

① Herbert Schambeck (Hrsg.), Das österreichische Bundes-Verfassungsgesetz und seine Entwicklung, Berlin 1980, S. 556.

② Herbert Schambeck (Hrsg.), Das österreichische Bundes-Verfassungsgesetz und seine Entwicklung, Berlin 1980, S. 39.

和政治学专业课程的学习,并担任与专业学习相关的专业职务至少满十年(第147条第3款)。所有的宪法法院法官(包括院长和副院长)均需从法官、行政官员和大学的法学教授和政治学教授中选任(第147条第2款)。第147条第6款规定,宪法法院法官的退休年龄为其年满70周岁当年的12月31日。这一规定废除了1920年《联邦宪法法》中关于宪法法院法官为终身任职的规定。

表1 二战前奥地利宪法法院的组织变化

内容	法律依据		
	《关于设立德意志奥地利宪法法院的法律》(1919)	《联邦宪法法》(1920)	《联邦宪法法修正案》(1929)
院长	1	1	1
副院长	1	1	1
法官	8	12(必要数量)	12
候补法官	4	6(必要数量)	6
任命方式	国务委员会任命	国民议会和联邦议会选举	联邦总统分别根据联邦政府、国民议会以及州议会和联邦议会的建议任命

此外,1929年《联邦宪法法修正案》的一个重要内容是政党的雇员或其他工作人员不能成为宪法法院的法官。"去政治化"是1929年奥地利联邦宪法改革和"公法上审判改革"的一个"口号"。[1] 在

---

[1] Herbert Schambeck (Hrsg.), Das österreichische Bundes-Verfassungsgesetz und seine Entwicklung, Berlin 1980, S. 543; Thomas Zavadil, Die Parteienvereinbarungen über den Verfassungsgerichtshof und die Bundes-Verfassungsnovelle 1929, in: Thomas Angerer u. a. (Hrsg.), Geschichte und Recht. Festschrift für Gerald Stourzh zum 70. Geburtstag, Wien-Köln-Weimar 1999, S. 339.

宪法法院制度方面,"去政治化"应通过宪法法院法官的专业知识资格、不能兼任其他职务及法官选任方式等方面的规定来实现,但该修正案中关于法官任命方式的规定实际上是政府与反对派妥协的结果,执政党将排除议会的影响看作是"去政治化"的一个重要措施。① 而执政党本身就是一个政党,且是具有较大影响力的政党,这就注定了"去政治化"不可能真正地贯彻实施。阿道夫·默克尔将此种"去政治化"称为"旨在政治化"。②

1929 年的奥地利《宪法过渡法》（Verfassungs-Übergangsgesetz）（即《关于第二次联邦宪法修正案的过渡规定》）（联邦法律公报号码:393/1929）第 25 条规定,在职的宪法法院法官和候补法官的任期至 1930 年 2 月 15 日结束,所有法官必须重新任命。根据这一宪法性法律,所有宪法法院法官在 1930 年 2 月 15 日被撤销职务。③ 当时以恩斯特·杜里希（Ernst Durig）为院长的宪法法院中,仅有阿道夫·万舒拉（Adolf Wanschura）和弗里德里希·恩格尔（Friedrich Engel）被重新任命为宪法法院法官,④ 而凯尔森则拒绝了当时社会民主党主席兼维也纳市长卡尔·塞茨（Karl Seitz）关于提名其再次担任宪法法院法官的建议。⑤ 通过 1930 年对宪法法院法官的重新任命,奥

---

① Thomas Zavadil, Die Parteienvereinbarungen über den Verfassungsgerichtshof und die Bundes-Verfassungsnovelle 1929, in: Thomas Angerer u. a. (Hrsg.), Geschichte und Recht. Festschrift für Gerald Stourzh zum 70. Geburtstag, Wien-Köln-Weimar 1999, S. 342.
② Adolf Julius Merkl, Der „entpolitisierte" Verfassungsgerichtshof, in: Der Österreichische Volkswirt (1930), S. 509.
③ Rudolf Aladár Métall, Hans Kelsen. Leben und Werk, Wien 1969, S. 55.
④ Kurt Heller, Der Verfassungsgerichtshof, Wien 2010, S. 237-238.
⑤ Rudolf Aladár Métall, Hans Kelsen. Leben und Werk, Wien 1969, S. 55.

地利宪法法院实际上已经成为政党为己谋利的工具。①

(二) 捷克斯洛伐克共和国宪法法院的组织构成

在《捷克斯洛伐克共和国宪法》(1920年2月29日) 通过之后, 《捷克斯洛伐克宪法法院法》(即《宪法法院法》)(法律法规汇编号码: 162/1920) 于1920年3月9日颁布。② 根据该《宪法法院法》, 捷克斯洛伐克共和国的宪法法院由七位法官组成, 其中三位由总统根据下议院、上议院和喀尔巴阡俄罗斯州议会 (der Karpathorussische Landtag)③ 建议的法官人选中各选出一位任命, 其余四位由最高法院和最高行政法院从其法官中各选任两位 (第1条第1—2款)。三位由总统任命的法官中的一位应同时被任命为宪法法院院长 (第1条第7款)。在院长不能履行其职责或者院长职务空缺时, 副院长履行院长之职责。副院长由全体宪法法院法官和候补法官通过其全体会议以多数票选举产生 (第2条第2款)。在喀尔巴阡俄罗斯州议会未成立的情况下, 原属于该州议会的宪法法院法官的提名建议权由政府行使 (第1条第3款)。最高法院和最高行政法院所决定的法官人选由各该法院按照其组织程序通过其全体大会选举产生 (第1条

---

① 共有四位曾经的宪法法院法官获得任命, 即马蒂亚斯·贝纳格尔 (Matthias Bernegger)、弗里德里希·恩格尔 (Friedrich Engl)、埃德蒙德·帕拉 (Edmund Palla) 与阿道夫·万舒拉 (Adolf Wanschura)。Vgl. Thomas Zavadil, Die Parteienvereinbarungen über den Verfassungsgerichtshof und die Bundes-Verfassungsnovelle 1929, in: Thomas Angerer u. a. (Hrsg.), Geschichte und Recht. Festschrift für Gerald Stourzh zum 70. Geburtstag, Wien-Köln-Weimar 1999, S. 364.

② Herbert Haller, Die Prüfung von Gesetzen, Wien-New York 1979, S. 63.

③ 根据《捷克斯洛伐克宪法》第3条和《捷克斯洛伐克少数民族保护条约》第11条的规定, 喀尔巴阡俄罗斯地区有权设立自治的州议会。该议会可根据捷克斯洛伐克的国家法律在本地区内享有在语言、课程和宗教事务以及地方行政和其他方面的立法权。但是实际上, 喀尔巴阡俄罗斯州议会从未真正设立。Vgl. Ludwig Adamovich, Grundriss des Tschechoslowakischen Staatsrechtes, Wien 1929, S. 126 f.

第 4 款)。

二战前捷克斯洛伐克宪法法院的一个特别之处在于,每位法官都有其相应的候补法官,候补法官的选任方式与法官的选任方式相同。当宪法法院法官持续或偶尔不能履行职责时,由其候补法官履行该法官的职责(第 1 条第 5 款)。关于宪法法院法官的任职资格,该法律规定,法官及其候补法官须精通法律、具有上议院的议员参选资格且不能是立法机构的成员(第 1 条第 6 款)。根据 1920 年《捷克斯洛伐克共和国宪法》第 20 条第 6 款规定,宪法法院法官不能同时是国民大会的成员。捷克斯洛伐克宪法法院法官的任职期限为十年,自宪法法院成立大会召开之日起计算(第 3 条)。当一名法官的任期尚未结束,特别是因其成为立法机构的成员而导致其职位空缺时,候补法官成为法官的任期为其前任法官剩余的任期(第 4 条)。[1]

表 2　二战前奥地利与捷克斯洛伐克宪法法院组织比较

内容	宪法法院	
	奥地利宪法法院 (根据 1929 年《联邦宪法法修正案》)	捷克斯洛伐克宪法法院 (根据 1920 年《宪法法院法》)
院长	1	1
副院长	1	1
法官	12	7
候补法官	6	7

---

[1] Dazu auch Ludwig Adamovich, Grundriss des Tschechoslowakischen Staatsrechtes, Wien 1929, S. 191 f.

(续表)

内容	宪法法院	
	奥地利宪法法院 (根据 1929 年《联邦宪法法修正案》)	捷克斯洛伐克宪法法院 (根据 1920 年《宪法法院法》)
任命方式	联邦总统分别根据联邦政府、国民议会以及州议会和联邦议会的建议任命	总统根据下议院、上议院和喀尔巴阡俄罗斯州议会的建议任命,最高法院和最高行政法院选任
任职资格	完成法学和政治学专业课程的学习,并担任与专业学习相关的专业职务至少满十年;从法官、行政官员和大学的法学教授和政治学教授中选任	精通法律,具有上议院的议员参选资格,且不能是立法机构的成员
任职期限	年满 70 周岁当年的 12 月 31 日	10 年

二、二战前奥地利与捷克斯洛伐克宪法法院职能的发展变化

(一)奥地利共和国宪法法院的职能

根据1919年通过的《关于设立德意志奥地利宪法法院的法律》(国家法律公报号码: 48/1919)、《关于人民代表的法律》(国家法律公报号码: 179/1919)以及《关于修改和补充〈关于设立德意志奥地利宪法法院的法律〉的法律》(国家法律公报号码: 212/1919),奥地利宪法法院在建立之初可就以下事项进行裁决:联邦和州的诉求、国民因宪法权利受到侵犯而提起的诉愿、国家机构间的权限冲突、州议会通过的法律的合宪性以及针对部长的控诉等。[①]

---

① Kurt Heller, Der Verfassungsgerichtshof, Wien 2010, S. 159.

根据 1920 年《联邦宪法法》的规定，奥地利宪法法院的职能十分广泛，包括对法律和法规的合宪性（第 89 条、第 139—140 条）、"公法上的诉求"（Kausalgerichtsbarkeit）（第 137 条）、国家机构间的权限冲突（第 138 条）、有关选举问题（第 141 条）、国家机构公职人员行为的审查（Staatsgerichtsbarkeit）（第 142—143 条）、特别行政诉讼（第 144 条）、对侵犯国际法的行为（第 145 条）等进行裁决。

奥地利宪法法院的职能并非一成不变，而是随着社会的发展和政治格局的变化而有所改变。1925 年《联邦宪法法修正案》对宪法法院职能的更动不大，其修改的主要方面是关于"公法上的诉求"和国家机构间的权限冲突。关于"公法上的诉求"，1920 年《联邦宪法法》第 137 条规定，所有针对联邦、州和乡镇的诉求，在不能通过正常的法律途径得到解决的情形下，宪法法院可予以裁决。而 1925 年的《联邦宪法法修正案》将"公法上的诉求"限定为针对联邦、州、乡镇及乡镇联合体等国家机构的财产权诉求。关于国家机构间的权限冲突，1920 年《联邦宪法法》第 138 条规定，宪法法院可就法院与行政机构之间、行政法院与其他法院特别是行政法院与宪法法院之间、各州之间以及州与联邦之间的权限冲突进行裁决。1925 年的修正案扩大了宪法法院的裁决范围：宪法法院还可就普通法院与其他法院间的权限冲突进行裁决。此外，在 1920 年《联邦宪法法》第 138 条的基础上，该修正案还增加一款规定：宪法法院可以依联邦政府或者州政府的申请以确认某一立法行为或者执行行为是否属于联邦或者州的职权。但这一款的规定并不属于国家机构间的权限冲突，在奥地利的宪法教义学中属于"权限之确认"。

1929 年《联邦宪法法修正案》对宪法法院职能的规定主要体现在法律审查方面。该修正案增加了最高法院和行政法院向宪法法院申请审查法律的合宪性的权利。在实践中，提请宪法法院对法律的合宪性进行审查的主体范围在不断扩大。制宪国民大会于1919年3月14日通过的《关于人民代表的法律》仅规定联邦政府可向宪法法院申请撤销州国民大会通过的法律。[1] 1920年《联邦宪法法》扩大了这一规定的范围：联邦政府可以提请宪法法院对州法律的合宪性进行审查，州政府也有权提请宪法法院对联邦法律的合宪性进行审查。在二战之前，公民个人无权申请宪法法院对法律的合宪性进行审查，根据奥地利宪法法院在1923年6月18日的裁决，公民个人无权申请撤销某一法律或者法规，若公民个人在诉愿程序中认为某一法律违宪，也只能由宪法法院依其自身职权启动审查程序。[2] 特奥·约林格尔教授指出，奥地利宪法法院对法律进行审查的职能体现在联邦和各州提请宪法法院对法律进行审查的权限，这须在联邦与州之间权限分配的历史环境中予以审视。[3] 从这方面来看，宪法法院是"联邦立法与州立法之间冲突的仲裁者"[4]。

此外，1929年《联邦宪法法修正案》还规定，若某一法律或法律的一部分为宪法法院的裁决所撤销，除非宪法法院的裁决另有规定，则被宪法法院宣告为违宪的法律所废止的规范自宪法法院宣告该

---

[1] 该法律第15条第1款规定，联邦政府若认为州国民大会通过的法律决议违宪，可在14日内提请宪法法院予以撤销。

[2] Kurt Heller, Der Verfassungsgerichtshof, Wien 2010, S. 217.

[3] Theo Öhlinger, Die Entstehung und Entfaltung des österreichischen Modells der Verfassungsgerichtsbarkeit, in: Bernd-Christian Funk u. a. (Hrsg.), Der Rechtsstaat vor neuen Herausforderungen. Festschrift für Ludwig Adamovich zum 70. Geburtstag, Wien 2002, S. 586.

[4] Theo Öhlinger, Die Entstehung und Entfaltung des österreichischen Modells der Verfassungsgerichtsbarkeit, in: Bernd-Christian Funk u. a. (Hrsg.), Der Rechtsstaat vor neuen Herausforderungen. Festschrift für Ludwig Adamovich zum 70. Geburtstag, Wien 2002, S. 587.

违宪法律被撤销之日起重新生效。这一条款的规定在一定程度上解决了凯尔森所提出的作为"消极的立法者"的宪法法院在撤销违宪法律后会产生的一个问题：先前受到规范的事物在此后则可能不受规范，这在一定程度上会产生一个"'无法'的空间"①。

在奥地利宪法法院最初十年即维托莱利任宪法法院院长时期（1919—1930）的裁决中，宪法法院的裁决几乎涉及宪法中规定的宪法法院职能的所有方面。② 1921年1月24日，奥地利宪法法院第一次对执行命令（法规）的合法性作出裁决。宪法法院第一次对法律的合宪性进行审查并作出裁决是在1921年6月28日，在该裁决中，蒂罗尔州议会（Tiroler Landtag）通过的《关于假期旅行证的法律》因违宪而被宣告为无效。③ 这种由宪法法院统一对法律的合宪性进行审查的模式第一次在奥地利的法律实践中实现。根据维托莱利的统计，这一时期宪法法院的裁决中有相当一部分是对选举无效的确认。④ 此外，还有大量的案件是关于公民受宪法保护的权利受到侵犯的情形，这些权利涉及公民权利的各个方面，如平等权、自由迁徙权、自由居住权、财产权、职业自由、人身自由、结社和集会自由、表达自由、宗教自由以及程序权利方面受法定法官审判的权利等，其中绝大部分案件是关于侵犯公民的财产权、居住和迁徙自由以及信仰自由。维托莱利认为，这一时期有大量关于居住自由和迁徙自由的诉愿，是由于战

---

① Hans Kelsen, Wesen und Entwicklung der Staatsgerichtsbarkeit, in: VVDStRL 5 (1929), S. 72.

② Vgl. Oswald Gschliesser, Die Verfassungsgerichtsbarkeit in der Ersten Republik, in: Felix Ermacora u. a. (Hrsg.), Hundert Jahre Verfassungsgerichtsbarkeit und Fünfzig Jahre Verfassungsgerichtshof in Österreich, Wien 1968, S. 27.

③ Kurt Heller, Der Verfassungsgerichtshof, Wien 2010, S. 214-216.

④ Paul Vittorelli, Zehn Jahre Verfassungsgerichtshof, in: Zeitschrift für Öffentliches Recht (Band 8, 1929), S. 442.

争（即第一次世界大战）结束初年实施的入境限制。而大量关于侵犯公民财产权的诉愿，则是由于贯彻实施向农民田庄再次殖民的法律（Wiederbesiedlungsgesetze）所导致的很大数量的财产没收。① 对此，库尔特·海勒教授评论道，基于《关于国民一般权利的国家基本法》（1867 年）形式上的法律保留，宪法法院关于公民基本权利的大部分判决带有明显的时代印记。②

二战前，奥地利宪法法院在一定程度上也涉入宗教问题，如关于火葬和天主教徒离婚（"豁免婚姻"）等案件。在美国，最高法院依据"政治问题回避原则"试图避免介入对政治问题的审查。在德国，联邦宪法法院宣称自己是一个"宪法机构"。但是，奥地利宪法法院似乎为解决国家的政治问题而生——对选举问题的审查、对国家机构间权限争议的裁决以及对联邦和州之间权限的确认都不可避免地与政治产生联系。曾任奥地利宪法法院院长的路德维希·阿达莫维奇（Ludwig Adamovich）对此评论道："没有任何其他法院像宪法法院那样游走于法律与政治之间。"③ 事实上，各国的宪法法院都不可避免地要或多或少地涉入政治问题。

（二）捷克斯洛伐克共和国宪法法院的职能

1920 年 2 月 29 日，捷克斯洛伐克共和国国民大会在通过《捷克斯洛伐克共和国宪法》的同时也通过了《关于实施捷克斯洛伐克共和国宪法的法律》（法律号码：121/1920）。该法律第 1 条第 1 款规定，

---

① Paul Vittorelli, Zehn Jahre Verfassungsgerichtshof, in: Zeitschrift für Öffentliches Recht（Band 8, 1929）, S. 442-443.

② Kurt Heller, Der Verfassungsgerichtshof, Wien 2010, S. 224.

③ Herbert Schambeck（Hrsg.）, Das österreichische Bundes-Verfassungsgesetz und seine Entwicklung, Berlin 1980, S. 556.

与宪法、宪法的组成部分、修改或补充宪法的法律相抵触的法律为无效。根据第 2 条的规定，宪法法院可以裁决捷克斯洛伐克共和国的法律和喀尔巴阡俄罗斯州议会的法律是否与第 1 条的原则相符合。此外，《捷克斯洛伐克宪法法院法》（1920 年 3 月 9 日）也对宪法法院的职能做出了规定。该《宪法法院法》第 7 条规定，捷克斯洛伐克宪法法院可以裁决：（1）捷克斯洛伐克共和国的法律和喀尔巴阡俄罗斯的法律是否与《关于实施捷克斯洛伐克共和国宪法的法律》第 1 条规定的原则相符合，（2）根据宪法第 54 条发布的临时命令是否与该条（即宪法第 54 条）第 8 款 b 的规定相符合。① 由此可见，捷克斯洛伐克共和国宪法法院并不具有像奥地利宪法法院那样广泛的职能，其主要职能是对法律和临时命令的合宪性的审查。对法规的合宪性和合法性的审查则属于最高行政法院的职能。② 因而，赫伯特·哈勒教授将捷克斯洛伐克宪法法院称为"法律审查法院"③。特奥·约林格尔认为，捷克斯洛伐克宪法法院在法律审查方面要早于奥地利宪法法院，奥地利宪法法院在法律审查方面不具有"原创性和模范性"④，其评判标准是《捷克斯洛伐克共和国宪法》中关于法律审查的规定要早于

---

① 1920 年《捷克斯洛伐克共和国宪法》第 54 条第 1 款规定，在议会解散时或者在议员任期结束之后且新一届议员尚未选出时以及其他议会会议延期或者结束的情形下，应成立一个由 24 人组成的委员会来监督政府权力和执行权的行使。第 54 条第 8 款规定，该委员会行使所有属于国民大会的立法和行政职能，但第 8 款 b 对此做了限制性规定：该委员会无权更改宪法法（《关于实施捷克斯洛伐克共和国宪法的法律》第 1 条的规定）和国家机构的职能。

② Pavel Holländer, Verfassungsgerichtsbarkeit in der Tschechischen Republik, in: Georg Brunner u. a., Verfassungsgerichtsbarkeit in der Tschechischen Republik, Baden-Baden 2001, S. 14.

③ Herbert Haller, Die Prüfung von Gesetzen, Wien-New York 1979, S. 67.

④ Theo Öhlinger, Verfassungsgerichtsbarkeit und parlamentarische Demokratie, in: Heinz Schäffer (Hrsg.), Im Dienst an Staat und Recht. Internationale Festschrift Erwin Melichar zum 70. Geburtstag, Wien 1983, S. 128, FN 21.

1920 年《奥地利联邦宪法法》。

捷克斯洛伐克宪法法院的法律审查职能在多个方面受到限制。绝大多数学者认为，捷克斯洛伐克宪法法院对法律和临时命令的审查仅限于对其内容的合宪性的审查。① 捷克斯洛伐克宪法法院对法律的审查是"抽象性的"，即无论现实中是否发生与有关法律的合宪性相关的具体案件，这些机构均可向宪法法院申请审查某法律的合宪性。② 根据法律规定，最高法院、最高行政法院、选举法院③、议会两院④和喀尔巴阡俄罗斯州议会可以向宪法法院提交书面申请以对法律的合宪性进行审查。⑤ 捷克斯洛伐克宪法法院并不能依自己的职权主动对某一法律是否符合宪法或宪法法进行审查，作为法律争议之一方的公民个人也无权申请宪法法院对法律进行审查，宪法法院只能依

---

① Pavel Holländer, Verfassungsgerichtsbarkeit in der Tschechischen Republik, in: Georg Brunner u. a, Verfassungsgerichtsbarkeit in der Tschechischen Republik, Baden-Baden 2001, S. 14.

② Theo Öhlinger, Die Entstehung und Entfaltung des österreichischen Modells der Verfassungsgerichtsbarkeit, in: Bernd-Christian Funk u. a. (Hrsg.), Der Rechtsstaat vor neuen Herausforderungen. Festschrift für Ludwig Adamovich zum 70. Geburtstag, Wien 2002, S. 584.

③ 捷克斯洛伐克宪法法院并没有类似奥地利宪法法院对选举问题进行裁决的职能，因为捷克斯洛伐克设立了专门的选举法院。选举法院的主要职能是针对国家议会和州议会选举的诉愿及议员失去席位等问题进行裁决。然而，选举法院受到议会政党的强烈影响，主要原因则在于选举法院的组成人员与政党的亲密关系。基里·霍茨尔——《捷克斯洛伐克共和国宪法》的缔造者之一——将选举法院的裁决看作是捷克斯洛伐克法律生活中"最令人悲哀的裁决"之一。Vgl. Jana Osterkamp, Verfassungsgerichtsbarkeit in der Tschechoslowakei (1920-1939) (= Studien zur europäischen Rechtsgeschichte 243), Frankfurt am Main 2009, S. 17.

④ 实质上，议会两院向宪法法院申请审查法律的合宪性并不符合逻辑，议会两院实际上也从未行使过申请审查法律的权利，因为议会两院申请宪法法院对法律的合宪性进行审查在很大程度上意味着"自我审查"和反对自己作出的决议。Vgl. Jana Osterkamp, Verfassungsgerichtsbarkeit in der Tschechoslowakei (1920 - 1939) (= Studien zur europäischen Rechtsgeschichte 243), Frankfurt am Main 2009, S. 13.

⑤ Ludwig Adamovich, Grundriss des Tschechoslowakischen Staatsrechtes, Wien 1929, S. 243 f.

上述国家机构的申请进行审查。① 上述国家机构在申请宪法法院对某一法律进行审查时，必须在申请中明确指明某法律的某一规定与宪法、宪法法或者与国民大会及喀尔巴阡俄罗斯州议会所通过的法律的某条规定相抵触。此外，这些机构须在相关法律公布之日起三年内提出对其合宪性进行审查的申请，若超过此期限，任何法律都不会因违宪而被宪法法院宣布为无效。②

捷克斯洛伐克宪法法院在保障公民个人的基本权利和自由方面是有缺陷的。1920 年的《捷克斯洛伐克共和国宪法》规定，公民个人权利受到行政机构的侵犯时，可由最高行政法院予以救济，但只是依据单行法律。公民宪法上的基本权利可由宪法法院予以保障，但宪法中规定的公民基本权利保护条款实际上通过前述 1920 年 3 月 9 日《捷克斯洛伐克宪法法院法》的颁布实施而失去效力，因为根据《宪法法院法》的规定，捷克斯洛伐克宪法法院的职能仅限于对法律和临时命令的审查。同时，一些宪法法院法官以宪法法院的"工作过于繁重"和"公法上权利保障的统一性"为由拒绝由宪法法院来保障公民的基本权利。因此，捷克斯洛伐克"宪法中所规定的基本权利保障不具有可实施性，同时也缺乏适合的审查标准"③。

依据塞维茨克（V. Ševčík）基于捷克斯洛伐克宪法法院档案的统计，至 1948 年，捷克斯洛伐克宪法法院仅发布过 65 个裁决——第一

---

① Ludwig Adamovich, Grundriss des Tschechoslowakischen Staatsrechtes, Wien 1929, S. 243.
② Ludwig Adamovich, Grundriss des Tschechoslowakischen Staatsrechtes, Wien 1929, S. 244.
③ Jana Osterkamp, Verfassungsgerichtsbarkeit in der Tschechoslowakei（1920 - 1939）（=Studien zur europäischen Rechtsgeschichte 243），Frankfurt am Main 2009, S. 26.

次是在 1922 年 11 月 7 日①，最后一次是在 1939 年 5 月②。所以，捷克斯洛伐克宪法法院实际上自 1922 年才真正履行其职能。在二战之前，捷克斯洛伐克宪法法院从未真正对法律的合宪性进行过审查。该宪法法院曾两次收到最高法院对法律的合宪性进行审查的申请（其他国家机构则从未提出过审查申请），但从未对此作出过裁决。其第一次收到最高法院对法律进行审查的申请是在 1936 年，而捷克斯洛伐克宪法法院实际上因法官人数不足不能作出有效决议已于 1931 年停止工作。③ 作为一个"非政治性机构"，捷克斯洛伐克宪法法院的裁决经常受到政治的影响。④ 罗伯特·瓦尔特教授甚至评论道："捷克斯洛伐克宪法法院从未真正履行其职能，实际上没有任何功能。"⑤ 因此，在严格的意义上，二战前捷克斯洛伐克宪法法院的相关职能，特别是法律审查职能"仅具有理论意义"，其法律审查工作也只是存在于纸面上。⑥

---

① Jana Osterkamp, Verfassungsgerichtsbarkeit in der Tschechoslowakei (1920–1939) (= Studien zur europäischen Rechtsgeschichte 243), Frankfurt am Main 2009, S. 1, FN 3.

② Pavel Holländer, Verfassungsgerichtsbarkeit in der Tschechischen Republik, in: Georg Brunner u. a., Verfassungsgerichtsbarkeit in der Tschechischen Republik, Baden-Baden 2001, S. 15.

③ Pavel Holländer, Verfassungsgerichtsbarkeit in der Tschechischen Republik, in: Georg Brunner u. a., Verfassungsgerichtsbarkeit in der Tschechischen Republik, Baden-Baden 2001, S. 15; Jana Osterkamp, Verfassungsgerichtsbarkeit in der Tschechoslowakei (1920–1939) (= Studien zur europäischen Rechtsgeschichte 243), Frankfurt am Main 2009, S. 13.

④ Jana Osterkamp, Verfassungsgerichtsbarkeit in der Tschechoslowakei (1920–1939) (= Studien zur europäischen Rechtsgeschichte 243), Frankfurt am Main 2009, S. 65 f.

⑤ Robert Walter, Die mitteleuropäische Verfassungsgerichtsbarkeit und die Reine Rechtslehre, in: Österreichische Richterzeitung 12 (1993), S. 267.

⑥ Theo Öhlinger, Die Entstehung und Entfaltung des österreichischen Modells der Verfassungsgerichtsbarkeit, in: Bernd-Christian Funk u. a. (Hrsg.), Der Rechtsstaat vor neuen Herausforderungen. Festschrift für Ludwig Adamovich zum 70. Geburtstag, Wien 2002, S. 585.

第三节 二战前奥地利和捷克斯洛伐克宪法法院的"瘫痪"

二战前，奥地利和捷克斯洛伐克宪法法院都因故不能正常履行职能，其原因各异，但又有一些相同之处。其共同的内在原因在于宪法法院的组织构成和对相关案件的裁决都受到政治和政党的强烈影响，不能合法、有效地履行职能。同时，部分法官的辞职或逝世等原因最终使得宪法法院不能作出法律上有效的裁决。① 其外在原因则在于两国都在逐渐转向独裁专制政体，宪法法院失去了其赖以存在的法制和法治基础。宪法法院的"瘫痪"也意味着宪法不再是政治权力的行使基础，以宪法为基础的宪法制度也仅具有形式意义。

在奥地利，宪法法院受政治和政党的影响主要表现为：一是前述1930年联邦政府在关于重新任命宪法法院法官的过程中并未体现出1929年《联邦宪法法修正案》所要求的"去政治化"，而是旨在让那些与执政党关系较为密切的人担任宪法法院的法官，② 实际上是为了

---

① 1925年《奥地利宪法法院法》第8条规定，宪法法院在主席（由院长或者副院长担任）和至少8位法官出席的情况下才能作出有效的决议（第1款）。对于针对联邦和州等的财产权诉求、法院与行政机构间的权限争议及其他不公开审理的案件可在主席和4位法官出席的情况下作出裁决（第2款）。
1920年《捷克斯洛伐克宪法法院法》第8条规定，宪法法院以法官全体会议的形式作出裁决。会议由院长或履行院长职责的副院长召集并进行表决（第1—2款）。只有在院长或履行院长职责的副院长出席并且还要有至少4位法官出席的情形下，宪法法院才能作出有效的决议（简单多数原则）。表决时，在票数相等的情形下，院长所持的意见为最终的裁决意见（第4款）。对于宣告法律为无效的裁决，至少需要五票同意才能形成有效的决议（第3款）。

② Thomas Zavadil, Die Ausschaltung des Verfassungsgerichtshofs 1933 (geisteswissenschaftliche Diplomarbeit der Universität Wien), April 1997, S. 11.

达到"政治化"的目的。二是宪法法院法官对相关案件的裁决首先考虑相关政党的利益。例如，由社会民主党推荐任命的法官在对案件进行裁判时，"完全是基于政党政治的原因"。①

引致奥地利宪法法院"瘫痪"的另一个重要原因是当时依据《战时经济授权法》（1917年7月24日）颁布的与宪法或法律相抵触的法规为数甚多。② 在维托莱利任宪法法院院长期间（1919—1930），奥地利宪法法院在很多裁决中确认1917年7月24日的《战时经济授权法》继续有效，虽然颁布该法律时的战争状态早已结束。这使得宪法法院日后处于不利的境地。自1933年3月起，宪法法院收到大量对依据《战时经济授权法》颁布的法规进行审查的申请。③ 联邦政府担心大量的政府立法会被宪法法院撤销，而解决此问题的一个一劳永逸的办法是使宪法法院"瘫痪"：通过宪法法院法官的辞职或者退休，从而使其达不到作出有效决议所必需的法官人数。④ 据此，当时由联邦政府提名任命的宪法法院法官被要求放弃其法官职位。⑤ 较为普遍的

---

① Klaus Berchtold, Verfassungsgeschichte der Republik Österreich: Band 1. 1918 - 1933, Wien-New York 1998, S. 752.
② 据统计，仅自1933年3月初至1934年4月末，依据该法律颁布的法规共有474项之多。Vgl. Thomas Zavadil, Die Ausschaltung des Verfassungsgerichtshofs 1933 (geisteswissenschaftliche Diplomarbeit der Universität Wien), April 1997, S. 14.
③ 据统计，从1933年3月21日至5月30日，宪法法院共收到38个要求对此类法规进行审查的申请。从1933年4月4日至1934年4月28日，共有35个公民诉愿是针对依据《战时经济授权法》颁布的法规而发布的行政决定。此外，从1933年3月中旬到1933年12月初，维也纳州政府共撤销78项依据《战时经济授权法》颁布的法规和4项依据这些法规而颁布的法规。Vgl. Thomas Zavadil, Die Ausschaltung des Verfassungsgerichtshofs 1933 (geisteswissenschaftliche Diplomarbeit der Universität Wien), April 1997, S. 24 ff.
④ Kurt Heller, Der Verfassungsgerichtshof, Wien 2010, S. 258.
⑤ 时任奥地利联邦政府总理的陶尔斐斯（Engelbert Dollfuß）委托陆军部司长（Sektionschef im Heeresministerium）罗伯特·赫希特（Robert Hecht）引导宪法法院法官放弃其职务。赫希特甚至被授权向有辞职意愿的法官许诺，他们会再次被任命为宪法法院法官。Vgl. Klaus Berchtold, Verfassungsgeschichte der Republik Österreich: Band 1. 1918-1933, Wien-New York 1998, S. 751.

观点是，联邦政府建议任命的宪法法院法官在 1933 年 5 月的辞职直接导致奥地利宪法法院"瘫痪"。①

此外，奥地利联邦政府也通过修改法律来达到使宪法法院"瘫痪"的目的。根据《宪法法院法》第 6 条的规定，所有宪法法院的法官——在法官不能履行职责的情况下，由候补法官代替——都应被邀请参与案件的审理。但是，1933 年 5 月 23 日《关于修改〈宪法法院法〉的联邦政府法规》（联邦法律公报号码：191/1933）规定，只有由国民议会或联邦议会建议任命的宪法法院法官才被邀请参加会议和案件的审判。这意味着包括院长和副院长在内的超过半数的法官不能参与案件的审判——这必然导致宪法法院的裁决无效。"对于达到使宪法法院瘫痪的目的，这一联邦政府法规是必要的，但它无疑是违宪的。"② 一些政党，如社会民主党、国家社会主义党等反对宪法法院的"关闭"，但其呼求和抗议没有取得任何成效。③ 最终，联邦政府的目的达到了——有目的性地使宪法法院不能作出有效的决议，从而导致宪法法院的关闭。随着议会和宪法法院的"瘫痪"，奥地利走向了专制独裁之路。

在捷克斯洛伐克共和国逐渐走向专制国家的过程中，其宪法法院实际上在 1931 年也处于瘫痪状态。④ 但是在捷克斯洛伐克，授权立法

---

① Thomas Zavadil, Die Parteienvereinbarungen über den Verfassungsgerichtshof und die Bundes-Verfassungsnovelle 1929, in: Thomas Angerer u. a. (Hrsg.), Geschichte und Recht. Festschrift für Gerald Stourzh zum 70. Geburtstag, Wien-Köln-Weimar 1999, S. 363. 但 1936 年出版的奥地利宪法法院 1933 年判决的前言中写道："自 1933 年 3 月的会议之后，宪法法院就没有作出过任何裁决。" Kurt Heller, Der Verfassungsgerichtshof, Wien 2010, S. 241.
② Klaus Berchtold, Verfassungsgeschichte der Republik Österreich: Band 1. 1918 – 1933, Wien-New York 1998, S. 752.
③ Klaus Berchtold, Verfassungsgeschichte der Republik Österreich: Band 1. 1918 – 1933, Wien-New York 1998, S. 753.
④ Kurt Heller, Der Verfassungsgerichtshof, Wien 2010, S. 187.

和由此制定颁布的授权法（Ermächtigungsgesetze）并非导致其宪法法院瘫痪的本源性原因，因为因世界经济危机而制定的第一个授权法颁布于 1933 年 6 月 9 日，即在宪法法院关闭一年半之后才颁布。① 根据亚娜·奥斯特坎普的观点，二战前捷克斯洛伐克共和国宪法法院的"关闭"主要是基于两个方面的原因：一方面是由于"政党政治之间的意见分歧"（权力分配的冲突），另一方面是出于"财政政策的考虑"。② 1931 年 11 月 17 日，第一届法官的任期届满之后，直至 1938 年 5 月 10 日，新一届宪法法院的法官才被重新任命。③ 宪法法院法官"职位的更动或者法官的逝世"也最终导致捷克斯洛伐克宪法法院不能作出有效的决议。④ 从 1931 年至 1938 年，捷克斯洛伐克宪法法院实际上处于"关闭"状态。⑤

通过对二战之前奥地利和捷克斯洛伐克宪法法院的设立、组织、职能等方面发展状况的论析，我们对于"哪个宪法法院是世界上第一个宪法法院"有了较为明晰的答案。若以宪法法院在宪法中正式予以规定为标准，那么捷克斯洛伐克宪法法院要比奥地利宪法法院早七个月；若以规定宪法法院组织和程序的《宪法法院法》的颁布为标准，则捷克斯洛伐克宪法法院要比奥地利宪法法院早五年多（即使与奥地

---

① Jana Osterkamp, Verfassungsgerichtsbarkeit in der Tschechoslowakei（1920 – 1939）(=Studien zur europäischen Rechtsgeschichte 243), Frankfurt am Main 2009, S. 84–86.
② Jana Osterkamp, Verfassungsgerichtsbarkeit in der Tschechoslowakei（1920 – 1939）(=Studien zur europäischen Rechtsgeschichte 243), Frankfurt am Main 2009, S. 86–88.
③ Pavel Holländer, Verfassungsgerichtsbarkeit in der Tschechischen Republik, in: Georg Brunner u. a., Verfassungsgerichtsbarkeit in der Tschechischen Republik, Baden-Baden 2001, S. 15.
④ Jana Osterkamp, Verfassungsgerichtsbarkeit in der Tschechoslowakei（1920 – 1939）(=Studien zur europäischen Rechtsgeschichte 243), Frankfurt am Main 2009, S. 90.
⑤ Jana Osterkamp, Verfassungsgerichtsbarkeit in der Tschechoslowakei（1920 – 1939）(=Studien zur europäischen Rechtsgeschichte 243), Frankfurt am Main 2009, S. 2.

利 1921 年 7 月 13 日通过的《关于宪法法院组织和程序的法律》相比，捷克斯洛伐克的《宪法法院法》也要早一年多）。因此，从这两方面形式上的法律规定来看，捷克斯洛伐克共和国的宪法法院是世界上第一个宪法法院。但是从两国宪法法院法官的组织任命上看，奥地利宪法法院的院长、副院长、法官等于 1919 年 2 月 20 日获得国务委员会任命，这意味着奥地利宪法法院在 1919 年年初正式成立，而捷克斯洛伐克宪法法院的法官于 1921 年 11 月 17 日被正式任命，这说明捷克斯洛伐克宪法法院于 1921 年年底才正式成立。实际上，奥地利宪法法院在 1919 年即已建立，并于 1919 年 3 月 10 日作出其第一个裁决。虽然其当时的名称为"德意志奥地利宪法法院"，但这并不能改变其实际上是奥地利宪法法院的事实。1920 年《联邦宪法法》颁布之后，奥地利宪法法院作出的第一个裁决是在 1920 年 12 月 14 日，第一次宣告法律违宪是在 1921 年 6 月 28 日。以法律审查为主要职能的捷克斯洛伐克宪法法院作出的第一个裁决是在 1922 年 11 月 7 日，却从未作出过关于法律审查的裁决。因此，在实质意义上，奥地利宪法法院要早于捷克斯洛伐克宪法法院。此外，二战之前，奥地利宪法法院也晚于捷克斯洛伐克宪法法院"关闭"，奥地利宪法法院的职能比捷克斯洛伐克宪法法院更为宽泛，发挥了比捷克斯洛伐克宪法法院更广泛、更积极的作用，奥地利在宪法法院制度方面扮演着"先驱者"的角色[①]。这种由宪法法院来统一行使特定审查权的模式亦被称为"奥地利模式"，而捷克斯洛伐克的宪法法院则没能像奥地利宪法法院

---

① Perter Häberle（Hrsg.），Verfassungsgerichtsbarkeit（Darmstadt 1976），Vorwort，S. 14.

那样同样具有制度职能方面的"模范作用"①。

奥地利共和国与捷克斯洛伐克共和国虽然在宪法法院制度的历史传统方面并无二致,但两国最终设计和建立的宪法法院在组织和职能等方面却大相径庭。与捷克斯洛伐克宪法法院相比,二战前的奥地利宪法法院更具制度职能之实。无论是由于历史的原因还是因其职能的限制,捷克斯洛伐克宪法法院的影响力要小于奥地利宪法法院。

奥地利和捷克斯洛伐克共和国宪法法院在二战前的发展及其"瘫痪"也给予我们一些启示:当时的宪法法院是法治国家的一种保障,也是公民基本权利保护的最后屏障,法治国家是宪法法院存在的基础,宪法法院与法治国家是互为依存的关系。即使在非法治国家建立起宪法法院,宪法法院也会因法律以外的因素,特别是因政府的专制独裁或其他权力的干涉而不能真正履行其应有的职能,甚或陷入"瘫痪"。

在奥地利宪法法院"关闭"后,时为奥地利联邦总统的威廉·米克拉斯(Wilhelm Miklas,1928—1938)在其手稿(1933年5月23日)中写道:

> 这还是一个法治国家吗?在议会被摧毁之后,继之而来的是宪法法院——法律合宪性的最后依靠!然而,更严重的是人民最后仅剩的法律意识和正义感被摧毁!一旦宪法法院停止工作,政府独裁者的紧急命令将不再受到任何限制——万能的政党在联邦宪法中刻意造就的权力孱弱的联邦总统除了忍耐,别无可为……②

---

① Robert Walter, Die mitteleuropäische Verfassungsgerichtsbarkeit und die Reine Rechtslehre, in: Österreichische Richterzeitung 12 (1993), S. 267.
② Thomas Zavadil, Die Ausschaltung des Verfassungsgerichtshofs 1933 (geisteswissenschaftliche Diplomarbeit der Universität Wien), April 1997, S. 149.

结语　凯尔森与纯粹法理论的实践性之反思

　　凯尔森的《纯粹法理论》第一版自 1934 年出版以来已近百年，被视为凯尔森的"毕生之作"的"纯粹法理论"一直受到世界各国学者的普遍关注，凯尔森既因"纯粹法理论"而获得赞誉，也因"纯粹法理论"而受到诸多批评。关于"纯粹法理论"的研究成果可谓汗牛充栋，既有关于该理论的渊源研究、体系研究、逻辑研究，也有关于该理论的某个或某些特定方面或特定内容的研究，例如基础规范、法律规范的位阶等级理论、宪法的概念、国家理论及其与自然法理论的关系等，但是，较少甚或没有涉及凯尔森与纯粹法理论的"实践性"问题，对此，几乎没有论著专门、系统地予以论述。纯粹法理论虽有其"纯粹性"，但并非"与实践毫不相干"的、"纯粹的"理论，而是在凯尔森的宪法和法律实践中得到了应用，受到了实践的检验。

　　纯粹法理论是凯尔森的理论创造，但是，纯粹法理论生发于当时的西方法律传统，植根于当时的法律实证主义和自然法理论，也离不开当时主张"回到康德"的新康德主义。奥地利宪法法院制度的建立以及凯尔森任奥地利宪法法院法官的宪法实践也表明，凯尔森在法律理论和法律实践中并非拘泥于自己的理论和思想主张，而是在宪法实践中不断"调适"自己的理论观点，将自己的理论应用于实践，这已在前文的论述中充分体现出来。在理论方面，凯尔森也不是一味固守自己的"纯粹法理论"而没有改变，凯尔森在《纯粹法理论》第二版中对于一些批评性意见的接受，对自己之前的一些理论观点和论据的修正就是明证。将凯尔森的理论及其实践置入当时整个大的历史环境中进行考察，特别是结合当时西方法治的渊源、传统和法治实践来看待和分析凯尔森的纯粹法理论及相关的法律规范位阶等级理论和宪法法院制度等理论主张，能够更好地理解凯尔森的纯粹法理论的理论特性。从历史出发，以实践为基础，从凯尔森作为维也纳大学法学院教授起草奥地利宪法和《关于设立德意志奥地利宪法法院的法律》等法律和宪法草案、担任奥地利宪法法院法官以及在魏玛共和国时期的法律实践出发，可以更好地认识和把握纯粹法理论的意涵、凯尔森的贡献及其实践特性。

在西方历史上，从自然法到神圣罗马帝国时期的"基本法律"和宪法的优先性地位可以看出，纯粹法理论中法律规范的位阶等级理论（阿道夫·默克尔的理论）不是凭空产生的，而是有其历史基础和理论渊源。1848年革命后在德意志地区产生的诸多宪法、奥匈帝国时期的"十二月宪法"及以此为基础设立的帝国法院为凯尔森的法律理论和法律实践提供了历史基础和历史经验。究其实质，奥匈帝国的帝国法院就是后来所称的宪法法院。凯尔森所主张设立的奥地利宪法法院正是延续了奥匈帝国时期的帝国法院传统。从其人员构成和法律基础等方面来看，奥地利第一共和国时期的宪法法院和奥匈帝国时期的帝国法院的区别主要还是形式上的差别。基于历史上对于"多数人的统治"以及司法机构的民主基础的怀疑，设立初期的奥地利宪法法院法官采取议会选举的方式产生，试图以此来缓解在一些国家中出现的"民选的议会"与"非民选的法官"之间的理论论争和权力紧张关系。

以凯尔森起草的法律和宪法草案、德语原著、中文译著以及当时的规范性文件等资料、文献为基础,在学术界相关理论研究成果的基础上,第二章和第三章介绍和论述了凯尔森的纯粹法理论的基本特性以及与纯粹法理论的"实践性"联系较为密切的国家理论、宪法观念、法律规范的位阶等级理论和宪法法院制度等内容。在凯尔森的理论中,国家与法具有"同一性",国家也是一种"法秩序"和"规范体系",凯尔森在"基础规范"和这种"同一性"的理论建构与逻辑分析的基础上论证了宪法法院制度作为一种宪法保障制度的必要性和有效性。

凯尔森不仅是法律理论家,而且深度参与当时奥地利第一共和国的宪法和法律实践,为奥地利法治国家的发展奠定了重要基础。第四章主要论述了凯尔森参与奥地利宪法和关于奥地利宪法法院相关法律的起草内容,在完成其宪法草案之后,还继续实质性地参与1920年《奥地利联邦宪法法》的修改和完善工作,为奥地利宪法的起草和完善以及奥地利宪法法院的设立做出了重要贡献,因此,凯尔森被称为"奥地利宪法之父""奥地利宪法的设计师""奥地利宪法法院之父"等。在凯尔森看来,"宪法保障"是一部宪法的核心部分,是一国的实在法体系中的重要内容之一,所以,凯尔森在其起草的六个宪法草案中都设计了一个联邦宪法法院作为宪法保障机构。

凯尔森作为法学家和奥地利宪法法院法官为奥地利宪法法院的设立和发展做出了重要贡献。第五章主要论述了凯尔森作为奥地利宪法法院法官的宪法实践及其理念,凯尔森以其理论和实践为奥地利宪法法院成为他设想中的宪法保障机构做出了实质性贡献。凯尔森不仅参与了奥地利宪法法院共计约1300个案件的裁决,将其理论应用于实践,使奥地利宪法法院"获得了生命力",而且发表了诸多论著,"奠定了宪法法院履行职能的理论基础,他对此做出了太多的贡献"(瓦尔特·安东尼奥利语),由此,凯尔森无愧于"宪法法院的守护者""奥地利宪法法院之母"(魏德林教授语)等称誉。

作为当时德意志国家法学的"四驾马车"之一,凯尔森还参与魏玛共和国时期的宪法和法律实践。第六章以凯尔森发表的论文《1932年10月25日的国务法院判决》及其与卡尔·施米特之间关于"谁应是宪法的守护者"的论辩为基础,主要论述了凯尔森如何"最大程度地运用了他的纯粹法理论"来探讨《魏玛宪法》第48条的适用问题,这被认为是凯尔森将纯粹法学理论应用于实践的"非常重要的例证"。此外,凯尔森与卡尔·施米特之间关于"谁应是宪法的守护者"的论辩不仅成为学术史上的经典,而且具有实践上的意义,是凯尔森将理论应用于实践的典型,不少学者认为,"谁应是宪法的守护者"的论辩"至今仍是时髦的"。

凯尔森不仅以其纯粹法理论享有盛誉,而且以他的理论为基础形成了"维也纳法律理论学派",阿道夫·默克尔和阿尔弗雷德·费尔德罗斯作为该学派的主要代表人物也在世界范围内产生广泛影响。凯尔森的法律实践和纯粹法理论的实践性对当时和后世的法律理论和法律实践也产生重要影响,他所主张的由一个专门的宪法法院来履行宪法保障职能的制度被称为"凯尔森模式",这种制度模式特别是在第二次世界大战之后对世界诸多国家产生了影响。

凯尔森及其纯粹法理论的实践性体现出现实政治与理论之间的相互影响,体现出法律理论对相关法律制度和法律实践的影响。凯尔森的宪法和法律实践实际上既体现出"纯粹法理论"的"纯粹性",也体现出"纯粹法理论"的"不纯粹性",凯尔森有时并未完全将政治、伦理等因素排除在外。只有在当时的历史环境中才能更好地把握纯粹法理论的内涵以及相关法律制度的实质及其制度功能,进而在此基础上更好地理解"理论的实践性"所具有的意义和价值,同时也有助于明确法学理论与"理论的实践性"之间的关系及其意义。

不同国家有着不尽相同的法律形式和法律制度,即使同一个国家在不同的历史时期也会存在不同的法律形式和法律制度。世界各国的历史上存在着诸多不同形式和内容的法律,其功能和作用也各不相同。近代以来,各国的法律发展既吸收借鉴他国法律的内容,同时也体现本国家的国情、本民族的特色。在法律制度方面,各国之间具有明显的差异,不仅各国横向对比之间存在差异,一国历史上的法律制度在纵向对比之间也存在差异和不同。以司法制度为例,这种法律制度之间的差异和不同更为明显。法国近代的司法制度具有普通法院系统与行政法院系统分离的特点,并且设立权限争议法庭以解决它们之间的管辖争议,同时也形成了复杂的普通法院系统和独特的最高法院。普通法院系统的复杂性不仅表现为上诉程序的复杂,还体现为设立的专门法院和特别法庭,其中专门法院包括劳动法院、审计法院、商事法院等。与其他国家的最高法院类似,法国近代的最高法院是民事与刑事案件最高审级的法院,但是其主要职能在于监督各类法院,防止司法活动偏离法律规定,并且最高法院只可撤销各法院的判决,不能针对个案作出自己的判决。[①]

同为德语国家且有着相同历史传统的德国与奥地利的法律制度之间的差异也很大。以宪法法院制度为例,德国和奥地利宪法法院仅在组织形式方面就存在很大差别。根据1951年颁布的《联邦宪法法院法》,德国联邦宪法法院由两个庭组成,两个庭地位平等,每个庭都

[①] 参见何勤华、马贺、蔡迪等:《大陆法系》(上卷)(何勤华主编"法律文明史"第9卷),商务印书馆2015年版,第476—477页。

是"联邦宪法法院",第一庭受理与基本权利保护相关的案件,第二庭受理与国家机构之间权力争议相关的案件,其中一个庭不能审查另一个庭的裁判。根据1951年《联邦宪法法院法》,德国联邦宪法法院由24位法官组成(现为16人),其中半数由联邦议会选举产生,另半数由参议院选举产生。德国联邦宪法法院设院长、副院长各一人,分别主持自己所在庭的工作。① 而奥地利宪法法院则不分庭,由包括一位院长和一位副院长在内的共14位法官组成,此外还有6位候补法官,在法官不能履行职责时,由候补法官履行法官的职责。根据1925年《奥地利宪法法院法》第8条规定,宪法法院在主席(由院长或者副院长担任)和至少8位法官出席的情况下才能作出有效的决议(第1款)。对于针对联邦和州等的财产权诉求、法院与行政机构间的权限争议及其他不公开审理的案件可在主席和4位法官出席的情况下作出裁决(第2款)。德国和奥地利宪法法院制度的设立及其不同发展也受到当时不同的法学理论的影响。凯尔森的理论在当时的德国和奥地利学术界受到不同的对待,也在两国的政治和法律实践中产生了不同的影响。

凯尔森的理论是时代的产物,也是法律历史的产物,凯尔森及其理论的政治法律实践在当时政治环境中的结局和影响值得我们深入研究。通过相关理论和制度的历史研究,我们能够更加准确地认识和理解相关制度的历史基础及其制度功能,从而反思理论与实践之间的辩证关系及其对于特定制度的产生和发展的影响。

---

① 参见克劳斯·施莱希、斯特凡·科里奥特:《德国联邦宪法法院:地位、程序与裁判》,刘飞译,法律出版社2007年版,第41—46页;郑戈:《传统中的变革与变革中的传统——德国宪法法院的诞生》,载《交大法学》2017年第1期。

附录　汉斯·凯尔森著述目录[*]

1. 1905 年
   Die Staatslehre des Dante Alighieri. Wiener Staatswissenschaftliche Studien, 6. Band, III. Heft. Wien und Leipig 1905.（被译为意大利语、日语）
2. 1906 年
   Wählerlisten und Reklamationsrecht. Unter Berücksichtigung der jüngsten Regierungsvorlage betreffend die Wahlreform. Juristische Blätter, 35. Jahrgang 1906.
3. 1907 年
   （1）**Kommentar zur österreichischen Reichsratswahlordnung** (Gesetz vom 26. Jänner 1907, RGBl. Nr. 17). Wien 1907.
   （2）**Naturalisation und Heimatsberechtigung nach österreichischem Rechte.** Das österreichische Verwaltungsarchiv, 3. Jahrgang, 1907.
4. 1910 年
   （1）**Buchbesprechung** von: ornhak, C.: Allgemeine Staatslehre. 2. Auflage. Berlin 1909. Archiv für Sozialwissenschaft und Sozialpolitik, 31. Band, 1910.
   （2）**Buchbesprechung** von: Bredt, J. V.: Die Zonenentiegnung und ihre Zulässigkeit in Preußen. Zugleich ein Beitrag zur Lehre vom öffentlichen Interesse. Leipzig 1909. Archiv für Sozialwissenschaft und Sozialpolitik, 31. Band, 1910.
   （3）**Buchbesprechung** von: Hatschek, J.: Das Interpellationsrecht im Rah-

---

[*] Robert Walter, Clemens Jabloner und Klaus Zeleny (Hrsg.), Hans Kelsens stete Aktualität (Schriftenreihe des Hans Kelsen-Instituts Band 25), Wien 2003, Anhang 2, S. 115 ff.

men der modernen Ministerverantwortlichkeit. Eine rechtsvergleichende Studie. Leipzig 1909. Archiv für Sozialwissenschaft und Sozialpolitik, 31. Band, 1910.

(4) **Buchbesprechung** von: Lebon, A.: Das Verfassungsrecht der französischen Republik. Tübingen 1909. —Saripolos, S.: Das Staatsrecht des Königreichs Griechenland. Tübingen 1909. —Eyschen: Das Staatsrecht des Großherzogtums Luxemburg. Tübingen 1910. Archiv für Sozialwissenschaft und Sozialpolitik, 31. Band, 1910.

(5) **Buchbesprechung** von: Spira, E.: Die Wahlpflicht. Öffentlich-rechtliche Studie. Wien 1909. Archiv für Sozialwissenschaft und Sozialpolitik, 31. Band, 1910.

(6) **Buchbesprechung** von: Wieser, F. Freiherr von: Recht und Macht. Sechs Vorträge. Leipzig 1910. Archiv für Sozialwissenschaft und Sozialpolitik, 31. Band, 1910.

5. 1911 年

(1) **Hauptprobleme der Staatsrechtslehre entwickelt aus der Lehre vom Rechtssatze.** Tübingen 1911. (1923 年、1960 年、1984 年再版，被译为英语、意大利语、日语、波兰语、塞尔维亚语、西班牙语)

(2) **Über Grenzen zwischen juristischer und soziologischer Methode.** Vortrag, gehalten in der Soziologischen Gesellschaft zu Wien. Tübingen 1911. (1970 年再版，被译为英语、意大利语、日语、塞尔维亚语、西班牙语)

6. 1912 年

(1) **Buchbesprechung** von: Coermann, W.: Die Reichsverfassung und Reichsverwaltung. Ein Führer durch die Einrichtungen des Deutschen Reiches und seine Gesetzgebung. Kempten und München 1911. Archiv für Sozialwissenschaft und Sozialpolitik, 34. Band, 1912.

(2) **Buchbesprechung** von: Errera, P.: Das Staatsrecht des Königreichs Belgien. Tübingen 1909. —Freund, E.: Das öffentliche Recht der Vereinigten Staaten von Amerika. Tübingen 1911. —Schücking, W.: Das Staatsrecht des Großherzogtums Oldenburg. Tübingen 1911. Archiv für Sozialwissenschaft

und Sozialpolitik, 34. Band, 1912.

(3) **Buchbesprechung** von: Glambi-Campbell, P.: Abriß des Staats- und Verwaltungsrechts der Argentinischen Republik. Hannover 1911. Archiv für Sozialwissenschaft und Sozialpolitik, 34. Band, 1912.

(4) **Buchbesprechung** von: Krasny, A.: Die Aufgaben der Elektrizitätsgesetzgebung, mit dem Entwurfe eines allgemeinen Elektrizitätsgesetzes. Wien 1910. Zeitschrift für Volkswirtschaft, Sozialpolitik und Verwaltung, 21. Band, 1912.

(5) **Industrieförderung in Rumänien.** Das Handelsmuseum, 27. Band, Nr. 7, 15. Februar 1912.

(6) **Zur Soziologie des Rechtes. Kritische Betrachtungen.** Archiv für Sozialwissenschaft und Sozialpolitik, 34. Band, 1912. （被译为意大利语）

7. 1913 年

(1) **Buchbesprechung** von: Menzel, A.: Naturrecht und Soziologie. Wien und Leipzig 1912. Archiv für die Geschichte des Sozialismus und der Arbeiterbewegung, 5. Band, 1913. （被译为意大利语）

(2) **Der Buchforderungseskont und die inakzeptabledeckungsberechtigende Tratte.** Das Handelsmuseum, 28. Band, Nr. 24, 12. Juni 1913.

(3) **Politische Weltanschauung und Erziehung.** Annalen für soziale Politik und Gesetzgebung, 2. Band, 1913. （被译为意大利语）

(4) **Rechtsstaat und Staatsrecht.** Österreichische Rundschau, 36. Band, 1913. （被译为意大利语）

(5) **Rudolf von Jhering in Briefen.** Neue Freie Presse (Wien), Nr. 17423, 23. Februar 1913.

(6) **Über Staatsunrecht. Zugleich ein Beitrag zur Frage der Deliktsfähigkeit juristischer Personen und zur Lehre vom fehlerhaften Staatsakt.** Grünhuts Zeitschrift für das Privat- und öffentliche Recht der Gegenwart, 40. Band, 1913. （被译为意大利语）

(7) **Zur Lehre vom Gesetz im formellen und materiellen Sinn, mit besonderer Berücksichtung der österreichischen Verfassung.** Juristische Blätter,

42. Jahrgang, 1913. (被译为意大利语)

(8) **Zur Lehre vom öffentlichen Rechtsgeschäft.** Archiv des öffentlichen Rechts, 31. Band, 1913.

(9) **Die böhmische Verwaltungskommission vor dem Verwaltungsgerichtshof.** Neue Freie Presse (Wien), Nr. 17673, 5. November 1913.

8. 1914 年

(1) **Sociologická a právnická idea státní.** Übersetzt von Karel Engliš. Sborník věd právních a státních, 14. Band, 1914.

(2) **Buchbesprechung** von: Spiegel, L.: Gesetz und Recht. Vorträge und Aufsätze zur Rechtsquellentheorie. München und Leipzig 1913. Österreichische Zeitschrift für öfftenliches Recht, 1. Band, 1914.

(3) **Reichsgesetz und Landesgesetz nach österreichischer Verfassung.** Archiv des öffentlichen Rechts, 32. Band, 1914.

9. 1915 年

(1) **Buchbesprechung** von: Pitamic, L.: Die parlamentarische Mitwirkung bei Staatsverträgen in Österreich. Leipzig und Wien 1915. Österreichische Zeitschrift für öfftenliches Recht, 2. Band, 1915.

(2) **Eine Grundlegung der Rechtssoziologie.** Archiv für Sozialwissenschaft und Sozialpolitik, 39. Band, 1915. (被译为意大利语)

10. 1916 年

(1) **Die Rechtswissenschaft als Norm- oder als Kulturwissenschaft. Eine methodenkritische Untersuchung.** Schmollers Jahrbuch für Gesetzgebung, Verwaltung und Volkswirtschaft im Deutschen Reiche, 40. Jahrgang, 1916. (被译为意大利语、日语)

(2) **Replik.** Archiv für Sozialwissenschaft und Sozialpolitik, 41. Band, 1916. (被译为意大利语)

(3) **Schlußwort.** Archiv für Sozialwissenschaft und Sozialpolitik, 42. Band, 1916. (被译为意大利语)

11. 1917 年

Zur Reform der verfassungsrechtlichen Grundlagen der Wehrmacht

Österreich-Ungarns. Zeitschrift für Militärrecht, 1. Band, 1917.

12. 1918 年

(1) **Buchbesprechung** von: Laun, R.: Zur Nationalitätenfrage. Haag 1917. Österreichische Zeitschrift für öffentliches Recht, 3. Band, 1918.

(2) **Buchbesprechung** von: Wurmbrand, N.: Die rechtliche Stellung Bosniens und der Herzogowina. Leipzig und Wien 1915. Österreichische Zeitschrift für öffentliches Recht, 3. Band, 1918.

(3) **Ein einfaches Proportionalwahlsystem.** Arbeiter-Zeitung (Wien), 30. Jahrgang, Nr. 321, 24. November 1918.

(4) **Der Proporz im Wahlordnungsentwurf.** Neue Freie Presse (Wien), Nr. 19494, 1. Dezember 1918.

(5) **Die Verfassungsnovelle.** Neue Freie Presse (Wien), Nr. 19513, 20. Dezember 1918.

(6) **Die verfassungsrechtliche Stellung des Staatskanzlers.** Arbeiter-Zeitung (Wien), 30. Jahrgang, Nr. 354, 28. Dezember 1918.

13. 1919 年

(1) **Edmund Bernatzik.** Zeitschrift für öffentliches Recht, 1. Band, 1919/1920.

(2) **Zur Theorie der juristischen Fiktionen. Mit besonderer Berücksichtigung von Vaihingers Philosophie des Als Ob.** Annalen der Philosophie, 1. Band, 1919. (被译为意大利语)

(3) **Das Proportionalsystem.** Der österreichische Volkswirt, 1919.

(4) **Buchbesprechung** von: Layer, M.: Zur Lehre vom öffentlich-rechtlich Vertrag. Graz und Leipzig 1916. Zeitschrift für öffentliches Recht, 1. Band, 1919/1920.

(5) **Die Organisation der vollziehenden Gewalt Deutschösterreichs nach der Gesetzgebung der konstituierenden Nationalversammlung.** Zeitschrift für öffentliches Recht, 1. Band, 1919/1920.

(6) **Die Stellung der Länder in der künfigen Verfassung Deutschösterreichs.** Zeitschrift für öffentliches Recht, 1. Band, 1919/1920.

(7) **Wesen und Wert der Demokratie.** Vortrag, gehalten vor der Vollsammlung der Wiener Juristischen Gesellschaft am 5. November 1919. Juristische Blätter, 48. Jahrgang, 1919.

(8) **Die Verfassungsgesetze der Republik Deutschösterreich. Mit einer historischen Übersicht und kritischen Erläuterungen herausgegeben.** Wien und Leipzig 1919.

14. 1920 年

(1) **Buchbesprechung** von: Gerlich, F.: Der Kommunismus als Lehre vom Tausendjährigen Reich. München 1920. Archiv für die Geschichte des Sozialismus und der Arbeiterbewegung, 9. Jahrgang, 1920.

(2) **Zum Bundesverfassungsentwurf des Tiroler Landtages.** Neue Freie Presse (Wien), 10. Jänner 1920.

(3) **Der Vorentwurf der österreichischen Verfassung.** Neue Freie Presse (Wien), 11. Februar 1920.

(4) **Die ökonomische und die politische Theorie des Marxismus. Eine Selbstanzeige.** Der österreichische Volkswirt, 12. Jahrgang, 1920.

(5) **Das Problem der Souveränität und die Theorie des Völkerrechts. Beitrag zu einer reinen Rechtslehre.** Tübingen 1920. (被译为意大利语)

(6) **Sozialismus und Staat. Eine Untersuchung der politischen Theorie des Marxismus.** Leipzig 1920.

(7) **Die Verfassung Deutschösterreichs.** Jahrbuch des öffentlichen Rechts der Gegenwart, 9. Band, 1920.

(8) **Die Verfassungsgesetze der Republik Österreich. Mit einer historischen Übersicht und kritischen Erläuterungen herausgegeben.** Bundesverfassung (Textausgabe). Wien und Leipzig 1920.

(9) **Vom Wesen und Wert der Demokratie.** Tübingen 1920. (被译为意大利语、日语、塞尔维亚语)

15. 1921 年

(1) **Buchbesprechung** von: Lenz, F.: Staat und Marxismus. Stuttgart und Berlin 1921. Archiv für die Geschichte des Sozialismus und der Arbeiterbe-

wegung, 10. Jahrgang, 1921.

(2) **Demokratisierung der Verwaltung.** Zeitschrift für Verwaltung, 54. Jahrgang, 1921. (被译为意大利语)

(3) **Eugen Hubers Lehre vom Wesen des Rechts.** Schweizerische Zeitschrift für Strafrecht, 34. Jahrgang, 1921.

(4) **Die Not der Universität.** Neue Freie Presse (Wien), Nr. 20409, 24. Juni 1921.

(5) **Der Staatsbegriff der ,, verstehenden Soziologie".** Zeitschrift für Volkswirtschaft und Sozialpolitik, Neue Folge, 1. Band, 1921. (被译为意大利语、西班牙语)

(6) **Das Verhältnis von Staat und Recht im Lichte der Erkenntniskritik.** Zeitschrift für öfftenliches Recht, 2. Band, 1921. (被译为意大利语)

(7) **Zu Professor Friedrich Wiesers 70. Geburtstag.** Neue Freie Presse (Wien), Nr. 20425, 10. Juli 1921.

16. 1922 年

(1) **Der Begriff des Staates und die Sozialpsychologie. Mit besonderer Berücksichtigung von Freuds Theorie der Masse.** Imago. Zeitschrift für Anwendung der Psychoanalyse auf die Geisteswissenschaften, 8. Jahrgang, 1922. (被译为英语、法语、意大利语、葡萄牙语、西班牙语)

(2) **Rechtswissenschaft und Recht. Erledigung eines Versuchs zur Überwindung der ,, Rechtsdogmatik".** Wien und Leipzig 1922.

(3) **In eigener Sache.** Zeitschrift für öfftenliches Recht, 3. Band, 1922.

(4) **Österreich als Bundesstaat.** Österreichische Rundschau, 18. Jahrgang, 1922.

(5) **Der soziologische und der juristische Staatsbegriff. Kritische Untersuchung des Verhältnisses von Staat und Recht.** Tübingen 1922. (1928 年、1977 年再版,被译为意大利语、日语)

(6) **Staat und Recht. Zum Problem der soziologischen oder juristischen Erkenntnis des Staates.** Kölner Vierteljahrshefte für Sozialwissenschaften. Zeitschrift des Forschungsinstituts für Sozialwissenschaften in Köln, Reihe

A.: Soziologische Hefte, zugleich Mitteilungen der deutschen Geselllschaft für Soziologie, 2. Jahrgang, 1922. (被译为意大利语)

(7) **Die Verfassung Österreichs.** Jahrbuch des öffentlichen Rechts der Gegenwart, 11. Band, 1922.

(8) **Die Verfassungsgesetze der Republik Österreich. Mit historischen Einleitungen und kritischen Erläuterungen herausgegeben.** Herausgegeben in Verbindung mit Dr. Georg Froehlich und Dr. Adolf Merkl. Wien und Leipzig 1922.

(9) **Michael Mayr.** Neue Freie Presse (Wien), Nr. 20740, 27. Mai 1922.

(10) **Zur Besetzung der nationalökonomischen Lehrkanzel an der Wiener juristischen Fakultät.** Neue Freie Presse (Wien), Nr. 20923, 7. Dezember 1922.

(11) **Gott und Staat.** Logos, Interantionale Zeitschrift für Philosophie der Kultur, 11. Band, 1922/1923. (被译为英语、意大利语、日语、西班牙语)

17. 1923 年

(1) **Buchbesprechung** von: Mautner, W.: Der Bolschewismus. Voraussetzungen, Geschichte, Theorie. Zugleich eine Untersuchung seines Verhältnissses zum Marxismus. Stuttgart 1920. 2. Aufl. 1922. Archiv für die Geschichte des Sozialimsu und der Arbeiterbewegung, 11. Jahrgang, 1923.

(2) **Josef Schey.** Frankfurter Zeitung, Nr. 207, 19. März 1923.

(3) **Julius Ofners Rechtsphilosophie.** Neue Freie Presse (Wien), Nr. 21251, 7. November 1923.

(4) **Österreichisches Staatsrecht.** Ein Grundriß entwicklungsgeschichtlich dargestellt. Tübingen 1923. (1970 年、1981 年再版)

(5) **Die Politische Theorie des Sozialismus.** Österreichische Rundschau, 19. Jahrgang, 1923. (被译为西班牙语)

(6) **Der Proporz in der neuen Wahlordnung für den Nationalrat.** Neue Freie Presse (Wien), Nr. 21184, 31. August 1923.

(7) **Der Rechtsschutz für die dienstrechtlichen Ansprüche der Staats-

beamten. Gerichts-Zeitung, 74. Jahrgang, 1923.

(8) **Sozialismus und Staat. Eine Untersuchung der politischen Theorie des Marxismus.** Zweite erweiterte Auflage. Leipzig 1923. (被译为意大利语、日语、西班牙语)

(9) **Das Verhältnis von Gesetz und Verordnung nach der cechoslovakischen Verfassungsurkunde.** Parlament 1923.

(10) **Die Verfassung Österreichs.** Jahrbuch des öffentlichen Rechts, 12. Band, 1923/1924.

(11) **Verfassungs- und Verwaltungsgerichtsbarkeit im Dienste des Bundesstaates, nach der neuen österreichischen Bundesverfassung vom 1. Oktober 1920.** Zeitschrift für Schweizerisches Recht, Neue Folge, 42. Band, 1923/1924. (被译为意大利语、葡萄牙语)

18. 1924 年

(1) **Franz Oppenheimer. Zu seinem sechtigsten Geburtstag.** Neue Freie Presse (Wien), Nr. 21391, 30. März 1924.

(2) **Für die Vollendung der Verfassung!** Neue Freie Presse (Wien), Nr. 21487, 6. Juli 1924.

(3) **Der Bund und die Länder.** Neue Freie Presse (Wien), Nr. 21620, 20. November 1924.

(4) **Der Bundespräsident. Anläßlich der Wiederwahl Dr. Michael Hainisch.** Neue Freie Presse (Wien), Nr. 21639, 10. Dezember 1924.

(5) **Diritto pubblico e privato.** Rivista Internationale di Filosofia del Diritto, 4. Jahrgang, 1924.

(6) **Die Lehre von den drei Gewalten oder Funktionen des Staates.** Kant-Festschrift zu Kants 200. Geburtstag am 22. April 1924. (被译为意大利语)

(7) **Marx oder Lassalle. Wandlungen in der politischen Theorie des Marxismus.** Leipzig 1924. (被译为意大利语、日语)

(8) **Otto Bauers politische Theorien.** Der Kampf, 17. Band, 1924.

(9) **Die politische Theorie Lassalles.** Neue Freie Presse (Wien),

Nr. 21405, 13. April 1924.

(10) **Gutachten zur Frage der österreichischen Staatsbürgerschaft des Fürsten Thurn und Taxis.** Beiträge zur Kritik des Rechtsgutachtens über die Frage der österreichischen Staatsbürgerschaft des Fürsten von Thurn und Taxis. Ohne Herausgeber. Zagreb 1924.

19. 1925 年

(1) **Allgemeine Staatslehre.** Berlin 1925. (1966 年、1993 年再版,被译为日语、汉语、西班牙语)

(2) **Die Aenderung der Kompetenzbestimmungen in der Verfassungsreform.** Neue Freie Presse (Wien), Nr. 21804, 27. Mai 1925.

(3) **Buchbesprechung** von: Adamovich, L. und Fröhlich, L.: Die österreichishen Verfassungsgesetze des Bundes und der Länder mit den Ausführungs- und Nebengesetzen und Erkenntnissen des Verfassungs- und Verwaltungsgerichtshofs. Wien 1925. Neue Freie Presse (Wien), Nr. 21776, 29. April 1925.

(4) **Ferdinand Lassale.** Neue Freie Presse (Wien), Nr. 21759, 11. April 1925.

(5) **Friedrich Tezner.** Neues Wiener Tagblatt, 59. Jahrgang, Nr. 164, 14. Juni 1925.

(6) **Das Kompromiß in der Verfassungsfrage.** Der Inhalt der endgültigen Vorlagen. Neue Freie Presse (Wien), Nr. 21800, 23. Mai 1925.

(7) **Das Problem des Parlamentarismus.** Wien und Leipzig 1925. (被译为意大利语、日语、波兰语、葡萄牙语、西班牙语、捷克语)

(8) **Souveränität, Völkerrechtliche. Wörterbuch des Völkerrechts und der Diplomatie. Begonnen von Julius Hatschek.** Berlin und Leipzig 1925.

(9) **Staat und Völkerrecht.** Zeitschrift für öffentliches Recht, 4. Band, 1925.

(10) **Die Vollendung der Bundesverfassung.** Neue Freie Presse (Wien), Nr. 21734, 17. März 1925.

(11) **Die Vollendung der Bundesverfassung.** Rechnungshof und Verwal-

tungsgerichtshof. Neue Freie Presse (Wien), Nr. 21744, 27. März 1925.

(12) **Die Vollendung der Bundesverfassung. Verfassungsgerichtshof.** Neue Freie Presse (Wien), Nr. 21792, 15. März 1925.

20. 1926 年

(1) **Staatsform als Rechtsform.** Zeitschrift für öffentliches Recht, 5. Band, 1926.

(2) **Bemerkungen zur Chilenischen Verfassung.** Zeitschrift für öffentliches Recht, 5. Band, 1926.

(3) **Demokratie.** Der deutsche Volkswirt, 1. Jahrgang, 1926.

(4) **Diskussionsreden.** Stenographische Verhandlungsschrift über die Mittwoch, den 12. Mai 1926 im Prälatensaale des n. ö. Landhauses, Wien, I., Herrengassse 13. Wien 1926.

(5) **Grundriß einer allgemeinen Theorie des Staates.** Als Manuskript gedruckt. Wien 1926. (被译为汉语、法语、希腊语、意大利语、日语、葡萄牙语、罗马尼亚语、西班牙语、捷克语、匈牙利语)

(6) **Die räumliche Gliederung des Staates, Theorie der Zentralisation und Dezentralisation und zugleich der Staaten-Verbindungen.** Revista de drept public. Organ al intitutului de stiinite administrative din Romania, 1. Band, 1926. (被译为罗马尼亚语)

(7) **Die proportionale Einerwahl. Vorschlag eines neuen Wahlsystems.** Neue Freie Presse (Wien), Nr. 22090, 14. März 1926.

(8) **Robert Neumann-Ettenreich.** Neues Wiener Tagblatt, 60. Jahrgang, Nr. 86, 27. März 1926.

(9) **Rudolf Herrnritts „ Oesterreichisches Verwaltungsrecht".** Neue Freie Presse (Wien), Nr. 22096, 20. März 1926.

(10) **Der Staat als Übermensch. Eine Erwiderung.** Wien 1926. (被译为意大利语)

(11) **Die Unzufriedenheit mit dem Wahlrecht. Für Einzelwahlen an Stelle der Listen.** Neue Freie Presse (Wien), Nr. 22088, 12. März 1926.

(12) **Die Vollendung der österreichischen Bundesverfassung.** Zeitschrift für Politik, 15. Band, 1926.

(13) **Das Wesen des Staates.** Internationale Zeitschrift für Theorie des Rechts, 1. Jahrgang, 1926. (被译为法语、意大利语)

(14) **Zur Anschlussfrage.** Republikanische Hochschul-Zeitung (München), 2. Jahrgang, 1926.

(15) **Zur Soziologie der Demokratie.** Der oesterreichische Volkswirt, 19. Jahrgang, 1926. (被译为意大利语)

(16) **Les rapports de système entre le droit interne et le droit international public.** Académie de droit international, Recueil des cours, 14. Band, 1926.

21. 1927 年

(1) **Die Bundesexekution. Ein Beitrag zur Theorie und Praxis des Bundesstaates, unter besonderer Berücksichtigung der deutschen Reichs- und der österreichischen Bundes-Verfassung.** Festgabe für Fritz Fleiner zum 60. Geburtstag (24. Januar 1927). Herausgegeben von Zaccaria Giacometti und Dietrich Schindler. Tübingen 1927. (被译为意大利语、葡萄牙语)

(2) **Vortrag über die „Demokratie" und Schlusswort in der Diskussion über „Demokratie".** Verhandlungen des Fünften Deutschen Soziologentrages vom 26. bis 29. September 1926 in Wien. Tübingen 1927. (被译为意大利语、日语)

(3) **Diskussionsrede.** Die Gleichheit vor dem Gesetz im Sinne des Art. 109 der Reichsverfassung. Einfluss des Steuerrechts auf die Begriffsbildung des öffentlichen Rechts. Berlin und Leipzig 1927.

(4) **Geleitwort.** Erich Bernheimer: Probleme der Rechtsphilosophie. Berlin-Grunewald 1927.

(5) **Gutachten über die Frage der Entstehung des cechoslovakischen Staates und der cechoslovakischen Staatsbürgerschaft.** Prag 1927. (被译为法语)

(6) **Verfassung.** Handwörterbuch der Rechtswissenschaft. Herausgegeben von Fritz Stier-Somlo und Alexander Elster. 2. Band. Berlin und Leipzig 1927.

(7) **Der Staatsbegriff und die Psychoanalyse.** Almanach für das Jahr 1927. Herausgegeben von A. J. Storfer. Wien 1927. (被译为意大利语)

(8) **Die staatsrechtliche Durchführung des Anschlusses Österreichs an das Deutsche Reich.** Wien 1927.

(9) **Die Verfassung Oesterreichs.** Jahrbuch des öffentlichen Rechts, 15. Band, 1927.

(10) **Die Idee des Naturrechtes.** Zeitschrift für öffentliches Recht, 7. Band, 1927/1928. (被译为英语、希伯来语、意大利语、日语、西班牙语)

(11) **Naturrecht und positives Recht.** Eine Untersuchung ihres gegenseitigen Verhältnisses. Internationale Zeitschrift für Theorie des Rechts, 2. Jahrgang, 1927/1928.

(12) **Zum Begriff des Kompetenzkonfliktes.** Zeitschrift für öffentliches Recht, 7. Band, 1927/1928.

22. 1928 年

(1) **Der Begriff des Kompetenzkonfliktes nach geltendem österreichischen Recht.** Juristische Blätter, 57. Jahrgang, 1928.

(2) **Diskussionsreden.** Das Recht der freien Meinungsäusserung. Der Begriff des Gesetzes in der Reichsverfassung. Berlin und Leipzig 1928.

(3) **Die Philosophischen Grundlagen der Naturrechtslehre und des Rechtspositivismus.** Charlottenburg 1928. (被译为英语、意大利语、日语、西班牙语)

(4) **Rechtsgeschichte gegen Rechtsphilosophie?** Eine Erwiderung. Wien 1928.

23. 1929 年

(1) **Betrachtungen zur Verfassungsreform in Oesterreich.** St. Galler Tagblatt, 89. Jahrgang, Nr. 510, 30. Oktober 1929.

(2) **Diskussionsrede.** Wesen und Entwicklung der Staatsgerichtsbarkeit. Berlin und Leipzig 1929.

(3) **Der Drang zur Verfassungsreform.** Eine Folge der politischen Machtverschiebung. Neue Freie Presse (Wien), Nr. 23370, 6. Oktober 1929.（被译为意大利语、葡萄牙语）

(4) **La garantie juridictionnelle de la Constitution** (La Justice constitutionelle). Rapport présenté à la session de 1928. Annuarie de l'Insititut International de Droit Public 1929. Paris: Les Presses Universitaires de France 1929.（被译为意大利语、西班牙语）

(5) **Geschwornengericht und Demokratie.** Das Prinzip der Legalität. Neue Freie Presse (Wien), Nr. 23128, 3. Februar 1929.

(6) **Die Grundzüge der Verfassungsreform.** Umgestaltung der Gesetzgebung. Neue Freie Presse (Wien), Nr. 23384, 20. Oktober 1929.（被译为意大利语、葡萄牙语）

(7) **Juristischer Formalismus und reine Rechtslehre.** Juristische Wochenschrift, 58. Jahrgang, 1929.（被译为意大利语、捷克语、英语）

(8) **Justiz und Verwaltung.** Wien 1929.（被译为意大利语）

(9) **Karl Brockhausen.** Zu seinem siebzigsten Geburtstag. Neue Freie Presse (Wien), Nr. 23229, 9. Mai 1929.

(10) **Die österreichische Verfassungsreform.** Der oesterreichische Volkswirt, 22. Jahrgang, 1929.

(11) **Die Reform der Wiener Verfassung.** Ein Landesverwaltungsgerichtshof als zweite Instanz. Die Stunde (Wien), 7. Jahrgang, Nr. 1989, 26. Oktober 1929.

(12) **Souveränität.** Die neue Rundschau, 40. Jahrgang, 1929.

(13) **Staatsrechtliches Gutachten.** Mit einem Vorwort der Parteileitung der Liechtensteinischen Volkspartei. Ohne Orts- und Jahresangabe.

(14) **Die Verfassungskrisis in Oesterreich.** Frankfurter Zeitung und Handelsblatt, 74. Jahrgang, Nr. 746, 6. Oktober 1929.

(15) **Die Verfassungsreform.** Juristische Blätter, 58. Jahrgang, 1929.

(16) **Verfassungsreform in Österreich.** Die Justiz, 5. Band, 1929.

(17) **Vom Wesen und Wert der Demokratie.** Zweite umgearbeitete Auflage. Tübingen 1929. (被译为法语、意大利语、日语、韩语、波兰语、葡萄牙语、西班牙语、捷克语、土耳其语、英语、爱沙尼亚语)

(18) **Vorrede** des Herausgebers zu Bund X der Wiener Staats- und Rechtswissenschaftlichen Studien (Neue Folge der Wiener Staatswissenschaftlichen Studien). Wien und Leipzig 1929.

(19) **Mitbericht und Schlusswort.** Wesen und Entwicklung der Staatsgerichtsbarkeit. Berlin und Leipzig 1929. (被译为法语、葡萄牙语、西班牙语)

(20) **Wien und die Länder im Regierungsentwurf.** Der Morgen (Wien), 28. Oktober 1929.

24. 1930 年

(1) **Die Entwicklung des Staatsrechts in Oesterreich seit dem Jahre** 1918. Handbuch des Deutschen Staatsrechts. Herausgegeben von Gerhard Anschütz und Richard Thoma. 1. Band. Tübingen 1930.

(2) **Ein freiheitliches Wahlverfahren.** Deutschland vor neuen Aufgaben. Frankfurter Zeitung, Reichsausgabe, Nr. 526−528, 18. Juli 1930.

(3) **Die proportionale Einerwahl.** Neue Leipziger Zeitung, Nr. 12, 12. Januar 1930.

(4) **Der Staat als Integration.** Eine pinzipielle Auseinandersetzung. Wien 1930. (被译为意大利语、日语、韩语、西班牙语)

(5) **Die Verfassung Österreichs** (Fortsetzung). Jahrbuch des öffentlichen Rechts, 18. Band, 1930.

(6) **Wahlreform.** Das Tagebuch, 11. Jahrgang, 1930.

25. 1931 年

(1) **Allgemeine Rechtslehre im Lichte materialistischer Geschichtsauffassung.** Archiv für Sozialwissenschaft und Sozialpolitik, 66. Band, 1931. (被译为意大利语)

(2) **Buchbesprechung** von: Nipperdey, H. C. (Herausgeber): Die Grundr-

echte und Grundpflichten der Reichsverfassung. Kommentar zum zweiten Teil der Reichsverfassung. 2. Band. Berlin 1930. Juristische Wochenschrift, 60. Jahrgang, 1931.

(3) **Buchbesprechung** von: Kunz, J. L.: Die Staatenverbindungen, Stuttgart 1929. Zeitschrift für öffentliches Recht, 11. Band, 1931.

(4) **Der Fall Frieders** (**Buchbesprechung** von: Jastrow, J.: Der angekalgte Staatsanwalt. Geschichte der Verurteilung eines Unschuldigen. Berlin 1930). Die Literatur. Beilage zur Kölnischen Zeitung vom 23. August 1931.

(5) **De gerechtigheid bij Plato**. Utrechtsch Dagbald, Nr. 278, 24. Novermber 1931.

(6) **Ist eine Zollunion zwischen Deutschland und Oesterreich völkerrechtlich zulässig?** Kölnische Zeitung, Nr. 166, 25. März 1931.

(7) **Der Wandel des Souveränitätsbegriffes.** Studi Filosofico-Giuridici dedicati a Giorgio Del Vecchio. Modena 1931. （被译为匈牙利语）

(8) **Wer soll der Hüter der Verfassung sein?** Die Justiz, 6. Band, 1931. （被译为意大利语、韩语、葡萄牙语、塞尔维亚语、西班牙语、匈牙利语）

(9) **Zollunion und Völkerrecht.** Der deutsche Volkswirt. Zeitschrift für Politik und Wirtschaft, 5. Jahrgang, 1931.

26. 1932 年

(1) **Fritz Stier-Somlo.** Worte des Abschieds. Kölner Universitäts-Zeitung, 14. Jahrgang, Nr. 1, 16. April 1932.

(2) **Geleitwort.** Heinrich Engländer: Die Staatenlosen. Wien 1932. （被译为西班牙语）

(3) **Gegen die Todesstrafe!** Wiener Allgemeine Zeitung, 21. Februar 1932.

(4) **Rechtstechnik und Abrüstung.** Der deutsche Volkswirt. Zeitschrift für Politik und Wirtschaft, 6. Jahrgang, 1932.

(5) **La technique du droit et l'organisation de la paix.** La théorie du droit devant le problème du désarmement. Journal des Nations (Genf), 2. Jahr-

gang, Nr. 135, 3. Februar 1932.

(6) **Unrecht und Unrechtsfolge im Völkerrecht.** Zeitschrift für öffentliches Recht, 12. Band, 1932.

(7) **Das Urteil des Staatsgerichtshofs vom 25. Oktober** 1932. Die Justiz, 8. Band, 1932.

(8) **Verteidigung der Demokratie.** Blätter der Staatspartei, 2. Jahrgang, 1932. (被译为意大利语、日语)

(9) **Prólogo.** E. F. Camus: Filosofia Jurídica Contemporánea. 1. Auflage. La Habana: Jesus Montero 1932.

(10) **Vorwort.** M. M. van Praag: Die Rechtsfuntionen. Haag 1932.

(11) **Théorie générale du droit international public.** Problèmes choisis. Académie de droit international, Recueil des cours, 42. Band, 1932.

27. 1933 年

(1) **Die hellenisch-makedonische Politik und die „ Politik" des Aristoteles.** Zeitschrift für öffentliches Recht, 13. Band, 1933. (被译为英语、法语、意大利语、西班牙语)

(2) **Die Kriegsschuld-Frage im Lichte der Rechtswissenschaft.** Die Friedens-Warte. Blätter für internationale Verständigung und zwischenstaatliche Organisation, 33. Jahrgang, 1933.

(3) **Methode und Grundbegriff der reinen Rechtslehre.** Annalen der critische philosophie (Assen), 3. Band, 1933. (被译为法语)

(4) **Die platonische Gerechtigkeit.** Kant-Studien. Philosophische Zeitschrift, 38. Band, 1933. (被译为英语、法语、日语、韩语、塞尔维亚语、西班牙语)

(5) **Die platonische Liebe.** Imago. Zeitschrift für psychoanalytische Psychologie, ihre Grenzgebiete und Anwendung, 19. Band, 1933. (被译为英语、意大利语、日语)

(6) **Staatsform und Weltanschauung.** Tübingen 1933. (被译为英语、意大利语、日语、韩语、西班牙语、捷克语)

28. 1934 年

(1) **A competencia da Assembléia Nacional Consitituinte.** Politica. Revista de Dereito Público, Legislaçăo Social e Economia, 1. Jahrgang, 1934.

(2) **The Legal Process and International Order.** The New Commonwealth. Being the Monthly Organ of a Society for the Promotion of International Law and Order, 2. Jahrgang, 1934.

(3) **Reine Rechtslehre. Einleitung in die rechtswissenschaftliche Problematik.** Leipzig und Wien 1934. (1985 年、1994 年再版，被译为英语、意大利语、日语、韩语、塞尔维亚语、西班牙语、匈牙利语、保加利亚语、汉语、波兰语、葡萄牙语、捷克语、瑞典语)

(4) **Die Technik des Völkerrechts und die Organisation des Friedens.** Zeitschrift für öffentliches Recht, 14. Band, 1934. (被译为英语、法语、西班牙语、波兰语)

(5) **Völkerrechtliche Verträge zu Lasten Dritter.** Prager Juristische Zeitschrift, 14. Jahrgang, 1934. (被译为法语)

(6) **Zur Theorie der Interpretation.** Zeitschrift für Theorie des Rechts. Offizielles Organ des „Insitut international de Philosophie du Droit et de Sociologie juridque", 8. Jahrgang, 1934. (被译为英语、意大利语、韩语)

(7) **Resümee und Diskussionsreden.** Seance du vendredi 5. octobre, apresmidi („La Dictature de Parti"). Session de 1934. Annuaire de l'Institut International de Droit Public 1935. Paris 1935.

(8) **Diskussionsreden.** Séance du vendredi 5. octobre, apresmidi (Georges Scelle, „Theorie du government international"). Session de 1934. Annuaire de l'Institut International de Droit Public 1935. Paris 1935.

29. 1936 年

(1) **L'ame le droit.** Annuaire de l'Institut International de Philosophie du Droit et de Sociologie Juridique. 1935-1936. Travaux de la seconde session. Droit, Morale, Moeurs. Paris: Recueil Sirey 1936. (被译为德语、英语、意大利语、日语、西班牙语)

(2) **Contribution à la théorie du traité international.** Internationale

Zeitschrift für Theorie des Rechts. Offiyielles Organ des „Institut International de Philosophie du Droit et de Sociologie Juridique", 10. Jahrgang, 1936.

(3) **Droit et état du point de vue d'une théorie pure.** Annales de l'Institut de Droit comparé de l'Université de Paris. Paris: Recueil Sirey 1936.

(4) **Sanktionen sind Sache des Gerichtes!** Geneva Press Service. L'Agence quotidienne d'Informations concernant les questions et les événements de la Société des Nations, 10. Juli 1936.

(5) **La transformation du droit international en droit interne.** Revue Générale de Droit International Public, 43. Band, 1936.

(6) **Die Ziele der Reinen Rechtslehre.** Pocta k sesdesiatym narodeninam dr. Karla Lastovka. Bratislava: Knihovna pravnickej fakulty university Komenskeho v Bratislave, Svazok 45. 1936. (被译为英语、法语、意大利语)

(7) **Zur Diskussion über die allgemeinen Rechtsgrundsätze im Völkerrecht.** Offizielles Organ des „Institut international de Philosophie du Droit et de Sociologie juridique", 10. Jahrgang, 1936.

(8) **Lieber Doktor Bibo.** Tiszta Jogtan. Budapest 1988. (被译为匈牙利)

30. 1937 年

(1) **Centralization and Decentralization.** A paper delivered at the Harvard Tercentanary Conference of Arts and Sciences. Übersetzt von Wolfgang Herbert Kraus. Harvard Tercentenary Publications. Authority and the Individual. Cambridge. Massachusetts: Harvard University Press. 1937.

(2) **Die Parteidiktatur.** Festschrift für Dolenc, Krek, Kusej und Skerlj, 2. Band. Ljubjana: Jugoslovanska Tiskarna, 1937. (被译为英语、法语、希腊语、日语、波兰语、西班牙语、匈牙利语)

(3) **Wissenschaft und Demokratie.** Neue Zürcher Zeitung, Nr. 321, 23. Februar 1937.

(4) **Zur rechtstechnischen Revision des Völkerbundstatutes.** Zeitschrift für öffentliches Recht, 17. Band, 1937. (被译为法语)

31. 1938 年

(1) **De la séparation du Pacte de la Société des Nations et des Traités de paix.** La Crise Mondiale. Collection d'études publiée à l'occasion du Dixième Anniversaire de l'Institut Universitare de Hautes Etudes Internationles par ses Professeurs. Zürich: Editions Polygraphiques 1938. （被译为英语）

(2) **Zur Lehre vom Primat des Völkerrechts.** Internationale Zeitschrift für Theorie des Rechts. Offizielles Organ des „Institut international de Philosophie du Droit et de Sociologie juridique", 12. Band, 1938. （被译为法语）

(3) **Zur Reform des Völkerbundes.** Prag 1938. （被译为土耳其语）

32. 1939 年

(1) **Causality and Retribution.** The Journal of Unified Science (Erknntnis), 9. Band, 1939.

(2) **Die Entstehung des Kausalgesetzes aus dem Vergeltungsprinzip.** The Journal of Unified Science (Erkenntnis), 8. Band, 1939. （被译为英语、意大利语、西班牙语、日语、韩语）

(3) **Legal Technique in international Law. A textual critique of the League Covenant.** Geneva Research Centre. Geneva Studies, 10. Band, Nr. 6, 1939.

(4) **Les résolution de la S. d. N. concernant la séparation du Pacte et des Traités de Paix.** Revue de droit international et de législation comparée, 66. Jahrgang, 1939.

(5) **Théorie du droit international coutumier.** Sborník pracík poctě šedesátych narozenin Františka Weyra. Prag: Orbis 1939. （被译为西班牙语）

(6) **Lieber und verehrter Freund!** Sborník pracík poctě šedesátych narozenin Františka Weyra. Prag: Orbis 1939. （被译为西班牙语）

33. 1941 年

(1) **Vergeltung und Kausalität. Eine soziologische Untersuchung.** The

Hague: W. p. van Stockum; Chicago: The University of Chicago Press 1941. (被译为日语)

(2) **La Théorie Juridique de la Convention.** Paris: Archives de la Philosophie du Droit et de Sociologie Juridique, 10. Band, Nr. 1-4.

(3) **Buchbesprechung** von: Cairns, H.: Theory of Legal Science. Chapel Hill 1941. Iowa Law Review, 27. Band, 1941.

(4) **Buchbesprechung** von: Pound, R.: Contemporary Juristic Theory. Los Angeles 1940. Harvard Law Review, 54. Band, 1941.

(5) **The Essential Conditions of International Justice.** Proceedings of the Thirty-fifth Annual Meetings of the American Society of International Law, 24. - 26. April 1941. Washington: American Society of International Law 1941.

(6) **International Peace—by Court or Government**? Übersetzt von Aaron Bell. The American Journal of Sociology, 46. Band, 1941.

(7) **The Law as a Specific Social Technique.** The University of Chicago Law Review, 9. Band, 1941. (被译为意大利语、日语、韩语、西班牙语、匈牙利语)

(8) **The Pure Theory of Law and Analytical Jurisprudence.** Harvard Law Review, 55. Band, 1941. (被译为意大利语、韩语、西班牙语、匈牙利语)

(9) **Recognition in International Law. Theoretical Observations.** The American Journal of International Law, 35. Band, 1941.

34. 1942 年

(1) **Post-War Problems.** Discussion of Professor Whitehead's Paper. Presented November 12, 1941. Proceedings of the American Academy of Arts and Sciences, 75. Band, 1942/1944.

(2) **Judicial Review of Legislation. A Comparative Study of the Austrian and the American Constitution.** The Journal of Politics, 4. Band, 1942. (被译为法语、意大利语、葡萄牙语、西班牙语)

(3) **Law and Peace in International Relations.** The Oliver Wendell Holmes

Lectures, 1940-41. Cambridge (Mass.): Harvard University Press, 1942. (1948 年、1997 年再版，被译为日语、韩语、西班牙语)

(4) **Revision of the Covenant of the League of Nations.** World Organization. A Symposium of the Institute of Wolrd Organization. 1942.

(5) **Value Judgments in the Science of Law.** Journal of Social Philosophy and Jurisprudence, 7. Band, 1942. (被译为意大利语、日语、韩语、西班牙语、匈牙利语)

35. 1943 年

(1) **Buchbesprechung** von: Nussbaum, A.: Principles of private international law. New York 1943. California Law Review, 31. Band, 1943.

(2) **Collective and Individual Responsibility in International Law with Particular Regard to Punishment of War Criminals.** California Law Review, 31. Band, 1943. (被译为西班牙语)

(3) **Compulsory Adjudication of International Disputes.** The Amercan Journal of International Law, 37. Band, 1943.

(4) **El contrato y el tratado.** Analizados desde el punto de vista de la Teoría Pura del Derecho. Übersetzt von Eduardo Garcia Máynez, eingeleitet von Alfonso Noriega. México: Imprenta Universitaria 1943.

(5) **La Paz por el Derecho.** Una Liga Permanente el Mantenimiento de la Paz. Übersetzt von Constantino Ramos. Revista del Colegio de Abogados de Buenos Aires, 21. Band, 1943.

(6) **Peace through Law.** Journal of Legal and Political Sociology, 2. Band, 1943.

(7) **Quincy Wrigth's A Study of War and the Bellum Justum Theory.** Ethics, 53. Band, 1943.

(8) **Society and Nature. A Sociological Inquity.** Chicago: The University of Chicago Press 1943. (被译为意大利语、西班牙语)

36. 1944 年

(1) **Austria: Her Actual Legal Status and Re-establishment as an Independent State.** Berkeley: June 1, 1944.

(2) **Buchbesprechung** von: Stapleton, L.: Justice and World Society. Chapel Hill 1944. The American Journal of International Law, 38. Band, 1944.

(3) **A convenção coletiva do direito social.** Übersetzt von Rudolf Aladár Métall. Revista do Trabalho (Rio de Janeiro), Nr. 136, Oktober 1944.

(4) **The International Legal Status of Germany to be Established Immediately upon Termination of the War.** The American Journal of International Law, 38. Band, 1944.

(5) **Peace through Law.** Chapel Hill: The University fo North Carolina Press 1944. (被译为意大利语、韩语、西班牙语)

(6) **The Principle of Sovereign Equality of States as a Basis for International Organization.** The Yale Law Journal, 53. Band, 1944. (被译为葡萄牙语、西班牙语)

(7) **The Strategy of Peace.** The American Journal of Sociology, 49. Band, 1944.

37. 1945 年

(1) **Buchbesprechung** von: Wise, M. K.: Requisition in France and Italy. The Treatment of National Private Property and Services. New York 1944. Harvard Law Review, 58. Band, 1945.

(2) **General Theory of Law and State.** Übersetzt von Anders Wedberg, 20th Century Legal Philosophy Series, vol. 1. Cambridge (Mass.): Harvard University Press 1945. (1946 年、1949 年、1961 年、1973 年、1990 年、1999 年，被译为汉语、法语、意大利语、日语、葡萄牙语、塞尔维亚语、西班牙语、韩语)

(3) **The Legal Status of Germany according to the Declaration of Berlin.** The American Journal of International Law, 39. Band, 1945. (被译为西班牙语)

(4) **The Old and the New League: The Covenant and the Dumbarton Oaks Proposals.** The American Journal of International Law, 39. Band, 1945.

(5) **The Rule against Ex Post Facto Laws and the Prosecution of Axis War Criminals.** The Judge Advocate Journal, 2. Band, 1945.

38. 1946 年

(1) **Buchbesprechung** von: Lernkin, R.: Axis Rule in occupied Europa. Washington 1944. California Law Review, 34. Band, 1946.

(2) **Diskussionsreden** zu den Berichten "The International Court of Justice" von Franz B. Schick and Betty Davies bei der 21. Tagung des Institute of World Affairs. The Mission Inn, Reverside, California, vom 16. Bis 19. Dezember 1945. The San Francisco Conference and the United Nations Organization. Proceedings of the Institute of World Affairs, 21st Session, 1945. Los Angeles: The University fo South California 1946.

(3) **The International Law of the Future.** The San Francisco Conference and the United Nations Organization. Proceedings of the Institute of World Affairs, 21st Session, 1945. Los Angeles: The University fo South California 1946.

(4) **Limitations on the Functions of the United Nations.** The Yale Law Journal, 55. Band, 1946.

(5) **Membership in the United Nations.** Columbia Law Review, 46. Band, 1946. (被译为西班牙语)

(6) **Organization and Procedure of the Society Council of the United Nation.** Harvard Law Review, 59. Band, 1946.

(7) **The Preamble of the Charter. A Critical Analysis.** The Journal of Politics, 8. Band, 1946.

(8) **Roscoe Pound's Outstanding Contribution to American Jurisprudence.** Harvard Law School Year Book 1945/46.

(9) **Sanctions in International Law under the Charter of the United Nations.** Iowa Law Review, 31. Band, 1946.

(10) **Sanctions under the Charter of the United Nations.** Canadian Journal of Economics and Political Science, 12. Band, 1946, Nr. 4.

(11) **Zur Grundlegung der Völkerrechtslehre. Eine Auseinandersetzung**

mit Heinrich Drost. Österreichische Zeitschrift für öffentliches Recht, Neue Folge, 1. Band, 1946/48.

39. 1947 年

(1) **Is a Peace Treaty with Germany Legally Posssible and Politically Desirable**? The American Political Science Review, 41. Band, 1947.

(2) **German Peace Terms.** The New York Times, 7. September 1947.

(3) **The Metamorphoses of the Idea of Justice. Interpretations of Modern Legal Philosophies.** Essays in Honor of Roscoe Pound. New York: Oxford Unversity Press 1947. （被译为意大利语、西班牙语）

(4) **Will the Judgment in the Nuremberg Trial Constitute a Precedent in International Law**? The International Law Quarterly, 1. Band, 1947. （被译为意大利语）

40. 1948 年

(1) **Absolutism and Relativism in Philosophy and Politics.** The American Political Science Review, 42. Band, 1948. （被译为意大利语、日语、韩语、葡萄牙语、西班牙语）

(2) **Collective Security and Collective Self-Defense under the Charter of the United Nations.** The American Journal of International Law, 42. Band, 1948. （被译为西班牙语）

(3) **Ein Friedensvertrag oder rein neues Deutschland.** Berlin: Berliner Hefte für geistiges Leben, 3. Band, 1948.

(4) **Law, State and Justice in the Pure Theory of Law.** The Yale Law Journal, 57. Band, 1948. （被译为意大利语、韩语、西班牙语）

(5) **The Political Theory of Bolshevism. A Critical Analysis.** University of California Publications in Political Science, Vol. 2, No. 1. Berkeley—Los Angeles: University of California Press 1948. （被译为阿拉伯语、汉语、荷兰语、意大利语、印度尼西亚语、日语、韩语、葡萄牙语、西班牙语）

(6) **The Settlement of Disputes by the Security Council.** The International Law Quarterly, 2. Band, 1948. （被译为西班牙语）

(7) **Withdrawal from the United Nations.** The Western Political Quarterly, 1. Band, 1948. (被译为法语)

(8) **Memorandum.** Austria from Habsburg to Hitler. Vol 1, Labors Workshop of Democracy. Von Charles A. Gulick. Berkeley and Los Angeles: University of California Press 1948. (被译为德语)

41. 1949 年

(1) **The Atlantic Pact and the UN Charter.** The New Leader, 32. Band, Nr. 23, 4. Juni 1949.

(2) **Collective and Individual Responsibility for Acts of State in International Law.** The Jewish Yearbook of Internantional Law, 1948/49.

(3) **Confilcts between Obligations under the Charter of the United Nations and other International Agreements.** University of Pittsburgh Law Review, 10. Band, 1949.

(4) **Foreword.** Sette Camara, J.: The Ratification of International Treaties. Toronto: The Ontario Publishing Company Limited, 1949.

(5) **Hundreth Birthday of Josef Kohler.** The American Journal of International Law, 43. Band, 1949.

(6) **The Natural Law Doctrine before the Tribunal of Science.** The Western Political Quarterly, 2. Band, 1949. (被译为意大利语、日语、韩语、西班牙语)

(7) **The North Atlantic Defense Treaty and the Charter of the United Nations.** Acta Scandinavica Juris Gentium, 19. Band, 1949. (被译为丹麦语、葡萄牙语)

42. 1950 年

(1) **El Derecho como Objeto de la Ciencia del Derecho.** Revista de la Facultad de Derecho y Ciencias Socials (Buenos Aires), 5. Jahrgang, Nr. 18, 1950.

(2) **Causality and Imputation.** Ethics, 61. Band, 1950. (被译为法语、意大利语、日语、韩语、波兰语、西班牙语)

(3) **The Draft Declaration on Rights and Duties of States.** The Amrican

Journal of International Law, 44. Band, 1950. (被译为西班牙语)

(4) **Is the Acheson Plan Constitutional?** The Western Political Quarterly, 3. Band, 1950.

(5) **The Law of the United Nations. A Critical Analysis of Its Fundamental Problems.** Published under the auspices of the London Institute of World Affairs. London: Stevens & Sons; New York: Frederick A. Praeger Inc. 1950. (被译为韩语)

(6) **The Free Territory of Trieste under the United Nations.** London: The Year Book of World Affairs, 4. Band, 1950.

(7) **Is the North Atlantic Treaty in Conformity with the Charter of the United Nations?** University of Kansas City Law Review, 19. Band, 1950/51.

43. 1951 年

(1) **Future of Collective Security.** Revista juridical de la Universidad de Puerto Rico, 21. Band, 1951. (被译为西班牙语)

(2) **Is the North Atlantic Treaty in Conformity with the Charter of the United Nations?** Österreichische Zeitschrift für öffentliches Recht, Neue Folge, 3. Band, 1951.

(3) **Recent Trends in the Law of the United Nations.** A Supplement to "The Law of the United Nations". Published under the auspices of the London Institute of World Affairs. London: Stevens & Sons Ltd.; New York: Frederick A. Praeger Inc. 1951.

(4) **Recent Trends in the Law of the United Nations.** Social Research, 18. Band, 1951. (被译为法语、西班牙语、韩语)

(5) **Science and Politics.** The American Political Science Review, 45. Band, 1951. (被译为意大利语、西班牙、韩语)

(6) **What Happened to the Security Council?** The New Leader, 27. August 1951.

44. 1952 年

(1) **Principles of International Law.** New York: Rinehart & Co. 1952.

(被译为汉语、韩语、西班牙语、希腊语)

(2) **Problemas escogidos de la Teoría Pura del Derecho.** Kelsen—Cossio: Problemas escogidos de la Teoría Pura del Derecho. Teoría Egológica y Teoría Pura. Buenos Aires: Ed. G. Kraft Ltda. 1952.

(3) **Brief an Carlos Cossio.** La Ley, 18. Dezember 1952.

(4) **Was ist ein Rechtsakt**? Österreichische Zeitschrift für öffentliches Recht, Neue Folge, 4. Band, 1951/52. (被译为英语)

(5) **The Idea of Justice in the Holy Scriptures.** Revista Juridica de la Universidad de Puerto Rico, 22. Band, 1952/53. (被译为意大利语、日语、韩语、塞尔维亚语、西班牙语)

45. 1953 年

(1) **Absolutism, Political.** Encyclopaedia Britannica, 1. Band, 1953.

(2) **Die Idee der Gerechtigkeit nach den Lehren der christlichen Theologie. Eine kritische Analyse von Emil Brunners "Gerechtigkeit".** Studia Philosophica (Basel), 13. Band, 1953.

(3) **Was ist Gerechtigkeit**? Vortrag, gehalten bei der Sitzung der Wiener Juristischen Gesellschaft vom 11. Februar 1953. Juristische Blätter, 75. Jahrgang, 1953.

(4) **Reine Rechtslehre und Egologische Theorie.** Antwort auf Carlos Cossio: Egologische Theorie und Reine Rechtslehre, eine vorläufige Bilanz von Kelsens Besuch in Argentinien. Österreichische Zeitschrift für öffentliches Recht, 5. Band, 1953. (被译为意大利语、西班牙语)

(5) **Théorie Pure de Droit.** Introduction á la science du droit. Mit einem Vorwort von Hans Kelsen in französischer Sprache. Übersetzt von Henri Thévenaz. Neuchatel: Editions de la Baconnière 1953. (被译为阿拉伯语、西班牙语)

(6) **Was ist Gerechtigkeit**? Wien 1953. (被译为汉语、丹麦语、英语、芬兰语、荷兰语、意大利语、日语、韩语、挪威语、塞尔维亚语、西班牙语、匈牙利语)

(7) **Was ist die Reine Rechtslehre**? Demokratische und Rechtsstaat. Fest-

schrift zum 60. Geburtstag von Prof. Dr. Zaccaria Giacometti. Zürich: Polygraphischer Verlag 1953. (被译为法语、荷兰语、意大利语、日语、韩语、西班牙语)

46. 1954 年

Kausalität und Zurechnung. Österreichische Zeitschrift für öffentliches Recht, 6. Band, 1954. (被译为韩语、西班牙语)

47. 1955 年

(1) **The Communist Theory of Law.** New York: Frederick A. Praeger 1955. (被译为阿拉伯语、汉语、意大利语、日语、韩语、西班牙语)

(2) **Democracy and Socialism.** The Law School. The University of Chicago. Conference on Jurisprudence and Politics, April 30, 1954. Conference Series, No. 15, Chicago 1955. (被译为德语)

(3) **Foundations of Democracy.** Ethics, 66. Band, 1955, Nr. 1. (被译为意大利语、日语、韩语、葡萄牙语、西班牙语)

(4) **Österreichische Gelehrte im Ausland: Hans Kelsen, Berkeley (California), USA.** Österreichische Hochschulzeitung, 7. Jahrgang, Nr. 5, 1. März 1955.

(5) **Théorie du Droit International Public.** Académie de droit international, Recueil des cours, 84. Band, 1953, Teil 3. Leyde: A. W. Sijthoff. 1955.

48. 1956 年

(1) **Address.** Hommage à William E. Rappard. Décembre 1956.

(2) **Contiguity as a Title to Territorial Sovereignty.** Rechtsfragen der internationalen Organisation. Festschrift für Hans Wehberg zu seinem 70. Geburtstag. Frankfurt a. M. 1956.

(3) **A „ Dynamic" Theory of Natural Law.** Lousiana Law Review, 16. Band, 1956. (被译为韩语、西班牙语)

(4) **General international la wand the law oft he United Nations.** The United Nations. Ten Year's Legal Progress. The Hague: Nederlandse Studentenvereiniging voor Wereldrechtsorde. 1956.

(5) **Quel est le fondement de la validité du droit**? Revue international de

criminologie et police technique, 10. Band, 1956. (被译为意大利语、西班牙语、英语)

49. 1957 年

(1) **Buchbesprechung** von: Maurach, R.: Handbuch der Sowjetverfassung. München 1955. Ost-Probleme, 9. Jahrgang, 1957.

(2) **Collective Security under International Law.** Naval War College, New-port, Rhode Island. International Law Studies 1954 (1956). Navpers 15031. Volume XLIX. Washington: United States Government Printing Office 1957.

(3) **E possibile e desiderabile definire l'aggressione?** Übersetzt von M. G. de Rossi. Scritti di diritto internazionale in onore di Tomaso Perassi, 2. Band. Milano 1957.

(4) **Exisentzialismus in der Rechtswissenschaft?** Archiv für Rechts- und Sozialphilosophie, 43. Band, 1957. (被译为韩语)

(5) **Obervations.** Annuaire de l'Institut de droit international, 47. Band, 2. Teil (Session d'Amsterdam, Septembre 1957).

(6) **Platon und die Naturrechtslehre.** Österrreichische Zeitschrift für öffentliches Recht, 8. Band, 1957. (被译为英语)

(7) **Aristotle's Doctrine of Justice.** What is Justice? Justice, Law and Politics in the Mirror of Science. Collected Essays. Berkeley und Los Angeles: University of California Press 1957. (被译为韩语、塞尔维亚语、西班牙语)

(8) **Why should the Law be Obeyed?** What is Justice? Justice, Law and Politics in the Mirror of Science. Collected Essays. Berkeley und Los Angeles: University of California Press 1957. (被译为意大利语、韩语、西班牙语)

50. 1958 年

(1) **The Basis of Obligation in International Law.** Estudios de Derecho International. Homenaje al Professor Camilo Barcia Trelles. Universidad de Santiago de Compostela 1958.

(2) **Der Begriff der Rechtsordnung.** Logique et Analyse, Nouvelle Série, I année, Publication trimestrielle du Centre National Belge de Recherches de Logique. Rapports du Colloue de Logique, September 1958. (被译为英语、韩语、西班牙语)

(3) **Buchbesprechung** von: Brierly, J. L.: The Basis of Obligation in International Law and other Papers. Selected and edited by Sir Hersch Lauterpacht and C. H. M. Waldock. Oxford 1958. California Law Review, 46. Band, 1958.

(4) **Die Einheit von Völkerrecht und staatlichem Recht.** Festgabe für Alexander N. Makarov. Abhandlungen zum Völkerrecht. Zeitschrift für ausländisches öffentliches Recht, 19. Band, Nr. 1-3, 1958. (被译为西班牙语)

(5) **Problems of Collective Security.** Text of a lecture given in Athens on May 6, 1957, at the Ninth A. A. A. Congress. Annuaire de l'Association des Auditeurs et Anciens Auditeurs de l'Academie de droit international de La Haye, 1958, No. 28. (被译为挪威语)

(6) **Buchbesprechung** von: Cohn, G.: Existentialismus und Rechtswissenschaft. Besel 1959. The American Journal of International Law, 53. Band, 1959.

51. 1959 年

(1) **Buchbesprechung** von: Cohn, G.: Existentialismus und Rechtswissenschaft. Besel 1959. The American Journal of International Law, 53. Band, 1959.

(2) **On the Basic Norm.** Address delivered to Boalt Student Association, School of Law, Unversity of California, on December 11, 1958. Case and Comment, 64. Band, Nr. 6. November—Dezember 1959. (被译为西班牙语)

(3) **Eine „ Realistische" und die Reine Rechtslehre.** Bemerkungen zu Alf Ross: On Law and Justice. Österreichische Zeitschrift für öffentliches Recht, 10. Band, 1959. (被译为法语、西班牙语)

52. 1960 年

(1) **Adolf Merkl zu seinem siebzigsten Geburtstag am 23. März** 1960. Österreichische Zeitschrift für öffentliches Recht, 10. Band, 1960.

(2) **Introducción a la Teoria pura del derecho.** Eingeleitet und übersetzt von Emilio O. Rabasa. México: Unverstidad Nacional Autónoma de México 1960.

(3) **Josef L. Kunz zu seinem siebzigsten Geburtstag am 7. April** 1960. Österreichische Zeitschrift für öffentliches Recht, 10. Band, 1960.

(4) **Kausalität und Zurechnung.** Archiv für Rechts- und Sozialphilosophie, 46. Band, 1960. （被译为英语）

(5) **Recht und Moral.** Estudios juridico-socials. Homenaje al professor Luis Legaz y Lacambra, 1. Band. Santiago de Compostela: Universidad 1960. （被译为英语、韩语）

(6) **Reine Rechtslehre.** Mit einem Anhang: Das Problem der Gerechtigkeit. Zweite, völlig neu bearbeitete und erweiterte Auflage, Wien 1960. （被译为英语、韩语、法语、芬兰语、意大利语、葡萄牙语、俄语、罗马尼亚语、塞尔维亚语、西班牙语、乌克兰语、汉语）

(7) **Sovereignty and International Law.** The Georgetown Law Journal, 48. Band, 1960.

(8) **Vom Geltungsgrund des Rechts.** Völkerrecht und rechtliches Weltbild. Festschrift für Alfred Verdroß. Wien 1960. （被译为英语）

(9) **What is the Pure Theory of Law**? Tulane Law Review, 34. Band, 1960.

53. 1961 年

(1) **Hersch Lauterpacht.** The international and Comparative Law Quarterly, 10. Band, 1961.

(2) **Naturrechtslehre und Rechtspositivismus.** Revista juridical de Buenos Aires, 1961, Heft 4. （被译为法语、日语、韩语、西班牙语、匈牙利语）

54. 1962 年

(1) **Gespräch** mit einer Reporterin von Radio Bremen. Auszug des Geistes.

Bericht über eine Sendereihe. Bremer Beiträge, IV. Band, Bremen: Heyen & Co. 1962.

(2) **Derogation.** American Society of Legal History, ed. Ralph A. Newman: Essays in Jurisprudence in Honor of Roscoe Pound. Indianapolis—New York: The Bobb Merrill & Co. 1962. (被译为意大利语、西班牙语)

(3) **Grundlage der Naturrechtslehre.** Die neue Ordnung, 16. Jahrgang, Heft 5, 1962. (被译为西班牙语)

(4) **Der Richter und die Verfassung.** Das Recht der Arbeit, 12. Jahr, Nr. 6, 57. Heft, 1962.

(5) **Souveränität.** Wörterbuch des Völkerrechts, 3. Band, Berlin 1962. (被译为英语)

(6) **Qu'est-ce que la Philosophie du droit?** Archives de philosophie du droit, 7. Band, 1962. (被译为西班牙语)

55. 1963 年

(1) **Glückwunsch** (zum 80. Geburtstag von Egbert Mannlicher). Salzburger Nachrichten, 18. Jahrgang, Nr. 43, 21. Februar 1963.

(2) **Die Grundlage der Naturrechtslehre.** Das Naturrecht in der politischen Theorie. Internationales Forschungszentrum für Grundfragen der Wissenschaften in Salzburg. Erstes Forschungsgespräch, Herausgegeben von Franz Martin Schmölz, Wien 1963. (被译为英语、意大利语、西班牙语)

(3) **Politics, ethics, religion and law.** Faktoren der politischen Entscheidung. Festgabe für Ernst Fraenkel zum 65. Geburtstag. Berlin 1963.

(4) **Positivisme juridique et doctrine du droit naturel.** Mélanges en l'honneur de Jean Dabin. Bruxelles: Bruylant. Paris: Sirey. 1963. (被译为西班牙语)

(5) **Die Selbstbestimmung des Rechts.** Universitas. Zeitschrift für Wissenschaft, Kunst und Literatur, 18. Jahrgang, Heft 10, 1963. (被译为韩语、西班牙语)

56. 1964 年

(1) **Die Funktion der Verfassung.** Verhandlungen des Zweiten Österreichischen Juristentages Wien 1964, Band II, Teil 7, Wien 1964.

(2) **Die Funktion der Verfassung.** Forum (Wien), 11. Jahr, Heft 132, Dezember 1964. (被译为英语、韩语、西班牙语)

57. 1965 年

(1) **Encounters and Problems.** Yearbook of the Summer School of the Unversity of Vienna 1965. University of Viennna, 1365-1965. Herausgegeben vom Verein der Freunde der Sommer-hochschule der Universität Wien. Dr. Norbert Tschulik. Freistadt (Oberösterreich) 1965.

(2) **Frei von politischem Zwang.** Tabula gratulatoria zum 600. Geburtstag der Alma Mater Rudolphia von ihren Schülern in aller Welt. Die Presse (Wien), Wochenbeilage, 8. /9. Mai 1965.

(3) **In eigener Sache.** Österreichische Zeitschrift für öffentliches Recht, 15. Band, 1965.

(4) **International Law and Diplomacy.** Die modernen Wissenschaften und die Aufgaben der Diplomatie. Beiträge aus dem Internationalen Diplomatenseminar Kleßheim, herausgegeben von Karl Braunias und Peter Meraviglia, Graz 1965.

(5) **Law and Logic.** Philosophy and Christianity. Philosophical essays dedicated to Professor Dr. Hermann Dooyeweerd. Amsterdam: North-Holland Publishing Company 1965.

(6) **Eine phänomenologische Rechtstheorie.** Österreichische Zeitschrift für öffentliches Recht, 15. Band, 1965. (被译为意大利语)

(7) **Professor Marcics Theorie der Verfassungsgerichtsbarkeit.** Österreichische Zeitschrift für öffentliches Recht, 15. Band, 1965.

(8) **Professor Stone and the Pure Theory of Law.** Stanford Law Review, 17. Band, 1965. (被译为西班牙语)

(9) **Recht und Logik.** Forum (Wien), 12. Jahr, Heft 142, Oktober 1965; Heft 143, November 1965; Heft 144, Dezember 1965. (被译为英语、意

大利语、韩语、西班牙语)

(10) **Was ist juristischer Positivismus?** Juristenzeitung (Tübingen), Nr. 15/16, 13. August 1965. (被译为韩语、西班牙语)

(11) **Zum Begriff der Norm.** Festschrift für Hans Carl Nipperdey, 1. Band, München-Berlin 1965. (被译为英语、意大利语、西班牙语)

58. 1966 年

(1) **Norm and Value.** California Law Review, 54. Band, 1966. (被译为西班牙语)

(2) **On the Pure Theory of Law.** Israel Law Review, 1. Band, 1. Heft, 1966.

(3) **Principles of International Law.** Second Edition. Revised and edited by Robert W. Tucker. New York-Chicago-San Francisco-Toronto-London: Hold, Rinehart and Winstin 1966.

(4) **The Pure Theory of Law.** The Nature of Law. Readings in Legal Philosophy, edited by M. P. Golding. New York: Random House Inc. 1966.

(5) **Recht, Rechtswissenschaft und Logik.** Archiv für Rechts- und Sozialphilosophie, 52. Band, 1966. (被译为西班牙语)

(6) **Rechtswissenschaft oder Rechtstheologie?** Antwort auf: Dr. Albert Vonlanthen, Zu Hans Kelsens Anschauung über die Rechtsnorm. Österreichische Zeitschrift für öffentliches Recht, 16. Band, 1966.

59. 1967 年

(1) **Comment devant la guerre penser á l'après-guerre.** Lettre á William Rappard, Genève, 11. Octobre 1939; Projekt élaboré par Hans Kelsen et revu par Paul Guggenheim, Commentaires de William Rappard, 4. Novembre 1939, 7. Novembre 1939; An International Court or an International Government. Institut Universitaire des Hautes Etudes Internationales Genève. Quarantième Anniversaire 1927-1967, 1967.

(2) **Nochmals: Recht und Logik.** Zur Frage der Anwendbarkeit logischer Prinzipien auf Rechtsnormen. Neues Forum (Wien), 14. Jahr, Heft 157, Januar 1967. (被译为英语)

60. 1968 年

(1) **Die Problematik der Reinen Rechtslehre.** Österreichische Zeitschrift für öffentliches Recht, 18. Band, 1968.

(2) **Zur Frage des praktischen Syllogismus.** Neues Forum (Wien), 15. Jahr, Heft 173, Mai 1968. (被译为英语)

(3) The Essence of International Law. Übersetzt von Max Knight. The Relevance of International Law. Essays in Honor of Leo Gross. Edited by Karl W. Deutsch and Stanley Hoffmann. Cambridge (Mass): Schenkman Publishing Company Inc, 1968.

61. 1970 年

Brief an Professor Dr. Adolf Julius Merkl. Festschrift für Adolf J. Merkl. München-Salzburg 1970.

62. 1972 年

(1) **Brief** an Fernando Ojesto Martinez und Rafael Preciado Hernandez. Revista de la Facultad de Derecho de México, 22. Band, 1972.

(2) **Brief** an Fernando Flores García. Revista de la Facultad de Derecho de México, 22. Band, 1972.

63. 1979 年

Allgemeine Theorie der Normen. Im Auftrag des Hans Kelsen-Institut aus dem Nachlaß herausgegeben von Kurt Ringhofer und Robert Walter, Wien 1979. （被译为英语、法语、意大利语、葡萄牙语、西班牙语、捷克语、韩语）

64. 1981 年

(1) **Rechtsnormen und logische Analyse.** Ein Briefwechsel 1959 bis 1965. Hans Kelsen—Ulrich Klug, Wien 1981. （被译为意大利语、葡萄牙语、西班牙语）

(2) **Diskussionsbemerkung.** Protokolle der Wiener Psycho-analytischen Vereinigung. Herausgegeben von Herman Nunberg und Ernst Feder. Band IV. Frankfurt am Main 1981.

65. 1985 年

Die Illusion der Gerechtigkeit. Eine kritische Untersuchung der Sozialphilosophie Platons. Im Auftrag des Hans Kelsen-Instituts dem Nachlaß herausgegeben von Kurt Ringhofer und Robert Walter, Wien 1985. (被译为葡萄牙语、乌克兰语)

66. 1986 年

(1) **Ein Gutachten Hans Kelsens über Verträge zu Gunsten dritter Staaten und deren Transformation in innerstaatliches Recht.** Österreichische Zeitschrift für öffentliches Recht und Völkerrecht, 37. Band, 1986.

(2) **On the Issue of the Continental Shelf. Two Legal Opinions.** Österreichische Zeitschrift für öffentliches Recht und Völkerrecht, Supplementum 8, 1986.

67. 1987 年

Auseinandersetzungen zur Reinen Rechtslehre. Kritische Bemerkungen zu Georgs Scelle und Michel Virally. Im Auftrag des Hans Kelsen-Instituts dem Nachlaß herausgegeben von Kurt Ringhofer und Robert Walter. Österreichische Zeitschrift für öffentliches Recht und Völkerrecht, Supplementum 9, 1987.

68. 1992 年

(1) **Über die Entstehung der Reinen Rechtslehre.** Die erste autobiographische Skizze. Formalismo giuridico e realtà sociale. Herausgegeben und eingeleitet von Stanley L. Paulson. Übersetzt von Agostino Carrino. Napoli: Edizioni Scientifiche Italiane 1992. (被译为法语、意大利语)

(2) **Reine Rechtslehre, „ Labandismus" und Neukantianismus.** Ein Brief an Renato Treves. Formalismo giuridico e realtà sociale. Herausgegeben und eingeleitet von Stanley L. Paulson. Übersetzt von Agostino Carrino. Napoli: Edizioni Scientifiche Italiane 1992. (被译为法语、意大利语)

69. 1999 年

Bemerkungen zu Campagnolos Doktor-These „ Nations et droit". Hans Kelsen—Umberto Campagnolo, Diritto internazionale e Stato sovrano Con

un inedito di Hans Kelsen e un saggio di Norberto Bobbio. Herausgegeben von Mario G. Losano. Miland: Giuffrè Editore 1999. (被译为意大利语)
70. 2003 年
Geltung und Wirksamkeit des Rechts. Hans Kelsens stete Aktualität. Schriftenreihe des Hans Kelsen-Instituts, Band 25, Wien 2003.

参考文献

一、中文文献

（一）著作类

阿希尔·里德·阿马：《宪法与刑事诉讼：基本原理》，房保国译，中国政法大学出版社 2006 年版。

柏拉图：《法律篇》（第二版），张智仁、何勤华译，商务印书馆 2016 年版。

柏拉图：《理想国》，郭斌和、张竹明译，商务印书馆 1986 年版。

迈克尔·D. 贝勒斯：《法律的原则——一个规范的分析》，张文显等译，中国大百科全书出版社 1996 年版。

查尔斯·比尔德、爱德华·考文、路易斯·布丁等：《伟大的篡权：美国 19、20 世纪之交关于司法审查的讨论》，李松锋译，上海三联书店 2009 年版。

梅利尔·彼得森注释编辑：《杰斐逊集》（下），刘祚昌、邓红风译，生活·读书·新知三联书店 1993 年版。

伯尔曼：《法律与宗教》，梁治平译，中国政法大学出版社 2003 年版。

博登海默：《法理学：法律哲学与法律方法》，邓正来译，中国政法大学出版社 1999 年版。

威廉·布莱克斯通：《英国法释义》（第一卷），游云庭、缪苗译，上海人民出版社 2006 年版。

马克·布洛赫：《封建社会》（全两卷），张绪山等译，商务印书馆 2004 年版。

陈桂明：《诉讼公正与程序保障》，中国法制出版社 1996 年版。

K. 茨威格特、H. 克茨：《比较法总论》，潘汉典等译，法律出版社 2003 年版。

勒内·达维德：《当代主要法律体系》，漆竹生译，上海译文出版社 1984 年版。

大木雅夫:《比较法》,范愉译,法律出版社 1999 年版。

大卫·戴岑豪斯:《合法性与正当性:魏玛时代的施米特、凯尔森与海勒》,刘毅译,商务印书馆 2013 年版。

戴雪:《英宪精义》,雷宾南译,中国法制出版社 2001 年版。

冯天瑜:《"封建"考论》(第二版),武汉大学出版社 2007 年版。

卡尔·J. 弗里德里希:《超验正义:宪政的宗教之维》,周勇、王丽芝译,生活·读书·新知三联书店 1997 年版。

马丁·P. 戈尔丁:《法律哲学》,齐海滨译,生活·读书·新知三联书店 1987 年版。

朱塞佩·格罗索:《罗马法史》,黄风译,中国政法大学出版社 1994 年版。

弗里德利希·冯·哈耶克:《自由秩序原理》,邓正来译,生活·读书·新知三联书店 1997 年版。

汉密尔顿、杰伊、麦迪逊:《联邦党人文集》,程逢如、在汉、舒逊译,商务印书馆 2004 年版。

何勤华、李秀清:《外国法与中国法——20 世纪中国移植外国法反思》,中国政法大学出版社 2003 年版。

何勤华、马贺、蔡迪等:《大陆法系》(上卷)(何勤华主编"法律文明史"第 9 卷),商务印书馆 2015 年版。

何勤华等:《法律移植论》,北京大学出版社 2008 年版。

何勤华主编:《外国法制史》(第五版),法律出版社 2011 年版。

黄卉主编:《德国魏玛时期国家法政文献选编》,黄卉等编译,清华大学出版社 2016 年版。

霍布斯:《利维坦》,黎思复、黎廷弼译,杨昌裕校,商务印书馆 1985 年版。

凯尔森:《纯粹法理论》,张书友译,中国法制出版社 2008 年版。

凯尔森:《法与国家的一般理论》,沈宗灵译,中国大百科全书出版社 1996 年版。

汉斯·凯尔森:《纯粹法学说》(第二版),马蒂亚斯·耶施泰特编,雷磊译,法律出版社 2021 年版。

汉斯·凯尔森等:《德意志公法的历史理论与实践》,王银宏译,法律出版社 2019 年版。

约翰·莫里斯·凯利：《西方法律思想史》，王笑红译，法律出版社 2010 年版。

康德：《法的形而上学原理》，沈叔平译，林荣远校，商务印书馆 2005 年版。

康德：《历史理性批判文集》，何兆武译，商务印书馆 1996 年版。

爱德华·考文：《司法审查的起源》，徐爽编，北京大学出版社 2015 年版。

爱德华·S. 考文：《美国宪法的"高级法"背景》，强世功译，李强校，生活·读书·新知三联书店 1996 年版。

格尔德·克莱因海尔、扬·施罗德主编：《九百年来德意志及欧洲法学家》，许兰译，法律出版社 2005 年版。

B. B. 拉扎列夫主编：《法与国家的一般理论》，王哲等译，法律出版社 1999 年版。

李力、任海涛、程维荣、王晓峰等：《古代远东法》（何勤华主编"法律文明史"第 3 卷），商务印书馆 2015 年版。

梁治平：《法辨：法律文化论集》，广西师范大学出版社 2015 年版。

约翰·罗尔斯：《正义论》（修订版），何怀宏、何包钢、廖申白译，中国社会科学出版社 2009 年版。

洛克：《政府论》（下篇），叶启芳、瞿菊农译，商务印书馆 1996 年版。

《马克思恩格斯文集》（第七卷），人民出版社 2009 年版。

奥托·迈耶：《德国行政法》，刘飞译，商务印书馆 2002 年版。

梅因：《古代法》，沈景一译，商务印书馆 1959 年版。

孟德斯鸠：《论法的精神》（上册），张雁深译，商务印书馆 1961 年版。

培根：《培根论说文集》，水天同译，商务印书馆 1958 年版。

乔治·萨拜因：《政治学说史：城邦与世界社会》（第四版），托马斯·索尔森修订，邓正来译，上海人民出版社 2015 年版。

克劳斯·施莱希、斯特凡·科里奥特：《德国联邦宪法法院：地位、程序与裁判》，刘飞译，法律出版社 2007 年版。

卡尔·施米特：《论断与概念：在与魏玛、日内瓦、凡尔赛的斗争中（1923—1939）》，朱雁冰译，上海人民出版社 2006 年版。

卡尔·施米特：《宪法的守护者》，李君韬、苏慧婕译，商务印书馆 2008 年版。

米歇尔·施托莱斯：《德国公法史：国家法学说和行政学（1800—1914）》，雷勇译，法律出版社 2007 年版。

斯宾诺莎:《神学政治论》,温锡增译,商务印书馆1997年版。

宋冰编:《程序、正义与现代化》,中国政法大学出版社1998版。

托克维尔:《论美国的民主》(上卷),董果良译,商务印书馆2004年版。

罗伯特·瓦尔特:《宪法法院的守护者:汉斯·凯尔森法官研究》,王银宏译,人民日报出版社2015年版。

彼得·威尔逊:《神圣罗马帝国,1495—1806》,殷宏译,北京大学出版社2013年版。

艾伦·沃森:《民法法系的演变及形成》,李静冰、姚新华译,中国法制出版社2005年版。

亚里士多德:《政治学》,吴寿彭译,商务印书馆1965年版。

格奥尔格·耶利内克:《〈人权与公民权利宣言〉:现代宪法史论》,李锦辉译,商务印书馆2012年版。

张书友:《凯尔森:纯粹法理论》,黑龙江大学出版社2013年版。

张文显主编:《法理学》(第五版),高等教育出版社2018年版。

郑永流:《法治四章:英德渊源、国际标准和中国问题》,中国政法大学出版社2002年版。

中共中央文献研究室编:《习近平关于协调推进"四个全面"战略布局论述摘编》,中央文献出版社2015年版。

钟叔河:《从东方到西方》,岳麓书社2002年版。

(二) 论文类

陈瑞华:《程序正义的理论基础——评马修的"尊严价值理论"》,载《中国法学》2000年第3期。

劳伦斯·M. 弗里德曼:《法治、现代化和司法制度》,载宋冰编:《程序、正义与现代化》,中国政法大学出版社1998年版。

高鸿钧:《现代西方法治的冲突与整合》,载《清华法治论衡》2000年卷。

谷口安平:《程序公正》,载宋冰编:《程序、正义与现代化》,中国政法大学出版社1998年版。

郭冬梅:《德国对日本近代地方自治的影响——以格奈斯特、莫塞和山县有朋的地方自治观为中心》,载《日本学论坛》2007年第4期。

何建华：《马克思的公平正义观与社会主义实践》，载《浙江社会科学》2007 年第 6 期。

黄文艺：《为形式法治理论辩护——兼评〈法治：理念与制度〉》，载《政法论坛》2008 年第 1 期。

汉斯·凯尔森：《何谓纯粹法理论?》，张书友译，载《法哲学与法社会学论丛》2006 年第 1 期。

爱德华·考文：《论司法审查的确立》（上），刘宗珍译，载徐爽编：《司法审查的起源》，北京大学出版社 2015 年版。

雷磊：《再访拉德布鲁赫公式》，载《法制与社会发展》2015 年第 1 期。

吕世伦、贺晓荣：《论程序正义在司法公正中的地位和价值》，载《法学家》1998 年第 1 期。

Mark R. Rutgers：《公共行政学研究可以撇开国家概念吗？——对劳伦斯·冯·斯坦因思想的反思》，韩莹莹译，载《天津行政学院学报》2012 年第 3 期。

申建平：《德国民法典的演进及其分析》，载《学习与探索》2000 年第 6 期。

施鹏鹏：《基本权利谱系与法国刑事诉讼的新发展——以〈欧洲人权公约〉及欧洲人权法院判例对法国刑事诉讼的影响为中心》，载《暨南学报》（哲学社会科学版）2013 年第 7 期。

米歇尔·施托莱斯：《干预性国家的形成与德国行政法的发展》，王银宏译，载《行政法学研究》2015 年第 5 期。

王银宏：《1356 年〈金玺诏书〉与德意志国王选举制度》，载《史学月刊》2016 年第 7 期。

王银宏：《1495 年"帝国改革"与神圣罗马帝国和平秩序建构之制度困境的反思》，载《比较法研究》2016 年第 4 期。

王银宏：《略论近代德意志地区的自治实践及其理论》，载《社会科学论坛》2017 年第 2 期。

王银宏：《人性、宗教信仰与帝国秩序——1555 年〈奥格斯堡宗教和约〉及其规制意义》，载《史学月刊》2019 年第 11 期。

王银宏：《世界上第一个宪法法院之争》，载《比较法研究》2014 年第 3 期。

王银宏：《通过宪法法院的宪法审查：凯尔森的理论与实践》，载《政法论坛》2015 年第 4 期。

王银宏:《追寻最早的宪法法院——奥匈帝国的帝国法院及其宪法审查传统》,载《中国政法大学学报》2016 年第 5 期。

习近平:《加快建设社会主义法治国家》,载《求是》2015 年第 1 期。

威廉·夏巴斯:《获得司法正义的权利——从国内运动到国际标准》,赵海峰译,载《环球法律评论》2003 年冬季号。

熊秋红:《解读公正审判权——从刑事司法角度的考察》,载《法学研究》2001 年第 6 期。

徐显明:《公平正义:当代中国社会主义法治的价值追求》,载《法学家》2006 年第 5 期。

徐显明:《何谓司法公正》,载《文史哲》1999 年第 6 期。

杨建军:《西方法治的文化成因》,载《法律科学》2017 年第 3 期。

张卫平:《民事诉讼基本模式:转换与选择之根据》,载《现代法学》1996 年第 6 期。

张龑:《凯尔森法学思想中的新康德主义探源》,载《环球法律评论》2012 年第 2 期。

赵建文:《〈公民权利和政治权利国际公约〉第 14 条关于公正审判权的规定》,载《法学研究》2005 年第 5 期。

郑戈:《传统中的变革与变革中的传统——德国宪法法院的诞生》,载《交大法学》2017 年第 1 期。

仲崇玉:《论基尔克法人有机体说的法理内涵和政治旨趣》,载《现代法学》2013 年第 2 期。

二、外文文献

(一)著作类

John Dalberg-Acton, Essays on Freedom and Power, Boston: The Beacon Press 1949.

Ludwig Adamovich, Grundriss des Tschechoslowakischen Staatsrechtes, Wien 1929.

Ludwig K. Adamovich, Bernd-Christian Funk, Gerhart Holzinger, Österreichisches

Staatsrecht (Band 2), Wien-New York 1998.

Thomas Angerer u. a. (Hrsg.), Geschichte und Recht. Festschrift für Gerald Stourzh zum 70. Geburtstag, Wien-Köln-Weimar 1999.

Gerhard Anschütz, Richard Thoma (Hrsg.), Handbuch des Deutschen Staatsrechts, Tübingen 1929.

Heinz Barta, Rudolf Palme, Wolfgang Ingenhaeff (Hrsg.), Naturrecht und Privatrechtskodifikation. Tagungsband des Martini-Colloquiums 1998, Wien 1999.

Klaus Berchtold, Verfassungsgeschichte der Republik Österreich: Band 1. 1918 – 1933, Wien-New York 1998.

Walter Berka, Lehrbuch Verfassungsrecht. Grundzüge des österreichischen Verfassungsrechts für das juristische Studium, Wien-New York 2008.

Alexander M. Bickel, The least dangerous branch. The Supreme Court at the bar of politics, Indianapolis: Bobbs-Merrill Company 1962.

Ernst-Wolfgang Böckenförde, Recht, Staat, Freiheit: Studien zur Rechtsphilosophie, Staatstheorie und Verfassungsgeschichte, Frankfurt am Main: Suhrkamp 1992.

Hans Boldt, Deutsche Verfassungsgeschichte (Band 1) (3. Aufl.), München 1994.

Wilhelm Brauneder (Hrsg.), Abhandlung über die Principien des allgemeinen bürgerlichen Gesetzbuches für die gesammten deutschen Erbländer der österreichischen Monarchie vom Hofrath von Zeiller (Wien 1816–1820), Wien 1986.

Wilhelm Brauneder, Studien I: Entwicklung des Öffentlichen Rechts, Frankfurt am Main 1994.

Wilhelm Brauneder, Österreichische Verfassungsgeschichte (11. Aufl.), Wien 2009.

Georg Brunner u. a., Verfassungsgerichtsbarkeit in der Tschechischen Republik, Baden-Baden 2001.

Agostino Carrino, Günther Winkler (Hrsg.), Rechtserfahrung und Reine Rechtslehre, Wien-New York 1995.

Pietro Costa, Danilo Zolo (eds.), The Rule of Law: History, Theory and Criticism, Dordrecht 2007.

Barbara Dölemeyer, Heinz Mohnhaupt (Hrsg.), 200 Jahre ABGB (1811-2011). Die österreichische Kodifikation im internationalen Kondext, Frankfurt am Main 2012.

Horst Dreier, Rechtslehre, Staatssoziologie und Demokratietheorie bei Hans Kelsen, Baden-Baden 1990.

Adalbert Erler u. a. (Hrsg.), Handwörterbuch zur deutschen Rechtsgeschichte (V. Band), Berlin 1998.

Felix Ermacora, Der Verfassungsgerichtshof, Graz-Wien-Köln 1956.

Felix Ermacora (Hrsg.), Quellen zum Österreichischen Verfassungsrecht (1920), Wien 1967.

Ermacora/Klecatsky/Macic (Hrsg.), Hundert Jahre Verfassungsgerichtsbarkeit und Fünfzig Jahre Verfassungsgerichtshof in Österreich, Wien 1968.

Felix Ermacora, Die österreichische Bundesverfassung und Hans Kelsen: Analysen und Materialien. Zum 100. Geburtstag von Hans Kelsen, Wien 1982.

Felix Ermacora, Die Entstehung der Bundesverfassung Bd. 4: Die Sammlung der Entwürfe zur Staats-bzw. Bundesverfassung, Wien 1990.

Fleiner, Über die Umbildung zivilrechtlicher Institute durch das öffentliche Recht, Tübingen 1906.

Wolfgang D. Fritz, Die Goldene Bulle. Das Reichsgesetz Kaiser Karls IV. vom Jahre 1356, Weimar 1978

Bernd-Christian Funk u. a. (Hrsg.), Der Rechtsstaat vor neuen Herausforderungen. Festschrift für *Ludwig Adamovich* zum 70. Geburtstag, Wien 2002.

Joachim Gaertner, Erika Godel (Hrsg.), Religionsfreiheit und Frieden. Vom Augsburger Religionsfrieden zum europäischen Verfassungsvertrag, Frankfurt am Main 2007.

Otto von Gierke, Das deutsche Genossenschaftsrecht (Band 1), Berlin 1868.

Otto von Gierke, Das deutsche Genossenschaftsrecht (Band 2), Berlin 1873.

Otto Gierke, Die Genossenschaftstheorie und die deutsche Rechtsprechung, Berlin 1887.

Rudolf Gneist, Verwaltung, Justiz, Rechtsweg, Berlin 1869.

Michael Geistlinger u. a. (Hrsg.), 200 Jahre ABGB—Ausstrahlungen. Die Bedeutung der Kodifikation für andere Staaten und andere Rechtskulturen, Wien 2011.

Ludwig Gumplowicz, Das österreichische Staatsrecht. Ein Lehr- und Handbuch, wien 1891.

Perter Häberle (Hrsg.), Verfassungsgerichtsbarkeit, Darmstadt 1976.

Peter Häberle, Michael Kilian, Heinrich Wolff (Hrsg.), Staatsrechtslehrer des 20. Jahrhunderts, Berlin/ Boston 2018 (2. Aufl.).

Erich J. Hahn, Rudolf von Gneist 1816-1895, Frankfurt am Main 1995.

Herbert Haller, Die Pfüfung von Gesetzen. Ein Beitrag zur verfassungsgerichtlichen Normenkontrolle, Wien-New York 1979.

Ulrike Harmat, Ehe auf Widerruf? Der Konflikt um das Eherecht in Österreich 1918-1938, Frankfurt am Main 1999.

Philipp Harras Ritter von Harrasowsky, Geschichte der Codification des österreichischen Civilrechtes, Frankfurt am Main 1968 (Nachruck der Ausgabe Wien 1868).

F. A. Hayek, Law, Legislation and Liberty (Vol. 1): Rules and Order, Routledge & Kegan Paul London 1973.

Kurt Heller, Der Verfassungsgerichtshof, Wien 2010.

Georg Jellinek, Ein Verfassungsgerichtshof für Österreich, wien 1885.

Matthias Jestaedt (Hrsg.), Hans Kelsen Werke, Band 1 (2007).

Hans Kelsen, Georg Froehlich, Adolf Merkl, Die Bundesverfassung vom 1. Oktober 1920, Wien und Leipzig 1922.

Hans Kelsen, Reine Rechtslehre. Einleitung in die rechtswissenschaftliche Problematik, 1. Auflage, Wien 1934.

Hans Kelsen, Was ist Gerechtigkeit?, 1953.

Hans Kelsen, Reine Rechtslehre. Mit einem Anhang: Das Problem der Gerechtigkeit, 2. Auflage, Wien 1960.

Hans Kelsen, Allgemeine Theorie der Normen, hrsg. von K. Ringhofer und R. Walter, 1979.

Gerald Kohl, Christian Neschwara, Thomas Simon (Hrsg.) , Festschrift für Wilhelm Brauneder zum 65. Geburtstag. Rechtsgeschichte mit internationaler Perspektive, Wien 2008.

Monika Krupar, Tschechische juristische Zeitschriften des 19. und 20. Jahrhunderts (=Schriften zur Rechtsgeschichte 152) , Berlin 2011.

Oskar Lehner, Österreichische Verfassungs- und Verwaltungsgeschichte (4. Aufl.) , Graz 2007.

René Marcic, Verfassungsgerichtsbarkeit und Reine Rechtslehre, Wien 1966.

Freyherr von Martini, Lehrbegriff des Naturrechtes, Wien 1787.

Carl Anton von Martini, Allgemeines Recht der Staaten, 1788.

Adolf Merkl, Die Lehre von der Rechtskraft, Leipzig und Wien 1923.

Rudolf Aladár Métall, Hans Kelsen. Leben und Werk, Wien 1969.

Robert von Mohl, Das Bundesstaatsrecht der Vereinigten Staaten von Nord-Amerika, Stuttgart 1824.

Christian Neschwara (Hrsg.) , Die ältesten Quellen zur Kodifikationsgeschichte des österreichischen ABGB, Wien-Köln-Weimar 2012.

Helmut Neuhaus (Hrsg.) , Selbstverwaltung in der Geschichte Europas in Mittelalter und Neuzeit. Tagung der Vereinigung für Verfassungsgeschichte in Hofgeismar vom 10. bis 12. März 2008 (=Der Staat, Beiheft 19) , Berlin 2010.

Ofner (Hrsg.) , Der Ur-Entwurf und die Berathungs-Protokolle des Österreichischen Allgemeinen bürgerlichen Gesetzbuches, Band 1, Wien 1889.

Jana Osterkamp, Verfassungsgerichtsbarkeit in der Tschechoslowakei (1920 - 1939) (= Studien zur europäischen Rechtsgeschichte 243) , Frankfurt am Main 2009.

Stanley L. Paulson, Michael Stolleis (Hrsg.) . Hans Kelsen. Staatsrechtslehrer und Rechtstheoretiker des 20. Jahrhunderts, Tübingen 2005.

Heinz Schäffer (Hrsg.) , Im Dienst an Staat und Recht. Internationale Festschrift Erwin Melichar zum 70. Geburtstag, Wien 1983.

Herbert Schambeck (Hrsg.) , Das österreichische Bundes-Verfassungsgesetz und seine Entwicklung, Berlin 1980.

Georg Schmitz, Die Vorentwürfe Hans Kelsens für die österreichische Bundesverfassung, Wien 1981.

Carl Schmitt, Der Hüter der Verfassung, Tübingen 1931.

Meinhard Schröder (Hrsg.), 350 Jahre Westfälischer Friede: Verfassungsgeschichte, Staatskirchenrecht, Völkerrechtsgeschichte, Berlin: Duncker & Humblot GmbH, 1999.

Walter Selb, Herbert Hofmeister (Hrsg.), Forschungsband Franz von Zeiller (1751-1828), Wien-Graz-Köln 1980.

Thomas Simon, „Gute Policey". Ordnungsleitbilder und Zielvorstellungen politischen Handelns in der frühen Neuzeit, Frankfurt am Main 2004.

Thomas Simon, Johannes Kalwoda (Hrsg.), Schutz der Verfassung. Normen, Institutionen, Höchst- und Verfassungsgerichte, Berlin 2014.

Johann von Spaun, Das Rechtsgericht. Die auf dasselbe sich beziehenden Gesetze und Verordnungen samt Gesetzesmaterialien sowie Übersicht der einschlägigen Judikatur und Literatur, Wien 1904.

Christian Starck, Albert Weber (Hrsg.), Verfassungsgerichtsbarkeit in Westeuropa, Teilband 1: Berichte, Baden-Baden 1986.

Lorenz Stein, Die Verwaltungslehre (Erster Theil), Stuttgart 1865.

Manfred Stelzer, Grundzüge des Öffentlichen Rechts, Wien 2005.

Fritz Stier-Somlo und Alexander Elster (Hrsg.), Sonderabdruck aus Handwörterbuch der Rechtswissenschaft, Berlin und Leipzig: Verlag von Walter de Gruyter & Co. 1927.

Michael Stolleis, Konstitution und Intervention. Studien zur Geschichte des öffentlichen Rechts im 19. Jahrhundert, Frankfurt am Main 2001.

Gerald Stourzh, Vom Widerstandsrecht zur Verfassungsgerichtsbarkeit, Graz 1974.

Gerald Stourzh, Wege zur Grundrechtsdemokratie, Wien 1989.

Heinrich Strakosch, Privatrechtskodifikation und Staatsbildung in Österreich (1753-1811), Wien 1976.

Dieter Schwab, Die „Selbstverwaltungsidee" des Freiherrn vom Stein und ihre geistigen Grundlagen, Frankfurt am Main 1971.

Verwaltungsgerichtshof (Hrsg.), 90 Jahre Verwaltungsgerichtsbarkeit in Österreich, Wien 1966.

M. J. C. Vile, Constitutionalism and the Separation of Powers (2. Edition), Indianapolis: Liberty Fund 1998.

Robert Walter, Clemens Jabloner, Klaus Zeleny (Hrsg.), 30 Jahre Hans Kelsen-Institut, Wien 2003.

Robert Walter, Clemens Jabloner und Klaus Zeleny (Hrsg.), Hans Kelsens stete Aktualität (Schriftenreihe des Hans Kelsen-Instituts Band 25), Wien 2003.

Robert Walter, Hans Kelsen als Verfassungsrichter, Wien 2005.

Robert Walter, Werner Ogris, Thomas Olechowski (Hrsg.), Hans Kelsen: Leben—Werk—Wirksamkeit, Wien 2009.

Wandruszka/Urbanitsch (Hrsg.), Die Habsburgermonarchie 1848 – 1918, Band II (Verwaltung und Rechtswesen), Wien 1975.

Armin Wolf, Die Goldene Bulle, Graz 2002.

Thomas Zavadil, Die Ausschaltung des Verfassungsgerichtshofs 1933 (geisteswissenschaftliche Diplomarbeit der Universität Wien), April 1997.

Franz Edler von Zeiller, Das natürliche Privatrecht (3. Aufl.), Wien 1819.

Franz von Zeiller, Grundsätze der Gesetzgebung 1806/09 (Hrsg. von Erik Wolf), Frankfurt am Main 1948.

(二) 论文类

Sigmund Adler, Die politische Gesetzgebung in ihren geschichtlichen Beziehungen zum allgemeinen bürgerlichen Gesetzbuche, in: Festschrift zur Jahrhundertfeier des Allgemeinen Bürgerlichen Gesetzbuches (Erster Teil), Wien 1911.

Robert Alexy, Hans Kelsens Begriff der Verfassung, in: Stanley L. Paulson, Michael Stolleis (Hrsg.), Hans Kelsen. Staatsrechtslehrer und Rechtstheoretiker des 20. Jahrhunderts, Tübingen 2005.

Walter Antoniolli, Hans Kelsen und die österreichische Verfassungsgerichtsbarkeit, in: Robert Walter, Clemens Jabloner, Klaus Zeleny (Hrsg.), 30 Jahre Hans Kelsen-Institut, Wien 2003.

参考文献

Walter Antoniolli, Hans Kelsen und die österreichische Verfassungsgerichtsbarkeit, in: Hans Kelsen zum Gedenken, Wien 1974.

„Bericht des Verfassungsausschusses über den Entwurf eines Gesetzes, womit die Republik Österreich als Bundesstaat eingerichtet wird (Bundes-Verfassungsgesetz) ", in: *Felix Ermacora* (Hrsg.), Quellen zum Österreichischen Verfassungsrecht (1920), Wien 1967.

Ernst-Wolfgang Böckenförde, Entstehung und Wandel des Rechtsstaatsbegriffs, in: *derselbe*, Recht, Staat, Freiheit. Studien zur Rechtsphilosophie, Staatstheorie und Verfassungsgeschichte, Frankfurt am Main 1991.

Giorgio Bongiovanni, Rechtsstaat and Constitutional Justice in Austria: Hans Kelsen's Contribution, in: *Pietro Costa, Danilo Zolo* (eds.), The Rule of Law: History, Theory and Criticism, Dordrecht 2007.

Wilhelm Brauneder, Karl Renners „Entwurf einer provisorischen Verfassung", in: *derselbe*, Studien I: Entwicklung des Öffentlichen Rechts, Frankfurt am Main 1994.

Wilhelm Brauneder, Gesetzgebungslehre und Kodifikationspraxis am Beipiel des ABGB, in: *Barbara Dölemeyer, Heinz Mohnhaupt* (Hrsg.), 200 Jahre ABGB (1811-2011). Die österreichische Kodifikation im internationalen Kondext, Frankfurt am Main 2012.

Henry Steele Commager, Documents of American History (9. Aufl.), Vol. 1, Engelwood Cliffs (NJ) 1973.

Dieter Grimm, Das Verhältnis von politischer und privater Freiheit bei Zeiller, in: *Walter Selb, Herbert Hofmeister* (Hrsg.), Forschungsband Franz von Zeiller (1751-1828), Wien-Graz-Köln 1980.

Oswald Gschliesser, Die Verfassungsgerichtsbarkeit in der Ersten Republik, in: *Ermacora/Klecatsky/Macic* (Hrsg.), Hundert Jahre Verfassungsgerichtsbarkeit und Fünfzig Jahre Verfassungsgerichtshof in Österreich, Wien 1968.

Martin Heckel, Der Augsburger Religionsfriede. Sein Sinnwandel vom provisorischen Notstands-Instrument zum sakrosankten Reichsfundamentalgesetz religiöser Freiheit und Gleichheit, in: *Joachim Gaertner, Erika Godel* (Hrsg.), Religionsfreiheit und Frieden. Vom Augsburger Religionsfrieden zum europäischen Verfassungsvertrag, Frankfurt am Main 2007.

Herbert Hofmeister, Die Rolle Franz v. Zeillers bei den Beratungen zum ABGB, in: *Walter Selb, Herbert Hofmeister* (Hrsg.), Forschungsband Franz von Zeiller (1751-1828), Wien-Graz-Köln 1980.

Pavel Holländer, Verfassungsgerichtsbarkeit in der Tschechischen Republik, in: *Georg Brunner* u. a., Verfassungsgerichtsbarkeit in der Tschechischen Republik, Baden-Baden 2001.

Werner Kaegi, Rechtsstaat und Demokratie, in: Demokratie und Rechtsstaat. FS Giacometti, Zürich 1953.

Erich Kaufmann, Martin Drath, Die Grenzen der Verfassungsgerichtsbarkeit, in: VVDStRL 9 (Berlin 1952).

Hans Kelsen, Verfassungs- und Verwaltungsgerichtsbarkeit im Dienste des Bundesstaates, nach der neuen österreichischen Bundesverfassung vom 1. Oktober 1920, in: Zeitschrift für Schweizerisches Recht 52 (Neue Folge, 1923/1924).

Hans Kelsen, Die Vollendung der österreichischen Bundesverfassung, in: Zeitschrift für Politik (Band 15, 1926).

Hans Kelsen, Verfassung, in: *Fritz Stier-Somlo und Alexander Elster* (Hrsg.), Sonderabdruck aus Handwörterbuch der Rechtswissenschaft, Berlin und Leipzig: Verlag von Walter de Gruyter & Co. 1927.

Hans Kelsen, La garantie juridictionnelle de la constitution (La Justice constitutionnelle), in: Revue de Droit Public (1928).

Hans Kelsen, Der Begriff des Kompetenzkonfliktes nach geltendem österreichischen Recht, in: Juristische Blätter 6 (57. Jahrgang, 24. 3. 1928).

Hans Kelsen, Wesen und Entwicklung der Staatsgerichtsbarkeit, in: VVDStRL 5 (1929).

Hans Kelsen, Die Entwicklung des Staatsrechts in Österreich seit dem Jahre 1918, in: *Gerhard Anschütz, Richard Thoma* (Hrsg.), Handbuch des Deutschen Staatsrechts, Tübingen 1929.

Hans Kelsen, Wer soll Hüter der Verfassung sein?, in: Die Justiz 6 (1931).

Hans Kelsen, Judicial Review of Legislation. A Comparative Study of the Austrian und American Constitution, in: Journal of Politics 4 (1942).

Hans Kelsen, On the Basic Norm, in: California Law Review, 47. Band, 1959, Nr. 1.

Hans Kelsen, What is the Pure Theory of Law? 34 Tulane Law Review 1960.

Hans Kelsen, Die Problematik der Reinen Rechtslehre, in: ÖZöR 18 (1968).

Hans Kelsen, Was ist die Reine Rechtslehre?, in: *H. Klecatsky/R. Marcic/ H. Schambeck* (Hrsg.), Die Wiener Rechtstheoretische Schule. Ausgewählte Schriften von Hans Kelsen, Adolf Julius Merkl und Alfred Verdross, Bd. I, 1968.

Hans Kelsen, Archivaufnahme, in: *Robert Walter, Clemens Jabloner, Klaus Zeleny* (Hrsg.), 30 Jahre Hans Kelsen-Institut, Wien 2003.

Hans Kelsen, Autobiographie, in: *Matthias Jestaedt* (Hrsg.), Hans Kelsen Werke (Band 1), Tübingen 2007.

Hermann Klenner, Über Martinis Naturrechtsbegriff, in: *Heinz Barta, Rudolf Palme, Wolfgang Ingenhaeff* (Hrsg.), Naturrecht und Privatrechtskodifikation. Tagungsband des Martini-Colloquiums 1998, Wien 1999.

Gerald Kohl, Das ABGB in den „Vaterländischen Blättern für den österreichischen Kaiserstaat": Franz von Zeillers „dritter Kommentar", in: *Gerald Kohl, Christian Neschwara, Thomas Simon* (Hrsg.), Festschrift für Wilhelm Brauneder zum 65. Geburtstag, Wien 2008.

Karl Korinek, Jörg P. Müller, Klaus Schlaich, Die Verfassungsgerichtsbarkeit im Gefüge der Staatsfunktionen, in: VVDStRL 39 (Berlin-New York 1981).

Karl Korinek, Die Verfassungsgerichtsbarkeit in Österreich, in: *Christian Starck, Albrecht Weber* (Hrsg.), Verfassungsgerichtsbarkeit in Westeuropa. Teilband 1: Berichte, Baden-Baden 1986.

Friedrich Lehne, Zur Geschichte der Verwaltungsstreitsache in Österreich. Ein Gedenkblatt für Friedrich Tezner, in: Verwaltungsgerichtshof (Hrsg.), 90 Jahre Verwaltungsgerichtsbarkeit in Österreich, Wien 1966.

Friedrich Lehne, Rechtsschutz im öffentlichen Recht: Staatsgerichtshof, Reichsgericht, Verwaltungsgerichtshof, in: *Wandruszka/Urbanitsch* (Hrsg.), Die Habsburgermonarchie 1848 – 1918, Band II (Verwaltung und Rechtswesen), Wien 1975.

Abraham Lincoln, First Inaugural Address (1861. 3. 4, Washington, D. C.), in: *William Cohen, Jonathan D. Varat*, Constitutional Law.

Theo Mayer-Maly, Zeiller, ABGB und wir, in: *Walter Selb, Herbert Hofmeister* (Hrsg.), Forschungsband Franz von Zeiller (1751 – 1828), Wien-Graz-Köln 1980.

Adolf Merkl, Prolegomena einer Theorie des rechtlichen Stufenbaues, in: Gesellschaft, Staat und Recht. Festschrift für Hans Kelsen, Wien 1931.

Detlef Merten, Aktuelle Probleme der Verfassungsgerichtsbarkeit in der Bundesrepublik Deutschland und in Österreich, in: *Heinz Schäffer* (Hrsg.), Im Dienst an Staat und Recht. Internationale Festschrift Erwin Melichar zum 70. Geburtstag, Wien 1983.

Eckhard Müller-Mertens, Geschichtliche Würdigung der Goldenen Bulle, in: *Wolfgang D. Fritz*, Die Goldene Bulle. Das Reichsgesetz Kaiser Karls IV. vom Jahre 1356, Weimar 1978.

Christian Neschwara, Kelsen als Verfassungsrichter. Seine Rolle in der Dispensehen-Kontroverse, in: *Stanley L. Paulson, Michael Stolleis* (Hrsg.), Hans Kelsen. Staatsrechtslehrer und Rechtstheoretiker des 20. Jahrhunderts, Tübingen 2005.

Theo Öhlinger, Die Entstehung und Entfaltung des österreichischen Modells der Verfassungsgerichtsbarkeit, in: *Bernd-Christian Funk* u. a. (Hrsg.), Der Rechtsstaat vor neuen Herausforderungen. Festschrift für *Ludwig Adamovich* zum 70. Geburtstag, Wien 2002.

Theo Öhlinger, Hans Kelsen—Vater der österreichischen Bundesverfassung?, in: *Gerald Kohl* u. a. (Hrsg.), Festschrift für *Wilhelm Brauneder* zum 65. Geburtstag. Rechtsgeschichte mit internationaler Perspektive, Wien 2008.

Theo Öhlinger, Verfassungsgerichtsbarkeit und parlamentarische Demokratie, in: *Heinz Schäffer* (Hrsg.), Im Dienst an Staat und Recht. Internationale Festschrift *Erwin Melichar* zum 70. Geburtstag, Wien 1983.

参考文献

Thomas Olechowski, Der Beitrag Hans Kelsens zur österreichischen Bundesverfassung, in: *Robert Walter, Werner Ogris, Thomas Olechowski* (Hrsg.), Hans Kelsen: Leben—Werk—Wirksamkeit, Wien 2009.

Helmut Quaritsch, Kirchen und Staat. Verfassungs- und Staatstheoretische Probleme der Staatskirchenrechtlichen Lehre der Gegenwart, in: Der Staat 1 (1962).

Adolf Julius Merkl, Der „ entpolitisierte " Verfassungsgerichtshof, in: Der Österreichische Volkswirt (1930).

Johannes Michael Rainer, Zur Entstehung des ABGB, in: *Michael Geistlinger* u. a. (Hrsg.), 200 Jahre ABGB—Ausstrahlungen. Die Bedeutung der Kodifikation für andere Staaten und andere Rechtskulturen, Wien 2011.

Trutz Rendtorff, Religion und Konfession. Zur Bedeutung des Westfälischen Friedens von 1648 für den politischen Rechtsfrieden, in: Leviathan, Vol. 27, No. 2, 1999.

Georg Schmitz, The constitutional Court of the Republic of Austria 1918 - 1920, in: Ratio Juris 16 (June 2003).

Meinhard Schröder, Der Westfälische Friede—eine Epochengrenze in der Völkerrechtsentwicklung?, in: *Meinhard Schröder* (Hrsg.), 350 Jahre Westfälischer Friede: Verfassungsgeschichte, Staatskirchenrecht, Völkerrechtsgeschichte, Berlin: Duncker & Humblot GmbH, 1999.

Thomas Simon, Was ist und wozu dient Gesetzgebung? Kodifikation und Steuerungsgesetzgebung: Zwei Grundfunktionen legislativer Normsetzung, in: *Gerald Kohl, Christian Neschwara, Thomas Simon* (Hrsg.), Festschrift für Wilhelm Brauneder zum 65. Geburtstag. Rechtsgeschichte mit internationaler Perspektive, Wien 2008.

Thomas Simon, Die Föderalisierung des Kaisertums Österreich nach 1860 und der Gedanke der Selbstverwaltung, in: *Helmut Neuhaus* (Hrsg.), Selbstverwaltung in der Geschichte Europas in Mittelalter und Neuzeit. Tagung der Vereinigung für Verfassungsgeschichte in Hofgeismar vom 10. bis 12. März 2008 (= Der Staat, Beiheft 19), Berlin 2010.

Christian Starck, Vorrang der Verfassung und Verfassungsgerichtsbarkeit, in: *Chris-*

tian Starck, Albert Weber (Hrsg.), Verfassungsgerichtsbarkeit in Westeuropa, Teilband 1: Berichte, Baden-Baden 1986.

Heinrich Triepel, Wesen und Entwicklung der Staatsgerichtsbarkeit, in: VVDStRL 5 (1929).

Michel Troper, "The Guardian of the Constitution" —Hans Kelsen's Evaluation of a Legal Concept, in: *Dan Diner, Michael Stolleis* (eds.), Hans Kelsen and Carl Schmitt: A Juxtaposition, Gerlingen 1999.

Michel Troper, Kelsen und die Kontrolle der Verfassungsmäßigkeit, in: *Agostino Carrino, Günther Winkler* (Hrsg.), Rechtserfahrung und Reine Rechtslehre, Wien-New York 1995.

Paul Vittorelli, Zehn Jahre Verfassungsgerichtshof, in: Zeitschrift für Öffentliches Recht (Band 8, 1929).

Robert Walter, Die mitteleuropäische Verfassungsgerichtsbarkeit und die Reine Rechtslehre, in: Österreichische Richterzeitung 12 (1993).

Moriz Wellspacher, Das Naturrecht und das allgemeine bürgerliche Gesetzbuch, in: Festschrift zur Jahrhundertfeier des Allgemeinen Bürgerlichen Gesetzbuches (Erster Teil), Wien 1911.

Ewald Wiederin, Der österreichische Verfassungsgerichtshof als Schöpfung Hans Kelsens und sein Modellcharakter als eigenständiges Verfassungsgericht, in: *Thomas Simon, Johannes Kalwoda* (Hrsg.), Schutz der Verfassung. Normen, Institutionen, Höchst- und Verfassungsgerichte, Berlin 2014.

Thomas Zavadil, Die Parteienvereinbarungen über den Verfassungsgerichtshof und die Bundes-Verfassungsnovelle 1929, in: *Thomas Angerer* u. a. (Hrsg.), Geschichte und Recht. Festschrift für Gerald Stourzh zum 70. Geburtstag, Wien-Köln-Weimar 1999.

Franz von Zeiller, Notwendigkeit eines einheimischen bürgerlichen Privatrechts, in: *Franz von Zeiller*, Grundsätze der Gesetzgebung 1806/09 (Hrsg. von *Erik Wolf*), Frankfurt am Main 1948.

Hofrath von Zeiller, Abhandlung über die Principien des allgemeinen bürgerlichen Gesetzbuches für die gesammten deutschen Erbländer der österreichischen Monarchie, in: *Wilhelm Brauneder* (Hrsg.), Abhandlung über die Principien des allgemeinen bürgerlichen Gesetzbuches für die gesammten deutschen Erbländer der österreichischen Monarchie vom Hofrath von Zeiller (Wien 1816–1820), Wien 1986.

后 记

自"纯粹法理论的实践性问题研究"作为 2016 年度国家社科基金青年项目立项到项目结项(良好)、成果出版,六年的时间匆匆而过。然而,关于这个主题的研究和思考始于十余年前在维也纳大学法学院学习期间。在 2021 年出版的《法治历史中的凯尔森理论及其实践研究》的"后记"中,笔者就写道:"作为我最初设想中的博士论文的重要部分,将这些文字出版是有缺憾的,有些内容和主题的研究、论述也并非自己理想中的呈现,甚至与最初的设想有很大差距……"对于本书而言,这段话同样适用。这并非谦逊之词或者基于所谓的"精益求精"。与 2021 年出版的《法治历史中的凯尔森理论及其实践研究》相比,本书在章节结构、具体内容和所用的文献资料等方面确实有不少拓展和深化,但是远没有达到令人满意的程度。在数量众多的文献资料面前,每个人对于文献资料的选择都不可避免地带有主观性,本书的缺憾和不足不仅体现在所使用的文献资料方面,而且也体现在本人知识上的不足、惯性思维以及本书所用的研究方法上,希望未来的思考和研究能够弥补这些缺憾和不足。

纯粹法理论的实践性既体现为其创立者凯尔森的法律实践以及他在学术评论和学术论争中对其理论的运用,也体现为纯粹法理论本身在实践中的运用,还体现为"维也纳法律理论学派"的其他代表性人物例如阿道夫·默克尔、阿尔弗雷德·费尔德罗斯等人对于该理论的运用（遗憾的是，本书在这方面仅是简要略及，没有深入论述），因此，本书作为上述项目的研究成果将标题改为"凯尔森与纯粹法理论的实践性研究"。在项目研究过程中，于2019年由法律出版社出版的译著《德意志公法的历史理论与实践》以及2021年出版的专著《法治历史中的凯尔森理论及其实践研究》等都是该项目的阶段性研究成果。在此，对为这些成果的发表和出版提供帮助、提出意见和建议的诸位老师和朋友致以诚挚的谢意！

本书的出版受到中国政法大学基本科研业务费资助，在此感谢评审专家的认可和认同以及科研处诸位老师的辛苦工作，同时也要感谢诸多老师、同学、朋友以及商务印书馆同仁一直以来的关心和支持。王静编辑严谨认真、耐心细致的工作是本书得以顺利出版的保障。当然，文责自负，书中的不当和错误之处，还请学界同仁和读者诸君不吝指正。

王银宏
2022年12月9日

图书在版编目（CIP）数据

凯尔森与纯粹法理论的实践性研究 / 王银宏著. —北京：商务印书馆，2024
ISBN 978-7-100-23504-4

Ⅰ.①凯… Ⅱ.①王… Ⅲ.①法理学—研究 Ⅳ.① D90

中国国家版本馆 CIP 数据核字（2024）第 053125 号

权利保留，侵权必究。

凯尔森与纯粹法理论的实践性研究
王银宏 著

商 务 印 书 馆 出 版
（北京王府井大街36号 邮政编码 100710）
商 务 印 书 馆 发 行
江苏凤凰新华印务集团有限公司印刷
ISBN 978-7-100-23504-4

2024 年 5 月第 1 版	开本 890×1240 1/32
2024 年 5 月第 1 次印刷	印张 11¼

定价：56.00 元